기묘일	경진일	신사일	임오일	계미일
1국	269	321	373	423	473
2국	273	325	377	427	477
3국	277	329	381	431	481
4국	281	334	385	435	486
5국	285	338	389	439	491
6국	289	342	393	443	495
7국	293	347	397	447	499
8국	297	351	401	451	503
9국	301	355	405	455	507
10국	305	359	409	459	511
11국	309	363	413	463	515
12국	313	367	417	467	519

○ 묘성과, 리괘, 호랑이가 사람을 무는 상
구관은 길하고, 나머지 정단은 모두 흉하다. 특히 출행, 병재, 관재가 흉하다.

○ 별책과, 음란의 상, 불완전의 상
혼인과 가정에서 음란이 발생한다. 모든 일에서 불완전하다.

○ 팔전과, 동인괘, 협력동심의 상
근친상간의 상으로서 가정이 음란하다. 유실물은 안에 있다.

○ 반음과, 진괘, 경천동지의 상
길사는 불성하고, 흉사는 사라진다. 혼인과 가정과 직장과는 절연된다.

○ 복음과, 간괘, 수구대신의 상
구관(求官)은 길하고, 나머지 정단은 모두 흉하다. 질병은 수술수가 있다.

즉문즉답
대육임직지

갑술순

우산愚山 이수동李洙銅

1963 경북 백두대간 황악산 남쪽 산자락에서 출생
1991 한국기공연합회 기공사, 감사 역임
2005 『운명 바꿀 것인가 따를 것인가』에
      한국의 대표 역학인 10인에 소개
2006 『육임입문』 1·2·3 출간
2009 『육임실전』 1 출간
2010 『대육임필법부 평주』 출간
2013 원광대학교 한국문화학과 졸업, 문학박사
2014 『육임실전』 2(「육임지남주해」) 출간
2018 「육임의 혼인점단 이론체계 연구」, 실천민속학회, 2018.
전직) 서라벌대학교 풍수명리학과 강사, 공주대학교 동양학과 강사
현재) 원광디지털대학교 동양학과 강사, 동국대학교 미래융합교육원 강사
      (학술단체) 고려육임학회 학회장, 한국택일 연구소
      네이버에서 고려육임학회 카페 http://cafe.naver.com/taotemple
      이메일 : gigong@naver.com

대유육임시리즈 8 대육임직지 ② 갑술순

- 2쇄 발행 2020년 10월 15일
- 주해   우산 이수동
- 편집   이연실 윤치훈
- 발행인 윤상철   • 발행처 대유학당 since1993
- 출판등록 2002년 4월 17일 제305-2002-000028호
- 주소 서울 동대문구 휘경동 258 서신빌딩 402호
- 전화 (02)2249-5630~1
- 홈페이지 http://www.daeyou.net 대유학당
- ISBN 978-89-6369-091-9 13180
- 정가 **30,000원**

- 이 도서의 국립중앙도서관 출판예정도서목록(CIP)은
  서지정보유통지원시스템 홈페이지(http : //seoji.nl.go.kr)와
  국가자료공동목록시스템(http : //www.nl.go.kr/kolisnet)에서
  이용하실 수 있습니다. (CIP2018030944)

즉문즉답
대육임직지

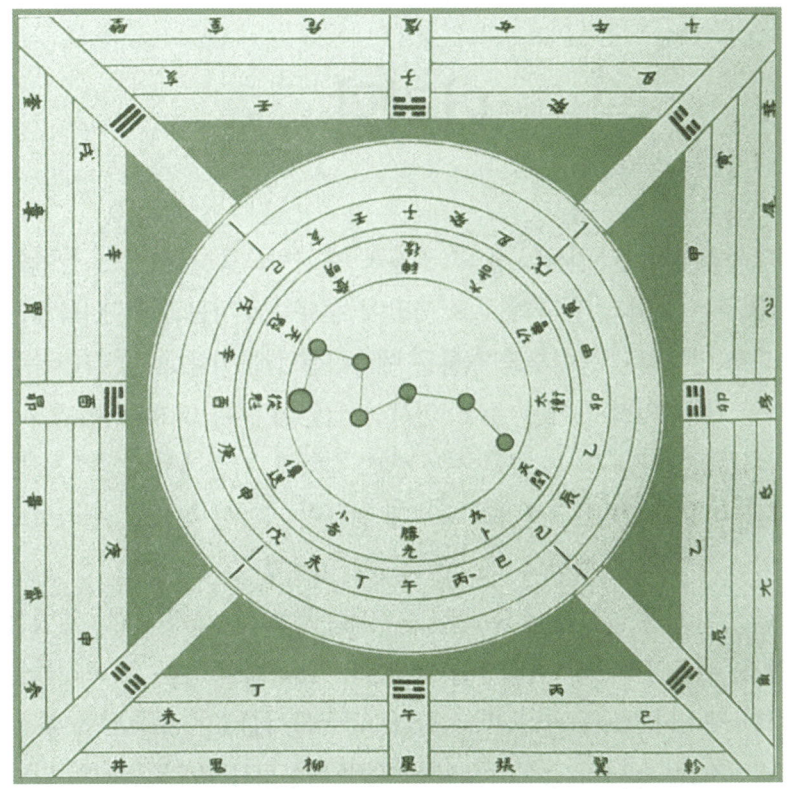

낙랑군 우왕묘에서 출토된 육임식반의 복원도.

○ 육임식반은 하늘을 뜻하는 원형(圓形)의 천반과 땅을 상징하는 방형(方形)의 지반으로 구성되어 있다.
□ 원형(동그라미)의 한 가운데에는 북두칠성이 그려져 있고, 동그라미 테두리에는 육임의 12월장 및 10간 12지가 적혀 있으며, 그 바깥의 방형의 네모에도 10간 12지와 팔괘 그리고 이십팔수가 적혀 있다.
△ 이 유물을 통해 육임식반이 널리 사용됐고, 육임점(六壬占)이 널리 성행했음을 알 수 있다.

머리말

『대육임직지』는 인사(人事)의 길흉을 손가락으로 가리키듯 곧바로 가르쳐주는 책이자, 인사의 주요 사안에 '즉문즉답'하는 책이다. 육임은 720과로 인사의 성공여부와 길흉을 예측하는 학문이다. 육임 720과 주석서인 『대육임직지』에는 주요 인사의 답안이 '직지(直指)'되어 있다, 따라서 육임을 연구하는 분과 사주카페, 철학관, 사찰에서 상담하는 분은 물론이고, 일반인도 구입과 동시에 활용이 가능한 책으로, 편리성으로 말하면 토정 이지함의 『토정비결』에 비유할 수 있다.

육임 720과를 해설한 주요 고전을 시대순으로 살펴보면 『대육임입성대전검』, 『육임직지』, 『육임요결』이 있다. 『대육임직지』는 이 고전들을 주석한 책이다. 『대육임입성대전검』은 고금도서집성에 수록되어 있고, 『육임직지』는 청나라 강희제(康熙帝) 때의 왕실도서관에 소장되어 있었던 고서이며, 『육임요결』은 청말·근대초기 오사청 문집의 한 책이다.

10여 년 전 720과 주석서 출간을 결심한 뒤에, 이제야 갑자순, 갑술순, 갑신순의 주석서를 먼저 세상에 내 놓는다. 이 책에는 가정(주택), 구관(시험, 승진), 혼인, 임신·출산, 귀인 알현(면접), 구재(장사, 사업), 질병, 출행(여행), 귀가, 쟁송(관재) 외에도 날씨와 음택(산소)과 전쟁에 대한 길흉여부와 그 이유가 비교적 자세하게 설명되어 있다. 아무쪼록 이 책이 육임을 연구하는 분, 상담 현장에서 상담하는 분, 그리고 일반인에게 작은 도움이 되길 기원한다.

서기 2018년 계하에
빛고을 光明에서 우산 이수동 삼가 적음

일러두기

1. 본고의 근본은 『대육임입성대전검』, 『육임직지』, 『육임요결』에 두었다.

2. 과체

 매 국의 과체에서 '∥' 이전의 것은 고전의 것이고, '∥' 이후의 것은 고전 이외의 것으로써 저자가 보완하였다.

3. 귀인접지법

구분 주야 십간	현대		청나라 이전 ~명나라	
	낮	밤	낮	밤
甲	未	丑	丑	未
乙	申	子	子	申
丙	酉	亥	亥	酉
丁	亥	酉	亥	酉
戊	丑	未	丑	未
己	子	申	子	申
庚	丑	未	丑	未
辛	寅	午	午	寅
壬	卯	巳	巳	卯
癸	巳	卯	巳	卯

 본고에서는 현대인의 활용을 위해 아래와 같이 현대의 귀인접지법을 적용하였다.

갑일의 낮 귀인은 未이고 밤 귀인은 丑이다.
을일의 낮 귀인은 申이고 밤 귀인은 子이다.
병일의 낮 귀인은 酉이고 밤 귀인은 亥이다.
신일의 낮 귀인은 寅이고 밤 귀인은 午이다.
임일의 낮 귀인은 卯이고 밤 귀인은 巳이다.

4. 섭해과의 삼전은 고전의 삼전을 취용하였다.

5. 귀인알현
  이 항목은 공무원이나 직장인이 그들의 상급자에게 청탁하거나 혹은 서민이 관청의 공무원 혹은 귀인을 만나서 부탁할 때에 적용된다.

6. 가정
  원문에서의 '가택'이다. 가정사와 가상(양택) 항목이다. 만약 회사를 정단하면 회사가 되고, 가게를 정단하면 가게가 된다. 따라서 회사 또는 가게의 좋고 나쁜 상황을 알 수 있다.

7. 쟁송과 관재
  쟁송은 원고와 피고가 정해진 상황에서 승소와 패소를 예측하는 것이고, 관재는 범법을 저지른 뒤 죄의 경중을 예측하는 것이다.

8. 원문에서 10개 '괘'로 표기되어 있는 것을 '과'로 바꾸었다. 예를 들어 '원수괘'를 '원수과'로 바꾸었다.

9. 정단에서의 우산그림(☂)은 원문에는 없지만 꼭 필요하다고 생각하여 저자가 추가한 것이다. 가령 갑자일 제1국에서 '☂ 알현' 항목을 저자가 보충하여 항목의 가장 뒤편에 수록하였다.

『대육임직지』의 특징

1. 이 책의 원저는 『대육임입성대전검』, 『육임직지』, 『육임요결』이다.

2. 이 책은 인사의 주요 질문에 대한 답을 직지(直指)한 책이다. 따라서 육임의 최종 결과물이라고 할 수 있다.

3. 이 책은 과체(課體), 과의(課義), 해왈(解曰), 단왈(斷曰), 12개 사안, 그리고 『대육임필법부』와 『과경』을 비롯한 육임의 주요 문헌에서의 720과 해설로 구성되어 있다. '과의'는 '핵심'으로, '해왈'은 '분석'으로, '단왈'은 '정단'으로 변경하였다.

4. 사안별 정단은 12개 사안 혹은 10개의 사안으로 구성되어 있다. 가령 갑자일 제1국의 12개 사안은 천시(날씨), 모망, 가택, 혼인, 질병, 임신·출산, 구재, 포획, 유실, 행인, 출행, 정벌이다. 그러나 일진에 따라 일부가 빠지고 이를 대신하여 공명, 실탈(失脫), 쟁송이 추가되어 있다. 본문의 일부에서는 공명이 사환(仕宦)으로 되어 있거나 혹은 정벌(征伐)이 병전(兵戰)으로 기술되어 있으며 혹은 쟁송이나 실탈(유실)이 빠져있기도 하다.

정단에 필요한 도표

〈표 1〉 국수

월장 중기 점시	亥 우수~	戌 춘분~	酉 곡우~	申 소만~	未 하지~	午 대서~	巳 처서~	辰 추분~	卯 상강~	寅 소설~	丑 동지~	子 대한~
子	2	3	4	5	6	7	8	9	10	11	12	1
丑	3	4	5	6	7	8	9	10	11	12	1	2
寅	4	5	6	7	8	9	10	11	12	1	2	3
卯	5	6	7	8	9	10	11	12	1	2	3	4
辰	6	7	8	9	10	11	12	1	2	3	4	5
巳	7	8	9	**10**	11	12	1	2	3	4	5	6
午	8	9	10	11	12	1	2	3	4	5	6	7
未	9	10	11	12	1	2	3	4	5	6	7	8
申	10	11	12	1	2	3	4	5	6	7	8	9
酉	11	12	1	2	3	4	5	6	7	8	9	10
戌	12	1	2	3	4	5	6	7	8	9	10	11
亥	1	2	3	4	5	6	7	8	9	10	11	12

● 국수를 찾는 방법과 점시, 월장, 행년

　가령 서기 2018년 6월 1일 낮 10시에 정단할 경우, 일진은 甲子이고 점시는 巳이며 월장은 申이다. 점시 난의 巳와 월장 난의 申이 만나는 지점에 10이 적혀있으므로 갑자일의 제10국을 열어서 궁금한 항목을 찾아서 보면 된다. 점시는 〈표 2〉를 참조하면 되고, 월장은 〈표 3〉을 참조하면 되며, 한국나이에 따른 행년은 〈표 4〉를 참조하면 된다.

〈표 2〉 12점시(기준 : 표준시)

점시	시간(대략)
자시(子時)	밤 11시 32분~01시 31분
축시(丑時)	밤 01시 32분~03시 31분
인시(寅時)	밤 03시 32분~05시 31분
묘시(卯時)	새벽 05시 32분~07시 31분
진시(辰時)	아침 07시 32분~09시 31분
사시(巳時)	낮 09시 32분~11시 31분
오시(午時)	낮 11시 32분~1시 31분
미시(未時)	낮 1시 32분~3시 31분
신시(申時)	낮 3시 32분~5시 31분
유시(酉時)	저녁 5시 32분~7시 31분
술시(戌時)	밤 7시 32분~9시 31분
해시(亥時)	밤 9시 32분~11시 31분
※ 점시의 기준은 매일 조금씩 달라진다.	

⟨표 3⟩ 월장이 바뀌는 날짜(기준 : 양력)

월장	12기	양력	월장	12기	양력
亥	우수(雨水)	2월 18일~20일	巳	처서(處暑)	8월 22일~23일
戌	춘분(春分)	3월 20일~22일	辰	추분(秋分)	9월 22일~24일
酉	곡우(穀雨)	4월 20일~21일	卯	상강(霜降)	10월 23일~24일
申	소만(小滿)	5월 20일~21일	寅	소설(小雪)	11월 22일~23일
未	하지(夏至)	6월 21일~23일	丑	동지(冬至)	12월 21일~23일
午	대서(大暑)	7월 22일~23일	子	대한(大寒)	1월 20일~21일

※ 월장이 바뀌는 일시분(日時分)은 매년 달라진다.
신뢰성 있는 만세력을 참조할 것.

〈표 4〉 행년표

나이	1세	2세	3세	4세	5세	6세	7세	8세	9세	10세
남자	丙寅	丁卯	戊辰	己巳	庚午	辛未	壬申	癸酉	甲戌	乙亥
여자	壬申	辛未	庚午	己巳	戊辰	丁卯	丙寅	乙丑	甲子	癸亥

나이	11세	12세	13세	14세	15세	16세	17세	18세	19세	20세
남자	丙子	丁丑	戊寅	己卯	庚辰	辛巳	壬午	癸未	甲申	乙酉
여자	壬戌	辛酉	庚申	己未	戊午	丁巳	丙辰	乙卯	甲寅	癸丑

나이	21세	22세	23세	24세	25세	26세	27세	28세	29세	30세
남자	丙戌	丁亥	戊子	己丑	庚寅	辛卯	壬辰	癸巳	甲午	乙未
여자	壬子	辛亥	庚戌	己酉	戊申	丁未	丙午	乙巳	甲辰	癸卯

나이	31세	32세	33세	34세	35세	36세	37세	38세	39세	40세
남자	丙申	丁酉	戊戌	己亥	庚子	辛丑	壬寅	癸卯	甲辰	乙巳
여자	壬寅	辛丑	庚子	己亥	戊戌	丁酉	丙申	乙未	甲午	癸巳

나이	41세	42세	43세	44세	45세	46세	47세	48세	49세	50세
남자	丙午	丁未	戊申	己酉	庚戌	辛亥	壬子	癸丑	甲寅	乙卯
여자	壬辰	辛卯	庚寅	己丑	戊子	丁亥	丙戌	乙酉	甲申	癸未

나이	51세	52세	53세	54세	55세	56세	57세	58세	59세	60세
남자	丙辰	丁巳	戊午	己未	庚申	辛酉	壬戌	癸亥	甲子	乙丑
여자	壬午	辛巳	庚辰	己卯	戊寅	丁丑	丙子	乙亥	甲戌	癸酉

갑술일

甲戌日의 길신(구보)과 흉살(팔살)			
일덕	寅	형	
일록	寅	충	
역마	申	파	
장생	亥	해	
제왕	卯	귀살	申酉
순기	丑	묘신	未
육의	甲戌	패신	子
귀인	주 未	공망	申酉
	야 丑	탈(脫)	巳午
합(合)		사(死)	午
태(胎)	酉	절(絶)	申

대육임직지

| 甲戌日 | | 제 1 국 |

공망 : 申·酉
낮 : 왼쪽 천장, 밤 : 오른쪽 천장

戊	辛	○	
青寅蛇	朱巳勾	后申白	
寅	巳	申 ○	
戊	戊	甲	甲
青寅蛇	青寅蛇	玄戌玄	玄戌玄
甲寅	寅	戌	戌

辛巳 朱巳	壬午 勾午	癸未 蛇未	○申 青申
庚辰 合辰			○酉 貴酉
己卯 合卯			甲戌 空戌
戊寅 朱寅	丁丑 勾丑	丙子 蛇子	乙亥 青亥

- □ **과체** : 복음, 원태, 참관∥자임, 덕경, 복덕, 폐구, 교차삼합, 사화백 (蛇化白,밤).

- □ **핵심** : 밤에 정단하면 백호가 말을 타고 달려오니 두렵지만 공망되어 었으니 다행이다. 구재정단을 하면 재물을 잃는다.

- □ **분석** : ❶ 말전의 申은 역마이며 일간의 귀살이다. 밤에 정단하면 백호귀살이 역마를 타고서 일간을 극하니 어찌 두렵지 않겠는가? 다행히 申이 공망되었으니 흉한 기세가 점차 수그러져서 약해진다.

  ❷ 가택 위에는 재성인 戌에 주야 모두 현무가 타고 있으니 도둑을 맞거나 반드시 손실을 당한다. 재물을 잃는 것은 밤에만 국한되지 않고 주야 모두 해당한다.

- □ **정단** : ❶ 복음과이고 자임격이며 참관격이다. 그리고 원태격은 마치 갓난아이가 엎드려 있는 상이니 옛것을 유지하는 것은 좋고 움직여서 꾀하는 것은 나쁘다. 만약 움직이면 재앙과 손실이 뒤따른다.

  ❷ 이 과에서 역마는 공허하고 일록이 실재하니 토와 관련이 있는 관직을 얻고 유지하는 것이 좋다.

  ❸ 만약 출행하거나 출장을 갈 때에 이 과로 정단하면 장애가 생겨

서 가지 못할 우려가 있다. 그러나 만약 연명상에 역마가 있거나 혹은 공망된 申이 풀리면 이와 같이 논하지 않는다.
→ 토와 관련이 있는 관직에는 군경직과 출입국관리직이 있다. 이 과전에서 이와 같이 논한 이유는 복음과가 산을 뜻하는 간괘에 해당하기 때문이다.

○ **날씨** : 비가 오지 않는다.
→ 화는 맑은 날씨를 뜻하고 수는 비 오는 날씨를 뜻한다. 화의 장생인 寅은 실하고 수의 장생인 申은 허하니 비가 오지 않는다.
○ **가정** : 가정에 식록이 풍족하다. 정수(靜守)하면 좋고 경거망동하면 형(刑)을 당하며 지출이 많다.
→ 일간은 사람이고 일지는 가택이다. 간상에 일록이 있고 둔반에 재성이 있으니 식록이 풍족하다. 간상에 이미 일록이 임하니 정수(靜守)하면 좋다. 만약 경거망동하면 삼전이 삼형이니 형(刑)을 당하며 지출이 많다. ● 지상의 재성에 주야 모두 현무가 타고 있으니 도난과 사기를 예방해야 한다. 또한 처를 뜻하는 지상의 처재효에 현무가 타고 있으니 부인을 잃는 것을 방지해야 한다. 더욱이 지상의 둔반에 겁재 甲이 임하니 이러한 뜻은 더욱 강해진다. ● 일간과 일지가 삼합하고 그 상신이 다시 삼합하며 일진이 교차삼합하니 가족이 화목하다.
○ **구관** : 가을에는 길하고 나머지 계절에는 흉하다.
→ 일록은 관록이고 관성은 관직이다. 일록 寅은 튼실하지만 관성 申이 공망되었고 삼전이 형(刑)과 충(冲)을 한다. 가을에 정단하면 공망된 관성이 풀리니 길하고, 나머지 계절에 정단하면 관성이 공망되었으니 흉하다.
○ **구재** : 현재의 직장이나 사업을 유지하는 것이 좋다.

→ 간상이 일록이니 현재의 직장이나 사업을 유지하는 것이 좋다. 지상의 재성이 공망되어 었고 삼전이 삼형이니 개업하거나 직장을 옮기면 손해를 본다.

○ **혼인** : 남자를 정단하면 낮 정단에서는 길하고, 여자를 정단하면 주야 모두 흉하다.

→ 일간은 남자이고 일지는 여자이다. 낮 정단에서는 일간에 일록이 임하니 직업이 있는 남자이고 특히 낮 정단에서는 청룡이 간상에 타고 있으니 귀한 남자이다. 그러나 지상에는 주야 모두 흉장인 현무가 타고 있으니 천한 여자인데, 다시 괴강인 戌이니 드센 여자이다. ● 여자가 물은 경우, 말전의 관성이 공망되어 남자를 잃는 상이니 불길하다. ● 간지가 교차삼합하니 궁합이 좋은 편이다. 만약 혼인하면 삼전이 삼형이니 평생 싸운다. ● 중전에 자손효가 임하니 혼인한 뒤에 자식이 있다.

○ **임신·출산** : 반드시 여아이다. 출산이 지연된다.

→ 두 양이 하나의 음을 감싸고 있으니 반드시 여아이다. 원태격은 태아가 성장하는 상이니 출산이 지연된다. 복음과이니 선천성 언어장애가 우려된다.

○ **질병** : 오래지 않아서 저절로 낫는다.

→ 백호귀살은 병의 원인이다. 백호귀살이 申에 타서 목의 오행을 극하니 간병이 든다. 이 과전에서는 목의 오행이 강성하니 토의 장기인 비·위가 허하다. 이 과전에서는 귀살과 백호가 공망되었으니 병이 저절로 낫는다. ● 의약신이 巳이니 뜸과 방사선 등 온열요법이 좋고, 의약신이 巳에 임하니 동남방에서 의약을 구하면 되며, 삼전이 삼형이니 수술한다.

○ **출행** : 복음과에 역마가 공망되어 었으니 갑술순을 벗어나면 출행이 가능하다.

→ 복음과는 출행하지 못하는 과이고 역마는 교통수단을 뜻한다.

갑신순에는 공망된 역마 申이 메워지니 갈 수 있다.
○ **귀가** : 가까운 곳으로 간 사람은 바로 오고, 먼 곳으로 간 사람은 귀가를 예측하기 어렵다.
→ 복음과는 가까운 곳으로 간 사람은 즉시 오고, 먼 곳으로 간 사람은 귀가를 예측하기 어렵다.
○ **도망** : 마을을 벗어나지 않았다.
→ 복음과는 도망친 도둑이나 가출한 가족이 마을을 벗어나지 않았다.
○ **출사** : 밤 정단에서는 흉하고 낮 정단에서는 승전한다.
→ 밤 정단에서는 간상에 흉장인 등사가 타니 흉하다.
○ **쟁송** : 불길하다.
→ 삼전이 삼형이니 쟁송이 불길하다.

――――――――――――――――――――――

□ 『**필법부**』 : 〈제7법〉 왕록이 일간에 임하면 경거망동하면 안 된다.
〈제75법〉 손님과 주인이 다투지 않아도 형벌이 이미 있다.
□ 『**비요**』 : 갑일의 복음과는 순수상신에 주야 모두 현무가 타고 있어서 폐구이니, 총명하고 사리에 밝게 처리하며 자신의 몸을 보존해야 한다. 그리고 갑일(甲日)의 간상에 형제효인 寅이 보이고 삼전에는 처재효가 보이니 반드시 뒤로 물러나서 후회하게 된다. 이른바 게으름으로 인해 취하려고 한 재물을 놓치거나 빼앗길 우려가 있다.

甲戌일 　 제 2 국

공망 : 申·酉 ○
낮 : 왼쪽 천장, 밤 : 오른쪽 천장

丙	乙	甲
白子后	常亥陰	玄戌玄
丑	子	亥
丁	丙	○	○
空丑貴	白子后	陰酉常	后申白
甲寅	丑	戌	酉

庚辰合巳	辛合巳	壬蛇午	癸未空申○
勾朱己卯辰			○后申酉白○
青戌寅卯	蛇		○陰酉戌常
空丁丑寅	丙白子丑	乙常亥子陰	甲玄戌亥玄

- **과체** : 지일, 퇴여 ∥ 침해(피차시기), 육의(말전), 귀살삼사과, 간지협 정삼전, 살몰, 사묘加장생, 귀색귀호(밤).
- **핵심** : 과전에 삼기와 육의를 끼고 있으니 일반인이 정단하면 안정되기 어렵고, 고시생이 정단하면 시험에 이로워서 일등으로 합격한다.
- **분석** : ❶ 甲의 기궁은 寅이고 寅은 곧 甲이기도 하다.
  ❷ 지상의 酉와 간상의 丑이 亥子丑을 가운데에 두고서 끼고 있다.
  ❸ 亥子丑 위에 둔간 乙丙丁을 득했으니 '천상삼기'이고 甲戌은 순수와 육의이며 하괴이니, 고시생이 정단하면 1등으로 합격하지 않을 수 없다. 그러나 일반인에게는 재덕(才德)이 사람에게 미치지 못하니 반드시 안정을 취할 수 없다. 만약 관직자가 가을에 정단하면 모든 일에서 이롭다.
  → 가을에 정단하면 공망된 관성이 메워지고, 재성에서 관성을 생하며, 관성에서 인성을 생하고, 인성에서 일간을 생하니 좋다.
- **정단** : ❶ 지일과의 퇴여격이다. 지일과는 멀리 있는 것을 버리고 가까이 있는 것을 취하며, 친하지 않은 것을 멀리하고 친한 것을 가까이 해야 하며, 은혜는 많고 모든 일은 동류에게서 일어난다. 모든 정

단에서 의혹스럽지만 상하가 화합하면 반드시 길상(吉祥)하다.

❷ 귀살이나 묘신이 일간에 가한 경우에는 타인으로부터 암해를 당하는 것을 방지해야 하며, 특히 용병(用兵)에서 이것을 더욱 꺼린다.

○ 날씨 : 천강이 巳를 가리키고 수신이 발용이 되었지만 비가 많이 오지는 않는다.

→ 천강[辰]은 대각성(大角星)이다. 대각성이 음지인 巳에 가하니 비가 오는 상이다. 비록 초전과 중전의 子亥가 수이지만 초전의 지반과 말전으로부터 극을 받았으니 비가 많이 오지는 않는다.

○ 가정 : 재성과 관성이 모두 좋다. 반드시 시와 문장과 예법은 물론이고 음악이 있는 집안이다.

→ 간상에 재성이 임하니 재운이 좋다. 간상과 중·말전에 삼기를 모두 갖췄으니 시험운이 좋다. 밤 정단에서는 지상에 태상이 타고 있으니 시와 문장과 음악이 있는 집안이다. ● 낮 정단에서는 간상의 재성에 천공이 타고 있으니 재성이 나쁘다. ● 일지 음양의 관성이 모두 공망되었으니 관성이 나쁘다. ● 기궁과 일지가 상합하고 간상과 지상이 상합하지만 공망되었으니 가정이 화목하지 않다.

○ 구관 : 일지와 일간이 삼기를 끼고 있으니 존귀와 영예가 극치에 이른다.

→ 지상 酉… 말전 戌… 중전 亥… 초전 子… 간상 丑… 기궁 寅으로 이어지고 있다. 갑술순의 삼기가 丑이고 육의가 戌이니 의(儀)와 기(奇) 모두를 끼고 있다. 삼기와 육의는 관직정단에서의 길신이니 승진하거나, 발탁을 받거나, 고시에 합격하거나, 선거에서 당선된다. 그러나 낮에는 간상에서 염막귀인이 임하니 퇴임한다.

○ 혼인 : 밤에는 금과 토가 상생하고 태상과 귀인이 타고 있으니 반드시 멋진 남녀이다.

→ 밤 정단에서 간상에 귀인이 타고 있으니 귀한 남자이고 지상에는 태상이 타고 있으니 귀한 여자이다. ● 일간은 남자이고 일지는 여자, 관성은 남자이고 재성은 여자이다. 지상이 공망되었으니 혼인이 불성한다. ● 간지가 교차하여 극(剋)과 형(刑)을 하니 궁합이 나쁘다.

○ **임신·출산** : 반드시 여아이다. 출산이 지연된다.
→ 일간은 태아이고 삼전은 태아의 생육과정이다. 삼전이 1음2양이니 딸이고, 일간의 음양이 1음2양이니 딸이며, 하적상하여 발용이 되었으니 딸이다. 子와 丑이 상합하니 출산이 지연된다.

○ **구재** : 귀인의 재물을 얻는다.
→ 재성은 재물이다. 밤 정단에서는 귀인이 간상의 재성에 타고 있으니 귀인의 재물을 얻는다. 귀인은 주로 관청과 공무원과 은인을 뜻한다.

○ **질병** : 병이 와서 사람을 탈기시키고 사람이 묘지로 들어가니 바로 낫지는 않는다.
→ 일간은 사람이고 일지는 질병이다. 지상의 酉가 간상의 丑을 탈기하여 질병으로 끌어오니 바로 낫지는 않는다. 그리고 말전 戌 ⋯ 중전 亥 ⋯ 초전 子 ⋯ 간상 丑 ⋯ 기궁 寅으로 이어지니 병이 오래간다. ● 백호가 子에 타고 있으니 주로 부모나 어린이에게 병이 든다. ● 의약신이 巳와 午이니 뜸과 방사선 등 온열요법이 좋고, 의약신이 午未에 임하니 정남방과 서남방에서 의약을 구하면 된다.

○ **원행** : 육로로 가는 것이 좋고 귀인의 보살핌을 받는다.
→ 일간은 육로이고 일지는 수로이다. 지상이 공망되었으니 수로가 나쁘다. 육로를 뜻하는 간상에 밤 정단에서 귀인이 타고 있으니 귀인의 보살핌을 받는다.

○ **귀가** : 천강이 사맹에 가하니 출행인은 아직 돌아오지 않는다.
→ 천강[辰]이 사맹인 巳에 가하니 아직 돌아오지 않는다.

○ 유실 : 이미 도둑이 훔쳐갔다.
   → 재성은 재물이다. 현무가 말전에 있는 재성에 타고 있으니 도둑이 물건을 훔쳐서 먼 곳으로 도망쳤다.
○ 출사 : 식량을 적국에서 조달하는 것이 좋다. 반드시 적국에서 식량을 가득 싣고 돌아온다.
   → 일간은 아군이다. 간상에 재물을 뜻하는 재성이 가한다.

□ 『필법부』: 〈제70법〉 귀살이 제3과와 제4과에 임하면 관사와 병환이 끊어지지 않고 계속 이어진다.
   → 지상에 귀살인 酉와 申이 임한다.
□ 『과경』: 甲戌일에서 丑이 寅에 가하고 밤 귀인이 일간에 임하니 '귀인기탄격'이다. 주작이 卯에 타서 천을귀인 丑토를 극한다. 정단하여 이와 같으면 귀인에게 부탁하면 안 된다. 귀인이 도와주려고 하지 않기 때문이다.
□ 『지장부』: 삼전의 子亥戌은 중음(重陰)이다. 평안을 즐기면서 은둔하여 지내는 것을 정단하면, 어찌 편안하게 만족하면서 평생 살지 못하겠는가?

甲戌일　제3국		공망 : 申·酉

낮 : 왼쪽 천장, 밤 : 오른쪽 천장

壬	庚	戊
蛇 午 青	合 辰 合	青 寅 蛇
申 ●	午	辰

丙	甲	○	壬
白 子 后	玄 戌 玄	后 申 白	蛇 午 青
甲 寅	子	戌	申 ○

己卯巳 勾朱	庚辰午 合合	辛巳未 朱勾	壬午申○ 蛇青
戊寅辰 青蛇			癸未酉○ 貴空
丁丑卯 空貴			○申戌 后白
丙子寅 白后	乙亥丑 常陰	甲戌子 玄玄	○酉亥 陰常

- □ **과체** : 섭해, 견기, 퇴간전, 여덕, 고조∥복덕, 맥월, 육양, 관격, 귀소격(歸巢格), 위중취재격, 고진과수.
- □ **핵심** : 과전이 모두 양이니 일반인에게는 재앙이 사라진다. 백호관성이 역마를 타고 달려오니 관직자는 조급해하지 않아도 된다.
- □ **분석** : ❶ 사과삼전 어느 한 곳도 양이 아닌 곳이 없으니 공적인 일에서 좋다.

    ❷ 음의 기운이 모두 가려지고 사라졌으니 일반인에게는 재앙이 사라진다.

    ❸ 백호가 관귀효에 탄 것을 공무원을 재촉한다는 뜻의 '최관부'라고 한다. 지금 낮에는 백호의 음신 戌이 백호승신 子를 제극하고 있고, 밤에는 백호가 역마를 타고 말을 채찍하면서 달려간다. 비록 간절하게 구하는 평안을 얻지 못하더라도 조급해하면 안 된다.

    ❹ 밤 정단에서 주작이 卯에 타서 巳에 가하고 백호가 申에 타서 戌에 임하는 '귀소격(歸巢格)'으로서 출행인을 정단하면 즉시 온다.

    ❺ 백호가 가택에 임하면 상(喪) 당하는 일을 면할 수 없다. 술년(戌年)에는 상문과 조객을 모두 만나니 더욱 확실하다.

➜ 만약 진월(辰月)이나 사월(巳月)에 정단하면 지상의 申이 사신과 사기에 해당하니 반드시 상(喪)을 당한다.
□ **정단** : ❶ 견기격은 타인의 눈치를 살피면서 움직이되 시기를 살펴야 하고 주저하거나 우물쭈물 하지 말아야 한다.
❷ 초전의 청룡과 등사가 공함이 되었으니 흉도 불성하고 길도 불성한다.
❸ 일간을 탈기하는 午가 간상신 子를 충을 하니 자손에게 재물이 나가는 우환이 생긴다.
➜ 여기서는 사맹상신이 발용이 되었으니 '견기격'이라고 하였다.

○ **날씨** : 밤 정단에서는 비가 온 뒤에 갠다. 낮 정단에서는 맑은 뒤에 비가 온다.
➜ 청룡은 강우를 뜻하고, 등사는 맑음을 뜻한다. 밤 정단에서는 초전에 청룡이 타니 비가 오고, 말전에 등사가 타니 맑다. 낮 정단에서는 초전에 등사가 타니 맑고, 말전에 청룡이 타니 비가 온다.
○ **가정** : 백호승신이 일지를 탈기하니 가정에 사망과 상(喪)으로 인한 손실을 입는다.
➜ 백호에는 사망과 상(喪)의 뜻이 있다. 밤 정단에서 지상에서 백호가 귀살에 타서 일간을 극하니 가정에 사고, 질병, 상(喪)을 당하는 우환이 발생한다. ● 일지가 흉하니 이사해야 한다. ● 간상의 부모효 子에 낮에는 백호가 타고 있으니 부모님에게 병환이 있다. ● 기궁과 일지가 상합하고 간상과 지상이 상합하니 가족이 화목하다.
○ **구관** : 관직을 정단하거나 관록을 묻는 정단이라면 이 과를 얻으면 최길하다.
➜ 지상의 관성이 이미 공망되었고 다시 삼전이 고조격이니 관운이 최흉하다. 특히 밤 정단에서는 초전에 청룡이 타고 말전에 등사가

타니 더욱 흉하다.
- ○ 혼인 : 주야 모두 辰에 육합이 타고 있고 지간의 상신이 삼합하니 반드시 성사되는 상이다.

  → ● 섭해과이니 연애나 혼사가 순조롭지 않다. 비록 혼인의 천장인 육합이 중전에 타고 있고 또한 간지와 간지상신이 삼합하지만 일지가 공망되어 었으니 성사되지 않는다. ● 낮에는 지상에 길장인 천후가 타고 있으니 숙녀이고, 밤에는 백호가 타고 있으니 성정이 드세거나 혹은 병이 있는 여자이다.

- ○ 임신·출산 : 과전이 육양이니 임신을 하면 반드시 딸이다. 출산을 정단하면 난산이다.

  → 육양격이다. 양이 극화되면 음이 되니 딸이다. 일간은 태아이고 일지는 임신부이다. 간지와 간지상신이 삼합하니 난산이다.

- ○ 구재 : 주야 모두 재물을 얻는다.

  → 재성은 재물이다. 주야 모두 중전의 辰에 육합이 타고 있으니 재물을 얻는다.

  ※『육임직지』원문에서는 "낮 정단은 반드시 취득하고, 밤 정단은 불길하다."고 하였다.

- ○ 질병 : 백호귀살이 일간을 극하지만 본명이 화에 속하면 목숨을 구한다.

  → 백호귀살은 병인이다. 백호귀살이 일간을 극하지만 이미 공망되어 었으니 병이 낫는다. 만약 본명이 未와 申이면 본명상신이 화이니 더욱 길하다. ● 의약신이 화이니 뜸과 방사선 등 온열요법이 좋고, 의약신이 未에 임하니 서남방에서 의약을 구하면 된다.

- ○ 출행 : 역마가 가택에 임하니 머물 수 없다.

  → 일지는 가택이고 역마는 교통수단이다. 지상에 역마가 있으니 가택을 떠나 출행하는 상이지만 역마가 공망되어 었으니 출행할 수 없다. 그러나 다음 순에는 공망된 역마가 풀리니 갈 수 있다.

○ **귀가** : 천강이 사중에 가하니 반드시 중도에 있다.
➔ 천강[辰]이 사중인 午에 가하고 다시 고조격이니 곧 귀가한다. 또한 卯에 주작이 타서 巳에 가하고 백호가 申에 타서 戌에 임하여 '귀소격(歸巢格)'이니 곧 도착한다.

○ **출사** : 먼저 공격하는 쪽은 이롭고 방어하는 쪽은 불리하다.
➔ 상극하가 발용이 되었으니 먼저 공격하는 쪽이 이롭다. 특히 봄이나 여름에 정단하면 발용의 천반이 득령했으니 더욱 확실하다.

□ 『**필법부**』 : 〈제5법〉 육양수가 갖춰지면 공적으로 써야 한다. 공적인 일에는 이롭지만 사적인 일에는 불리하다.
〈제4법〉 최관사자(관리에 임명을 재촉하는 것)는 관청에 부임하는 기일을 말하는 것으로서 반드시 매우 빨리 부임하게 된다. 만약 최관사자가 공망되면 거짓소식이 되거나 유배를 가게 된다.
➔ 백호가 관성에 타는 것이 최관사자이다. 관직자가 정단하면 최길하고, 비 관직자가 정단하면 최흉하다.

□ 『**과경**』 : 甲戌일에서 간상이 子이고 지상이 申이니 위험 속에서 재물을 취하는 격이다. 일간이 지진을 극을 하니 일지가 재물이 되지만 지금 지상에 귀살이 있으니 스스로 놀람과 위험 속에서 재물을 취하는 것을 면할 수 없다. 다행히 갑술순에 귀살인 申이 공망되었으니 두렵지 않다.

| 갑술순 | 갑술일 | 4국 |

甲戌일 제4국

공망 : 申·酉 ○
낮 : 오른쪽 천장, 밤 : 왼쪽 천장

○	辛		戊
后 申 白	朱 巳 勾		青 寅 蛇
亥	申 ○		巳
乙	○	癸	庚
常 亥 陰	后 申 白	貴 未 空	合 辰 合
甲 寅	亥	戌	未

戊 青 寅 巳	己 蛇 卯 朱 午	庚 合 辰 合 未	辛 朱 巳 勾 申 ○
空 丁 丑 辰	貴		蛇 壬 午 青 酉 ○
白 丙 子 卯	后		貴 癸 未 空 戌
常 乙 亥 寅	陰 甲 戌 玄 丑	玄 ○ 陰 酉 子 常	后 申 白 亥

- **과체** : 요극, 호시, 원태(병태) // 침해(피차시기), 복덕(불성), 무음(교차극), 태상간생(낮), 재폐구, 호화사(虎化蛇,밤), 고진과수.
- **핵심** : 화살이 날아와서 해치려고 하지만 화살촉이 없으니 다행이다. 집안에 머물면서 입을 다물면 생업이 번창한다.
- **분석** : ❶ 호시는 쑥대로 만든 화살이니 무력하고, 발용이 공망되어 화살을 잃은 상이니 더욱 무력한 과이다.
❷ 갑술순의 끝 글자인 未가 가택에 임하여 '폐구'이니 말을 조심하고 신중해야 우환을 면할 수 있다.
❸ 간상의 亥는 甲목의 장생이고 음신인 申은 수의 장생이다. 발원지에서 물이 끊임없이 흘러와서 생해 주니 생업이 저절로 번창한다.
- **정단** : ❶ 일간의 귀살이 발용되었고 다시 역마가 타고 있다. 관직자가 정단하면 일이 매우 신속하지만 아쉽게도 초전의 申이 공망되었다.
❷ 백호가 申에 타서 亥에 가한 것을 백호가 달리니 백호의 불기가 드러난다는 뜻의 '호분둔명(虎奔臀明)'이라고 하여 반드시 가택에 병

자가 있다.

○ **날씨** : 초전이 공망이다. 갑신순에는 비가 온다.
  → 수모(水母)인 申이 다음 순에 풀리니 갑신순에는 비가 온다.
○ **가정** : 일간에는 생기가 타고 일지에는 재신이 타니 가택 내외에서 이익이 생긴다. 다만 공망된 귀살이 재앙이 되니 복시(伏屍)의 그림자가 없지 않다.
  → 일간은 사람이고 일지는 가택이다. 장생이 간상에 임하니 생업이 활기차다. 그리고 지상이 일간의 재성이니 경제적인 이익이 있어 보이지만 재성이 폐구되었으니 가계가 나쁘다. ● 기궁과 일지가 상합하고 간상과 지상이 상합하니 가족이 화목한 상이지만, 일간이 지상을 극하고 일지가 간상을 극하여 무음격이니 부부가 불화하여 서로 음란하다.
○ **구관** : 관성과 역마가 모두 공망되었으니 관직정단이 불길하다.
  → 관성은 관직이고 역마는 승진의 신이다. 이 둘이 공망되어 었으니 흉하다. 특히 밤 정단에서는 '호화사' 곧 호랑이가 여우가 되는 상이니 더욱 흉하다.
○ **구재** : 일덕과 일록이 말전에 있고 낮 정단에서는 청룡이 타고 있으니 더욱 길하다.
  → 일록은 생업이고 청룡은 재물이다. 낮에는 청룡이 일록 寅에 타고 있으니 길하다. ● 간상의 亥는 일간의 장생이다. 낮에는 이곳에 태상이 타고 있으니 의류, 주류, 유흥업으로 생업이 발전하고, 밤에는 이곳에 태음이 타고 있으니 보석류, 여성용품으로 생업이 발전한다.
○ **혼인** : 낮 정단은 혼인해도 된다. 밤 정단은 나쁘다.
  → 일간은 남자이고 일지는 여자이다. 낮에는 지상에 길장인 귀인

이 타고 있으니 밤에 비해 좋다. 밤에는 지상에 흉장인 천공이 타고 있으니 나쁘다. ● 낮 정단에서 간상의 장생에 태상이 타고 있으니 혼인의 경사가 있다. 다만 지상의 재성이 이미 묘신이고 다시 폐구가 되었으니 불성한다. ● 간지가 교차상극하여 무음격이니 궁합이 나쁘다.

○ **임신·출산** : 두 양이 하나의 음을 감싸니 임신하면 반드시 딸이다.
→ 일간은 태아이고 삼전은 태아의 성장 과정이다. 일간의 음양이 1음2양이니 딸이고 삼전이 다시 1음2양이니 딸이다.

○ **질병** : 밤 정단에서 백호귀살이 공망되었으니 병세가 위중하더라도 치료할 수 있다.
→ 백호가 귀살에 타면 '백호귀살'이다. 여기에서의 백호는 병인이고 귀살은 병의 위중을 뜻한다. 백호귀살이 오행의 목을 극하니 목의 장부인 간에 병이 생기지만 낮 정단에서 백호귀살이 공망되었으니 저절로 병이 낫는다. ● 의약신이 수이니 뜸과 방사선 온열요법이 좋고, 의약신이 酉에 임하니 정서방에서 구하면 된다.

○ **모망** : 앞은 공허하고 뒤는 튼실하다. 처음에는 어렵고 나중에는 쉽다.
→ 초전은 공망이고 말전은 공망이 아니다.

○ **출행** : 낮 정단에서 수로와 육로 모두 이롭다. 다만 역마가 공망되었으니 당장은 움직일 수 없다.
→ 일간은 육로이고 일지는 수로이다. 간상에 길신인 장생이 임하니 육로가 길하고, 지상에 흉신인 묘신이 임하니 수로가 불길하다. 육로가 길하지만 공망된 역마 申이 풀리는 갑신순에 갈 수 있다.
※『육임직지』원문에서는 "밤 정단에서 수로와 육로 모두 이롭다."고 하였다.

○ **귀가** : 천강이 사계에 가하니 출행인이 즉시 온다.
→ 천강(辰)이 사계인 未에 가하니 출행인이 즉시 온다.

○ **행군** : 매복병이 있으니 신중하게 방비해야 한다.
→ 초전은 행군의 초기, 중전은 중기, 말전은 말기이다. 중전 巳 위의 둔반에 귀살이 임하니 매복병이 있고 위험하다.

□ 『**필법부**』 : 〈제64법〉 부부가 음란하여 각기 사통하는 일이 있다. 반드시 사적으로 간통하며 부부 불화의 뜻이 있다.
→ 일간 甲이 지상 未를 극하고 일지 戌이 간상 亥를 극하여 무음격이니 부부가 불화하고 음란하여 각기 사통하는 일이 있다.
〈제75법〉 손님과 주인이 다투니 형벌을 받는다. 모든 정단에서 서로 형을 하는 뜻을 면하지 못한다. 교섭사는 반드시 각각에게 다른 마음이 있다.
→ 이 과전의 삼전이 삼형이니 나와 상대가 서로 다툰다. 혼인, 교섭, 교제, 거래, 무역, 쟁송에서 서로 다툰다.

□ 『**오월춘추**』 : 오자서가 말하기를, 점시 子에 酉를 가했더니 청룡은 午에 타고, 일덕은 寅이며, 형(刑)은 申에 있으니 형이 일덕을 손상시킨다. 따라서 아버지에게는 불효하는 자식이 있고, 왕에게는 반역하는 신하가 있다. 필자가 풀어보니 과명이 호시이다. 갑술순의 공망된 申이 亥에 가하여 亥와 육해(六害)이고, 다시 亥는 일간 寅과 파(破)이고, 申은 다시 일간의 귀살이고, 삼전이 형전(刑戰)을 하며, 일간 甲이 지상신 未를 극하니 과전의 모든 곳에 온화한 기운이 전혀 없다. 따라서 자식이 부모의 뜻을 거스르고 신하가 임금을 배반한다.
※ 오자서(?~B.C.484) : 춘추시대 오나라의 군사전략가이다.

| 갑술순 | 갑술일 | 5국 |

甲戌일 제5국

공망 : 申·酉
낮 : 왼쪽 천장, 밤 : 오른쪽 천장

甲		壬		戊	
合 戌 合		后 午 白		白 寅 后	
寅		戌		午	

甲		壬		壬		戊	
合 戌 合		后 午 白		后 午 白		白 寅 后	
甲寅		戌		戌		午	

丁 貴 空 丑 巳	戊 寅 白 后 午	己 卯 常 陰 未	庚 玄 玄 辰 申 ○
丙 青 蛇 子 辰			辛 陰 常 巳 酉 ○
乙 勾 朱 亥 卯			壬 后 白 午 戌
甲 合 合 戌 寅	朱 ○ 勾 酉 丑	勾 ○ 蛇 申 子 青	癸 貴 空 未 亥

□ **과체** : 중심, 염상, 췌서, 참관 // 초전협극, 육의, 록현탈(낮), 복덕, 회환, 육양, 옥택범관, 합중범살, 취환혼채, 음일(교동,낮), 신장·살몰·귀등천문(낮), 사묘加장생, 귀인차질.

□ **핵심** : 가택의 내외가 연결되어 있다. 주택은 왕성하지만 사람은 쇠한다. 잃은 재물을 나중에 되찾는다. 종업원의 간음을 방지해야 한다.

□ **분석** : ❶ 삼전에서 일간을 탈기하니 반드시 유실 정단이다.

❷ 寅이 午로 가서 午에 가하고, 午가 戌로 가서 戌에 가해서 화국을 이루며, 스스로 일지음신(제4과)에서 일간양신(제1과)까지 내외가 결탁하여 손잡는 상이다.

❸ 삼전에서 일간을 탈기해서 일지를 생하니 사람은 쇠하고 집은 왕성하다.

❹ 戌이 일간의 재성이지만 지반의 寅으로부터 극을 당하고 육합으로부터 다시 상하니 내가 소유할 수 있는 재물이 아니다.

❺ 간상이 일간의 재성이니 잃었던 재물이 다시 왔다.

❻ 戌은 노비이고 여기에 육합이 타니 간음이 되고 寅은 귀호(鬼戶)

이다. 戌과 육합과 寅이 같이 있으니 노비(종업원)가 간통하고 도주한다.

□ **정단** : 일지가 간상에 가한 뒤에 일간으로부터 극을 당한다. 처가 남편에게 시집간 뒤에 자기를 굽히고 남편을 따르는 상으로서 자기의 뜻을 굽히고 남을 따르며 자기 뜻대로 하지 못한다.

―――――――――――――――――

○ **날씨** : 과전이 모두 화이니 비가 오지 않는다.
　→ 오행의 화는 맑은 날씨를 뜻한다.
○ **가정** : 삼전이 체생하고 있으니 거주지가 반드시 넓다.
　→ 일간은 사람이고 일지는 집이다. 삼전에서 일간을 탈기해서 일지를 생하여 사람이 쇠해지는 가상이니 이 집을 팔고 이사해야 한다. ● 만약 이 집에 계속해서 거주하면 일간의 상하와 일지의 상하와 삼전이 삼합하여 일간을 탈기하니 가정의 재산이 모두 흩어진다. ● 밤 정단에서 지상에 백호가 타고 있으니 가정에 환자가 발생하며, 백호승신 午에서 오행의 금을 극하니 폐와 대장에 병이 든다.
○ **구관** : 삼전에서 관성을 극하니 공명을 취하기 어렵다.
　→ 삼전의 화국이 상관국이니 구관에 대흉하다.
○ **혼인** : 삼합으로 연결되어 있으니 반드시 맺어진다.
　→ 일간은 남자이고 일지는 여자이다. 사과는 물론이고 삼전이 다시 삼합하고 있고, 처를 뜻하는 일지가 간상으로 와서 여자가 남자에게 시집오는 상이니 혼인이 반드시 맺어진다. 다만 일간의 상하와 삼전이 삼합하여 일간을 탈기하니 손실이 크다. ● 낮 정단에서는 초전이 육합이고 말전이 천후여서 교동격이니 남자가 연애결혼을 한다. ● 낮에는 지상에 천후가 타니 숙녀이고, 밤에는 지상에 백호가 타니 병이 있는 여자이다.
○ **임신·출산** : 과전이 모두 양이니 임신하면 반드시 아들이다.

→ 과전이 화국(염상)이니 아들이다. 일간과 일지의 상하와 삼전이 삼합하고 있으니 임신은 잘 되고 출산은 지연된다.

O 구재 : 얻는 것도 있고 잃는 것도 있다.
→ 삼전의 탈기국은 잃는 재물이고 간상의 재성은 얻는 재물이다.
● 초전의 재성이 협극 당했으니 사업이 불리하다. 만약 여름이나 토왕절에 정단하면 재성 戌이 왕성하니 재물을 얻는다.

O 질병 : 허탈증이다.
→ 과전이 탈기국을 이뤄서 일간을 탈기하니 허탈증이다. 또한 화국에서 일간 甲을 설기하니 목의 장부인 간·담이 허하고, 화국에서 금을 극하니 금의 장부인 폐대장이 허하다. ● 의약신이 午이니 뜸과 방사선 등 온열요법이 좋고, 의약신이 戌에 임하니 서북방에서 의약을 구하면 된다.

O 출행 : 장애가 있다. 연인과 출행한다.
→ 낮 정단에서 삼전이 교동격이니 연인과 함께 여행한다.

O 귀가 : 즉시 오지 못한다.
→ 과전이 삼합을 하고 있어서 타인과 회합을 갖고 있으니 즉시 오지 못한다.

O 출사 : 비축된 식량이 부족하다.
→ 과전이 탈기국이니 비축된 식량이 부족하다.

O 기타 : 삼전에서 일간을 탈기해서 일지를 생하니 쟁송과 교섭을 정단하면 상대는 이롭고 나는 불리하다.

─────────────────────────

□ 『필법부』: 〈제85법〉 초전이 협극되면 뜻대로 되지 않는다. 초전이 극방에 앉고 다시 천장으로부터 극을 당하는 것이다. 만약 협극되는 것이 재신이면 재물을 꾀하지 못하고, 귀살이 협극되면 신묘하게 되어 우환을 당하더라도 우환이 되지 않는다.

→ 이 과전에서는 재물이 협극을 당했다.
- 『**육임지남**』: 8월에 월장 未를 점시 亥에 가한 뒤에 무관고시 정단을 한다. 하괴[戌]가 일간에 가해서 발용이 되고, 귀인이 연명 위에 앉아 있는 반주격이며, 기쁘게도 주작의 둔간이 삼기인 乙이고 장생 왕기에 타고 있으니 문장이 고시관의 마음에 든다. 또한 전송[申]이 子에 가하여 화살이 반드시 살받이에 꽂히니 합격을 의심하지 않아도 된다.
- 『**고감**』: 월장 亥를 卯에 가한 뒤에 유실 정단을 한다. 일지 戌이 未와 형(刑)이다. 未가 亥에 임하면 의당 서북의 亥 위에서 수색해서 찾아내면 된다. 未는 8이고 亥가 4이니 4×8을 하니 32리이다. 亥는 수이고 또한 누각이며 未는 술과 음식이다. 따라서 물 가까이에 있는 주막에 감춰져 있다. 나중에 모두 적중했다.

甲戌日 제 6국

공망 : 申·酉
낮 : 왼쪽 천장, 밤 : 오른쪽 천장

	丙		癸		戊
青 子 蛇		貴 未 空		白 寅 后	
	巳		子		未
○		庚		辛		丙
朱 酉 勾		玄 辰 玄		陰 巳 常		青 子 蛇
甲 寅		酉○		戌		巳

丙子巳 青蛇	丁丑午 空貴	戊寅未 白后	己卯申○ 常陰
乙亥辰 勾朱			庚辰酉○ 玄玄
甲戌卯 合合			辛巳戌 陰常
朱酉寅 勾	蛇申丑 青	貴未子 空	后午亥 白

□ **과체** : 지일, 사절(四絶) ∥ 록현탈(낮), 복덕, 맥월, 관격, 태수극절, 아괴성(불성), 교차탈기, 태신공망, 작귀(作鬼).

□ **핵심** : 초전과 말전이 밤 귀인을 인종하니 귀인이나 존장사에서 큰 기쁨이 있다. 귀살이 공망되었으니 헛된 걱정일 뿐이고, 주객이 서로 상대방을 탈기한다.

□ **분석** : ❶ 초전은 子이고 말전은 寅이다. 천반에서 밤 귀인 丑을 공협(拱挾)하고, 삼전이 낮 귀인 未를 인종한다. 만약 귀인이나 존장의 일을 정단하면 반드시 큰 기쁨이 있다.

❷ 간상의 귀살 酉가 갑술순의 공망되어 있으니 헛된 우려일 뿐이다.

❸ 간상에는 일지의 탈기가 타고 지상에는 일간의 탈기가 타니 사람과 가택에 손실이 생긴다.

□ **정단** : ❶ 지일과는 일간과의 음양이 동일한 곳이 발용된다. 두 가지 중에서 한 가지를 선택해야 한다.

❷ 그 일은 홀연히 일어나고 홀연히 그친다.

❸ 남에게 부탁하면 부실하고 거래는 성사되기 어렵다.

❹ 내가 남에게 얻게 되면 상대도 반드시 나에게서 대가를 받으려고 하니, 서로 얻기도 하고 서로 잃기도 하는 상이다.
❺ 寅이 未에 가하고 여기에 낮에 백호가 타니 신을 모신 사당에 의한 재앙이 있다.

○ 날씨 : 천강이 필(畢)에 임하니 갑술순을 벗어난 뒤에 큰비가 온다.
  ➔ 천강은 辰이며 대각성이고 필수는 酉이다. 천강이 酉를 가리키지만 酉가 공망되었으니 지금은 비가 오지 않지만 공망된 酉가 풀리는 갑신순에는 큰비가 온다.
○ 가정 : 모든 일이 집의 가장으로부터 일어나는 것이지 재앙이 밖에서 오는 것이 아니다. 일간과 일지가 모두 탈기를 당하니 도적을 막기 어렵다.
  ➔ 일간은 사람이고 일지는 가정이다. 간상에 귀살이 임하니 가장에게 흉사가 발생한다. 낮에는 주작이 타니 구설수나 탄핵이나 관재가 발생하고, 밤에는 구진이 타니 관재가 발생한다. 그리고 간상에서 일지를 탈기하고 지상에서 일간을 탈기하니 가정 내외에 손실이 발생한다.
○ 구관 : 식록은 있지만 관성이 없다. 만약 정단하는 사람의 연명에서 공망을 메우면 얻을 수 있다.
  ➔ 甲戌일의 관성은 申과 酉이다. 본명과 행년이 申이나 酉인 사람은 관직이나 직장을 얻거나, 승진하거나, 발탁되거나, 선거에서 당선된다. 이 외에도 신년이나 유년, 신월이나 유월, 신월장이나 유월장에 정단하면 역시 얻는다.
○ 혼인 : 간지가 서로 극한다. 여자가 남자를 정단하면 매우 흉하다.
  ➔ 일간은 남자이고 일지는 여자이다. 일간이 일지를 극하고, 지상에서 간상을 극하니 궁합이 나쁘다. 신랑감을 정단하면 일간이 공

망되었고 다시 관성이 공망되었으니 혼인이 불성한다. 간지가 교차탈기하니 연애나 혼담에서 피차 손실이 발생한다.

○ **임신·출산** : 태아는 공허하고 임신부는 튼실하니 태아가 형성되지 않을 우려가 있다.

→ 태아인 일간이 공망되었으니 임신을 정단하면 임신되지 않았다. 만약 유년이나 유월이나 유월장(곡우~소만) 기간에는 풀리니 임신된다.

○ **알현** : 밤 정단에서는 만날 수 있다.

→ 낮 정단에서는 귀인승신이 일간의 묘신이니 귀인을 만나서 귀인으로부터 기만을 당한다. 밤 정단에서는 귀인승신이 재성이니 귀인을 만나서 귀인으로부터 이익이 있다.

○ **구재** : 잃기도 하고 얻기도 한다.

→ 잃는 것은 교차탈기를 하기 때문이고, 얻는 것은 일지가 일간의 재성이기 때문이다. 그리고 현무가 일간음신의 辰에 탔고 다시 공망되었으며 중전의 未가 폐구되었으니 얻지 못하는 재물이다.

○ **질병** : 사람은 공허하고 병은 튼실하니 반드시 낫기 어렵다. 그러나 연명상에 수의 12지나 수의 천장이 타면 반드시 낫는다.

→ 일간은 병자이고 일지는 질병이다. 일간은 공망되었고 일지는 튼실하니 낫기 어렵다. 만약 연명이 辰이나 巳이면 그 상신 亥나 子에서 일간을 생하니 병이 낫는다. 의약신이 巳이니 뜸과 방사선 등 온열요법이 좋고, 의약신이 戌에 임하니 서북방에서 의약을 구하면 된다.

○ **출행** : 사람이 공망되고 역마가 다시 공망되어 었으니 갈 수 없다.

→ 출행인을 뜻하는 일간이 공망되어 었고 여객수단을 뜻하는 역마가 공망되었으니 출행할 수 없다. 지일과이니 근처로 출행해야 한다.

○ **귀가** : 천강이 사중에 가하니 반드시 오는 중이다.

→ 천강[辰]이 사중인 酉에 가하니 반드시 오는 중이다. 초전이 子이니 어린이나 부인의 귀가를 정단한다면 곧 도착한다. 子에는 어린이와 부인의 뜻이 있다.
○ **행사(行師)** : 갑자기 소리가 들리더라도 절대로 놀라서는 안 된다. 낮 정단에서 아군이 승전한다.
→ 일간은 장졸이다. 간상의 귀살이 공망되었으니 허성일 뿐이다.
○ **기타** : 간지가 교차탈기를 당하니 타인에게 손실을 입는다.

□ 『**필법부**』 : 〈제1법〉 앞과 뒤에서 이끌고 따르면 승진에 길하다. 반드시 관직자는 승진·발탁된다.
〈제35법〉 사람과 가택이 실탈당하니 두 곳 모두에서 도적을 초래한다. 타인에 의한 속임수로 손실을 입게 되고, 가택은 반드시 도적에게 재물을 도난당한다. 만약 질병 정단이면 심기가 빠져서 쇠약해지고 피곤하며 고달프게 된다.
□ 『**과경**』 : 여섯 甲일은 간상의 酉에 낮 정단에서 주작이 귀살을 만든다는 뜻의 '작귀격(雀鬼格)'이다. 주작이 일간의 귀살에 타고 간상에 가하니 공무원은 탄핵을 방지해야 하며, 임금(상부)에게 글을 올려서 아뢰는 일에서 좋지 못할 뿐만 아니라 오히려 내쫓기고 문책당한다.
□ 『**중황경**』 : 丑이 午로 들어가서 午로 전해지니 저주가 많다.
→ 丑은 귀인의 본가이고 午는 주작의 본가이니 丑이 午에 가하면 귀인에게 구설수나 저주를 당한다.
□ 『**옥성가**』 : 천공이 未에 타면 우물에 괴이한 것이 많다.
→ 천공이 우물이고 未도 우물이다. 우물의 뜻이 겹쳤으니 우물에 괴이한 것이 있다. 동양천문학의 28수는 12지에 배속되어 있다. 未에는 우물 '井'이 있으니 未를 우물로 분석할 수 있다.

甲戌일 제 7 국

공망 : 申·酉
낮 : 왼쪽천장, 밤 : 오른쪽 천장

戊	○	戊
白寅后	蛇申青	白寅后
申 ○	寅	申 ○
○	戊	庚	甲
蛇申青	白寅后	玄辰玄	合戌合
甲寅	申 ○	戊	辰

乙亥 勾	丙子 朱	丁丑 蛇	戊寅 貴	白	后
甲戌辰 合	青午	空未	己卯酉 ○	常	陰
朱酉卯 ○			庚辰戌	玄	玄
蛇申寅	癸未丑	壬午子	辛巳亥		
青	貴空	后白	陰常		

- □ **과체** : 반음, 원태(절태), 참관 // 삼전외전(낮), 덕경(멸덕), 록현탈격(낮), 회환, 삼전개공, 명암이귀, 알구화출, 고진과수.

- □ **핵심** : 낮 정단에서는 백호가 나의 식록을 빼앗아 간다. 귀살에 청룡이 타고 있으니 좋고 나쁨을 자세하게 살펴야 한다. 삼전은 모두 공망되었다.

- □ **분석** : ❶ 寅은 일록이다. 낮에 백호가 타니 좋은 것이 나쁘게 변하고, 申이 일간의 귀살인데 밤에 청룡이 타니 나쁜 것이 좋게 변한다. ❷ 그러나 삼전이 모두 공망되었으니 좋고 나쁨을 논하는 것은 마치 산 위의 뜬 구름과 같고, 물속에 잠긴 명월에 불과하다.

- □ **정단** : ❶ 반음과이고 원태격이다. 모든 일이 반복되고 불안한 상이다. 비록 화와 복이 싹트더라도 화복을 결정하기 어렵고, 강한 사람은 약해지고 약한 사람은 강해지며, 형편이 순조롭지 못한 사람은 진취적으로 나가야 하고 형편이 순조로운 사람은 후퇴해야 하니, 마치 나쁜 일이 마냥 나쁜 일만은 아니라 경우에 따라서는 전화위복이 될 수 있는 새옹지마의 상이다.
❷ 지상신이 일간의 재성이지만 오히려 간상의 귀살을 생하니 귀인

에게 부탁하는 구재사는 나쁘지만 밤 정단에서는 申에 청룡이 타니 길하다.
❸ 대체로 구사(舊事)는 이루지만 이 구사가 뒤집히는 것을 방지해야 한다.
❹ 寅이 申에 가하고 여기에 천후가 타면 소식 정단에서 소식이 온다.

○ **날씨** : 맑은 날씨를 원하는 정단을 하면 맑지 않고, 비를 원하는 정단을 하면 비가 오지 않는다.
　➜ 반음과는 기후가 번복되는 특징이 있다.
○ **가정** : 재물을 도난당하는 것을 방지해야 한다.
　➜ 일간은 가장이고 일지는 가정이다. 지상의 재성에 현무가 타고 있으니 도난을 당하거나 혹은 부인이 도망치는 것을 방지해야 한다. ● 귀살이 일간에 임하니 가장에게 화가 닥친다. 낮에는 등사가 타니 놀랄 일이 생기고, 밤에는 청룡이 타니 생계난이 생기지만 이들이 절지에 임하니 우환이 끝난다. ● 기궁과 일지가 상합하고 간상과 지상이 상합하니 가정이 화목해 보이지만 간지의 상하가 상충하니 속으로는 화목하지 않다.
○ **구관** : 관성과 일록이 모두 공망되었으니 관직정단에서 불길하다.
　➜ 관성인 申이 공망되어 었고, 관록을 뜻하는 일록 寅이 공망되어 었으니 관직을 잃거나 얻지 못하는 상이니 불길하다.
○ **혼인** : 밤 정단에서는 길한 남자이지만 공망되어 었으니 그렇지 않다.
　➜ 일간은 남자이고 일지는 여자이다. 밤 정단에서 간상에 길장인 청룡이 타고 있으니 길한 남자이다. 그러나 지상의 재성에 현무가 타고 있으니 성정이 바르지 못한 여자이다. ● 여자가 정단한 경우,

기궁과 일지가 상합하고 간상과 지상이 상합하지만 일간과 관성이 공망되어 었으니 혼인은 불성한다.

○ **임신·출산** : 태아는 공허하고 임신부는 튼실하니 불임이 우려된다.
→ 일간은 태아이고 일지는 임신부이다. 일간과 태신인 酉가 공망되어 었으니, 만약 임신의 유무를 정단하면 임신되지 않았고, 만약 임신의 안부(安否)를 정단하면 낙태될 우려가 있다.

○ **구재** : 자신의 집을 보호하기 어렵다.
→ 일지는 가정이고 영업장이다. 지상에 현무가 타고 있으니 자신의 집이나 사업장에서 물건을 도난당할 우려가 있다.

○ **질병** : 급병은 길하고 구병은 흉하다.
→ 구병이 흉한 경우는 일간이 공망되거나 발용이 공망되는 경우이다. 그리고 반음과는 질병이 재발하는 경우가 많다. ● 의약신이 巳午이니 뜸과 방사선 등 온열요법이 좋고, 의약신이 亥子에 임하니 서북방과 정북방에서 의약을 구하면 된다.

○ **출행** : 역마가 공망되었으니 출행이 실현되지 않는다.
→ 역마는 교통수단이다. 갑술의 역마인 申이 공망되었으니 출행이 실현되지 않는다.

○ **귀가** : 천강이 사계에 가하니 즉시 돌아온다.
→ 천강이 사계인 戌에 가하니 즉시 귀가한다.

○ **출사** : 삼전이 모두 공망되어 었으니 잠시 쉬는 것이 좋다.
→ 초전은 전쟁의 초기, 중전은 중기, 말전은 말기이다. 삼전이 공망되었으니 출사하여 무익하니 잠시 쉬는 것이 좋다.

○ **기타** : 8월에 정단하면 한 사람도 빠짐없이 모두 잡힌다.

□ 『**필법부**』 : 〈제90법〉 오고 감이 모두 공망되었으니 어찌 움직이는 것이 옳겠는가? 반음과의 삼전이 모두 공망되면, 비록 움직이려는 뜻

은 있지만 실제로는 움직이지 못한다.

〈제74법〉 이른바 삼전이 모두 공망되는 것이다. 우환사와 의혹사가 풀리고 사라지는 일에는 좋지만, 성취하려고 하는 일은 얻을 수 없다. 질병을 정단하면 구병 환자는 사망하고, 급병 환자는 낫는다.

〈제94법〉 희신과 구신이 공망되면 묘한 기틀이 된다. 공망되면 좋은 것은 극(剋)과 도(盜)와 묘신(墓神)과 일간을 요극하는 신인데 이들은 모두 공망되면 좋다.

□ 『과경』: 여섯 甲일에서 申이 甲에 가하는데 간상신은 일간의 드러난 귀살(明鬼)이고, 지상의 辰토 위의 庚금은 숨어있는 귀살(暗鬼)이다. '명암이귀'는 귀살이 제3·4과에 임하는 것이다.

□ 『옥성가』: 반음과에서 어떤 일을 정단할 경우 단정하여 말할 수 없다. 반음과에서 왕복하여 거듭 보이는 것은 두 가지로 인한 것이다. 일반인이 정단하면 몸이 동요한다.

| 갑술순 | 갑술일 | 8국 |

甲戌日　제 8 국

공망 : 申·酉
낮 : 왼쪽천장, 밤 : 오른쪽 천장

丙	辛	甲
青子蛇	陰巳常	合戌合
未	子	巳

癸	丙	己	○
貴未空	青子蛇	常卯陰	蛇申青
甲寅	未	戌	卯

甲合戌巳	乙勾亥午 朱	丙青子未 蛇	丁空丑申 貴○
朱○酉辰 勾			白戌寅 酉○ 后
蛇○申卯 青			常己卯戌 陰
貴癸未寅 空	后壬午丑 白	陰辛巳子 常	玄庚辰亥 玄

- □ **과체** : 지일∥침해, 육의(말전), 복덕(중전), 재작폐구, 묘신부일, 살몰, 사묘加장생, 귀색귀호(낮).

- □ **핵심** : 낮 귀인이 묘지로 들어갔으니 소송에서 관청의 노함이 있다. 관재를 해결하기 위해 戌에 의지하지만 결국 헛되고 잘못된다.

- □ **분석** : ❶ 낮 귀인과 일간의 묘신인 未가 일간을 덮고 있고, 초전의 子수는 간상의 未와 서로 육해이다. 만약 소송을 논하면 반드시 재판관의 노여움을 산다.

  ❷ 말전의 戌토가 子수를 극하고 제압하니 귀인의 진노가 조금 풀린다. 그렇지 않으면 결국 굴복당할 수밖에 없다.

- □ **정단** : ❶ 과명이 지일과이다. 지일과는 이웃을 의미하고 선과 악이 같이 있다. 일은 두 갈래이고 그 중에서 하나를 선택해야 한다. 화는 밖에서 오고 잃어버린 물건은 이웃집에 있다. 모든 정단에서 여우와 같은 의심이 들고 또한 은혜 속에 해가 생긴다.

- ○ **날씨** : 수운이 위에 있고 천강이 亥를 가리키니 반드시 비가 오지만,

말전이 초전을 극하니 오랫동안 비가 오지는 않는다.
→ 오행의 수는 강우를 뜻하고 토는 수를 몰아낸다. 초전이 비록 子수이지만 지반의 未토와 말전의 戌토로부터 제극을 당하니 적은 비가 올 뿐이다.

○ 가정 : 가정에 재물이 있다. 의복과 식량이 무궁하다.
→ 일간은 사람이고 일지는 가정이다. 일지 戌이 일간의 재성이고 지상의 둔간은 재성인 己, 일상에는 재성인 未가 임하고 말전에는 재성인 戌이 임한다. 따라서 가정에 의복과 식량이 무궁하다. ● 기궁과 일지가 상합하고 간상과 지상이 상합하니 가족이 화목하다. 다만 지상이 양인이니 가정에 흉사가 발생하는 것을 방지해야 한다. ● 낮에는 태상이 卯에 타서 일지를 극하니 상(喪)을 방지해야 하고, 밤에는 태음이 卯에 타서 일지를 극하니 음란사를 방지해야 한다.

○ 구재 : 밖에서 번 돈은 나가고 안에서 번 돈은 나눠서 가져야 한다.
→ 재성은 재물이다. 외재는 일재를 가리키고 내재는 지재를 가리킨다. 지재인 子가 일간음신에 임하니 오히려 내재가 밖으로 나간다.

○ 구관 : 늦게 정규직을 얻는다.
→ 관성은 관직이다. 관성인 申이 공망되었으니 공망된 申이 풀리는 신년(申年)이나 신월(申月)이나 신월장(申月將,소만~하지) 기간에 정규직을 얻는다.

○ 혼인 : 밤 정단은 좋지 않고, 낮 정단은 길하다.
→ 일간은 남자이고 일지는 여자이다. 밤 정단이 좋지 않은 것은 간상과 지상 모두에 흉장이 타기 때문이다. ● 묘신이 일간을 덮고 있으니 운세가 나쁜 남자이고, 지상의 卯가 일간의 양인이니 온순하지 못한 여자이며, 또한 밤 정단에서는 지상의 묘(卯)가 도화이고 여기에 태음이 타고 있으니 음란한 여자이다.

○ **임신·출산** : 반드시 딸이다. 밤 정단에서는 임신부와 태아 모두 길하다.

→ 일간의 음양이 1음2양이고, 다시 삼전이 1음2양이며, 초전의 지반에서 천반을 극하여 지반이 강하니 딸이다. 기궁과 일지가 상합하고 간상과 지상이 상합하니 임신은 길하고 출산은 흉하다.

○ **질병** : 묘신이 일간을 덮으니 어둡고, 지상이 간상을 극하니 병세가 반드시 위중하다. 만약 연명에서 구하면 길하다.

→ 일간은 병자이고 일지는 질병이다. 묘신이 일간을 덮고 있으니 위독하다. 만약 연명이 申이면 그 상신 丑에서 묘신을 충하여 깨트리니 구사일생하지만 간지와 그 상신이 삼합하니 병이 오래간다. ● 의약신이 巳이니 뜸과 방사선 등 온열요법이 좋고, 의약신이 子에 임하니 정북에서 의약을 구하면 된다.

○ **출행** : 집을 그리워하는 마음이 있어서 출행하지 못한다.

→ 일지는 집이다. 기궁과 일지가 상합하고 간상과 지상이 상합하니 집을 그리워하는 마음이 있어서 출행하지 못한다.

○ **귀가** : 천강이 사맹(亥)을 가리키고 역마가 다시 공망되었으니 출행인은 아직 돌아오지 않는다.

→ 천강이 사맹인 亥에 가하고 교통수단을 뜻하는 역마 申이 공망되었으니 아직 돌아오지 않는다.

○ **유실** : 집에 있다. 찾아보면 얻을 수 있다.

→ 집을 뜻하는 일지가 일간의 재성이니 얻는다.

○ **출사** : 밤 정단에서는 안전하지 않고, 낮 정단에서는 대승한다.

→ 간지상에 밤 정단에서는 흉장이 타니 안전하지 않고, 낮 정단에서는 길장이 타니 안전하다.

○ **기타** : ❶ 낮 귀인은 묘신에 들고 밤 귀인은 공함되었으니, 귀인을 만나러 가면 귀인이 좋아하지 않고 부탁하더라도 내뜻을 이룰 수 없다.

❷ 관재는 처음에는 어렵지만 나중에는 쉽다. 비록 귀살은 공망되었지만 묘신이 일간을 덮고 있으니 흉하다. 또한 간지와 그 상신이 다시 삼합하고 있으니 관재가 쉽게 풀리지 않는다. 다만 연명이 申이면 그 상신 丑이 묘신 未를 깨트리니 해결된다. 그리고 낮 귀인 未가 묘신에 타고 있고, 밤 귀인 丑이 공망되었으니 왜곡된 판결을 받는다.

□ 『필법부』: 〈제43법〉 천을귀인이 올바르지 못하면 소송에서 비록 나의 이치가 바를지라도 왜곡된 판결을 받게 된다. 낮 귀인 未는 밤의 12지인 寅에 앉아 있고, 밤 귀인 丑은 낮의 12지인 申에 앉아 있다. 〈제59법〉 화개가 일간을 덮으면 사람이 혼미해진다. 모든 정단에서 사람은 매우 어둡고 어리석어서 명백하게 밝히기 어렵다. 원통한 일을 당하면 소송에서 진실을 밝히기 어렵다. 귀가정단을 하면 돌아오지 못하는데, 그 이유는 뜻대로 되지 않아서 그 곳에 있기 때문이다.
→ 이 과전에서는 화개가 戌이지만 간상에 임하고 있지 않다.

□ 『찬의』: 재신인 未가 폐구되어 간상에 임하니 질병 정단에서 불길하다. 낮 정단에서 태상이 일지에 임하고 10월에 정단하면 사기에 해당한다. 이것이 가택에 들어 가택을 극하면 상복을 입는다. 그리고 낮 귀인 未가 寅으로부터 극을 당하니 귀인이 화를 낸다.
→ 태상과 사기가 결합하면 '상(喪)'이 된다. 이것이 만약 일간을 극하거나 일지를 극하면 상(喪)을 당한다.

□ 『조담비결』: 청룡은 도둑이다. 도난을 방지해야 한다.

甲戌일 제 9국

공망 : 申·酉 ○
낮 : 왼쪽 천장, 밤 : 오른쪽 천장

戊	壬	甲
白寅后	后午白	合戌合
戌	寅	午

壬	甲	戊	壬
后午白	合戌合	白寅后	后午白
甲寅	午	戌	寅

朱酉巳○	勾甲合戌午	乙合亥未勾	丙子蛇青申○
蛇申青辰貴未空癸卯			空丁丑貴酉○白戌寅后己
后壬午寅	辛陰巳丑	庚常辰子玄	己常卯亥陰

□ **과체** : 원수, 염상, 여덕, 일녀, 불비∥췌서, 일덕, 복덕, 회환, 록현탈격(낮), 육의(말전), 권섭부정, 육양, 옥택관광, 합중범살.

□ **핵심** : 힘들게 재물을 취한다. 집이 넓어서 사람에게 재앙이 생긴다. 데릴사위가 되는 것이 좋고, 손실과 도난이 발생한다.

□ **분석** : ❶ 甲의 기궁은 寅이고 寅은 곧 甲이다. 일간 寅이 일지 戌의 위에 가하여서 처와 재물을 취한다. 戌이 육합으로부터의 극을 당하여 협극(夾克)을 당하니 이 재물을 취한 뒤에 심신이 피곤해진다. ❷ 삼전 寅午戌 화국에서 일간을 탈기해서 일지를 생하니 사람은 쇠하고 집은 넓다. ❸ 일간은 남편이고 일지는 아내이다. 일간이 일지 위에 가한 것은 남자가 데릴사위가 되는 것이다. 다만 寅이 午에게 탈기당하고 午는 戌에게 탈기를 당하니, 엎치락뒤치락하면서 탈기를 당하는 것이 그치지 않는다.

□ **정단** : 일지와 일간이 모두 하나의 오행기운이다. 두 사람이 합심하여 모임을 만들어서 주요 일을 여러 사람이 공동으로 담당해서 공동으로 꾀하지만 성사가 되려다가 되지 않고 탈기를 당하는 상이니 타

인에 의한 속임과 손실을 방지해야 한다.

○ **날씨** : 과전에서 화의 오행이 지극하게 왕성하니 가물다.
　→ 오행의 화는 가뭄을 뜻한다. 삼전이 화국이니 매우 가물다.
○ **가정** : 재물이 뜻대로 되지 않고 또한 헛된 지출이 많다.
　→ 일간은 사람이다. 일간과 일지와 삼전이 삼합하여 일간을 설기시키니 지출이 많아 재물이 뜻대로 되지 않고 또한 헛된 지출이 많다. ● 삼전의 화국에서 일간 甲목을 탈기해서 일지 戌토를 생하니 사람은 적고 집은 넓어서 가상이 나쁘니 이사하는 것이 좋다. ● 여덕격이니 기도하면 좋다.
○ **구관** : 탈기가 매우 심하니 직위와 명예를 바랄 수 없다.
　→ 일간과 일지와 삼전이 삼합하여 상관국을 형성하였으니 관직에서 대흉하고, 일록이 지상으로 가는 '권섭부정'이니 직위가 불안해져서 전직이나 실직할 우려가 있다.
○ **혼인** : 과전이 삼합하니 성사된다. 자손이 매우 많다.
　→ 삼합에는 화합하는 뜻이 있으니 삼합은 혼인에 길하다. 일간은 남자이고 일지는 여자이다. 일간이 지상으로 가서 일지를 취하는 상이니 혼인이 성사된다. 다만 음일격이니 연애혼인을 한다.
○ **임신·출산** : 아들이고 순산한다.
　→ 과전이 화국이고 염상격이니 아들이다. 출산을 점단하면 과전이 삼합하니 순산하지 못하고 난산이다.
　※ 『육임직지』 원문에서는 "아들이고 순산한다."고 하였다.
○ **구재** : 고생하면서 얻는다.
　→ 일간과 일지와 삼전이 각각 삼합해서 일간을 설기시키니 손실이 많은 가운데에서 겨우 지상과 초전 둔반의 재물 및 협극된 말전의 재물만을 얻는다.

○ **모망** : 허는 많고 실은 적다. 매사 어둡다.
  → 과전이 탈기국이니 손실이 많고 일 또한 망치게 된다.
○ **질병** : 지극히 심한 허증이다. 가슴이 울렁거리고 불안한 증세이다.
  → 과전이 탈기국이니 허증이다. 화의 오행이 지극히 왕성하니 화 오행의 병인 심장병과 수 오행의 병인 신장병이다. 일간이 더욱 허해지는 여름과 가을에 구병을 정단하면 생명이 위험하다.
○ **출행** : 몸을 일으키기 어려우니 두렵다.
  → 일간과 일지와 삼전이 일간을 탈기하니 가기 어렵다.
○ **귀가** : 아직 길을 나서지 않았다.
  → 천강이 사중인 子에 가하니 오는 중이다.
○ **출사** : 간사한 사람에 의한 손실과 속임을 방지해야 한다. 은혜가 변하여 원수가 된다.
  → 탈기국이니 손실과 속임수를 방지해야 한다. 일간이 화국을 생하니 은혜이고, 화국이 일간을 탈기하니 원수가 된다.
○ **기타** : 쟁송을 정단하면 삼전의 화국에서 일간을 설기하여 일지를 생하니 상대에게 굴복한다.

□ 『**필법부**』: 제8법 : 일록이 일지에 임하면 임시직으로서 정당한 자리가 아니거나 혹은 먼 곳에 직장이 주어진다. 또한 모든 정단에서 스스로 존대해지지 못하고 타인에 의해 굴복과 꺾임을 당하게 된다.
□ 『**정온**』: ❶ 5월에 월장 未를 점시 卯에 가했다. 부인이 혼인정단을 하여 불비를 득했으니 두 남편이 있다. 청룡은 정부(正夫)인데 申금에 타서 일간을 극한 뒤에 공망되어 었으니 반드시 도망친다. 청룡의 음신은 편부(偏夫)인데 子의 음신에 다시 현무가 타고 있으니 이미 그는 도둑떼가 되었다.

❷ 甲戌일에서 午가 중매인이고 午의 위에 보이는 하괴(戌)는 노복이다. 과전의 간지가 이웃이니 옆집의 종이 중매를 선다. 염상은 여름에 왕성하니 신사(新事)이지만 사실은 재가(再嫁)이다. 천후가 발용이 되어 일간과 상생하고 삼전이 교합하니 반드시 혼인이 성사된다.

→ 제1과와 제4과가 동일한 글자이다. 제1과와 제2과는 일간에 속하니 양이고 제3과와 제4과는 일지에 속하니 음이다. 양일에는 양에 있는 제1과의 午는 실(實)하고 음에 있는 제3과와 제4과는 허(虛)하다. 따라서 제4과가 없다. 양신과 음신으로는 제1과와 제3과는 양신이고 제2과와 제4과는 음신이다. 제1과 午는 양, 제2과 戌은 음, 제3과 寅은 양이니 하나의 음에 두 양이다. 따라서 한 여자가 두 남자와 교제하는 상이니 여자가 음란하다.

| 갑술순 | 갑술일 | 10국 |

甲戌日　제 10 국

공망 : 申·酉
낮 : 왼쪽 천장, 밤 : 오른쪽천장

○	乙	戊
蛇 申 青	勾 亥 朱	白 寅 后
巳	申 ○	亥
辛	○	丁　　　庚
陰 巳 常	蛇 申 青	空 丑 貴　玄 辰 玄
甲 寅	巳	戌　　　丑

○蛇申巳	○朱酉午	甲勾合戌未	乙勾合亥申○ 朱
癸貴未辰	空		丙蛇子酉○ 青
壬后午卯	白		丁貴丑戌 空
辛陰巳寅	庚常辰丑 玄	己陰卯子 常	戊后寅亥 白

□ **과체** : 중심, 원태(생태) // 형상, 침해, 초전협극(낮), 록현탈(낮), 복덕, 절신가생, 탈상봉탈(밤), 백호입상차(초전), 고진과수.

□ **핵심** : 장생과 귀살이 모두 공망되었고 식록은 백호의 공격을 당한다. 가택 위에 정마가 타니 움직일 뜻이 매우 강하다.

□ **분석** : ❶ 초전의 申이 일간 甲의 귀살이지만 갑술순의 공망을 만났고, 중전의 亥가 일간 甲의 장생이지만 갑술순의 공함에 임하니 화와 복이 모두 없는 상이다.

❷ 말전의 寅이 일록이지만 낮 정단에서 백호로부터의 충극(沖克)을 당했으니 지킬 수 없다.

❸ 역마인 申이 발용이 되었고 지상의 丑이 갑술순의 정신이 되어 일지에 임하니 움직이려는 뜻이 매우 강하다.

□ **정단** : ❶ 중심과이다. 하(下)가 상(上)을 극하니 어찌 근심과 놀람이 없겠는가?

❷ 초전과 중전이 공함되었으니 열매를 맺지 못하는 꽃이 절반을 넘는다.

❸ 다행히 말전의 일록이 왕성하니 고진감래의 상이다.

○ 날씨 : 수는 공허하고 화는 실하다. 말전이 풍백[寅]이니 바람이 불고 맑다.

→ 수는 비, 화는 맑음, 寅은 바람을 뜻한다. 중전의 亥수가 공허하지만 간상의 巳화와 말전의 寅이 튼실하니 비가 오지 않고 맑고 바람이 분다.

○ 가정 : 재물이 가득하고 자손도 많다. 새로운 것을 창조하려는 뜻이 있다.

→ 일간은 사람이고 일지는 가정이다. 일지가 재성인 戌이고 그 상신이 다시 재성이니 가정에 재물이 많다. 다만 일지의 상하가 丑戌 삼형이고 그 음신과는 丑辰 육파이니 재물로 인한 불안이 있고 일지 음신의 辰에 현무가 타고 있어서 재물을 도난당하니 흉하다. ● 지상에 정마가 타고 있으니 이사해야 하는 상이다.

○ 구관 : 공허하고 부실하다.

→ 관성은 관직이다. 甲일의 관성 申이 발용에서 공망되어 없으니 흉하고 다시 중심과이니 불리하다. 만약 신년(申年), 신월(申月), 신월장(申月將, 소만~하지) 기간에 정단하면 공망이 메워지니 길하다.

○ 혼인 : 밤 정단은 좋고, 낮 정단은 나쁘다.

→ 일간은 남자이고 일지는 여자이다. 간지상에 밤 정단에서는 길장이 타고 있으니 좋고, 낮 정단에서는 흉장이 타고 있으니 나쁘다. 대체로 간지와 그 상신이 삼합하니 길하다.

○ 임신·출산 : 두 양이 하나의 음을 감싸니 임신하면 반드시 딸이다.

→ 일간은 태아이고 삼전은 태아의 발육과정이다. 일간의 음양이 1음2양이니 딸이고 다시 삼전이 1음2양이니 딸이다. 태신인 酉의 위에 午가 가하니 임신정단이면 반드시 손상되고, 출산정단이면 당일에 낳는다.

○ **구재** : 밤 정단에서는 귀인의 재물을 얻는다. 낮 정단에서는 종업원의 재물을 얻는다.
  → 천을귀인은 공무원을 뜻하고 천공은 종업원을 뜻한다. 만약 사업하면 지상의 재성에 낮에는 천공이 타고 있으니 종업원의 도움으로 돈을 벌고, 밤에는 귀인이 타고 있으니 관공서를 통해 돈을 번다.

○ **질병** : 간의 기운이 빠져서 온 질병이거나 혹은 간이 상해서 온 질병이다. 구병환자는 위험하다.
  → 일간 甲목이 간상의 巳화로 설기당하여 간의 기운이 빠져서 간이 상해서 온 질병이다. 그리고 발용이 공망되면 구병은 사망한다. ● 申이 巳에 가하면 '호입상여' 혹은 '호입상차'라고 하여 목숨이 위험하다. ● 의약신이 巳午이니 뜸과 방사선 등 온열요법이 좋고, 의약신이 寅에 임하니 동북간에서 의약을 구하면 된다.

○ **알현** : 귀인에게 부탁하는 일은 뜻을 이루지 못한다.
  → 辰과 戌은 천라지망으로서 감옥을 뜻한다. 낮 귀인은 辰에 임하고 밤 귀인은 戌에 임하니 귀인에게 부탁하는 일은 뜻을 이루지 못한다.

○ **출행** : 지상에 정마가 탔으니 마음이 들떠서 채비하는 상황이다.
  → 일지는 집이다. 지상에 동신(動神)인 정신이 타고 있지만 공망된 역마 申이 메워지는 갑신순에 갈 수 있다.

○ **귀가** : 천강이 사계에 가하니 속히 돌아온다.
  → 천강이 사계인 丑에 가하니 속히 돌아온다.

○ **출사** : 방어벽이 매우 견고하다. 다만 유도가 일지에 있으니 거짓약속을 한 뒤에 진영을 기습하는 일이 발생할 우려가 있다.
  → 유도(游都)는 甲己일 丑, 乙庚일 子, 丙辛일 寅, 丁壬일 巳, 戊癸일 申이다. 甲일의 유도가 지상신 丑이니 적군이 온다.

- □ 『**필법부**』: 제94법 : 희신과 구신이 공망되면 묘한 기틀이 된다. 무릇 공망되면 좋은 것은 극(尅)과 도(盜)와 묘신(墓神)과 일간을 요극하는 신인데, 이들은 모두 공망되면 좋다.
- □ 『**비요**』: 낮 정단에서 태상이 간상의 巳에 타고 있다. 일간이 巳화를 생하고 巳화가 다시 태상의 오행인 未를 생하여 '탈상봉탈'이니 속임을 방지해야 한다. 그리고 酉가 午에 가하면 '손잉격'이다. 이것은 子가 甲乙의 태신인 酉에 가하여 공함이 되고, 또한 아래에 있는 酉금이 子수로부터 탈기를 당하니 임신정단을 하면 반드시 태아가 손상되고, 출산정단을 하면 오늘 낳는다.
- □ 『**찬의**』: 현무가 천강[辰]에 타서 丑에 가하면 유실과 도망이 생긴다.
- □ 『**지장부**』: 酉가 午에 가하면 애첩이 집으로 들어온다.
  - → 酉는 태괘로서 애첩이고 午는 대청 곧 거실이다. 酉가 午에 가하면 애첩이 현관문을 열고 거실로 들어오는 상이다.

甲戌일 제 11 국

공망 申·酉 ○
낮 : 왼쪽 천장, 밤 : 오른쪽 천장

庚	壬	○
合辰合	蛇午青	后申白
寅	辰	午
庚	壬	丙	戊
合辰合	蛇午青	白子后	青寅蛇
甲寅	辰	戌	子

癸未 貴空	○申午 后白	○酉未 陰常	甲戌申 玄玄○
壬午辰 蛇青			乙亥酉 常陰○
辛巳卯 朱勾			丙子戌 白后
庚辰寅 合合	己卯丑 勾朱	戊寅子 青蛇	丁丑亥 空貴

□ **과체** : 섭해, 참관, 진간전(등삼천), 일녀(낮) ∥ 형상, 초전협극, 복덕(중전), 육양, 재둔귀, 신장·살몰·귀등천문(밤), 사묘加장생, 강색귀호.

□ **핵심** : 밤 정단에서는 백호가 공망되어 었으니 위험에 처하더라도 재앙이 생기지 않는다. 재성에 둔귀가 타고 있으니 본명이 申인 사람은 크게 해롭다.

□ **분석** : ❶ 말전의 申은 일간의 귀살이다. 밤 정단에서 백호가 申에 타서 甲목을 상하게 하지만 공망되어 었으니 두려워하지 않아도 되며 위험에 처하더라도 재앙이 생기지 않는다.

❷ 간상과 발용의 辰토는 일간의 재성이고 둔반의 庚금은 일간의 암귀이다. 辰토의 생을 받은 申금이 일간 甲목을 힘껏 극하여 그 화가 적지 않으니 이 재물을 절대로 취하면 안 된다.

□ **정단** : ❶ 천강[辰]이 寅에 가했으니 강색귀호이다.

❷ 밤 정단에서는 천을귀인이 하늘로 오르는 귀등천문이니 조정에 글을 올리는 상소와 공명(功名) 및 고시에 이로워서 좋지 않은 모망사가 없다. 사람의 연명상에 반드시 생은 있되 극이 없어야 하며 왕상한 기운이 타야 비로소 완전히 길하다.

○ **날씨** : 과전이 육양이고 수모가 공함되며 천강이 양의 12지를 가리키니 매우 맑다.

→ 수모(水母)는 申이고, 등삼천[辰午申]은 강우의 기상이다. 이들이 모두 공망되었고 과전이 육양이며 辰이 양의 12지에 임하니 맑다.

○ **가정** : 재성이 협극을 당하니 구재가 뜻대로 되지 않는다. 백호귀살이 공함이니 질병과 소송은 모두 안전하다.

→ 재성은 재물이다. 간상과 발용의 재성인 辰土가 辰의 지반인 寅목과 승신인 육합의 오행인 寅목으로부터 협극당했으므로 사업, 돈을 돌려받는 일, 돈을 빌리는 일 등의 구재사가 마음먹은 대로 되지 않는다. ● 백호귀살이 공망되었으니 질병은 걱정하지 않아도 된다. 낮에는 지상에 백호가 부모효에 타고 있으니 부모의 질병이 우려되고, 밤에는 지상에 천후승신 子가 지반의 戌토로부터 극을 당했으니 부인의 건강이 나쁘다.

○ **구관** : 관직을 재촉하는 '최관'이 이미 공망되었으니 공명에 불길하다.

→ 밤 정단에서 말전의 관성에 백호가 타고 있어서 최관사자이지만 공망되어 었으니 고시, 발령, 승진, 발탁에서 불리하다.

○ **혼인** : 반드시 성사되는 기세이다.

→ 일간은 남자이고 일지는 여자이다. 기궁과 일지가 상합하고 간지의 상신이 상합하니 궁합이 좋고 혼인도 성사된다. ● 낮에는 지상에서 백호가 타고 있으니 건강하지 않은 여자이고, 밤에는 지상에서 천후승신 子가 지반의 戌토로부터 극을 당했으니 역시 건강하지 않은 여자이다. 만약 겨울과 가을에 정단하면 지상의 子가 왕상하니 미래가 밝은 여자이고 여기에서 일간을 생하니 남편을 내조하는 여성이다.

○ **임신·출산** : 과전이 육양이니 임신하면 반드시 딸을 낳는다.
　→ 일간의 상하가 모두 양이니 아들이고 삼전이 모두 양이니 반드시 딸을 낳는다.

○ **구재** : 거래를 터서 동업하면 이익이 있다.
　→ 일간은 나이고 일지는 상대이다. 기궁과 일지가 삼합하고 그 상신이 다시 삼합하고 있으니 거래가 된다. 그러나 초전의 재성 辰이 협극을 당했으니 이익이 적다. 설령 취한다 할지라도 둔반의 귀살로 인해 재앙이 생긴다.

○ **질병** : 간병 혹은 신수(腎水)가 부족하다. 호귀가 공망이니 약을 쓰지 않더라도 낫는다.
　→ 백호귀살이 병인이다. 밤에는 백호귀살의 오행인 申금의 극을 받는 간에 병이 생기지만 백호귀살이 공망되어 있으니 저절로 병이 낫는다. 낮에는 백호가 子에서 타서 화를 극하니 심장에 병이 든다.
　● 의약신이 午이니 뜸과 방사선 등 온열요법이 좋고, 의약신이 辰에 임하니 동남간에서 의약을 구하면 된다.

○ **출행** : 여정을 정할 수 없다.
　→ 역마는 여객수단이다. 갑술일의 역마인 申이 공망되어 있으니 여정을 정할 수 없다.

○ **귀가** : 아직 출발하지 않았다.
　→ 천강[辰]이 사맹인 寅에 가하고 또한 자동차를 뜻하는 역마가 말전에서 공망되었으니 아직 출발하지 않았다.

○ **쟁송** : 저절로 풀린다.
　→ 귀살이 공망되어 있고 다시 천강이 귀호를 막고 있는 '강색귀호'이니 재앙이 발생하지 않는다. 만약 쟁송이 발생한 이후이면 크게 확대되지 않는다.

○ **출사** : 행군에 매우 유리하지만 앞으로 행군하다가 도중에 장애가 생긴다.

→ 등삼천이니 용을 타고 하늘을 나는 상이지만 말전이 공망되었으니 행군의 마지막에 장애가 생긴다.

□ 『필법부』: 제85법: 초전이 협극되면 뜻대로 되지 않는다. 만약 협극되는 것이 재신이면 재물을 꾀하지 못한다.

(제40법) 천후와 육합은 혼인 정단에서 중매인을 쓰지 않아도 된다. 혼인 정단에서 이러하면 반드시 먼저 간통한 뒤에 혼인하게 된다.

□ 『정온』: 辰월에 월장 酉를 점시 未에 가한 뒤에 언제 승진하는지를 정단한다. 말하기를 부임한 뒤, 3년 7개월 뒤의 戊寅일 辰시에 승진 소식을 듣게 된다. 이와 같이 본 것은, 청룡이 午에 타서 辰에 가하여 甲과 세 자리 떨어져 있으니 3년이 된다.(청룡의 하신과 일간과의 간격을 보고서 햇수를 정한다.)

그리고 戌과 辰이 일곱 자리 떨어져 있으니 7월이다.(청룡의 하신과 일지와의 간격을 보고 월을 정한다.) 午화의 장생이 寅에 있고 寅의 안에 戊가 있으니 戊寅일이다.(천반 장생의 신을 보고 날짜를 정한다) 청룡이 타고 있는 곳의 하신이 辰이니 辰시이다.(청룡의 지반을 보고 시간을 정한다.) 그리고 무관직을 정단할 경우에는 태상을 본다.

甲戌일 제 12 국

공망 : 申·酉 ○
낮 : 왼쪽 천장, 밤 : 오른쪽 천장

庚 合辰合 卯	辛 朱巳勾 辰	壬 蛇午青 巳
己 勾卯朱 甲寅	庚 合辰合 卯	乙 常亥陰 戌	丙 白子后 亥

壬午巳 蛇午青 辛巳辰 朱巳勾 庚辰卯 合辰合 己卯寅 勾卯朱	癸未午 貴未空	○申未 后申白	○酉申 陰酉常
			甲戌酉 玄戌玄
			乙亥戌 常亥陰
	戊寅丑 青寅蛇	丁丑子 空丑貴	丙子亥 白子后

- □ **과체** : 지일, 진여∥침해, 초전협극, 복덕, 태상지생, 관격(關格), 나거 취재.
- □ **핵심** : 밤 정단에서는 도둑을 맞으니 亥수에 의지해야 한다. 말전이 초전의 재성을 생한다. 교차육합이니 좋다.
- □ **분석** : ❶ 삼전이 모두 화이다. 삼전이 甲목의 기운을 훔쳐가니 멈춰지고 갇히는 것을 면하기 어렵지만, 다행히 지상의 亥수가 이것을 다스릴 수 있다.

❷ 초전의 辰토는 아래에 있는 卯에게서 극을 당하고 위에 있는 천장의 육합에게서 다시 극을 당하지만 다행히 말전의 午화가 초전의 辰토를 생하니 내 집의 재물이 된다.

❸ 간지의 상하에서 卯와 戌이 합치고 寅과 亥가 합쳐서 교차육합하니 주객이 화목하다.

- □ **정단** : ❶ 지일과는 두 갈래의 상으로서 홀수 아니면 짝수이다.

❷ 주인과 객이 합을 하니 도움은 되지만 얻는 것이 적고 잃는 것이 많은 상이다.

○ 날씨 : 비가 온다.
  → 대각성이 음지인 卯를 가리키고 다시 초전의 청룡이 하늘[辰巳午]로 비상하니 비가 온다.
○ 가정 : 자식이 많다. 집이 부유하다.
  → 일간은 사람이고 일지는 가택이다. 지상에 장생인 亥가 타고 있고 다시 일간음신과 발용에 재성인 辰이 임하니 가정이 부유하다. 일지음신 및 중전과 말전에 자손효가 임하니 자식이 많다. 태상이 지상의 장생에 타고 있으니 가정에 혼인의 기쁨이 있다.
○ 혼인 : 남편을 왕성하게 돕고 자식이 많다.
  → 일간은 남자이고 일지는 여자이다. 지상의 장생에서 일간을 생하니 아내가 남편을 크게 돕는다. 일지음신과 중·말전에 자손효가 있으니 자식을 많이 둔다.
○ 구재 : 불리하다.
  → 초전의 재성이 협극이 되었으니 불리하다.
○ 질병 : 허탈증이다. 집에 양의가 있으니 손을 쓰자마자 병이 낫는다.
  → 삼전의 화국에서 일간을 탈기하니 허탈증이다. 의약신이 巳午이니 뜸과 방사선 등 온열요법이 좋고, 의약신이 辰巳에 임하니 동남방과 정남에서 의약을 구하면 된다.
○ 출행 : 수로가 길하다.
  → 일간은 육로행이고 일지는 수로행이다. 지상신이 장생이니 수로행이 좋다.
○ 귀가 : 오고 있다.
  → 천강이 사중인 卯에 가하니 오는 도중이다.
○ 출사 : 화해하는 것이 좋다.
  → 진여격은 전투를 계속하는 상이니 화해하는 것이 좋다.

- 『필법부』: 제85법: 초전이 협극되면 뜻대로 되지 않는다. 만약 협극되는 것이 재신이면 재물을 꾀하지 못한다.
- 『육임지남』: ❶ 월장 申을 점시 未에 가한 뒤에 비가 오는 것을 정단했다. 용이 하늘로 날고 밤 귀인이 子에 임하니 모두 비가 오는 상이다. 신후[子]가 亥에 가하니 내일 반드시 비가 온다. 중전은 辛巳이다. 巳의 안에 있는 丙화와 辛금이 수로 변하고 다시 辛과 壬의 위에 亥와 子가 임한 것이 보이니, 6일 뒤에 계속해서 비가 온다.

❷ 다시 말하기를 丁丑년 7월에 월장 午를 巳에 가한 뒤에 언제 관직 발령을 받는지를 정단했다. 말하기를 지금은 얻을 수 없으며 부모상을 당하는데 이는 관직자가 천라지망을 만났기 때문에 이러한 일이 생긴 것이고, 현재까지 관직을 얻지 못한 것은 초전의 辰과 卯가 서로 육해가 되고 구진승신 巳와 청룡승신 午에서 일간 甲을 탈기하기 때문이다. 나중에 모두 이와 같이 작용했다.

대육임직지

을해일

乙亥日의 길신(구보)과 흉살(팔살)				
일덕	申		형	
일록	卯		충	
역마	巳		파	
장생	亥		해	
제왕	卯		귀살	申酉
순기	丑		묘신	未
육의	甲戌		패신	子
귀인	주	申	공망	申酉
	야	子	탈(脫)	巳午
합(合)			사(死)	午
태(胎)	酉		절(絶)	申

대육임직지

| 갑술순 | 을해일 | 1국 |

乙亥日 제1국

공망 : 申·酉 ○
낮 : 왼쪽 천장, 밤 : 오른쪽 천장

庚	乙	辛
勾辰勾	玄亥后	合巳青
辰	亥	巳

庚	庚	乙	乙
勾辰勾	勾辰勾	玄亥后	玄亥后
乙辰	辰	亥	亥

辛合巳巳 青	壬朱午午 空	癸蛇未未 白	○貴申申 常○
勾辰勾辰 己卯卯 青合 戊			后酉酉 玄○ 陰甲戌戌 陰
空庚寅寅 朱	白丁丑丑 蛇	常丙子子 貴	玄乙亥亥 后

- **과체** : 복음, 자신, 참관 // 두전, 형상, 덕경, 복덕, 신임정마.
- **핵심** : 낮에는 지상에 세 도적이 설치고 과전에는 세 구진이 임하니 걱정된다. 말전의 역마 위는 둔간이 辛이니 거듭하여 일간을 고생시킨다.
- **분석** : ❶ 낮 정단에서 지상에 세 현무가 타니 도난을 방지해야 하고, 일간에 세 구진이 타서 일지를 극하니 어찌 걱정이 안 되겠는가?
❷ 말전의 巳는 역마이고 그 둔반에는 辛이 타서 일간을 극하니 나를 힘들게 하는 것이 하나가 아니다.
- **정단** : ❶ 복음과는 정(靜)하면 순조롭고 동(動)하면 막힌다. 일간 乙이 한없이 위축되어 기운을 펴지 못한다.
❷ 참관은 은둔하는 상으로서 심신이 불안정하다. 복음과는 과전에 마(馬)가 있어야 움직일 수 있다. 그러나 말전에 역마가 있고 그 둔반에 辛이 임하여 일간을 극하니 움직이면 불리하다.
❸ 말전이 초전의 재성을 돕지만 그 둔반에는 귀살 庚이 있고 다시 구진이 타니 반드시 쟁투사가 있거나 혹은 재물로 인해 소송을 당하는 화근이 생긴다.

○ 날씨 : 흐리고 비가 오지 않는다.
　→ 간상과 초전의 辰土에 토의 천장인 구진이 타니 처음에는 비가 오지 않는다. 그러나 중전이 亥수이고 여기에 수의 천장이 타니 나중에는 비가 온다.
○ 가정 : 아끼는 자식이 한명 있으니 고생을 면할 수 없다.
　→ 일지는 가정이고 지상의 亥는 자식이다. 亥에 낮 천장 현무가 타고 있어서 바른 자식이 아니니 자식으로 인해 고생을 면할 수 없다. 일간은 나이다. 간상의 처재효에 구진이 타고 있으니 재물을 다투거나 부동산으로 인해 재물을 얻는다. 다만 처재효 위에 귀살이 임하니 재물로 인한 화를 방지해야 한다.
○ 구관 : 불리하다.
　→ 일간의 천지반이 자형이고 이것이 발용이 되어 일간과 자형이니 장애가 생기고 다시 중전의 장생과 말전의 역마가 충을 하고 있으니 관운이 불리하다.
○ 혼인 : 어둡고 불길하다.
　→ 일간은 남자이고 일지는 여자이다. 일간의 천지반과 일지의 천지반이 각각 형을 하여 남녀가 서로 다투는 상이니 혼인이 어둡고 불길하다. ● 지상에 낮에는 현무가 타니 여자의 성정이 나쁘고, 밤에는 천후가 타니 여자의 성정이 좋은 편이다.
○ 임신·출산 : 딸이다.
　→ 일간은 태아이다. 일간의 음양이신이 1음2양이고 다시 하적상으로 발용이 되었으니 딸이다.
○ 구재 : 분쟁의 실마리가 생기는 것을 방지해야 한다.
　→ 재성은 재물이다. 구진이 타고 있는 간상의 재성이 발용의 재성과 자형이니 재물로 인한 분쟁을 방지해야 한다.

○ **질병** : 반드시 간병이다. 오래가지 않아서 저절로 낫는다.

→ 백호와 귀살은 병을 일으키는 원인이다. 둔귀가 금이니 목의 장부인 간에 병이 든다. 의약신이 巳이니 뜸과 방사선 등 온열요법이 좋고, 의약신인 巳가 巳에 임하니 동남방에서 의약을 구하면 된다.

○ **출행** : 밤 정단에서 청룡이 역마에 타니 계속하여 편안하다.

→ 초전과 중전이 자형이니 출행 초기와 중기에 장애가 있지만 말전이 역마이니 출행 후기에 편안하다. 다만 말전의 둔반이 귀살이니 재앙이 발생할 우려가 있고, 일지의 묘신이 간상에서 일간의 재성을 만들고 있으니 장애가 발생한다.

○ **귀가** : 오랫동안 체류하다가 며칠 내에 도착한다.

→ 복음과는 오랫동안 체류하다가 며칠 내에 도착한다.

○ **출사** : 아직 길한 조짐이 없다.

→ 일간은 장수이고 일지는 진영이다. 간지가 모두 자형이니 장수와 진영이 불안한 상황이다.

○ **쟁송** : 쟁송을 방지해야 한다.

→ 말전에서 구진이 타고 있는 초전의 재성을 생하니 재물로 인해 쟁송이 발생한다.

□ 『**필법부**』: 제66법 : 일지의 묘신과 일간의 재신이 나란히 보이면 여정을 재고해야 한다. 장사를 하면 반드시 원금을 잃고 여행에서는 장애가 생긴다. 모든 것이 뜻대로 되지 않고 형통하지 못하다.

→ 간상에 임하고 있는 辰은 일간의 재성이면서 일지의 묘신이다.

□ 『**찬의**』: 스스로 거만하고 잘난 척을 하면서 자기가 최고라고 생각하여 모난 것이 태과하니 일을 그르친다. 체류하는 것은 나쁘고 굴해진 것을 펴지 못한다. 자기의 잘못이지만 오히려 남을 원망한다.

→ 간상의 辰과 지상의 亥가 모두 자형이니 잘난 척을 한다.

- 『비요』: 乙亥일에 보이는 丑은 재성이다. 그 위에는 갑술순의 丁이 임하며 낮에는 백호가 타니 반드시 출입하여 재물을 구하거나 혹은 처첩으로 인해 움직인다.

    → 연명이 丑인 사람만 해당한다.

- 『심인부』: 乙庚이 발용이고 천강인 辰이 보인다. 지상이 일지 辰과 동일하니 방위 또한 같다. 쟁탈을 예방해야 하며, 순조롭지 못한 것을 보게 된다.

    → '乙庚이 발용'에서 庚은 발용의 천반에 있고 乙은 지반의 辰을 가리킨다. 제1과를 보면 알 수 있다.

| 갑술순 | 을해일 | 2국 |

乙亥일 제 2국

공망 : 申·酉
낮 : 왼쪽 천장, 밤 : 오른쪽 천장

甲	○	○
陰 戌 陰	后 酉 玄	貴 申 常
亥	戌	酉 ○
己	戊	甲 ○
青 卯 合	空 寅 朱	陰 戌 陰	后 酉 玄
乙辰	卯	亥	戌

庚勾辰巳 己青卯辰戊 空	辛合巳午	壬朱午未	癸蛇未申白 ○ 貴申酉常 ○ 后酉戌玄
戊寅卯朱			
丁白丑寅蛇	丙常子丑貴	乙玄亥子后	甲陰戌亥陰

□ **과체** : 원수, 참관, 여덕(낮), 폐구∥침해(일간), 육의(초전), 왕록임신, 공망귀인(낮), 귀덕격(불성,말전), 역연주(퇴간전), 괴도천문, 불행전, 살몰, 사묘加장생.

□ **핵심** : 뒤로 물러나면서 귀신의 울타리 안으로 들어갔지만 다행히 귀살이 공망되었다. 병이 재발되는 것을 방지해야 한다. 살기가 사라진다.

□ **분석** : ❶ 초전의 재성을 두 음[酉亥]에서 끼고 있으니 乙이 감히 취하지 못한다.

❷ 뒤로 돌아서 酉·申 귀살로 들어가니 다행히 申·酉가 모두 공망되었으니 해가 되지 않는다. 그러나 갑술순을 벗어나면 공망되었던 귀살이 되살아나니 병이 나은 사람일지라도 어찌 재발하지 않겠는가?

❸ 乙일의 귀살 금이 공망되었지만 갑술순을 벗어나면 공망이 메워지니 해를 끼친다. 만약 본명과 행년에서 구하면 무방하다.

→ 연명이 午 혹은 未이면 그 상신 巳 혹은 午에서 귀살인 申과 酉를 제압하니 귀살의 해를 구한다.

□ **정단** : ❶ 왕신 겸 일록이 일간에 임했으니 식록사 정단에서 좋고 모든 정단에서는 옛것을 지키는 것이 옳다.
❷ 그러나 '답각공망'이니 온힘을 다해서 전진해야 성과가 있다.
❸ 우유부단하다. 삼전이 공망과 패신에 빠져 있으니 화를 예측하기 어렵다.

○ **날씨** : 출순 후에 큰 비가 온다.
→ 비를 생하는 申酉가 공망되었지만 갑신순에는 이것이 풀리고 간상에는 청룡과 육합이 타니 비가 온다.

○ **가정** : 卯와 戌이 합을 하니 가택이 매우 화목한 상이다.
→ 일간은 가장이고 일지는 가정이다. 간상의 卯와 지상의 戌이 상합하니 가정이 화목하다. ● 지상의 戌이 재성이니 가정에 재물이 있다. ● 간상의 卯가 왕신 겸 일록이니 현재의 직업을 고수하는 것이 좋다.

○ **구관** : 신년(申年)이나 유년(酉年) 혹은 세 해의 가을에는 반드시 뜻을 이룬다.
→ 관성은 관직이다. 공망된 관성이 풀리는 때는 申년이나 酉년 혹은 세 해의 가을이다. 이 외에도 월장이 酉이거나 申이면 역시 뜻을 이룬다. 왕록이 일간에 임하니 현재의 직업을 고수하면서 은인자중해야 한다. ● 왕록이 일간에 임하니 다른 곳으로 옮기면 안 되고 또한 다른 업종으로 사업을 변경해도 역시 안 된다.

○ **혼인** : 간지가 상합하니 진실로 멋진 남녀이다.
→ 일간은 남자이고 일지는 여자이다. 간지의 상신이 육합하고 그 둔반에서 다시 간합하니 궁합이 좋다. 다만 여자가 정단하면 관성이 공망되어 었으니 나중에 신랑을 잃을 가능성이 있다.

○ **임신·출산** : 아들을 빨리 낳는다.

➜ 초전의 천반에서 그 지반을 극하니 아들이다. 만약 여름과 토왕절에 정단하면 초전의 천반이 왕상하니 아들이 더욱 확실하다. 이외의 계절에 정단하면 딸일 가능성이 높다. 왜냐하면 일간의 천지반이 모두 음이고 다시 삼전이 1음2양이기 때문이다.

○ 모망 : 모든 일에서 장애가 생긴다.

➜ 괴도천문 곧 戌이 亥에 가하면 모든 일에서 장애가 생긴다. 다시 중전과 말전이 공망되었으니 뜻을 이루기 어렵다.

○ 구재 : 戌에 태음이 타니 첩이나 여직원에 의해 재물을 얻는다. 다만 초전이 괴도천문이니 장애가 발생한다.

➜ 재성은 재물이고 태음은 첩이다. 초전의 재성에 태음이 타고 있으니 첩이나 여직원에 의해 재물을 얻는다. 다만 초전이 괴도천문이니 장애가 발생한다. 현대에서는 여직원에 의한 수입이나 아가씨 용품을 판매해서 버는 돈으로 분석할 수 있다.

○ 질병 : 식도가 막힌 병이거나 혹은 간과 비장의 병이다. 신속하게 치료하면 낫고, 치료를 지체하면 갑신순에 병세가 반드시 심해진다.

➜ 초전에서 戌이 亥에 가했으니 식도가 막혀 있거나 혹은 소화 장애가 있거나 혹은 인후의 병이다. 천을귀인이 귀살에 타고 있으니 반드시 하늘 신과 땅 신의 해코지가 있다. 따라서 신불에 제를 올려서 이것을 풀어야 한다. ● 의약신이 巳午이니 뜸과 방사선 등 온열요법이 좋고, 의약신이 午未에 임하니 정남과 서남방에서 의약을 구하면 된다.

○ 출행 : 일지와 일간이 상합하니 빨리 떠날 수 없다. 출순 후에는 공망이 메워지고 다시 卯를 충하면 떠난다.

➜ 일간은 나, 일지는 가택이다. 나와 가택이 끈으로 맺어져 있으니 가족을 연연해하면서 바로 떠나지 못하지만, 간상신 卯를 충하는 乙酉일에는 갈 수 있다.

○ 귀가 : 천강이 사맹에 가하니 아직 집으로 출발하지 않았다.

➜ 천강이 사맹인 巳에 가하고 말전이 공망되어 었으니 귀가가 늦어진다.
○ 출사 : 화해하는 것이 상책이다. 화해하여 손실을 방지해야 한다.
➜ 일간은 아군이고 일지는 적군이다. 간지의 상신과 그 둔반이 간합하고 있으니 화해하는 것이 좋다.
○ 쟁송 : 해가 없다.
➜ 귀살은 관재이다. 귀살이 공망되었으니 해가 없다. 만약 관재를 적절하게 대처하지 못하면 관재가 생긴다.

□ 『필법부』: 〈제7법〉 왕록이 일간에 임하면 망령된 행동을 하면 안 된다. 별도로 도모해서는 절대로 안 된다.
〈제48법〉 귀살에 천을귀인이 타면 곧 하늘 귀신과 땅 귀신의 해가 있다. 질병 정단에서 반드시 하늘 신과 땅 신의 해코지가 있다.
〈제182법〉 삼전이 차례로 공망되는 경우, 앞으로 나아가면 안 된다. 정단하는 일은 허성이 될 뿐이고 성취가 없다.
□ 『과경』: 乙亥일에서 戌이 亥에 가하여 발용이 되었으니 괴도천문이다. 모든 일에서 장애가 생긴다.
□ 『찬의』: 출산정단을 하면 甲申순에 낳고, 도망친 도둑은 甲申순에 잡힌다.

| 갑술순 | 을해일 | 3국 |

乙亥일 제 3 국

공망 : 申·酉
낮 : 왼쪽 천장, 밤 : 오른쪽 천장

○	癸	辛
后 酉 玄	蛇 未 白	合 巳 青
亥	酉 ○	未
戊	丙	○	癸
空 寅 朱	常 子 貴	后 酉 玄	蛇 未 白
乙 辰	寅	亥	酉 ○

己卯 青	庚辰 勾	辛巳 合	壬午 朱
巳	午	未	申 ○
空 戊寅 朱 辰			蛇 癸未 白 酉 ○
白 丁丑 蛇 卯			○ 貴 申 常 戌
常 丙子 貴 寅	玄 乙亥 后 丑	陰 甲戌 陰 子	后 ○ 酉 玄 亥

□ **과체** : 요극, 호시, 일녀, 과수∥복덕, 가귀, 퇴간전(여명), 교차탈합, 답각공망, 나거취재, 귀색귀호(밤).

□ **핵심** : 교차육합이어서 좋아 보이지만 호시가 두렵다. 초전을 눈여겨 보지만 위엄이 전혀 없다.

□ **분석** : ❶ 간상의 寅목과 일지 亥수가 육합하고 지상의 酉금과 일간 기궁 辰토가 교차상합하니 모든 일에서 좋다.

❷ 두려운 것은 호시에 쇠로 만든 띠를 둘러 화살촉이 있으니 그 힘이 사람을 충분히 다치게 하지만, 발용의 酉를 눈여겨보면 이미 공망되어 었으니 무력한 화살촉이다. 화살에 화살촉이 없으니 어찌 그 위세가 두렵겠는가?

❸ 삼전이 세 순의 공망이니, 모든 일은 깨지고 어지럽다.

➔ 초전의 酉는 갑술순의 공망, 중전의 未는 갑신순의 공망, 말전의 巳는 갑오순의 공망이다.

□ **정단** : ❶ 요극의 호시이니 이미 멀어졌고 다시 공망되어 었으니 그 영향력이 전혀 없다. 희경사는 허성(虛聲)이지만 우환은 사라진다. 다만 재물을 교섭하는 일에는 좋고 자본을 합쳐서 경영하는 일에는

이익이 있다.

❷ 과체가 일녀이고 과수이니 혼인 정단에서 크게 나쁘다.

→ 일간은 나이고 일지는 상대이다. 기궁과 지상이 상합하고 일지와 간상이 상합하니 재물을 교섭하는 일에서 좋다. 그리고 초전에 천후가 있고 말전에 육합이 있으니 여자가 음란한 뜻의 '일녀(佚女)'이다. 천반은 건(乾)으로서 남자의 상이고 지반은 곤(坤)으로서 여자의 상이다. 초전의 천반이 공망되었으니 과수이다.

○ 날씨 : 간상의 寅에 밤에는 주작이 타고 밤에는 천공이 탄다. 필수인 酉가 공망에 떨어지니 맑고 바람이 부는 상이다.

→ 바람을 뜻하는 寅이 간상에 있으니 바람이 불고, 비를 생하는 酉가 공망되었으니 비가 오지 않는다.

○ 가정 : 공허한 가택에 반드시 과부가 살고 있다. 처재효는 비록 나타나 있지만 그것을 취하면 화가 생긴다.

→ 일지는 가정이다. 일지가 공망되었으니 가정이 공허하고 여기에 낮에는 천후가 타고 있고 다시 초전의 천반이 공망되었으니 이 집에 과부가 살고 있다. ● 재성은 재물이고 귀살은 재앙이다. 일지음신과 중전에 있는 재성을 취하면 초전의 귀살을 생하니 재앙이 생긴다. ● 간지가 교차탈합이니 남편과 아내 모두에게 손재수가 있다.

○ 구관 : 관성이 낙공이 되었지만 공망이 메워지면 희망이 있다.

→ 관성은 관직이다. 공망된 관성 酉가 메워지는 때는 유년(酉年), 유월(酉月), 유월장(酉月將)이 되면 희망이 있다.

○ 구재 : 재성에 백호묘신이 타고 있다. 취하지 않으면 우환을 면한다.

→ 밤 정단에서 일지음신과 중전에 있는 재성 未는 묘신이고 여기에 백호가 타고 있으니 이 재물을 취하지 않으면 우환을 면한다. 재

성인 未가 12운성의 묘신이고 다시 일지의 화개이니 낮 정단 또한 나쁘다.

○ **혼인** : 지상이 공망되었으니 혼인 정단에서 불길하다.

→ 일간은 남자이고 일지는 여자, 관성은 남자이고 재성은 여자이다. 여자가 정단하면 지상의 관성이 공망되어 남자를 잃는 상이니 불길하다. ● 낮 정단에서는 초전에 천후가 타고 말전에 육합이 타서 일녀이니 여자가 연애결혼 한다.

○ **임신·출산** : 딸이다. 임신부는 공하고 태아는 실(實)하니 임신은 흉하고 출산은 길하다.

→ 일간의 음양이신이 1음2양이니 딸이고 삼전이 모두 음이니 다시 딸이다. 그리고 일간은 태아이고 일지는 임신부이다. 임신부 자리가 공망되었으니 임신정단을 하면 유산되어 배가 비어 있는 상이고, 출산정단을 하면 출산하여 배가 비어 있는 상이다.

○ **모망** : 모든 정단에서 의지할만한 곳이 없다.

→ 일지의 음양이신과 초·중전이 모두 공망되어 었고, 말전에서는 일간을 탈기하며, 간상에는 형제효가 타고 있다.

○ **질병** : 밤 정단에서는 적괴 곧 암이거나 혹은 신수가 마르고 빈 증상이다. 즉시 치료하지 않더라도 큰 해가 되지는 않는다.

→ 묘신에 등사나 백호가 타면 암이다. 일지음신과 중전의 묘신에 밤 정단에서 백호가 타고 있다. ● 의약신이 巳이니 뜸과 방사선 등 온열요법이 좋고, 의약신이 未에 임하니 서남방에서 의약을 구하면 된다.

○ **출행** : 육로로 가야 한다.

→ 일간은 육로이고 일지는 수로이다. 지상이 공망되었으니 수로는 흉하다.

○ **귀가** : 오는 중이다.

→ 천강이 사중인 午에 가하니 오는 중이다.

○ **도망** : 잡기 어렵다.
　→ 초전의 酉에 현무가 타고 있고 다시 공망되었으니 잡지 못한다. 酉는 여종업원과 아가씨를 가리킨다.

○ **출사** : 귀살이 공망되어 있을 경우에는 적의 속임을 방지해야 한다. 군량을 얻기 위한 적군과의 교섭은 불가하다.
　→ 지상과 초전의 귀살 酉가 공망되었으니 속임을 방지해야 한다. 그리고 간지가 교차탈합이니 적군과의 교섭은 불가하다.

○ **교섭** : 매매, 거래, 교역은 이루어지지 않는다.
　→ 간지가 교차탈합하고 다시 지상이 공망되었기 때문이다. 매매, 거래, 교역을 하여 손실을 입는다.

□ 『**필법부**』 : 제40법 : 천후와 육합은 혼인 정단에서 중매인을 쓰지 않아도 된다. 그리고 일지와 일간 위에 천후와 육합이 타면 사사로운 정이 있으니 어찌 바르겠는가?

□ 『**비요**』 : 요극·묘성·별책의 과에서 발용이 공함을 만나고 천장의 하나인 현무가 타면 반드시 손실을 입게 된다. 이 법은 지극히 영험하다.

□ 『**과경**』 : 乙亥일에서 간상이 寅이고 지상이 酉이면 교차탈이다. 그 이유는 간상의 寅목이 일지 亥수를 탈기하고 지상의 酉금이 기궁 辰토를 탈기하기 때문이다. 비록 서로 교섭은 하지만 서로 탈기하고 속이는 마음을 품고 있다.

| 乙亥일 | | 제 4 국 |

공망 : 申·酉 ○
낮 : 왼쪽 천장, 밤 : 오른쪽 천장

丁	甲	癸
青丑蛇	朱戌陰	后未白
辰	丑	戌
丁	甲	○	辛
青丑蛇	朱戌陰	貴申常	玄巳青
乙辰	丑	亥	申○

戊寅巳 空	己卯午 白	庚辰未 合	辛巳申○ 玄
青 丁丑辰 蛇			陰 壬午酉 空
勾 丙子卯 貴			后 癸未戌 白
合 乙亥寅	后 甲戌丑 朱	蛇 ○酉子 陰	貴 ○申亥 玄 常

- □ **과체** : 중심, 가색, 무음(교차상극), 여덕(밤) // 침해, 덕경, 삼기, 육의, 재승정마, 주객형상, 전재화귀, 재폐구, 유자, 신장·귀등천문(낮).
- □ **핵심** : 번갈아서 서로 극을 하니 서로 가까이 하려고 하지 않는다. 재물은 관귀효로 변한다. 귀인에게 부탁하면 일을 빨리 이룬다.
- □ **분석** : ❶ 간상의 丑토는 일지 亥를 극하고 지상의 申금은 일간을 극하니 서로 가까이 하려고 하지 않고 서로 해를 끼친다.

❷ 삼전의 모든 토에서 지상의 申금을 생하고 지상의 申금에서 다시 일간을 극을 하여, 삼전의 재물이 귀살로 변하니 반드시 재물을 취하기 어렵고 만약 취하면 재앙이 된다.

❸ 지상의 申은 낮 귀인이고 또한 관성이다. 삼전의 재성이 이 관성을 생하니 귀인에게 일을 부탁하면 매우 빨리 성사된다. 질병은 신에게 기도하면 되고, 소송은 귀인에게 부탁하면 되며, 관직은 곡식을 바쳐서 관직을 얻거나 혹은 은혜를 구걸하여 관직을 얻으면 된다.

❹ 종합하여 말하면 이로움은 관직자에게 있고 불리함은 평민에게 있다.

□ 정단 : ❶ 밤 정단에서 여덕이다. 여덕은 군자에게는 유리하고 소인에게는 불리하다.

❷ 부모에 관한 일을 물으면 나쁘다. 그 이유는 삼전의 재국에서 부모효를 극하기 때문이다. 다행히 지상의 申금이 토의 기운을 빼서 부모효를 생한다. 그러나 申금이 공망되어 어 생을 하지 못하니 길하지 않다. 이는 구하는 것이 보이지만 구하지 못하는 예이다.

_____

○ 날씨 : 갑술순에는 비가 오지 않고 갑술순을 벗어나면 비가 온다.
→ 지상의 申이 비를 생하는 오행이지만 공망되어 었고 다시 삼전이 모두 토이니 비가 오지 않는 상이다. 그러나 말전에 癸수가 임하니 다음 순에는 비가 온다.
○ 가정 : 공무원 가정은 나쁘고 평민 가정은 좋다.
→ 왕성한 재성이 관성을 생하지만 관성이 공망되었으니 공무원 가정은 나쁘고 평민 가정은 좋다. ● 간지가 교차상극하고 있으니 남편과 아내, 부모와 자식이 화목하지 않다. ● 삼전이 재국이니 부모에게 불리한 가상이다.
○ 구관 : 이루 헤아릴 수 없이 많은 돈이 든다.
→ 지상의 관성이 삼전의 재국을 설기하니 이루 헤아릴 수 없이 많은 돈이 든다. 그리고 관성이 공망되었으니 관직에 나쁘다.
○ 혼인 : 불성한다.
→ 일간은 남자이고 일지는 여자이다. 일간과 일지가 교차상극하여 남녀가 다투는 상이니 혼인은 불성한다. 특히 여자가 물은 경우, 관성이 공망되어 남자를 잃는 상이니 혼인은 불성한다.
○ 임신·출산 : 반드시 딸이다. 임신부와 태아 모두 병이 든다.
→ 일간의 천지반이 모두 음이니 딸이고 중심과이니 다시 딸이다. 만약 겨울이나 봄에 정단하면 일간 乙목이 왕상해지니 딸이 더욱

확실하다. 일간은 태아이고 일지는 임신부이다. 간지가 교차상극하니 임신부와 태아 모두 병이 든다.

○ **질병** : 밤 정단에서는 신수가 말라서 비었거나 혹은 적괴 곧 암 계통의 병이다.

→ 이 과전에서는 오행의 토가 태왕하니 신장병이 생긴다. 그리고 밤 정단에서는 백호가 일간의 묘신인 未에 타고 있으니 암이다. 그리고 재국에서 인성을 극하니 부모님 질병 정단에서는 매우 흉하다. 낮 정단에서는 천을귀인이 공망되었으니 귀수[鬼祟]가 있다. 의약신이 巳午이니 뜸과 방사선 등 온열요법이 좋고, 의약신이 申酉에 임하니 서남간과 정서에서 의약을 구하면 된다.

○ **출행** : 과명이 유자(遊子)이니 반드시 갈 곳이 정해져 있다.

→ 삼전의 토국에 정마가 임하니 유자이다. 갈 곳이 정해져 있으니 반드시 출행한다.

○ **귀가** : 바로 온다.

→ 천강이 사계인 未에 가하니 바로 온다.

○ **구재** : 재물이 많아서 오히려 얻지 못한다.

→ 삼전과 일간의 음양이신이 모두 재국이니 오히려 얻지 못한다. 다만 일간이 득령하는 겨울이나 봄에는 재물을 얻는다.

○ **알현** : 만나기 어렵다.

→ 낮 정단에서는 천을귀인이 지상에 임하지만 공망되어 었으므로 만나기 어렵고, 밤 정단에서는 밤 귀인 子가 卯에 임하여 '여덕'이니 귀인에게 사심이 있다.

○ **모망** : 재물을 모두 써도 무익하다.

→ 승진을 원하더라도 지상의 관성이 공망되었으니 승진하지 못한다.

○ **출사** : 낮 정단은 길하고 밤 정단은 흉하다.

→ 일간은 장졸이고 일지는 군영이다. 간상에 낮에는 길장이 타고

밤에는 흉장이 타니 낮 정단은 길하고 밤 정단은 흉하다. 그리고 일지가 공망되었으니 군영이 공허하다.

□ 『필법부』 : 〈제27법〉 삼전의 재신이 귀살로 변하면 재물을 구해서는 안 된다. 반드시 재물을 취득한 뒤에 화가 미친다. 만약 지상의 귀살을 생하면 가정이 무너진다.
　→ 삼전의 재국에서 지상의 귀살을 생하고 있으므로 삼전의 재물을 취하면 화가 미친다.
　〈제38법〉 폐구격은 두 가지로 나눠서 추리한다. 이 과전에서는 말전의 재성이 폐구되었으니 재물을 구하는 일에서 흉하다.
　→ 말전의 천반이 비록 일간의 재성이지만 그 위에 癸가 임하니 '재폐구'이다.
□ 『삼거일람』 : 乙의 위는 丑이고 亥의 위는 申이며 다시 무음이다. 먼저 타인과 서로 허락하면 나중에는 오히려 꺼려하지 않아도 된다.
□ 『비요』 : 삼전의 재성이 귀살로 변하여 그 화가 반드시 가택에 화가 미친다. 만약 행년과 본명의 상신이 그 귀살을 제압하면 큰 해는 없다.
　→ 위의 『필법부』 〈제27법〉 참조.

乙亥일 제 5 국

공망 : 申·酉 ○
낮 : 왼쪽 천장, 밤 : 오른쪽 천장

癸	己	乙
后 未 白	白 卯 合	合 亥 后
亥	未	卯

丙	○	癸	己
勾 子 貴	貴 申 常	后 未 白	白 卯 合
乙 辰	子	亥	未

丁 青 丑 巳	蛇 戊 空 寅 午	己 白 卯 合 未	庚 常 辰 申 ○ 勾
勾 丙 貴 子 辰			玄 辛 青 酉 ○
合 乙 后 亥 卯			陰 壬 空 午 戌
朱 甲 陰 戌 寅	蛇 ○ 玄 酉 丑	貴 ○ 常 申 子	后 癸 白 未 亥

- □ **과체** : 섭해, 견기, 곡직, 일녀(낮) // 침해(피차시기), 록현탈격(낮), 귀덕, 오음, 합중범살, 재폐구, 살몰, 사묘加장생.
- □ **핵심** : 묘신에서 장생으로 전해지니 처음에는 혼미하지만 나중에는 밝다. 밤에 가택을 정단하면 어둡고 고독하다.
- □ **분석** : ❶ 지상과 초전의 未는 乙목의 묘신이고 일지 亥는 乙목의 장생이다. 초전이 未토이고 말전이 亥수이니 묘지에서 장생으로 나아간다. 따라서 정단하는 일에서 처음에는 혼미하지만 나중에는 형통해진다.

    ❷ 묘신인 未토에 밤에는 백호가 타고서 가택 亥수를 극한다. 묘신은 주로 어둠을 뜻하고 백호는 흉(凶)과 상(喪)을 뜻한다. 따라서 가정에 어둡고 고독한 일이 많다.

- □ **정단** : ❶ 섭해과의 견기격이고 삼전은 곡직이다. 정상 위에서 정상을 취하고 미(美) 속에서 미(美)를 구한다. 한가하고 안일하여 결정하지 못하면 반드시 위축된 상황을 펴기 어렵다.

    ❷ 일지와 일간이 서로 육해이니 서로 꾀하는 일은 나쁘며, 삼전이 형제국이니 형제에게는 유리하고 처자식에게는 불리하다.

❸ 낮 정단에서는 염막귀인이 일간에 임하니 고시 정단에서 이롭다.
❹ 낮 정단에서 천후의 음신에 백호가 타니 처가 죽는 것을 방지해야 한다.

→ 낮 정단에서 염막귀인 子가 일간에 임하니 고시 정단에는 이롭고 관직정단에는 불리하다.

→ 처재효는 처이다. 지상의 처재효 未가 묘신이니 처의 건강이 나쁘다. 특히 밤에는 처재효 未에 백호가 타고 있으니 처의 병이 중하다. 그리고 낮에는 천후의 음신 卯에 백호가 타고 있으니 처가 죽는 것을 방지해야 한다.

○ **날씨** : 맑은 바람이 분다.
→ 辰이 양의 12지에 임하니 맑고, 비를 생하는 申이 공망되었으니 맑다. 그리고 삼전이 목국이니 바람이 많이 분다.

○ **가정** : 묘신에서 장생으로 전해지니 처음에는 흉하고 나중에는 길하여 날이 갈수록 광명이 있는 상이다.
→ 일간은 사람, 일지는 가택, 삼전은 가운이다. 삼전의 초전이 묘신 未이고 말전이 장생 亥이니 처음에는 흉하고 나중에는 길하여 날이 갈수록 광명이 있는 상이다. ● 간지의 상신이 子未 육해이니 가족이 불화한다. ● 지상의 묘신 겸 지귀 未토에서 일지 亥수를 극하니 흉사가 발생하는데, 밤에는 未에 백호가 타고 있으니 '귀수(鬼祟)' 곧 귀신탈로 인한 병자가 발생한다. ● 낮 정단에서는 초전에 천후가 있고 말전에 육합이 있어서 '일녀격'이니 부인의 음란을 방지해야 한다.

○ **구관** : 낮에 고시 정단을 하면 매우 이롭다.
→ ● 일간은 고시생이다. 낮 정단에서는 일간 위에 염막귀인이 임하니 고시에 합격한다. 그러나 밤 정단에서는 일간의 음신에 비록

염막귀인이 있지만 공망되었으니 불합격한다. ● 일간은 관직자이다. 관직정단을 하면, 낮에는 간상에 염귀가 있으니 나쁘고, 밤 정단에서는 제2과에 염막귀인이 임하니 나쁘다. 또한 낮에는 일록 卯에 백호가 타고 있어서 록현탈격이니 관직에 흉하다.

○ **혼인** : 불길하다.

→ 일간은 남자이고 일지는 여자이다. 간지의 상신 子와 未가 육해여서 남녀가 서로 상해를 입는 상이니 혼인 정단에서 불길하다. 그리고 지상의 未가 일간의 묘신이니 여자의 운세가 어두운 상이다.

○ **임신·출산** : 아들을 임신한다. 난산이다.

→ 일간은 태아, 일지는 임신부, 삼전은 임신 과정이다. 발용의 천반에서 지반을 극하니 아들이고, 다시 삼전이 목국이니 아들이다. 출산정단을 하면 간지의 상신인 子와 未가 육해이다. 임신부와 태아 모두 몸이 상하는 상이니 난산이다.

○ **구재** : 뜻대로 되지 않는다. 재물을 취하면 화가 생긴다.

→ 재성은 재물이다. 지상과 초전의 未는 '재폐구'가 되었다. 또한 이 未는 일간의 재성이면서 일지 기준의 귀살이니 이 재물을 취하면 가택에 재앙이 닥친다. 그리고 삼전이 형제효이니 사업과 융자 받는 일 등의 구재 정단에서 대흉하다.

○ **알현** : 낮에는 허탕치고 밤에는 뜻을 이룬다.

→ 낮 정단에서는 귀인승신 申이 공망되었으니 허탕을 친다. 밤 정단에서는 귀인승신 子가 일간을 생하니 귀인에게 부탁하면 뜻을 이룬다.

○ **질병** : 신수가 부족한 병이거나 혹은 배 속의 덩어리이다. 병증에서 사람을 극을 하니 조심해야 한다.

→ 간상에 있는 하나의 子수를 삼전의 목국에서 설기하니 신수가 부족하다. 일간은 병자이고 일지는 병증이다. 지상의 未토에서 간상의 子수를 극을 하는 것은 곧 병증에서 사람을 극을 하는 것이니

건강을 조심해야 한다. ● 이 과전에서는 목이 가장 왕성하니 목의 극을 받는 위장병이 생긴다. ● 의약신이 午이니 뜸과 방사선 등 온열요법이 좋고, 의약신이 戌에 임하니 서북간에서 의약을 구하면 된다.

○ 출행 : 육로행이 좋다.
→ 일간은 육로이고 일지는 수로이다. 간상의 子에서 일간을 생하니 육로행이 좋다. 그러나 지상신이 묘신이고 다시 지귀(支鬼)이니 수로행은 나쁘다.

○ 귀가 : 아직 집을 향하여 길을 나서지 않았다.
→ 천강인 辰이 사맹인 申에 가하니 아직 집을 향하여 길을 나서지 않았다.

○ 도망 : 잡기 어렵다.
→ 초전은 도적이고 말전은 경찰이다. 초전의 未에서 말전의 亥를 극하니 잡을 수 없다.

○ 출사 : 주야 모두 흉하다.
→ 섭해과는 주야 모두 흉하다.

○ 교섭 : 불성한다.
→ 일간은 나이고 일지는 상대이다. 간지의 상신이 육해이고 다시 초전과 간상이 육해이며 중전과 간상이 형이니 교섭은 불성한다.

□ 『필법부』 : 〈제47법〉 귀인이 비록 교도소에 있더라도 일간에 임하면 좋다.
〈제62법〉 묘호가 일지에 임하면 엎드린 시신인 복시가 있다.
→ 밤 정단 지상의 未는 일간의 묘신이고 이곳에 백호가 타고 있으니 복시가 있다.
〈제65법〉 일간의 묘신이 관신을 아우르면 사람과 가택이 폐관(閉關)

되는 허물이 생긴다. 일간의 양과에서 발용이 되면 사람이 쇠패(衰敗)해지고 지진의 양과에서 발용이면 가운이 막힌다.

〈제76법〉 서로 시기하여 화가 모두에게 미친다. 이 과전에서는 간지의 상신이 육해를 만드는 것으로서 주객이 서로 시기한다.

〈제84법〉 합 속에 살을 범하는 것은 꿀 속에 비상이 있는 것이다. 반드시 은혜가 원한으로 변하여 다가오고 화합 중에 깨진다.

□ 『찬의』: 일간의 묘신인 未가 일지에 임하여 일지를 극하고 그 위에 백호가 타니 집안에 반드시 복시에 의한 해가 있다.

□ 『과경』: 亥년의 정월에 월장 亥를 점시 卯에 가하여 과전을 조식하니 재액격이다. 未는 상여(喪車)인데 사기가 타서 亥에 가하고 다시 세호(歲虎)이니 재액격이다.

乙亥일　제6국	공망 : 申·酉
	낮 : 왼쪽 천장, 밤 : 오른쪽 천장

壬	丁	○	
陰午空	青丑后	貴申勾	
亥	午	丑	
乙	壬	壬	丁
合亥蛇	陰午空	陰午空	青丑后
乙辰	亥	亥	午

丙子巳 勾貴	丁丑午 青	戊寅未 空陰	己卯申 白玄○
乙亥辰 合蛇			庚辰酉 常○常
甲戌卯 朱朱			辛巳戌 玄白
蛇○酉寅	合○申丑 貴勾	癸未子 后青	壬午亥 陰空

- **과체** : 중심, 불비 // 형상, 삼기(중전), 왕래수생(자재), 복덕, 사절(死絶), 무음(불비), 재성정마, 은다원심, 귀인공망(낮).
- **핵심** : 중전은 정마이고 초전에서는 일간을 탈기한다. 공망된 귀살이 말전에 있지만 다행히 일지 亥수를 생하니 죽은 뒤에 부활한다.
- **분석** : ❶ 초전의 午화는 乙목을 탈기하고, 중전의 丑토 위에는 둔간 丁이 타고 있으며, 말전의 申금은 관귀이지만 공망되었으니 무기력하다. 따라서 삼전에는 좋은 곳이 한 곳도 없다. 午가 비록 乙목의 사지이지만 지신인 亥수로부터 생을 받지 못하니 죽은 뒤에 부활하지 못한다.
- **정단** : ❶ 일지와 일간은 모두 형(刑)이고 다시 극(剋)이니 주객이 서로화합하지 못하고 가택은 화목하지 못하다.
  ❷ 중심과이니 모든 일이 여자로부터 일어나서 우환이 아래에 미치고 모든 정단에서 형통한 이익이 전혀 없다.
  ❸ 그리고 말전이 공망되었으니 물러나서 유지하는 것만 못하다.
  ❹ 乙亥일에 午가 亥에 가하여 발용이 되었으니 베푼 은혜는 많고 받는 원망이 깊은 격이라는 뜻의 '은다원심격'을 만든다. 즉 일간이

초전을 생하고 초전이 중전을 생하며 중전이 말전을 생하는 것이 '은(恩)'이고, 말전이 일간을 극하여 오니 오히려 원수가 되는 것이 '원(怨)'이다.

❺ 그리고 일지가 일간에 가해서 일간을 생하니 스스로 편안하다는 뜻의 '자재격(自在格)'이다.

○ **날씨** : 비가 오는 상이다.
→ 대각성인 辰이 음지인 酉에 임하고, 사과가 2음1양이며, 청룡이 정마에 타고 있으니 비가 오는 상이다.

○ **가정** : 큰돈을 벌고 높은 벼슬을 누린다.
→ 일간은 사람이고 일지는 가택이다. 일지인 亥수가 간상으로 와서 일간 乙목을 생하니 큰돈을 벌고 높은 벼슬을 누리는 가상이다.
● 우환 : 지상의 자손효가 일지로부터 극을 당하고 있으니 자손에게 우환이 생기고, 사과가 불비이니 가정에 음란사가 발생한다.

○ **구관** : 정수(靜守)하면 생기는 있지만 오래가지 못하는 것을 방지해야 한다.
→ 관성은 관직이다. 말전의 관성이 공망되었으니 관직과 명예를 잃는 상이다. 비록 중전에 丑토가 있지만 丑이 금의 묘신이어서 申금을 생하지 못하니 불길하다.

○ **혼인** : 여자 쪽에서 자기를 굽혀서 남자의 뜻을 따른다.
→ 일간은 남자이고 일지는 여자이다. 일지가 간상으로 왔으니 여자 쪽에서 남자의 뜻을 따르는 상이니 여자가 남자에게 시집온다. 낮에는 간상에 길장인 육합이 타니 길하고, 밤에는 흉장인 등사가 타니 불길하다. ● 사과가 불비이니 음란한 사람이다. 그리고 여자가 정단하면 말전의 관성이 공망되었으니 혼인이 불성할 우려가 있고 설령 혼인하더라도 혼인생활 말기에 상부할 우려가 있다.

○ **임신·출산** : 딸이다.
→ 일간은 태아, 일지는 임신부, 삼전은 태아의 발육과정이다. 삼전에서 초전의 午와 말전의 申에서 중전의 丑을 감싸고 있으니 딸이고, 초전의 지반에서 천반을 극하니 딸이며, 일간의 천지반이 모두 음이니 딸이다. ● 사과가 불비이니 태아가 제대로 발육되지 않을 우려가 있다. ● 일지가 간상으로 온 것은 임신부가 태아를 굽어보는 상이니 출산이 안전하다.

○ **구재** : 밤 정단에서는 부녀자로부터 재물을 얻고, 낮 정단에서는 남자로부터 재물을 얻는다.
→ 재성은 재물이다. 중전의 재성에 밤 정단에서 천후가 타고 있으니 부녀자에게서 돈을 빌리면 되고, 사업을 할 경우에는 부녀자를 상대로 장사하면 돈을 번다. ● 낮 정단에서는 재성에 청룡이 타고 있으니 남자에게서 돈을 빌리면 되고, 사업을 할 경우에는 남자를 상대로 장사하면 돈을 번다.

○ **알현** : 낮 정단에서는 귀인을 만나지 못하고, 밤 정단에서는 귀인의 도움을 받는다.
→ 낮 정단에서는 귀인승신 申이 공망되었으니 귀인을 만나서 뜻을 이루지 못하고, 밤 정단에서는 귀인승신 子가 일간을 생하니 귀인의 도움을 받는다.

○ **질병** : 약을 쓰지 않아도 저절로 낫는다.
→ 귀살오행인 申금이 목을 극하여 간에 병이 들었지만 이것이 공망되었으니 약을 쓰지 않아도 저절로 낫는다. 다만 본명이나 행년이 巳인 사람은 子가 巳에 가하니 사망하는 상이다. 만약 자녀의 질병을 정단하면 초전의 자손효가 절지에 임하고 있으니 자녀의 목숨이 위험하다. ● 의약신이 巳午이니 뜸과 방사선 등 온열요법이 좋고, 의약신이 亥에 임하니 서북간에서 의약을 구하면 된다.

○ **출행** : 밤 정단은 불리하다. 낮 정단은 수로가 매우 길하다.

→ 일간은 육로이고 일지는 수로이다. 간상이 길신인 장생이니 주야 모두 육로가 좋다. 그러나 지상에서 일간을 탈기하고 다시 절지에 앉아 있으니 수로는 불길하다. 낮 정단에서는 길장인 육합이 간상에 타고 있으니 낮 정단이 좀 더 길하다.

※ 『육임직지』 원문에서는 "밤 정단은 불리하다. 낮 정단은 수로가 매우 길하다."고 하였다.

○ **귀가** : 오는 중이다.
→ 천강이 사중인 酉에 가하니 오는 중이다.

○ **출사** : 지키면 생기가 있다. 비축된 군량미가 충분히 갖춰져 있다.
→ 일지가 간상으로 와서 일간을 생하고 있으니 지키고 있으면 생기가 있다.

□ 『필법부』 : 제38법 : 폐구격은 두 가지로 나눠서 추리한다.
→ 이 과전에서는 폐구가 나타나지 않았다. 연명이 만약 子이면 '재폐구'가 되니 구재에서 불리하다.

□ 『과경』 : 乙亥일에 午가 亥에 가해서 발용이 되었으니 관직자에게는 불리하고 평민에게는 유리하다. 이것은 말전의 申금이 관귀인데 초전의 午화에 의해 상하고, 다시 중전의 丑토에 의해 묘신을 당하며, 다시 申금이 공함을 당하여 申금이 완전히 무기력한 상이니 평민에게는 두려울 것이 없다.

乙亥일 제 7 국

공망 : 申·酉 ○
낮 : 왼쪽 천장, 밤 : 오른쪽 천장

辛	乙	辛
玄 巳 白	合 亥 蛇	玄 巳 白
亥	巳	亥

甲	庚	辛	乙
朱 戌 朱	常 辰 常	玄 巳 白	合 亥 蛇
乙辰	戌	亥	巳

乙亥巳 蛇合	丙子午 勾貴	丁丑未 青后	戊寅申 空陰○
甲戌辰 朱○			己卯酉 白玄○
蛇○酉卯 合			庚辰戌 常常
○申寅 貴勾	癸未丑 后青	壬午子 陰空	辛巳亥 玄白

- **과체** : 반음, 원태(절태) ∥ 초전협극(낮), 복덕, 회환.
- **핵심** : 밤 천장이 흉악하니 손실을 방지해야 한다. 한번 움직였다하면 여러 번 움직이기 때문에 비용이 만만치 않다.
- **분석** : ❶ 지상과 초전의 巳에서 일간 乙목을 탈기하고 있다. 이곳에 밤에는 백호가 타고 있으니 매우 흉악하고, 낮에는 현무가 타고 있으니 어찌 유실을 면할 수 있겠는가?

  ❷ 삼전에 두 역마가 있으니 움직였다 하면 여러 번 움직인다.

  ❸ 亥에서 일간을 생하는 기운은 적고 巳에서 일간을 탈기하는 기운은 많으니 그 비용이 어찌 적겠는가!

- **정단** : ❶ 반음과는 반복하여 신음하며 변천이 많고 득실이 정해져 있지 않은 과로서 집을 옮기는 일이 있다.

  ❷ 밤 정단에서 巳에 백호가 타서 亥에 가하니 어린이에게 인후의 병이 있거나 혹은 목재 가구와 탁자가 파손되는 일이 있거나 혹은 차와 선박이 뒤집히는 우환이 생긴다.

  ❸ 역마가 절지에 임하면 출행인은 즉시 온다.

  → 초전의 巳는 자손효이니 자손을 뜻하고 또한 일지의 역마이니

여객수단과 운반수단을 뜻한다. 巳가 지반의 亥로부터 극을 당하니 자손이 심신을 상하거나 혹은 여객수단과 운반수단을 이용할 경우 사고가 난다. 초전의 둔반이 일간의 귀살이니 더욱 흉하다.

○ **날씨** : 오랫동안 맑았다면 비가 오고, 오랫동안 비가 왔다면 맑아진다. 결국은 맑은 날씨가 많고 비는 적게 온다.
   → 반음과는 날씨가 오락가락한다. 맑았다면 비가 오고, 비가 왔다면 맑다. 초전과 말전이 巳화이니 맑은 날씨가 더 많다.

○ **가정** : 온 사람은 가려고 생각하고, 갔던 사람은 돌아오려고 생각한다. 낮 정단에서는 도둑을 막아야 하는데 잃는 것이 하나에 그치지 않는다.
   → 반음과는 온 사람은 가려고 하고, 갔던 사람은 오려고 한다. 일지는 가정이다. 낮 정단에서 지상에 현무가 타고서 일간을 탈기하고 있으니 가정에 도난을 당한다. 그리고 밤 정단에서 지상에 백호가 타고 있으니 가정에 환자가 발생하는데, 지상의 巳가 일간의 자손효이니 자손에게 질환이 발생할 우려가 높다. ● 천반과 지반은 부자(父子)와 남녀의 상이다. 천반과 지반이 상충하니 부모와 자식, 남편과 아내가 서로 충돌하여 화목하지 않다.

○ **구관** : 귀인과 일록이 과전에 보이지 않고 또한 관성과 청룡이 모두 보이지 않으니 관직자가 정단하면 불길하다.
   → 귀인은 공무원, 일록은 국가에서 받는 녹봉, 관성은 관직, 청룡은 문관직 공무원 혹은 관직자를 가리킨다. 이들이 보이지 않으니 관직자가 정단하면 불길하다.

○ **혼인** : 남자는 귀한 사람이 아니고 여자 또한 좋지 않다.
   → 일간은 남자이고 일지는 여자이다. 간상에 하괴[戌]가 임하니 귀한 남자가 아니고, 지상에 현무와 백호가 타고 있으니 좋지 않다.

● 특히 여자는 지상에 낮에는 현무가 타니 바르지 못한 여자이고, 밤에는 백호가 타니 포악한 여자이다. 그리고 지상의 둔반에 귀살이 임하고 있으니 여자에게 정부가 있거나 혹은 남자에게 해를 입히는 여자이다.

○ **임신·출산** : 임신부는 낙태를 방지해야 하고, 출산부는 출산이 늦어지는 것을 방지해야 한다. 아래가 강하고 위가 약하니 출산하면 딸이다.

→ 일간은 태아이고 일지는 임신부이다. 반음과는 천반과 지반의 모든 신이 충을 하며, 특히 사맹이 충지와 절지에 앉아 있어서 '절태격'이니 낙태되는 상이다. 그리고 일간은 태아이다. 일간의 음양이신이 1음2양이니 딸이다. 다시 초전의 지반에서 그 천반을 극을 하니 역시 딸인데 가을과 겨울정단에서는 지반 亥수가 득령하니 더욱 확실한 딸이다.

○ **구재** : 재성이 일간에 임하니 문서를 통한 재물이나 교도관의 재물을 얻는 것이 좋다.

→ 간상의 재성 戌이 교도관, 경찰, 군인을 뜻하니 이들에게서 재물을 구하면 된다. 그리고 戌에 주작이 타고 있으니 문서를 통한 재물을 얻을 수 있다.

○ **알현** : 귀인이 집에 없으니 귀인의 앞에 설 수 없다.

→ 낮 귀인 申은 공망되어 었고 밤 귀인 子는 충지에 앉아 있으니 귀인을 만날 수 없다.

○ **질병** : 폐질환이 발생한다. 경증 혹은 중증의 한열이 왕래하며 열은 많고 냉은 적다.

→ 밤 정단에서는 백호승신 巳로부터 극을 받아 폐질환이 발생한다. 그리고 일지의 음양과 삼전에서 수기와 화기가 상쟁하니 한열이 왕래하는 병증이 나타난다. 이 외에도 지상이 巳이니 치통이 발생한다. ● 의약신이 巳午이니 뜸과 방사선 등 온열요법이 좋고, 의약신

이 亥에 임하니 서북방에서 의약을 구하면 된다.
- **출행** : 육로는 길하고 수로는 불길하다.
    → 일간은 육로이고 일지는 수로이다. 간상신은 길신인 재성이고 지상신은 흉신인 탈기신이니 육로는 길하고 수로는 불길하다. 다만 반음과의 역마는 충지에 앉아 있으니 사고가 나는 상이다.
- **귀가** : 곧 귀가한다.
    → 천강이 사계인 戌에 가하니 곧 온다.
- **출사** : 주야 모두 불길하다. 장군과 사병을 잃고 군수물자와 투구와 갑옷을 잃는다.
    → 반음과에서는 천반과 지반이 상충하니 장군과 사병이 뿔뿔이 흩어지고 군수물자를 잃는다.

- 『**필법부**』 : 〈제69법〉 백호가 둔간귀살에 타면 재앙이 얕지 않다. 이른바 백호가 순 내의 천간에 가임하고 일간의 귀살이 되는 것이다. 설령 공망되어 더라도 재앙을 구할 수 없다.
    → 밤 정단 지상과 초전과 말전에 백호가 둔귀인 辛에 타고 있다.
- 『**비요**』 : 백호의 둔반이 둔귀이면 그 화가 매우 깊다. 설령 공망되어 더라도 그 흉을 구할 수 없다.
- 『**조담비결**』 : 巳와 亥의 중간에 늘 부족함이 있다. 정중하게 구하고 가볍게 얻어야 한다. 군자에게 보답해야 한다.

乙亥일 제 8 국

공망 : 申·酉 ○
낮 : 왼쪽 천장, 밤 : 오른쪽 천장

戊	癸	丙
空 寅 陰	后 未 靑	勾 子 貴
酉 ○	寅	未

○	戊	庚	○
蛇 酉 合	空 寅 陰	常 辰 常	蛇 酉 合
乙 辰	酉 ○	亥	辰

甲 朱 戌 朱 巳	乙 合 亥 蛇 午	丙 勾 子 貴 未	丁 靑 丑 后 申 ○
○ 蛇 酉 合 辰			戊 空 寅 陰 酉 ○
○ 貴 申 勾 卯			己 白 卯 玄 戌
后 癸 靑 未 寅	壬 陰 午 空 丑	辛 玄 巳 白 子	庚 常 辰 常 亥

- **과체** : 중심, 참관, 불비, 여덕(낮) // 췌서, 무음, 간지상신상합, 알구화출, 명암이귀, 아괴성, 가법부정, 피난도생, 재폐구(중전), 구극, 살몰, 사묘加장생, 고진과수.

- **핵심** : 간상에서는 공망된 귀살을 만났고, 지상에서는 일지의 묘신을 만났다. 관성을 활용하여 재물을 득해야 한다. 삼전에서는 계속하여 극을 하면서 진행된다.

- **분석** : ❶ 간상의 酉가 일간의 귀살이지만 갑술순의 공망되어 었으니 두려워하지 않아도 된다.

  ❷ 지상의 辰이 일지의 묘신이 되어 일지인 亥를 힘껏 극하니 가정이 빈드시 어둡다.

  ❸ 간상의 酉금에서 초전의 寅목을 극하고, 초전의 寅목에서 중전의 未토를 극하며, 未토가 말전의 子수를 극하니, 번갈아 가면서 극을 하는 재물이라는 뜻의 '체극한 재물'이다. 이러하니 관성을 활용하여 재물을 얻으라고 말한 것이다.

  → '관성을 활용하여 재물을 얻는 것'에는 관청을 통한 사업이 있다.

- **정단** : ❶ 중심과는 이로움은 하에 있고 불리함은 상에 있다.

❷ 일지와 일간이 자형이고 삼전이 제극을 당하니 길사와 흉사 모두 실재하지 않는다.

❸ 그리고 삼전이 모두 래극(來克)을 받는다. 즉 밤 정단에서 寅은 태음[酉]과 酉로부터 래극을 당하고, 未는 청룡[寅]과 寅으로부터 래극을 당하며, 子는 귀인[丑]과 未로부터 래극을 당한다. 따라서 귀인에게 부탁해서 재물을 구하는 일에서 나쁘고 화를 초래할 우려가 있으니, 기궁 辰이 지상을 취해 가니 이른바 난을 피해 도망가서 산다는 뜻의 피난도생이다.

→ 『육임직지』 원문에서는 "중심과에서 이(利)는 상에 있고 불리(不利)는 하에 있다."고 하였다.

○ 날씨 : 수기가 위에 있고 기[寅]와 필[酉]이 서로 만나며 천강이 亥에 가하니 바람이 불고 비가 온다.

→ 28수의 하나인 기(箕)는 寅을 가리키고 필(畢)은 酉를 가리킨다. 寅이 바람을 부르는 별이고 酉가 비를 부르는 별이니 바람이 불고 비가 온다.

○ 가정 : 사람과 집이 자형이니 집안이 기울고 복은 박하다.

→ 일간은 사람이고 일지는 가정이다. 간상과 지상이 자형인 酉와 亥니 집안이 기운다. ● 또한 지상에 일지의 묘신 겸 일지의 귀살이 임하니, 가택이 어두워지고 재앙이 닥치는데 특히 자월과 축월 정단에서는 辰이 사신과 사기에 해당하니 최흉하다. ● 또한 간상신 酉가 일간 乙을 극하고 지상신 辰이 일지 亥를 극하니 가정내외에 우환이 발생한다. ● 사과가 불비이고 무음이니 가택에 음란사가 발생하며, 삼전이 모두 하적상을 당하니 가정의 윤리가 무너진다.

○ 구관 : 관성과 일록이 모두 공망되었으니 관직에서 불길하다.

→ ● 관직 : 관성은 관직이고 일록은 공무원의 녹봉이다. 모두 공망

되었으니 관직정단에서 불길하다. 더군다나 관직자에게 불리한 중심과이고 다시 삼전이 하적상을 당하며 내전과 외전을 당하고 있으니 관직정단에서 불길하다.

○ **혼인** : 육합하고 있으니 혼인이 성사되지만 길하지 않다.
→ 일간은 남자이고 일지는 여자이다. 간상의 酉와 지상의 辰이 육합하고 있으니 혼인하는 상이지만 간상이 공망되었으니 불성할 우려가 있다. ● 다만 기궁이 지상으로 갔으니 만약 데릴사위로 가면 혼인이 성사된다.

○ **임신·출산** : 아래는 강하고 위는 약하니 임신정단에서 딸이 된다. 일지에 형을 차고 있으니 출산에서 이로움이 모자란다.
→ 천반은 양이고 지반은 음이다. 하극상하여 발용이 되었으니 딸이다. 일간은 태아이고 삼전은 태아가 형성되는 과정이다. 일간의 천지반이 모두 음이니 딸이며, 삼전이 다시 1음2양이니 딸이다.

○ **구재** : 밤 정단에서는 재물을 얻고, 낮 정단에서는 힘만 든다.
→ 밤 정단에서는 재성 未에 청룡이 타고 있지만 낮 정단에서는 그렇지 않으니, 밤 정단에서는 재물을 얻고 낮 정단에서는 힘만 든다. 만약 지상의 재물을 취하면 지상의 둔귀에서 일간을 극하니 취하면 안 된다.

○ **알현** : 밤 정단에서는 반드시 만나고, 낮 정단에서는 불길하다.
→ 밤 정단에서는 귀인승신 子가 일간 乙을 생하니 반드시 만나고, 낮 정단에서는 귀인승신 申이 공망되었으니 불길하다.

○ **질병** : 위장에 탈이 났거나 혹은 이질이다. 귀살이 공망되어 무해하지만 바로 낫지는 않는다.
→ 중전의 재성이 공망되었으니 위장에 탈이 났다. 귀살은 질병이다. 간상의 귀살 酉가 공망되었으니 해가 없다. ● 의약신이 巳午이니 뜸과 방사선 등 온열요법이 좋고, 의약신이 子丑에 임하니 정북방과 동북방에서 의약을 구하면 된다.

○ **출행** : 육로는 안전에 흠이 있고 수로는 불길하다.
　→ 일간은 육로이고 일지는 수로이다. 간상의 귀살이 공망되었으니 안전에 흠이 있고, 지상의 辰이 자형이니 수로는 불길하다.
○ **귀가** : 아직 출발하지 않았다.
　→ 천강[辰]이 사맹인 亥에 가하니 아직 집으로 출발하지 않았다.
○ **출사** : 밤 정단은 무난하다. 낮 정단은 속임수를 방지해야 한다.
　→ 간상에 밤에는 길장인 육합이 타니 무난하고, 낮에는 등사가 타니 간교한 속임수를 방지해야 한다.

□ 『**필법부**』: 〈제9법〉 옛 터전을 버리고 난을 피해 도망가서 산다.
　〈제63법〉 피차가 모두 상하니 양쪽 모두 방비해야 한다. 만약 송사 정단을 하면 반드시 양가 모두 처벌을 받는다. 모든 정단에서 반드시 양쪽 모두에게 탄식할 일이 발생한다. 일신에 관한 정단을 하면 상함을 당하고, 가택 정단을 하면 가택이 무너지고 훼손된다.
　〈제75법〉 손님과 주인이 다투니 형벌을 받는다. 모든 정단에서 서로 형을 하는 뜻을 면하지 못한다. 도모하는 교섭사는 반드시 각각에게 다른 마음이 있다.
□ 『**요람**』: 乙亥일에서 간상이 酉이고 지상이 辰이니 간지상신이 육합한다. 그러나 일간의 재성인 지상신에서 간상의 귀살을 생하니 영예를 구하려고 하다가 치욕을 당한다. 일간 乙 위에 보이는 酉에 육합이 타면 대충의 신이 장군을 막는다는 뜻의 '대신격장(對神隔將)'이다.
□ 『**옥성가**』: 일간이 대신격장이면 사람과 이별하고 지상에서 이를 만나면 가택이 깨진다.

乙亥일 제 9 국

공망 : 申·酉
낮 : 왼쪽 천장, 밤 : 오른쪽 천장

癸	乙	己
后 未 青	合 亥 蛇	白 卯 玄
卯	未	亥

○	丙	己	癸
貴 申 勾	勾 子 貴	白 卯 玄	后 未 青
乙辰	申 ○	亥	卯

蛇 酉 巳 合	甲 戌 午 朱	朱	乙 亥 未 合	蛇	丙 子 申 勾	貴
○貴 申 辰 后 癸 未 卯	青				青 丁 丑 酉 戌 寅 戌 空	后○陰
陰 壬 寅	空 辛 午 丑 玄	白	庚 辰 子 常	常	白 己 卯 亥	玄

□ **과체** : 중심, 곡직, 일녀(낮), 상문(喪門) // 덕경(공망), 록현탈격, 권섭부정, 귀덕(낮), 손잉(연명 : 巳), 이귀개공, 교차육해.

□ **핵심** : 관공서의 귀인은 나에게 도움이 되지 않는다. 낮 정단에서는 내 식록을 지상의 호랑이가 물어가고, 밤 정단에서는 현무가 훔쳐간다.

□ **분석** : ❶ 간상의 申금은 乙목의 관성이다. 낮 정단에서 귀인이 타고 있지만 공함이 되었으니 나에게 도움이 되지 않는다.

❷ 지상의 卯는 일록이다. 卯가 亥의 위에 임하여서 비록 일록이 왕성하다. 그러나 낮 정단에서는 백호가 타고 있으니 놀란다. 그리고 밤 정단에서는 현무가 타고 있어서 식록을 잃게 되니 무슨 이익이 있겠는가?

❸ 酉는 乙목의 태신이지만 지금 공망되어 었고 다시 그 아래의 巳화로부터 극을 당하니 태아가 손상당하는 '손잉격'이다. 출산정단을 하면 당일에 낳고, 임신정단을 하면 유산될 우려가 있다.

□ **정단** : ❶ 일간의 오행이 목이고 삼전이 다시 곡직이니 모든 일이 동류와 여자로 인하여 발생하며, 도움을 주고 싶지만 도움이 되지 못

하는 상이다.

❷ 申이 비록 일간의 관귀가 되어 내 몸에 임하지만 귀인이라는 이유로 그것을 무조건 '귀수(鬼祟)' 곧 귀신탈로 보아서는 안 되며, 질병 정단을 하면 하늘신과 땅신의 우환이 있다. 이것을 '한귀인(閑貴人)'이라고 하여 소송 정단에서는 불리하다.

○ **날씨** : 매우 맑다.
  → 대각성 辰이 양의 12지에 임하고, 비를 생하는 申이 공망되었으며, 삼전이 곡직이니 매우 맑다.
○ **가정** : 왕록이 亥에 임하니 가정이 반드시 풍요하지만 여기에 현무가 타고 있으니 매우 안녕하지는 않다.
  → 일지는 가정이고 지상의 卯는 식록이다. 따라서 가정이 반드시 풍요하다. 다만 밤 정단에서는 현무가 타고 있으니 도난을 방지해야 한다. ● 기궁과 지상신이 육해이고 일지와 간상신이 육해여서 가족이 서로 시기하니 가정이 화목하지 않다.
○ **구관** : 관성과 귀인이 모두 공망되었으니 구관에 불길하다.
  → 관성은 관직이고 천을귀인은 공무원이다. 이들이 공망되었으니 공무원과 직장인에게 불길하다. 또한 일록이 지상으로 가고 일록에 백호와 현무가 타고 있으니 지방으로 파견근무를 가거나, 감봉을 당하거나, 임시직을 받게 된다. ● 상관에게 청탁하면 주야의 두 귀인이 모두 공망되었으니 거절당한다. ● 권섭부정이니 좌천될 우려가 있다.
○ **혼인** : 남자에게는 천을귀인이 공망되었으니 나쁘고, 여자에게는 흉장이 타고 있으니 나빠서 불성할 우려가 있다.
  → 일간은 남자이고 일지는 여자이다. 간상의 귀인이 공망되었으니 귀한 신랑이 아니고, 지상에는 흉장이 타고 있으니 역시 귀한 신부

가 아니다. 따라서 불성할 우려가 있다.
○ **임신·출산** : 임신부는 튼실하지만 태아가 공허하니 태아가 형성되지 않을 우려가 있다.
→ 일간은 태아이고 일지는 임신부이다. 비록 과전이 삼합을 이루고 있지만 간상신이 공망되었으니 임신을 정단하면 임신이 되지 않고, 출산을 정단하면 난산이다. 또한 태신인 酉가 공망되고 다시 지반으로부터 극을 당하여 상하였으니 불임 우려가 있다.
○ **구재** : 청룡과 재효가 발용이 되었으니 신속하게 재물을 취해야 한다. 만약 지체하면 얻지 못한다.
→ 재물을 뜻하는 청룡과 재효가 발용이 되었지만 묘신 겸 재효이고 삼전이 비겁국이어서 구재 정단에서 매우 흉하니 신속하게 재물을 취해야 한다.
○ **알현** : 낮 귀인이 일간에 임하니 낮 정단에서는 매우 길하다.
→ 육임에서의 귀인은 공무원과 은인을 뜻한다. 일간에 임한다는 것은 귀인이 나에게 왔다는 뜻이어서 좋지만 지금은 공망되었으니 나에게 도움이 되지 않는다. ● 밤 정단에서도 귀인승신 子가 공망되었으니 나에게 도움이 되지 않는다.
○ **질병** : 간병과 비장병이다. 건강하기 어렵다.
→ 이 과전은 목이 실하고 토가 허하니 간병과 위장병이다. 그리고 낮과 밤 정단에서 귀인이 모두 공망되었으니 질병 정단에서는 반드시 하늘 신과 땅 신의 해코지가 있다. 의약신이 巳午이니 뜸과 방사선 등 온열요법이 좋고, 의약신이 丑寅에 임하니 동남방에서 의약을 구하면 된다.
○ **출행** : 육로는 공허하고 극하니 나쁘고, 수로는 근심이 생기고 놀란다.
→ 일간은 육로이고 일지는 수로이다. 육로행을 하면 귀인의 도움을 받지 못하니 나쁘고, 수로행을 하면 일록에 백호와 현무가 타고

있으니 재물을 잃는다.
- ○ **귀가** : 역마가 보이지 않고 천강이 사중에 가하니 출행인은 아직 돌아오지 않는다.
  - → 역마는 여객수단이다. 역마인 巳가 공망되어 었고 천강이 사중인 子에 가하니 아직 돌아오지 않는다.
- ○ **출사** : 낮 정단에서는 성취하지 못하고, 밤 정단에서는 불길하다.
  - → 일간은 아군이다. 일간이 공망되었으니 주야 모두 성취하지 못한다. 밤에는 지상에 흉장인 현무가 타니 불길하다.

- □ 『**필법부**』 : 〈제8법〉 일록이 일지에 임하면 직위는 임시직으로 정당한 자리가 아니다.

  〈제47법〉 귀인이 비록 교도소에 있더라도 일간에 임하면 좋다.

  〈제48법〉 천을귀인이 귀살에 타면 '하늘 귀신과 땅 귀신'의 해가 있다. 질병 정단에서는 반드시 '하늘 귀신과 땅 귀신'의 해코지가 있다.

  〈제50법〉 두 귀인이 모두 공망되면 헛된 기쁨을 기약하게 된다.

  제65법 : 일간의 묘신이 관신을 아우르면 사람과 가택이 폐관된다.
- □ 『**육임지남**』 : 戊子년 2월에 월장 亥를 점시 未에 가하여 전쟁정단을 했다. 유도(游都)가 서남에 거하면서 지반으로부터 생을 받고 적부(賊符)가 간지에 임하니 수륙에는 반드시 복병이 있다. 간지상에는 사절(死絶)의 기운이 타고, 다시 초전이 휴수한데 협극을 당하며, 건왕한 말전에서 초전을 제압하니 아군이 견고하게 지키면 적이 약하니 적이 오래 버티지 못한다. 그러나 丑년에는 금에서 목국을 깨트리니 적을 막기 어렵다.

  ※ 유도 : 甲己일 丑, 乙庚일 子, 丙辛일 寅, 丁壬일 巳, 戊癸일 申.

  ※ 적부 : 巳·申·子·卯가 적부이다.

乙亥일 제 10 국

공망 : 申·酉 ○
낮 : 왼쪽 천장, 밤 : 오른쪽 천장

	癸	甲	丁
	蛇 未 青	陰 戌 朱	白 丑 后
	辰	未	戌
	癸	甲	戊	辛
	蛇 未 青	陰 戌 朱	空 寅 陰	合 巳 白
	乙 辰	未	亥	寅

貴 ○申巳	勾 ○酉午	合 甲戌未	玄 乙亥申○ 蛇
蛇 癸未辰 青			常 丙子酉○ 貴
朱 壬午卯 空			白 丁丑戌 后
合 辛巳寅 白	勾 庚辰丑 常	青 己卯子 玄	空 戊寅亥 陰

- **과제** : 중심, 가색, 비혼, 유자 // 삼기(말전), 육의(중전), 여덕(밤), 재성정마(말전), 묘신부일, 손잉, 주객형상.
- **핵심** : 돈과 재물이 곳곳에 널려있지만 취득한 것에 비해 지출이 더 많다. 두 귀인이 모두 공망되었다. 정마에 타고 있는 백호가 두렵다.
- **분석** : ❶ 삼전의 모든 토가 乙목의 재성을 만드니 재물이 왕성하다. 그러나 이와는 반대로 일지음신인 巳화가 삼전을 생하고 다시 일간을 탈기하니 재물을 얻더라도 지출을 감당하기 어렵다.

    ❷ 申과 子는 乙일의 귀인이지만 모두 공망되었으니 귀인에게 부탁하는 일이 어두워서 타인에게 뺏기게 되니 헛된 기쁨에 불과할 뿐이다.

    ❸ 말전에 이르러서 丑의 위가 둔반 丁이고 여기에 낮에는 백호가 타고 있으니 매우 두렵다.

- **정단** : ❶ 중심과이며 가색이니 힘든 상이다. 모든 일에서 핍박을 받아 내 뜻대로 되지 않는다. 정단하는 사람은 본분을 지켜서 맡은 바 임무를 성실하게 다한 뒤에야 뜻을 이룰 수 있다.

    ❷ 그리고 화개가 일간을 덮으니 귀가정단을 하면 돌아오지 않고,

도망정단을 하면 스스로 돌아온다. 주작이 戌에 타면 사나운 개가 사람을 문다.

___

○ **날씨** : 큰 비가 온다.
  → 삼전이 토국이니 비가 오지 않는 상이다. 그러나 辰이 음의 12지 丑에 임하고, 간상이 묘신 未이며, 청룡이 초전에 타니 비가 온다.
○ **가정** : 지상의 寅은 乙목의 형제효이다. 가택에 거주하면서 가택의 기운을 빼니 가정에 손실을 입는다.
  → 일지는 가정이다. 겁재에 해당하는 형제효 寅이 지상에서 일지 亥를 설기하니 형제나 지인으로 인해 가정에 손실이 발생한다. 묘신이 일간을 덮고 있으니 모든 일이 어둡다. 만약 신월과 술월에 정단하면 未가 관신에 해당하니 더욱 어둡다.
○ **구관** : 두 귀인이 모두 공망되었으니 관직정단에서 불길하다.
  → 관성이 보이지 않고 관직자를 뜻하는 천을귀인이 공망되었으니 불길하다.
○ **알현** : 만나지 못한다.
  → 천을귀인이 공망되었으니 만나지 못한다. 설령 만나더라도 원하는 것을 얻기 어렵다.
○ **혼인** : 일간과 일지가 서로 극을 하니 혼인 정단에서 불길하다.
  → 일간은 남자이고 일지는 여자이다. 지상의 寅목에서 지상의 未토를 극하고 있으니 혼인 정단에서 불길하다. 그리고 지상에 주야 모두 악장이 타고 있으니 상대의 성정이 바르지 못하다.
○ **임신·출산** : 밤 정단에서는 크게 길하지만 낮 정단에서는 난산이다.
  → 태신은 태아이다. 간지에서는 일간은 태아이고 일지는 임신부이다. 태신인 酉가 공망되어 었고 다시 지상의 寅에서 간상의 未를 극하니 태아가 손상당한다.

○ **구재** : 소득이 없다.
  → 삼전의 재성이 지나치게 왕성하니 오히려 소득이 없다. 그러나 겨울이나 봄 정단에서는 신왕재왕하니 재물을 얻을 수 있다. 다만 삼전이 삼형이니 위험성이 있는 재물이다.
○ **질병** : 간이 상하거나 혹은 눈이 아프거나 혹은 복통이 있다. 자손효에 백호가 타고 있으니 의사가 치료하더라도 치료 효과를 보지 못한다.
  → 토가 지나치게 왕성하면 목이 상하여서 간이 상하거나 혹은 간과 관련이 있는 눈이 상한다. 그리고 자손효는 의사이며 의약이다. 제4과의 의약신에 질병을 뜻하는 백호가 타고 있으니 효과를 보지 못한다. 또한 그 위에는 귀살 辛금이 타고 있으니 인방(寅方)에 있는 의사에게 치료를 받으면 생명이 위험해진다. ● 의약신이 午이니 뜸과 방사선 등 온열요법이 좋고, 의약신이 卯에 임하니 정동방에서 의약을 구하면 된다.
○ **출행** : 밤 정단에서는 육로로 가야하고, 낮 정단에서는 육로행과 수로행 모두 불길하다.
  → 일간은 육로이고 일지는 수로이다. 밤 정단에서는 간상에 길장인 청룡이 타고 있으니 육로로 가야한다. 낮 정단에서는 간상과 지상에 흉장이 타고 있으니 육로행과 수로행 모두 불길하다. 그리고 삼전이 삼형이고 여기에 등사·태음·백호가 타고 있으니 가는 곳마다 괴이한 일과 사고가 발생한다.
○ **귀가** : 과명이 유자이니 바로 되돌아오지는 못한다.
  → 유자는 삼전이 모두 토이고 삼전에 정마와 천마가 타고 있어서 유자이니 지팡이를 짚고 유랑하는 상이다. 그리고 간상신 未가 묘신 겸 화개이니 바로 돌아오지는 못한다.
○ **출사** : 장수가 유능하지 못하니 낮 정단에서는 패전을 방지해야 한다.

→ 일간은 장수이고 일지는 군졸이다. 낮 정단에서 간상에 흉장인 등사가 타고 있어서 장수가 유능하지 못하니 낮 정단에서는 패전을 방지해야 한다.
- **소송** : 원통한 일을 당하면 소송에서 진실을 밝혀서 뜻을 밝히기 어렵다.
  → 화개가 일간을 덮으면 혼미해진다.

- □ 『**필법부**』: 〈제75법〉 손님과 주인이 다투니 형벌을 받는다. 도모하는 교섭에서 반드시 각각에게 다른 마음이 있다.

  〈제59법〉 화개가 일간을 덮으면 사람이 혼미해진다. 원통한 일을 당하면 소송에서 진실을 밝혀서 뜻을 밝히기 어렵다. 귀가 정단을 하면 돌아오지 못하는데, 그 이유는 뜻대로 되지 않아서 그 곳에 있기 때문이다.

  〈제50법〉 두 귀인이 모두 공망되면 헛된 기쁨을 기약한다. 타인으로부터 기쁜 소식이 있더라도 믿지 말아야 한다.

- □ 『**찬요**』: 乙亥일에서 未가 辰에 가한다. 가을 정단에서 묘신과 관신(關神)이 병존하면 사람이 쇠퇴하고, 만약 지상에 임하면 반드시 집이 폐허가 된다. 그리고 만약 묘신이 생기에 해당하면 반드시 창고 업무로 사람을 파견해야 한다. 그리고 구하지 않더라도 저절로 구해지는 것이니, 이때에는 이것을 관묘(關墓)로 보아서는 안 된다.

  ※ 관신 : 봄에는 丑, 여름에는 辰, 가을에는 未, 겨울에는 戌.

乙亥일 제 11 국

공망 : 申·酉
낮 : 왼쪽 천장, 밤 : 오른쪽 천장

	甲	丙
貴申勾	陰戌朱	常子貴
午	申 ○	戌
壬	丁	己
朱午空	貴申勾 白丑后	青卯玄
乙辰	午 亥	丑

癸未巳 蛇青	○ 貴午	○ 勾酉未 合	甲戌申 陰 朱
壬午辰 朱空			乙亥酉 玄 蛇 ○
辛巳卯 合白			丙子戌 常 貴
庚辰寅 勾	己卯丑 常青	戊寅子 玄空陰	丁丑亥 白 后

- □ **과체** : 중심, 간전, 섭삼연, 과수 // 침해(피차시기), 일덕(불성), 육의(중전), 복덕, 무음(교차상극), 양귀수극, 탈상봉탈(밤), 강색귀호(연명:寅), 살몰.

- □ **핵심** : 백호가 주작의 집으로 뛰어드니 소송에서 지극히 흉하지만 단지 망되면 이와 같이 논하지 않는다. 귀인에게 의지하기 어렵다.

- □ **분석** : ❶『필법부』에서 말하기를, "甲戌순에 申이 午에 가하여 발용이 되었으니 백호가 주작에 들어갔다." 이것이 공망되면 소송 정단에서 최흉하다.

❷ 낮 귀인 申은 공망되어 귀살 방위에 앉아 있고, 밤 귀인은 감옥[戌]으로 들어갔으니 모두 기대하기 어렵다.

- □ **정단** : ❶ 한 자씩 간격을 두고 이어진 간전(間傳)으로서 관직자의 운이 막혀서 불통한 상이다. 집을 나서는데 타고 갈 말이 없고 강을 건너려고 하는데 타고 갈 배가 없으니, 반드시 처음이 어렵고 나중이 쉬운 고진감래의 상이다.

❷ 그리고 낮 정단에서 '정마백호'가 가택을 극을 하니 재앙이 작지 않다. 가택이 무너져서 사람이 다치게 되거나 식구에게 병재가 생

긴다. 이것을 등사와 백호가 정마에 탄 격이라는 뜻의 '사호승정격'이라고 한다.

○ 날씨 : 반드시 매우 맑다.
→ 대각성인 辰이 양의 12지인 寅에 가하고, 간상에 주작과 천공이 타며, 수원(水源)을 뜻하는 초전의 申이 공망되었으니 반드시 매우 맑다.

○ 가정 : 丑이 정마에 타서 가택을 극하니 매우 흉하다.
→ 일간은 사람이고 일지는 가정이다. 낮 정단에서 '정마백호'가 일지를 극하니 사고나 병으로 인해 대흉하다. 만약 유월이나 술월에 정단하면 丑이 사기와 사신에 해당하니 더욱 흉하다. ● 일간은 부모이고 일지는 자식, 일간은 남편이고 일지는 아내이다. 간상의 午와 지상의 丑이 육해이니 부모와 자식이 불화하고 남편과 아내가 불화하니 가정이 편안하지 않다.

○ 구관 : 일덕과 천을귀인이 모두 공망되었으니 관록 정단에서 불리하다.
→ 일덕귀인과 천을귀인은 관직자이다. 일덕인 申이 공망되어 있고, 다시 낮 귀인 申이 공망되어 있으며, 밤 귀인 子가 입옥이 되었으니 관직정단에서 나쁘다. 이 외에도 관직을 뜻하는 관성 申이 공망되고 다시 그 지반으로부터 극을 받아 상했으니 흉하다. ● 취직 : 관성이 공망되었으니 어렵다.

○ 혼인 : 일지와 일간이 서로 육해이니 양측 모두에게 불길하다.
→ 일간은 남자이고 일지는 여자이다. 간상의 午와 지상의 丑이 육해이고 다시 일간과 일지가 교차상극하고 있으니 양측 모두에게 불길하다.

○ 임신·출산 : 午가 자손효이니 반드시 태아가 형성된다. 만약 남아를

출산하면 그리 길하지 않다.

→ 태아를 뜻하는 것은 태신과 자손효이다. 간상의 午는 자손효이면서 일지 기준의 태신이니 태아가 확실하다. 일간의 음양이신이 1음 2양이니 딸, 하극상 발용이니 딸, 간상의 午가 리괘이니 다시 딸이다.

○ **구재** : 얻지 못한다.

→ 재성은 재물이다. 중전의 戌이 비록 일간의 재성이지만 공망되었으니 얻지 못한다. ● 지상에 있는 재성 丑은 취할 수 있는 재물이지만 낮 정단에서는 백호가 일지 기준의 귀살에 타서 일지를 극하니 재물을 득한 뒤에 가택에 재앙이 닥친다.

※『육임직지』원문에서는 양 귀인이 모두 공망되어 었고 재성이 남아 있으니 재물을 추구하면 얻을 수 있다고 하였다.

○ **알현** : 주야 모두 귀인을 만나지 못한다.

→ 낮 귀인은 공망되어 었고 밤 귀인은 입옥이 되었으니 주야 모두 귀인을 만나지 못한다.

○ **질병** : 부모의 질병을 정단하면 낫기 어렵다.

→ 장생은 부모이다. 발용의 일덕이 공망되었으니 부모의 질병을 정단하면 낫기 어렵다. ● 낮에 연명이 巳인 사람을 정단하면 양사 협묘이니 암이다. ● 의약신이 巳午이니 뜸과 방사선 등 온열요법이 좋고, 의약신이 卯辰에 임하니 정동과 동남간에서 의약을 구하면 된다.

○ **출행** : 육로는 사기를 방지해야 하고, 수로는 대흉하다.

→ 일간은 육로이고 일지는 수로이다. 낮 정단에서는 간상에 주작이 타고 있으니 구설로 인한 손실을 방지해야 하고, 밤 정단에서는 간상에 천공이 타고 있으니 사기에 의한 손재수를 방지해야 한다.

○ **귀가** : 아직 귀가하지 않는다.

→ 천강[辰]이 사맹인 寅에 가하고 해일(亥日)의 역마인 巳가 과전에

없으니 아직 귀가하지 않는다.
○ 출사 : 많은 군사를 잃는다.
→ 일간은 장졸이다. 탈기 위에 다시 탈기가 타니 많은 군사를 잃는다.
○ 쟁송 : 최흉하다.
→ 백호의 오행인 申이 주작의 오행인 午에 임했으니 최흉하다. 백호는 재앙을 뜻하고 주작은 관재를 뜻한다.

□ 『필법부』 : 〈제94법〉 희신과 구신이 공망되면 묘하게 된다. 무릇 공망되어 좋은 것은 극(尅)·도(盜)·묘신(墓神)·귀살이다. 그러나 나를 생하는 부모효를 비롯하여 구제신·일덕·생기·재신·관성은 모두 공망되어서는 안 된다.
〈제49법〉 양 귀인이 극을 받으면 두 귀인에게 아뢰는 일은 뜻을 성취하기 어렵다. 귀인에게 부탁하면 귀인이 노여워해서 장애가 생긴다.
〈제76법〉 서로 시기하여 화가 모두에게 미친다.
□ 『과경』 : 밤 정단에서 간상의 午에 토의 천장 천공이 타고 있다. 일간이 그 상신을 생하고 상신이 다시 그 천장을 생하는 것을 '탈상봉탈'이라고 한다. 정단에서 본래 없던 일을 날조당하여 손실을 입게 되며, 다시 삼전이 모두 귀인이니 이른바 귀인이 많으면 귀하지 않아서 오히려 의지할 곳이 없다. 낮 귀인은 '돌목살(咄目煞)'이라고 하여, 귀인이 눈을 부릅뜨고 꾸짖으면서 쳐다보니 오히려 형을 선고받는다.
□ 『찬요』 : 양사협묘는 적괴[積塊,암]이다. 낫기 어렵다.
→ 양사협묘는 연명이 巳인 사람에게만 해당된다. 巳의 위는 일간의 묘신 未이고 여기에 낮 정단에서 등사가 타고 있다.

乙亥일 제 12 국

공망 : 申·酉 ○
낮 : 왼쪽 천장, 밤 : 오른쪽 천장

丁	戊	己
白丑蛇	空寅朱	青卯合
子	丑	寅
辛	壬	丙	丁
合巳青	朱午空	常子貴	白丑蛇
乙辰	巳	亥	子

壬午巳朱	癸未午空蛇	○申未貴常	○酉申后玄
辛巳辰合青			甲戌酉陰陰○
庚辰卯勾勾			乙亥戌玄后
己卯寅青合	戊寅丑空朱	丁丑子白蛇	丙子亥常貴

□ **과체** : 원수, 진연여[將泰], 삼기(초전) ∥ 복덕, 맥월, 재성정마, 신장·귀 등천문(밤).

□ **핵심** : 비어있는 하나를 공협하니 재리(財利)를 취하는 일에서 흠이 있지만 명이 卯인 사람은 뜻을 이룬다.

□ **분석** : 이 과전에서는 비어 있는 것을 공협한다. 일간(기궁)은 辰이고, 일지는 亥이며, 간상은 巳이고 지상은 子이다. 子와 巳가 丑寅卯辰을 공협한다. 삼전에 辰이 없으니 辰이 있는 자리는 허1위가 된 자리이다. 辰이 乙목의 재성이니 재물이 부족하다. 만약 정단하는 사람의 본명이 卯이면 재물의 이익이 완전하고 뜻대로 된다.

□ **정단** : ❶ 원수과이다. 천라지망이 기승을 부리지만 존귀한 것으로써 비천한 것을 제압하는 상이니 모든 일에서 순조로운 이익이 많고 모든 일은 남자로부터 일어난다.
❷ 그리고 낮 정단에서 육합이 巳에 타서 일간을 탈기하고 다시 둔간이 갑술순의 귀살 辛이니 자손으로 인해 손실을 입는다.
❸ 일지의 음신은 낮 정단에서 백호가 丁에 타서 가택을 극하니 가정에 놀라고 두려운 일이 생긴다.

○ **날씨** : 비가 오지 않는다.
→ 초전이 토이니 비가 오지 않고, 중전과 말전이 목이니 바람이 분다. 그리고 일간은 하늘이고 일지는 지상이다. 간상이 巳화이니 하늘이 맑다.

○ **가정** : 불안하다.
→ 일간은 나이고 일지는 가정이다. 지상의 子수에서 간상의 巳화를 극하고 다시 제2과 위의 午와 제4과 위의 丑이 육해이니 가정이 불안하다. ● 일간에서 巳 위의 둔간이 갑술순의 귀살 辛이니 자손으로 인해 손실을 입는다. ● 낮 정단에서 일지의 음신에 백호가 丁에 타서 가택을 극을 하니 병이나 사고로 인해 놀라고 두려운 일이 생긴다.

○ **구관** : 반드시 명예와 직위를 얻는다.
→ 귀인은 관직자이고 일록은 국록이다. 귀인이 일지에 임하고 일록이 삼전에 임하니 반드시 명예와 직위를 얻는다. 특히 봄 정단에서는 일록 卯가 왕기이니 일록이 왕성하니 더욱 길하다.

○ **혼인** : 훌륭한 남녀로서 궁합이 좋은 배필로 맺어진다.
→ 일간은 남자이고 일지는 여자이다. 원수과이고 주야 정단에서 간지상에 길장이 타고 있으니 훌륭한 남녀이다. 간상에는 길장인 육합과 청룡이 타고 있고 지상에는 태상과 귀인이 타고 있다. 그리고 지상의 둔반 丙과 간상의 둔반 辛이 간합하고, 지상의 子에서 간상 巳를 극하고 일지 亥가 일간 乙을 극하고 있으니 보통의 궁합이다.

○ **임신·출산** : 반드시 아들이다.
→ 삼전이 1양2음이니 아들이고, 일간의 음양이신이 1양2음이니 다시 아들이다. 그리고 천반은 양이며 남자이고 지반은 땅이며 여자

이다. 초전의 천반에서 그 지반을 극을 하여 상이 강하니 아들이다.
○ **구재** : 재물을 얻더라도 위험하다.
  → 초전이 재성이니 재물을 얻는다. 다만 주야 정단 모두에 흉장인 등사와 백호가 타고 있으니 위험성이 있는 재물이다. 그리고 간지에서 삼전을 공협하면서 허1위 된 것이 재성인데, 만약 정단하는 사람의 본명이 卯이면 재물의 이익이 완전하여 뜻대로 된다.
○ **알현** : 귀인을 초대하지 않더라도 스스로 온다.
  → 밤에만 해당한다. 밤 정단에서 귀인이 가택을 뜻하는 지상에 임하니 초대하지 않더라도 스스로 온다.
○ **질병** : 불길하다.
  → 일지는 병이고 일간은 사람이다. 지상의 子수에서 간상의 巳화를 극을 하니 불길하다. ● 의약신이 巳午이니 뜸과 방사선 등 온열요법이 좋고, 의약신이 辰巳에 임하니 동남간에서 의약을 구하면 된다.
○ **출행** : 수로와 육로 모두 좋다. 출행에 최길하다.
  → 일간은 출행인이고 역마는 차이다. 역마가 일간에 임한 것은 사람이 차를 타는 상이니 출행에서 최길하다.
○ **귀가** : 오고 있다.
  → 천강[辰]이 사중인 卯에 가하니 오고 있다.
○ **출사** : 모든 일에서 놀라고 의혹스럽다. 주야 정단 모두 불리하다.
  → 간상과 지상에서 삼전을 공협하고 있어서 전란을 벗어나기 어려운 상이니 주야 정단 모두 불리하다.

□ 『**필법부**』 : 〈제55법〉 천라지망을 만나면 모망사가 보잘 것이 없게 된다. 그물로 몸과 가택을 옭아매니 모든 정단에서 어찌 형통할 수 있겠는가?
□ 『**중황경**』 : 乙亥일에서 巳가 辰에 가하고 子가 亥에 가하니 '천라지망'

이고 간지 위는 모두 양인이다. 천라지망에 걸리면 경거망동을 해서는 안 된다. 만약 연명이 천라지망을 충을 해서 깨트리면 그물이 찢어진다.

→ 만약 연명이 戌이면 그 상신 亥에서 간상의 천라를 찢고, 만약 연명이 巳이면 그 상신 午에서 지상의 지망을 찢는다.

□ 『과요』 : 乙의 태신은 酉이고 그 위에는 천후와 현무가 타고 있다. 10월에 정단하면 酉가 생기에 해당되어 사사롭게 임신한다는 뜻이 있는 '사잉격'이거나 혹은 여종이나 첩이 임신한 것이다.

※ 여종 : 현대에서는 회사의 여종업원이나 가택의 파출부가 해당한다.

대육임직지

병자일

丙子日의 길신(구보)과 흉살(팔살)				
일덕	巳		형	
일록	巳		충	
역마	寅		파	
장생	寅		해	
제왕	午		귀살	亥子
순기	丑		묘신	戌
육의	甲戌		패신	卯
귀인	주	酉	공망	申酉
	야	亥	탈(脫)	辰戌丑未
합(合)			사(死)	酉
태(胎)	子		절(絶)	亥

대육임직지

갑술순 | 병자일 | 1국   119

丙子일 제 1 국

공망 : 申·酉 ○
낮 : 왼쪽 천장, 밤 : 오른쪽 천장

辛	○	戊
勾 巳 空	蛇 申 玄	白 寅 合
巳	申 ○	寅

辛	辛	丙	丙
勾 巳 空	勾 巳 空	玄 子 蛇	玄 子 蛇
丙 巳	巳	子	子

辛巳勾	壬午合	癸未朱	○申玄
巳午白	午	未	申○
庚辰青	青		○酉陰
辰			貴酉
己卯空	勾		甲戌后
卯			后戌
戊寅白	丁丑常	丙子蛇	乙亥貴
寅	合丑朱	玄子	陰亥

□ **과체** : 복음, 자임, 원태∥재공, 일덕, 여덕(낮), 귀인공망(낮), 귀등천문(밤), 신임정마, 주객형상, 왕록임신. 신장·귀등천문(밤).

□ **핵심** : 일록과 재성이 모두 공망되었으니 무용지물이다. 역마인 寅이 장생이지만 낮에는 백호가 타니 흉이 발생한다.

□ **분석** : ❶ 일록인 巳에 천공이 타고 중전의 申이 일간의 재성이지만 순공이 되었으니 무용지물이다.

❷ 말전의 寅은 역마이다. 이곳에 밤 정단에서는 육합이 타서 일간을 생한다. 다만 낮 정단에서는 백호가 타서 극하니 흉이 발생한다.

□ **정단** : ❶ 복음과이고 자임격이며 원태격이다. 구부린 상태에서 일어나지 못하고 구부린 상태를 펴지 못하는 상이다.

❷ 상(上)이 유리하고 하(下)가 불리하고, 원(遠)이 유리하고 근(近)이 불리하니, 가만히 있으면 공이 있고 움직이면 우환이 생긴다. 문을 닫고 유순하게 대응하면 우선은 얻지 못하더라도 나중에는 움직일 수 있고 움직이는 가운데에 이루는 것이 있다.

❸ 밤 정단에서 초전의 巳에 천공이 타고 있어서 중전으로 이어지지 못하지만 다행히 초전이 일록이니 흉이 조금 풀린다. 그러나 중전

이 공망되었으니 무력하고 일이 쉽게 변경된다.

○ **날씨** : 밤에 정단하면 오랫동안 맑고 비가 오더라도 적다. 낮에 정단하면 안개가 낀 뒤에 바람이 분다.
→ 초전이 巳화이니 맑고, 중전의 申이 수모(水母)이지만 공망되었으니 맑으며, 말전이 寅목이니 바람이 분다. 밤 정단에서 말전에 우사(雨師)인 육합이 타니 적은 비가 온다.

○ **가정** : 가정에 고독한 사람이 있고, 집에 모신 신상(神像)이 편안하지 않다.
→ 일지가 일간을 극하고 지상신이 간상신을 극하니 나에게 해를 끼치는 가족이 있다. ● 밤 정단에서는 귀인이 귀살 亥에 타서 일간을 극하니 집에 모신 신상(神像)이 편안하지 않다.

○ **구관** : 늦게 얻는다.
→ 삼전이 삼형을 이루고 있으니 관직정단에서 대체로 길하다. 비록 중전이 공망되었지만 초전이 일록이고 말전이 장생이니 관직에 이롭다. 공망이 메워지는 신년·신월·신월장에 관운이 더욱 좋아진다.

○ **혼인** : 여자 집안이 미천하거나 혹은 군인 집안의 딸이다.
→ 일지는 여자이다. 주야 정단 모두 지상에 흉장인 현무와 등사가 타고 있으니 미천한 가정이다. 일지는 일간을 극하고 지상신은 간상신을 극하니 남자에게 해를 끼치는 여자이다.

○ **임신·출산** : 여아이다. 듣지 못하고 말하지 못하는 태아이다.
→ 복음과 임신정단에서는 듣지 못하고 말하지 못하는 태아를 출산한다. 낮 정단에서는 태신이 귀살이고 여기에 현무가 타고 있으니 사생아를 출산한다.

○ **구재** : 뜻을 이루지 못한다.

→ 재성인 申이 공망되었으니 뜻을 이루지 못한다.
○ 알현 : 서로 불화한다. 헛수고만 하고 무익하다.
　　→ 일간은 나이고 일지는 상대이다. 일지가 일간을 극하고 지상신에서 간상신을 극하니 주객이 서로 불화하고 무익하다. 그리고 공무원이나 은인을 만날 경우, 낮 정단에서는 귀인승신 酉가 공망되었으니 귀인의 도움을 받지 못하고, 밤 정단에서는 귀인승신 亥가 일간을 극하니 귀인으로부터 해를 입는다.
○ 질병 : 말을 하지 못한다. 집안의 신상에 기도해야 한다.
　　→ 복음과는 말을 하지 못하는 상이다. 천을귀인은 신이다. 낮의 귀인승신 酉는 공망되어 었고, 밤의 귀인승신 亥는 일간을 극하니 신상에 의한 해가 있다. ● 의약신이 辰戌丑未이니 환(丸)이 좋고, 의약신이 辰戌丑未에 임하니 동남간, 서남간, 서북간, 동북간에서 의약을 구하면 된다.
○ 출행 : 근처로 간다. 낮 정단에서 좋지만 놀라고 두려운 일이 생긴다.
　　→ 일지는 목적지이고 복음과는 근처를 뜻한다. 지상의 귀살에 현무와 등사가 타고 있으니 도난을 당하고 놀란다.
○ 귀가 : 오고 있지만 장애가 있다.
　　→ 복음과는 곧 도착한다. 장애가 있는 것은 삼전이 삼형이기 때문으로 삼형에는 사고의 뜻이 있다.
○ 유실 : 집안의 가족이 훔쳐갔고 찾기 어렵다. 도망친 사람은 마을의 이웃집으로 도망가서 숨어 있다.
　　→ 일지는 가택이다. 낮 정단에서는 지상에 현무가 타고 있으니 가족이 범인이다. 복음과이니 마을의 이웃집으로 도망가서 숨어 있다.
○ 전투 : 순조롭지 못하다. 중도에 중지한다.
　　→ 삼전이 삼형이니 피아간에 유혈이 발생한다. 그리고 일간은 아군이고 일지는 적군이다. 일지와 일지상신에서 일간과 일상신을 극살하니 전투를 계속할 경우 패전할 우려가 있다.

○ 쟁송 : 화해하는 것이 좋다.
→ 복음과는 간괘의 상이고 간괘는 산의 상이며 산은 장구의 상이다. 따라서 합의하지 않을 경우에는 쟁송이 장기화 된다. 따라서 화해하는 것이 좋다.

―――――――――――――――――――

□ 『필법부』 : 〈제75법〉 손님과 주인이 다투니 형벌을 받는다. 모든 정단에서 서로 형을 하는 뜻을 면하지 못한다. 교섭사는 반드시 각각에게 다른 마음이 있다.
〈제89법〉 자임과 자신에 정마가 타면 행동을 개시한다. 삼전과 간지 위에 순(旬)의 정신이 타거나 또는 천마나 역마가 타면 반드시 고요하게 있다가 움직이게 된다.

□ 『과경』・『정와』 : 천귀(天鬼)와 지귀(支鬼)는 동하지도 않고 극하지도 않아서 취할 것이 없으니 '자임'을 선택한다. 자임은 강(强)을 취해 발용이 되니 '자임'이라고 한다. 만약 임(任)이 지나치게 강하면 반드시 재앙이 생긴다.

□ 『육임지남』 : 辛未년 4월이고 월장이 酉일 때에 동성(東省) 지방의 안부를 정단한다. 말하기를 구진이 타고 있는 간상의 월건이 지상의 현무와 장성으로부터 극제를 당하고 다시 흉살인 천귀가 타고 있으니 잠복병이 반란을 일으킨다. 다시 삼전의 천장이 체극하고 복음에 정마가 보이니 관직자는 탄핵을 방지해야 한다. 과연 모두 그러하였다.

※ 천귀 : 寅월부터 酉午卯子 세 번이다. 가령 4월의 천귀는 子이다.

丙子일 제2국

공망 : 申·酉
낮 : 왼쪽 천장, 밤 : 오른쪽 천장

	甲	○	○
	后 戌 后	貴 酉 陰	蛇 申 玄
	亥	戌	酉 ○
	庚	己	乙	甲
	青 辰 青	空 卯 勾	陰 亥 貴	后 戌 后
	丙 巳	辰	子	亥

庚青辰巳青	辛勾巳午勾	壬合午未白	癸朱未申常 ○
己空卯辰勾			蛇申酉玄 ○
戊白寅卯合			貴酉戌陰 ○
丁常丑寅朱	丙玄子丑蛇	乙陰亥子貴	甲后戌亥后

□ **과체** : 지일, 퇴여, 참관, 육의, 일녀∥재공, 복덕, 교차상극(무음), 맥월, 퇴연주, 괴도천문, 불행전, 살몰.

□ **핵심** : 삼전이 12운성의 병·사·묘·절이니 나쁘다. 질병과 소송은 재발하고, 재물은 재앙을 부른다.

□ **분석** : ❶ 丙화의 병(病)은 申에 있고, 사(死)는 酉에 있고, 묘(墓)는 戌에 있고, 절(絶)은 亥에 있다. 이 네 가지가 삼전에 모두 있으니 그 흉을 짐작할 수 있다.

❷ 지상의 亥는 일간 丙을 극하고 간상의 辰은 일지 子를 극하니 간지 모두 좋지 않다.

❸ 묘신인 戌이 발용이 되었다. 여기에 주야 모두 천후가 타서 일지를 극하니 병과 소송이 재발하는 것은 실로 이 때문이다.

❹ 그리고 중·말전의 재성 申·酉가 연이어서 공망되어 었다. 이는 귀살인 亥가 빼앗아 간 것이니 저축하더라도 얻을 수 없다.

□ **정단** : ❶ 지일과이고 퇴여격이다.

❷ 과전에 액과 장애물이 있으니 움직이면 장애가 많다. 전진하면 형(刑)을 만나니 나쁘고 후퇴하면 공함되니 소득이 없다. 오로지 풀

어야 하는 일은 이롭고 꾀하는 일은 불리하다.

❸ 지일과이니 모든 일은 동류에게서 일어난다. 지일과의 초전이 내전되니 액과 의혹이 있고 타인에게 은혜를 베풀더라도 나에게 해롭다. 지일과는 서로 화합하면 길하고 어긋나면 흉하다.

❹ 천후가 戌에 타면 음란한 여인이라는 뜻의 '일녀(泆女)'라고 하여 어둡고 음란하다.

→ 천후는 여자이고 戌은 남자이다. 천후가 戌에 타면 남녀가 음란한 상이니 어둡고 음란하다.

○ **날씨**: 비가 많이 온다. 낮 정단에서는 즉시 그친다.
　→ 일간은 하늘이다. 청룡이 간상의 辰에 타니 비가 많이 온다. 그리고 다음 순에는 공망된 중전과 말전의 수원이 풀리니 다음 순에도 비가 온다. 낮 정단에서는 말전에 등사가 타니 비가 그친다.

○ **가정**: 여종과 첩 그리고 소인이 예에 어긋나는 짓을 하는 것을 방지해야 한다.
　→ 일간은 남자이고 일지는 여자이다. 간지가 교차상극을 하여 무음격이니 부부가 불화하고 사적으로 간통하는 뜻이 있다. 일지음신에서 천후가 남자종업원을 뜻하는 戌에 타고 있으니 아내의 음란을 방지해야 한다. 이것이 발용이 되었으니 이러한 일이 발생하지 않도록 미리 살펴야 한다.

○ **구관**: 전진하면 이롭고 후퇴하면 불리하다.
　→ 퇴여격이 공망되었으니 전진하면 이롭고 후퇴하면 불리하다. 다만 戌이 亥에 가하여 괴도천문이고 삼전이 다시 공망되었으니 승진하기 어렵다.

○ **알현**: 밤 정단에서는 귀인을 만나는 일이 길하다.
　→ 밤 정단에서는 귀인승신 亥가 일지에 임하니 귀인을 만나는 일

이 길하다. 낮 정단에서는 귀인승신 酉가 공망되었으니 귀인이 나의 부탁을 들어주지 않는다.

○ 혼인 : 이롭지 않다.

→ 일간은 남자이고 일지는 여자이다. 지상신이 일간을 극하고 간상신이 일지를 극하여 간지가 교차상극하니 혼인이 이롭지 않다. 교차상극에는 남녀가 서로 해치는 뜻이 있으니 궁합이 나쁘고 혼인은 불성한다. ● 또한 초전이 괴도천문이니 혼인에 장애가 많고, 중전과 말전이 공망되었으니 혼담이 진행되지 않는다.

○ 임신·출산 : 딸을 낳는다. 출산 뒤에 생육하지 못하는 것을 방지해야 한다.

→ 일간은 태아이고 일지는 임신부이며, 삼전은 태아의 형성과정이다. 삼전이 1음2양이니 딸이고 삼전이 금국이니 다시 딸이다. 태신이 관귀효이고 월신살 사기에 해당하면 출산한 뒤에 아기를 생육하지 못한다. 신월(申月)에 정단하면 태신 子가 관귀효이고 사기에 해당하니 아기를 생육하지 못한다.

○ 구재 : 얻은 뒤에 잃는다.

→ 재성인 申과 酉가 공망되었으니 얻은 뒤에 잃는다. 다만 신년·신월·신월장 기간에는 얻는다. 개업할 경우 초전이 괴도천문이니 개업에서 장애가 발생하고 중전과 말전이 공망되었으니 재물을 얻지 못한다.

○ 질병 : 음식이 식도에 걸린 병으로서 음식을 내려 보내야 한다.

→ 발용이 괴도천문이니 음식이 식도에 걸려있고 위장 장애가 있다. 밤 정단에서는 천을귀인에서 일간을 극하니 하늘 신과 땅 신의 해코지가 있으니 이를 풀어야 한다. ● 의약신이 辰과 戌이니 환(丸)이 좋고, 의약신이 巳와 亥에 임하니 동남방과 서북방에서 의약을 구하면 된다.

○ 출행 : 의혹이 생겨서 전진하지 못한다.

➡ 초전이 괴도천문이니 출행하지 못하고, 중전과 말전이 공망되었으니 전진하지 못한다.

○ **귀가** : 여자의 귀가를 정단하면 바로 도착한다.
➡ 초전에 천후가 임하니 여자의 귀가를 정단하면 곧 도착한다.

○ **유실** : 유실물을 얻기 어렵고, 도망친 사람은 잡기 어렵다.
➡ 재성이 공망되었으니 유실물을 얻기 어렵고, 현무가 말전에서 공망되었으니 도망친 사람을 잡기 어렵다.

○ **전투** : 적군이 용맹하니 우습게 생각하고 공격하면 안 된다. 군영을 옮기는 것이 좋다.
➡ 일간은 아군이고 일지는 적군이다. 일지 子와 그 상신 亥에서 일간 丙을 극하여 강적이니 군영을 옮기는 것이 좋다.

○ **쟁송** : 불성한다. 성사 되었을지라도 화해한다.
➡ 삼전이 공망되었으니 불성한다. 성사 되었을지라도 화해한다.

□ 『**필법부**』 : 〈제51법〉 하괴가 천문을 건너니 관문이 막힌다.
〈제48법〉 귀인이 귀살에 타면 곧 하늘 귀신과 땅 귀신의 해가 있다.
〈제65법〉 일간의 묘신이 관신(關神)을 아우르면 사람과 가택이 폐관되는 허물이 있다.
〈제64법〉 부부가 음란하여 각기 사통하는 일이 있다.

□ 『**괄낭부**』 : 불비인 무음은 반드시 음란사가 있고 그로 인해 헐뜯는 일이 발생한다. 띠를 뽑으면 띠의 뿌리가 함께 뽑히니 어찌 동류끼리 모여서 재물을 구할 수 있겠는가?

□ 『**찬요**』 : 괴도천문은 모든 일에서 막힘이 있다. 다시 말하기를 亥가 일지의 귀살에 가하고 귀인이 타면 집에 귀수가 있다.

| 丙子일　제 3 국 | | | 공망 : 申·酉 ○
낮 : 왼쪽 천장, 밤 : 오른쪽 천장 | | | |

丁	乙	○
勾 丑 朱	朱 亥 貴	貴 酉 陰
卯	丑	亥
己	丁	甲 ○
空 卯 勾	勾 丑 朱	蛇 戌 后　后 申 玄
丙 巳	卯	子　戌

己卯巳 空	庚辰午 勾 白 青	辛巳未 常 空	壬午申 玄 白 ○
戊寅辰 青 合			癸未酉 陰 常
丁丑卯 勾 朱			○申戌 后 玄
丙子寅 合 蛇	乙亥丑 朱 貴	甲戌子 蛇 后	貴酉亥 陰

□ **과체** : 중심, 참관, 극음, 삼기 // 재공, 복덕, 퇴간전, 간지상신육합, 교차탈설, 문덕, 신장·귀등천문(낮).

□ **핵심** : 몸이 망가지고 수척해진다. 묘신이 가택을 극하고 둔반의 정마는 왕성하다. 옛 재물을 얻을 수 있다.

□ **분석** : ❶ 간상의 卯는 丙화를 망치게 하고 손실을 입히는 신이다. 일간이 패가망신과 탈기를 당하니 수척해지는 것을 면할 수 없다.

❷ 그리고 지상의 戌은 丙화의 묘신이다. 일지를 덮고 일지를 극하니 가정이 어둡다.

❸ 중전의 亥가 비록 丙을 극하지만 다행히 丑이 구신이 된다.

❹ 그리고 말전의 재성 酉가 비록 귀살의 방위에 앉아있지만 丑의 둔간 丁이 丙화의 힘을 도와주니 어찌 득재할 수 없겠는가?

❺ 주야의 귀인이 모두 얻지 못했으니 비록 삼전에 들더라도 무익하다.

□ **정단** : ❶ 간전의 과이고 과전이 모두 음이니 '극음'이라고 하여, 사적으로 몰래 구하거나 숨어서 기도하는 일에서 이롭다.

❷ 발용의 丑은 높게 두드러진 평평한 땅으로서 이것이 문을 막고

있으니 출입에 장애가 생긴다.
❸ 그리고 주작은 구설과 문장이며, 구진은 유배와 감금을 뜻한다.
❹ 간상의 卯가 비록 일간을 생하지만 사실은 일간을 망치는 존재이니 신중해야 한다. 다행히 丑이 순기로서 태양의 정기를 갖추고 있으니 정단하는 일에서 의외의 수확이 있다.

○ 날씨 : 오랫동안 흐리고 궂은비가 내린다. 잠시 맑더라도 곧 변한다.
　→ 초전이 丑토이니 오랫동안 흐리고 중전이 亥수이니 궂은비가 내린다.
○ 가정 : 괴이한 일이 발생한다. 낮 정단에서는 복시가 있다.
　→ 일간은 사람이고 일지는 가택이다. 낮 정단에서 지상의 戌은 일간의 묘신이고 여기에 등사가 타고 있으니 가택에 흉사가 발생하며, 만약 오월(午月)이나 미월(未月)에 정단하면 월건신살 사기와 사신이니 생명이 위험하다. 밤에는 일묘인 戌에 천후가 타고 있으니 부녀자의 건강이 우려된다. ● 복시살인 戌에서 일지 子를 극하고 있으니 대흉하다. 복시(伏屍)는 집터에 묻혀있는 유골을 뜻한다.
○ 구관 : 귀인에게 부탁하면 추천을 받는다.
　→ 초전의 丑이 순기이고 다시 지상신이 육의와 하괴[戌]이니 좋다. 연명이 子인 사람은 중·말전의 두 귀인에서 연명을 인종하니 귀인에게 부탁하면 추천을 받는다. ● 낮 정단에서는 주작이 관성인 亥에 타고서 문덕격을 형성하니 고시에 합격한다.
○ 혼인 : 장애가 생기고 불성한다.
　→ 일간은 남자이고 일지는 여자이다. 비록 간지의 상신이 상합하고 있지만 지상신이 일간의 묘신이니 장애가 생기고 불성한다. ● 지상신 戌에서 일간 丙을 설기하고 간상신 卯에서 일지 子를 설기하니 양측 모두 손실을 입는다.

○ **임신·출산** : 유산을 방지해야 한다.
  ➔ 신월(申月)에 정단하면 관귀효인 태신 子가 사기이니 유산을 방지해야 한다. ● 일간은 태아이고 일지는 임신부이다. 간지의 상신이 육합하니 임신정단은 좋고 출산정단은 나쁘다. ● 중심과이고 삼전이 극음이니 딸이다.

○ **구재** : 취득하는 재물이 없고 설령 취득하더라도 쉽게 나간다.
  ➔ 재성은 재물이다. 일간의 재성이 공망되었으니 얻는 재물이 없고 설령 얻어도 쉽게 나간다.

○ **알현** : 주야 모두 귀인의 도움을 받지 못한다.
  ➔ 밤 귀인 亥는 일간을 극하고 밤 귀인 酉는 공망되었으니 주야 모두 귀인의 도움을 받지 못한다.
  ※『육임직지』원문에서는 밤 정단에서는 귀인을 만나는 일이 좋으며 문자와 관련된 일에서 뜻을 이룬다고 하였다.

○ **질병** : 소통시키는 데에 이로운 약을 복용하는 것이 좋다.
  ➔ 삼전이 간전이어서 소통에 장애가 있으니 소통시키는 데에 이로운 약을 복용하는 것이 좋다. ● 지상의 戌은 일간의 묘신이며 동시에 일지의 귀살이다. 만약 오월(午月)이나 미월(未月)에 정단하면 戌이 사신과 사기에 해당하니 최흉하다. ● 의약신이 戌丑이니 환(丸)이 좋고, 의약신이 子卯에 임하니 정북과 정동에서 의약을 구하면 된다.

○ **출행** : 길이 많이 막히고 꺾여 있으니 가기 어렵다.
  ➔ 초전의 丑토가 길을 막고 있고 다시 삼전이 퇴간전이어서 장애가 있으니 가기 어렵다.

○ **귀가** : 오늘 온다.
  ➔ 귀인은 공무원이고 초전은 집근처이다. 출행인이 공무원이라면 초전이 귀인의 오행인 丑이니 오늘 온다.

○ **유실** : 찾기 어렵다.

➔ 재성은 재물이다. 재성인 酉가 공망되었으니 찾지 못한다.
O **전투** : 불리하다. 오로지 가을 8월에는 대길하다.
➔ 삼전이 밤의 12지로 이어지니 전투에서 불리하다. 8월에는 공망된 말전의 酉가 풀리니 대길하다.
O **쟁송** : 귀인의 중재를 얻어서 결과가 좋고 화해하지 않으면 반드시 패소한다.
➔ 일간은 나이고 일지는 상대이다. 간지의 상신이 육합하고 둔간이 다시 간합하고 있으니 귀인의 중재를 얻어서 결과가 좋다. 만약 합의하지 않을 경우 일지 子가 일간 丙을 극하고 삼전이 극음으로 가니 패소한다. ● 중심과이니 쟁송에서 나중에 대응하는 것이 이롭다.

□ 『**필법부**』 : 〈제45법〉 주야귀인이 서로 가하면 양 귀인에게서 구하면 된다.
〈제62법〉 묘신백호가 일지에 임하면 엎드린 시신인 복시가 있다. 주택 정단을 하면 반드시 복시귀에 의한 화가 있거나, 형체와 소리의 여운인 형향(形響)이 있다. 만약 묘신백호가 가택을 극하면 화는 더욱 심하다.
➔ 묘신백호는 묘신에 백호가 타고 있는 것을 가리킨다. 복시가 있는 경우는 등사나 백호가 일간의 묘신이나 일지의 묘신에 타고 있을 경우이다.
□ 『**과경**』 : 음에는 물러나는 뜻이 있다. 丑에서 역으로 전하여서 극인 酉로 간다. 음에서 음으로 들어가는 상이니 모든 정단에서 어둡다.
□ 『**정온**』 : 戌이 子에 가하고 낮 정단에서 등사가 타서 일지를 극하니 집안에 괴이한 일이 자주 목격된다.

丙子일	제 4 국

공망 : 申·酉 ○
낮 : 왼쪽 천장, 밤 : 오른쪽 천장

壬	己	丙	
玄 午 白	空 卯 勾	合 子 蛇	
酉 ○	午	卯	
戊	乙	○	壬
青 寅 合	朱 亥 貴	貴 酉 陰	玄 午 白
丙 巳	寅	子	酉 ○

戊寅巳 青	己卯午 合 空 勾	庚辰未 白 青	辛巳申 ○ 常 空
丁丑辰 勾 朱			壬午酉 玄 白
丙子卯 合 蛇			癸未戌 陰 常
乙亥寅 朱 貴	甲戌丑 蛇 后	○ 酉子 貴 陰	○ 申亥 后 玄

□ **과체** : 원수, 삼교, 이번, 헌개(불성) // 침해(피차시기), 재공, 구생(불성), 맥월, 최관사자(밤), 고진과수.

□ **핵심** : 장생이 역마를 타고 있다. 지상의 재성 酉를 취하기 어렵다. 초전의 午에 낮에는 현무가 타고 밤에는 백호가 탄다.
첩과 여종에 대해 정단하면 간음한 뒤에 도망친다.

□ **분석** : ❶ 간상의 寅은 일간의 장생이다.

❷ 酉는 丙火의 재성이다. 酉가 일간의 귀살 방위에 앉아 있다. 酉의 자식인 子수를 믿고 의지하니 재물을 취하기 어렵다.

❸ 酉는 여종이다. 午화가 여종을 뜻하는 酉에 임했고 여기에 낮에는 현무가 타고 밤에는 백호가 타니 반드시 간음과 도주하는 일이 발생한다.

❹ 寅이 제대로 일간을 생한다. 酉 또한 일지를 생하지만 오히려 일지를 망가뜨리며 다시 순공이 되니 생으로 논할 수 없다.

□ **정단** : ❶ 원수과이며 헌개격이다. 존귀한 곳에 거주하면서 비천한 것을 다스리는 상이다. 모든 일이 남자로부터 일어나며 그 일은 공명정대하고 모든 일이 순조롭게 진행된다.

❷ 그리고 중신(子午卯酉)이 지진에 가하고, 삼전이 모두 사중이며, 육합이 과전에 들어서 세 가지가 동시에 나타나니 『주역』 천풍구 구오 함장의 길함과 상응하니 군자가 정단하면 복을 받는다.
❸ 그러나 백호가 타고 있는 午의 둔반이 귀살이고 다시 공망된 지반에 앉으니 '상을 당한 말'이라고 한다.
❹ 그리고 午가 酉에 가하니 사교이고, 천지이번을 범하는 것을 겸하니 소인이 정단하면 재앙이 닥친다.

―――――――――――――――――――

○ 날씨 : 낮 정단에서 비가 온다.
  → 초전이 午이니 맑고 중전이 卯이니 우레가 치지만 말전이 子이고 여기에 우사(雨師)인 육합이 타니 낮 정단에서 비가 온다.
○ 가정 : 어둡다. 집안에 음란사가 발생한다.
  → 일지는 가택이고 子午卯酉는 모두 도화이다. 일지가 도화이고, 지상이 도화이며, 삼전이 모두 도화인데 초전에 현무가 타고 있으니 가택에 음란사가 발생한다. ● 밤 정단에서는 초전에 백호가 타고 있으니 질병과 사고가 발생한다.
○ 구관 : 정월과 칠월에 이롭다.
  → 정월과 칠월에는 초전의 午가 천마에 해당하니 관직에 이롭다.
○ 혼인 : 불성한다.
  → 일간은 남자이고 일지는 여자이다. 지상이 공망되어 었고 또한 지상의 酉금에서 간상의 寅목을 극하니 궁합이 나쁘고 혼인은 불성한다. 그리고 삼교격이어서 남녀가 음란하니 혼인이 대흉하다. 『육임직지』 원문에서는 "화합한다."고 하였다.
○ 임신·출산 : 여종이 자식을 낳는다.
  → 지상신 酉는 첩과 도화와 태신을 가리키니 첩이 사적으로 출산한다. 현대에서는 정부(情婦)가 출산한다고 분석할 수 있다.

○ 구재 : 얻기 어렵다.
　➜ 재성은 재물이다. 丙子일의 열 두 국은 모두 재성이 공망되었으니 득재할 수 없다.
○ 질병 : 사람의 혼이 천리를 떠돈다.
　➜ 헌개격은 사람의 혼이 천리를 떠도는 상이니 생명이 위험하고 특히 밤 정단에서 제4과와 초전의 천반에 백호가 타고 있고 그 둔반이 일간의 귀살인 壬이니 생명이 위험하다. 지금은 헌개격의 초전이 공망되었으니 다행이다. ● 의약신이 辰戌丑未이니 환(丸)이 좋고, 의약신이 辰戌丑未에 임하니 서남간, 서북간, 동북간, 동남간에서 의약을 구하면 된다.
○ 출행 : 비를 만난다.
　➜ 일간은 여행객이다. 간상에 역마 겸 장생이 임하고 있으니 여행을 떠나는 상이다. 말전은 목적지이다. 말전에 수의 오행인 子수가 있으니 비를 만난다.
○ 귀가 : 아직 돌아오지 않는다.
　➜ 삼전의 헌개격이 공망되었으니 아직 귀가하지 않는다. 공망된 酉가 풀리는 유일(酉日)이나 유월(酉月)에 돌아온다.
○ 전투 : 차전(車戰)이 이롭다. 유년(酉年)과 유월(酉月)에는 길하다.
　➜ 삼전이 헌개격이니 차전이 이롭다. 유년(酉年)과 유월(酉月)에는 헌개격이 완성되니 길하다.
○ 쟁송 : 서로 화해하기 어렵다. 그리고 선박과 자동차를 이용하는 경비가 든다.
　➜ 일간은 나이고 일지는 상대이다. 일지 子가 일간 丙을 극하고 지상신 酉가 간상신 寅을 극하니 화해하기 어렵다. 삼전이 선박과 자동차를 뜻하는 헌개이니 이것을 이용하는 경비가 든다.

□ 『필법부』: 〈제69법〉 백호가 둔간귀살에 타면 재앙이 얕지 않다. 이른바 백호가 순 내의 천간에 가임하고 일간의 귀살이 되는 것이다. 설령 공망되어 더라도 재앙을 구할 수 없다.

→ 밤 정단에서 제4과와 초전의 둔반에 귀살이 임하고 그 둔반이 일간의 귀살인 壬이니 특히 질병과 관재 등에서 재앙이 얕지 않다.

□ 『관월경』: 승광(午)은 본래 역마이고, 태충(卯)은 본래 차이며, 신후(子)는 화개인데, 삼전이 비어있지 않을 경우 현명한 군주가 국록을 올려 주고, 덕이 높은 임금이 조서를 하사한다.

→ 이 과전에서는 초전의 지반이 공망되어 있다. 유년(酉年)이나 유월(酉月)이나 유월장(酉月將) 기간에 정단하면 헌개격이 완성된다.

□ 『증문』: 삼교격은 집에 죄인을 숨겨 두었다.

→ 일지가 사중인 子이고, 지상신이 사중인 酉이며, 삼전이 모두 사중인 午卯子이고 초전에 현무가 타고 있으니 삼교격이다.

□ 『육임심경』: 초승달, 보름달, 그믐날, 삭일로 천번이 정해진다. 여기에 해당하면 남자는 이익에 얽혀서 형상을 당하게 된다. 그리고 子·午·卯·酉로 지번이 정해진다. 여기에 해당하면 여자가 피를 흘리며 곤란해진다.

→ 사중(子·午·卯·酉)인 월장이 사정(초하루·보름·상현·하현·그믐)을 만나고, 사평일(子·午·卯·酉)에 정단하여 일수와 월수가 여기에 가하며, 두강(辰)이 丑 혹은 未 위에 가하면 천지이번격이다.

| 갑술순 | 병자일 | 5국 |

丙子일   제 5 국

공망 : 申·酉
낮 : 왼쪽 천장, 밤 : 오른쪽 천장

	○	庚	丙
	后 申 玄	白 辰 靑	合 子 蛇
	子	申 ○	辰
	丁	○	庚
	勾 丑 朱	貴 酉 陰	后 申 玄	白 辰 靑
	丙 巳	丑	子	申 ○

丁勾 丑巳 丙合 子辰 乙朱 亥卯	戊朱 寅午 青	己合 卯未 空	庚勾 辰申○ 青 辛常 巳酉○ 空 壬玄 午戌 白
甲蛇 戌寅	○ 貴 酉 陰 丑	○ 后 申 玄 子	癸陰 未亥 常

□ **과체** : 탄사, 윤하, 폐구, 일녀(낮) // 요극, 재공, 복덕(공망), 오양, 중귀수창, 교차육합, 살몰, 사묘加장생, 고진과수.

□ **핵심** : 간지가 교차육합을 하지만 길하지 않다. 특히 밤 정단에서는 손재수가 크다. 과전이 삼합하고 육합하니 관직정단을 하면 반드시 승진한다.

□ **분석** : ❶ 일지인 子와 간상의 丑이 육합하고 기궁인 巳와 지상의 申이 육합하니 간지의 상하가 교차한다. 그러나 간상의 丑이 지상 申의 묘신이고 일지 子가 일간 丙을 극을 하니 비록 교차하여 머물지만 길하지 않다.

❷ 지상과 발용의 申이 일간의 재성이지만 밤 정단에서 현무가 타고 있으니 반드시 손실을 당한다.

❸ 그리고 삼전의 申子辰이 삼합하여 수국을 이루고 일간 음양의 巳酉丑이 금국을 이루어서 삼전과 육합을 형성한다. 따라서 관직자가 정단하면 반드시 승진한다.

□ **정단** : ❶ 탄사이며 윤하의 전국이다. 일간에서 요극(遙克)하니 탄사이다. 중전에 토가 보이니 탄알이 있지만 공망에 앉아 탄알을 잃었

으니 화와 복 모두 무력하다.
❸ 삼전은 모두 귀살이다. 삼전에 하나의 재성이 출현하면 그 재물을 안전하게 얻을 수 있으니, 이를 삼전의 귀살이 재물로 변한다. 만약 두 과가 모두 공망되고 하나의 재물만 있을 경우에는 모든 귀살이 재물로 변하니 매우 위험해진다.
❹ 이 과에서 비록 간상의 丑토가 수를 제극하지만 밤 정단에서는 모두 물에 사는 짐승이 타고 있다. 따라서 재물을 얻어 화가 발생할 수 있으니 화를 방지해야 한다.

―――――――――――――――――――

○ 날씨 : 많은 비가 온다.
　➜ 삼전이 수국이지만 초전과 중전이 공망되었으니 적은 비가 오지만 다음 순에는 공망이 메워지니 많은 비가 온다.
○ 가정 : 흥성하지 않다. 처에게 발생할 재앙을 방지해야 한다.
　➜ 일간은 사람이고 일지는 가택이다. 지상의 재성이 공망되었으니 살림살이가 궁핍하다. 밤 정단에서는 재성에 현무가 타고 다시 공망되었으니 부인이 사망하거나 혹은 낮 정단에서 지상의 재성이 발용이 되어 삼전이 일녀이니 부인이 도망칠 우려가 있다.
○ 구관 : 관직자는 승진하고 고시생은 합격한다.
　➜ 삼전이 관성국이니 관직자는 승진하고 고시생은 합격하는 상이다. 다만 공망된 申이 풀리는 신년(申年)이나 신월(申月)이나 신월장(申月將) 기간에 승진하고 합격한다.
○ 혼인 : 바름을 잃으면 안 된다.
　➜ 삼전이 일녀이니 여자가 연애하는 상이다. 혼인할 사람이 정해져 있을 경우에 정도를 벗어나면 안 된다. ● 간지가 교차육합을 하지만 지상의 재성이 공망되었으니 혼인이 불성한다.
○ 임신·출산 : 딸을 순산한다.

➜ 삼전이 수국이니 딸이고 태신이 酉이니 다시 딸이다. 삼전이 삼합하면 난산이지만 이 과전에서는 삼전이 공망되었으니 순산한다.

○ 구재 : 이롭지 않다.

➜ 재성인 申과 酉가 공망되었으니 구재에서 이롭지 않다.

※ 『육임직지』 원문에서는 "길하며 이롭다."고 하였다.

○ 알현 : 귀인을 만나지 못한다.

➜ 천을귀인은 귀인이다. 낮 정단에서는 귀인승신 酉가 공망되었으니 만나지 못하고, 밤 정단에서는 귀인승신 亥가 일간을 극하니 만나더라도 나의 부탁을 들어주지 않는다.

○ 질병 : 처의 질병을 정단하면 불길하다.

➜ 재성은 처이다. 재성이 공망되었으니 처의 질병을 정단하면 불길하다. 그리고 비록 삼전이 삼합을 이루었으니 질병 정단에서는 나쁘지만 삼전이 공망되었으니 처 외의 질병 정단에서는 흉하지 않다.

※ 의약신이 辰丑이니 환(丸)이 좋고, 의약신이 申巳에 임하니 서남방과 동남방에서 의사와 약을 구하면 된다.

○ 출행 : 수로가 좋다.

➜ 일간은 육로이고 일지는 수로이다. 지상이 공망되었으니 수로가 나쁘다.

※ 『육임직지』 원문에서는 "수로가 좋다."고 하였다.

○ 귀가 : 기쁘게 온다.

➜ 삼전이 국을 이루었으니 기쁘게 오는 상이지만 도착지를 뜻하는 발용이 공망되었으니 아직은 오지 않는다.

○ 유실 : 재물은 잃고 사람은 잡기 어렵다.

➜ 재성은 재물이고 현무는 도둑이다. 재성이 공망되었으니 재물을 잃고 현무가 공망되었으니 사람을 잡기 어렵다.

○ 전투 : 불리하다. 적이 허세를 부린다.

→ 귀살은 적군이다. 귀살국이 공망되었으니 적이 허세를 부린다.
○ 쟁송 : 화해하는 것이 좋다.
→ 매일의 제5국과 제9국은 과전이 삼합하니 화해하는 것이 좋다. 그러나 이 과전은 삼전이 공망되었으니 그렇지 않다.

――――――――――――――――――

□ 『필법부』 : 〈제11법〉 비록 귀살이 무리를 짓더라도 전혀 두렵지 않다. 귀살이 있더라도 자손효에서 제극하면 흉하지 않다.
→ 삼전의 申辰子가 무리를 짓고 있지만 간상의 丑이 이것을 제압하니 흉하지 않다.
〈제83법〉 삼합과 육합을 하면 모든 일에서 기쁘다. 다만 근심스럽고 미혹된 일을 해결하는 정단에서는 나쁘다. 만약 질병정단을 하면 기궁 巳와 지상신 申이 육합하고 일지 子와 간상신 丑이 육합하니 매우 위중해진다. 그러나 귀가정단을 하면 출행인이 온다.
〈제40법〉 천후와 육합은 혼인 정단에서 중매인을 쓰지 않아도 된다. 혼인 정단에서 먼저 간통하고 나중에 장가를 드는 뜻이 된다.
□ 『수중금』 : 탄사의 제3과가 발용이 되었다. 일진의 두 양신이 서로 극하니 모든 하는 일에서 흉이 중하니 먼저 움직이면 안 된다.
□ 『비요』 : 천후나 태음이 申에 타면 처의 죽음이 우려된다.
□ 『찬요』 : 요극과의 발용이 공망되고 여기에 현무가 타면 반드시 도망치고 잃는다.

| 갑술순 | 병자일 | 6국 |

丙子일 제 6 국

공망 : 申·酉 ○
낮 : 왼쪽 천장, 밤 : 오른쪽 천장

丙 合 子 蛇	癸 陰 未 常	戊 青 寅 合
巳	子	未
丙 合 子 蛇	癸 陰 未 常	癸 陰 未 常	戊 青 寅 合
丙 巳	子	子	未

丙 合 子 蛇 巳	丁 勾 丑 朱 午	戊 青 寅 合 未	己 空 卯 勾 申 ○
乙 朱 亥 貴 辰			庚 白 辰 青 酉 ○
甲 蛇 戌 后 卯			辛 常 巳 空 戌
○ 貴 酉 陰 寅	○ 后 申 玄 丑	癸 陰 未 常 子	壬 玄 午 白 亥

□ **과체** : 섭해, 사절(四絕), 불비, 난수∥침해(피차시기), 앙구(체극, 삼전호극), 복덕, 인귀생성, 회환, 무음, 태수극절, 구극, 절사(무록)

□ **핵심** : 과전의 모든 천반이 그 지반을 극하고 다시 난수이니, 마치 칡넝쿨이 얽혀있듯이 여자와 재물로 인해 간사한 일이 생긴다.

□ **분석** : ❶ 과전의 지반이 그 상신으로부터 모두 극을 당하고 일지 子가 발용이 되어 다시 일간에 임하여서 일간을 극을 하니 존(尊)이 비(卑)에게서 난을 당하는 뜻이 있는 '난수(亂首)'이다.

❷ 그리고 丙의 일덕은 巳이다. 일덕 巳가 子로부터 극을 당하니 일덕이 죽는다.

❸ 酉는 丙의 처재이다. 酉가 寅에 가하고, 寅이 未에 가하며, 未가 子에 가하여서 子가 丙을 극하여 오니, 난의 근원을 찾아 보면 마치 칡넝쿨이 꼬이듯이 여자와 재물로 인해 간음이 생긴다. 『필법부』에서 말하기를 子寅 섭해는 모두 같다고 하였다. 다만 子에서 일간을 극하는 것은 불비(不比)이고, 寅에서 일간을 생하는 것은 비(比)하는 것이니, 삼전을 고법을 적용하면 寅酉辰이다.

□ **정단** : ❶ 견기격이며 상문난수이다. 일지가 일간에 임하여 일간을

극하고는 발용이 되었으니 난수가 매우 심하다. 지금 일지 子가 일간에 가하여 일간을 극을 하여 발용이 되었으니, 존(尊)이 비(卑)를 멸시하는 것이 아니라 오히려 비(卑)가 존(尊)을 범하는 상이니 정벌을 하더라도 순조롭지 못하다.

❷ 제3과에서 육해가 서로 가하니 침해격이다.

○ **날씨** : 비가 계속 내리니 맑기 어렵다.
  → 초전이 子이고 여기에 육합이 타니 비가 오고, 중전에 癸수가 임하니 비가 온다. 그러나 말전이 寅이고 여기에 청룡이 타니 비가 오지 않는다.
○ **가정** : 식구가 편안하지 않다. 처에게 불리하다.
  → 일간은 남편이고 일지는 아내, 일간은 부모이고 일지는 자식이다. 일지가 간상으로 와서 일간을 극하니 남편이나 부모가 불손을 당한다. 그리고 사과와 삼전의 천반에서 지반을 모두 극하니 처와 자식이 극을 당하여서 가족이 화목하지 않고 부부가 이별하거나 이혼한다. ● 사과가 불비이니 가정에 음란사가 발생한다.
○ **혼인** : 축시에 정단하면 화합하고 나머지 시간에 정단하면 그렇지 않다.
  → 점시 丑(01:30~03:30)이 간상의 子를 합을 하니 丑시에 정단하면 남녀가 화합한다. 그러나 나머지 시간에는 간지상의 子와 未가 육해이고, 일지 子가 간상으로 와서 일간 丙을 극하며, 과전의 모든 천반이 그 지반을 극하니 혼인은 불성한다. 육해에서의 해에는 해(害), 극에서의 극에는 살(殺)의 뜻이 있다. ● 사과가 불비이니 음란사가 발생한다.
○ **임신·출산** : 유산을 방지해야 한다.
  → 일간은 태아이고 일지는 임신부이다. 일지가 간상으로 와서 일

간을 극하고, 다시 과전의 모든 천반에서 그 지반을 극하며, 태신 酉가 공망되었으니 유산을 방지해야 한다.

○ **구관** : 먼저 좌절하지만 나중에는 성사된다.
→ 삼전에서 일간을 체극하니 먼저는 좌절하지만 말전의 寅에서 초전의 관성 子를 설기하여 일간을 생하니 나중에는 성사된다.

○ **구재** : 노력해서 간신히 얻지만 부족하다.
→ 청룡과 재성은 재물이다. 재성은 과전에 보이지 않지만 청룡이 일간의 장생인 寅에 타서 일간을 생하니 간신히 재물을 얻지만 부족하다.

○ **질병** : 처의 질병을 정단하면 더욱 흉하다.
→ 처재효가 공망되었으니 처의 질병을 정단하면 사망할 우려가 있다. 그리고 과전의 모든 천반에서 지반을 극하고 있으니 자식의 질병 정단 또한 흉하다. ● 의약신이 未이니 환(丸)이 좋고, 의약신이 子에 임하니 정북에서 의약을 구하면 된다.

○ **출행** : 이롭지 않다.
→ 일간은 여행객이고 일지는 목적지이다. 일지가 간상으로 와서 일간을 극하고 있으니 이롭지 않은 여행지이다.

○ **귀가** : 오는 중이고 안전하지 않다.
→ 辰이 사중인 酉에 임하니 오는 중이고 삼전이 체극하니 귀가가 안전하지 않다.

○ **유실** : 지금 당장 찾기는 어렵다. 나중에 저절로 나타난다.
→ 재성은 재물이다. 재성이 공망되었으니 찾기 어렵다.

○ **전투** : 밤 정단에서는 편하지 않고, 낮 정단에서는 금과 보물을 얻는다. 그러나 근신하며 적군을 가볍게 보면 안 된다.
→ 적군은 귀살이다. 간상과 발용에서 일간을 극하고 있으니 적군의 공격이 강하다.

○ **쟁송** : 능멸을 당한다. 소송으로 양측 모두 손상(喪)을 당한다.

→ 일지가 간상으로 와서 일간을 극하니 능멸을 당한다. 간지가 모두 극을 당하니 반드시 양측 모두 지은 죄로 인해 처벌을 받는다.

□ 『필법부』: ⟨제32법⟩ 삼전이 차례로 나를 극하면 대중이 나를 기만한다. 모든 정단에서 많은 사람들이 이구동성으로 나를 기만한다.
　→ 말전 寅에서 중전 未를 극하고, 중전 未에서 초전 子를 극하며, 초전 子에서 일간 丙을 차례로 극하니 대중이 나를 기만한다.
　⟨제63법⟩ 서로 상하니 양측 모두 해를 방비해야 한다. 송사정단을 하면 반드시 양측 모두 죄로 인하여 처벌 받는다. 일신상에 관한 정단을 하면 상하고, 가택정단을 하면 가택이 무너지고 훼손된다.
　→ 일간 丙은 간상의 子로부터 극을 당하고 일지 子는 지상의 未로부터 극을 당하니 나와 상대 모두 패소한다.
　⟨제76법⟩ 서로 시기하여 화가 모두에게 미친다. 양쪽에 해가 있다.
　→ 간상의 子와 지상의 未가 육해이니 서로 해를 입히고 서로 해를 입는다.

□ 『수중금』: 세 곳의 상극하는 장유(長幼) 중 유(幼)에게 불리하다.
　→ 천반은 장이고 지반은 유이다. 세 곳의 상극하는 유(幼)에게 불리하다.

□ 『과경』: 간상의 子가 초전이다. 비록 일간의 귀살이지만 말전의 寅목을 생을 하고 또한 가택 위 未토의 도움을 받아 해를 구한다. 따라서 귀살을 인도하여 일간을 생을 하는 '인귀위생격'이다.

丙子일 제 7 국

공망 : 申·酉 ○
낮 : 왼쪽 천장, 밤 : 오른쪽 천장

壬	丙	壬
玄 午 青	合 子 后	玄 午 青
子	午	子

乙	辛	壬	丙
朱 亥 貴	常 巳 空	玄 午 青	合 子 后
丙巳	亥	子	午

乙亥巳 朱貴	丙子午 合后	丁丑未 勾陰	戊寅申 青玄 ○
甲戌辰 蛇蛇			己卯酉 空常 ○
貴 酉卯 朱 ○			庚辰戌 白白
后 申寅 ○	癸未丑 陰勾	壬午子 玄青	辛巳亥 常空

- □ **과체** : 반음, 지일, 무의, 삼교 // 초전협극(낮), 여덕(낮), 염막귀인임간, 귀인공망(낮), 회환, 명암이귀, 전후핍박, 결절격.
- □ **핵심** : 일덕과 일록이 제왕 겸 양인이니 모든 것이 잿더미가 되었다. 이르는 곳과 왕래하는 곳 모두에서 진퇴양난이다.
- □ **분석** : ❶ 丙의 일덕과 일록은 巳이고 제왕과 양인은 午이다. 모두 충(冲)과 극(剋)을 당했으니 잿더미가 되었다.
  ❷ 가더라도 극하는 곳으로 가고, 오더라도 극하는 곳으로 오니 이르는 곳마다 극을 받아 전후에서 핍박하니 진퇴양난이다.
- □ **정단** : ❶ 무의이며 삼교이다.
  ❷ 화가 위에 있고 수가 아래에 있는 화수미제로서 반복하여 신음한다.
  ❸ 午卯子여서 '고개(高蓋)'이지만 차바퀴가 부식되고 빠져서 군자에게 이롭지 않은 상이다.
  ❹ 주작이 일간의 귀살에 타서 일간에 가한 '작귀격(作鬼格)'이니 조정의 관직자는 탄핵을 경계해야한다.
  ❺ 丙일 간상에 亥가 임하면 결절격으로서 일반인이 물으면 반드시

질병과 소송이 끝나고, 만약 재앙이 이미 있었다면 그 일을 끝맺는 일에서 좋다. 밤에는 천을귀인이 타니 귀인에게 고하고 결절하는 일에서 좋다.

───────────────────

○ **날씨** : 흐리고 맑은 날씨가 일정하지 않다.
  → 반음과는 날씨가 변화무쌍하여 흐리고 맑은 날씨가 일정하지 않다.
○ **가정** : 집에 도망쳐 와서 숨어 있는 사람이 있다.
  → 일지는 집이다. 과전이 삼교이니 집에 음인이 숨어 있다. ● 특히 낮 정단에서는 지상에 현무가 타고 있고 지상의 둔반이 귀살이니 도난을 방지해야 한다. 그리고 일지 子가 일간 丙을 극하고 간상신 亥가 지상신 午를 극하니 가족이 화목하지 않다.
○ **혼인** : 밤 정단에서는 길하다. 여러 번 만나고 여러 번 헤어진다.
  → 밤에 정단하면 간상에 길장인 귀인이 타고 있고 지상에는 청룡이 타고 있으므로 낮 정단에 비해 길하다. ● 그러나 일지 子에서 일간 丙을 극하고 간상의 亥에서 지상의 午를 극하니 궁합이 나쁘고 혼사가 나쁘다.
○ **임신·출산** : 딸을 낳는다. 유산을 방지해야 한다.
  → 초전의 천반이 약하고 지반이 강하니 딸을 낳는다. 그리고 반음과는 바로 출산한다. 태신인 子가 태신의 충지인 午에 앉아 있으므로 유산을 방지해야 한다.
○ **구관** : 반복하는 가운데에서 뜻을 이룬다.
  → 巳는 관록을 뜻하고 亥는 관직을 뜻한다. 두 신이 삼전에 임하니 반복하는 가운데에서 뜻을 이룬다. ● 낮에 만임에 이른 사람이 정단하면 염막귀인이 일간에 임하니 퇴직하는 상이다.
○ **구재** : 동업해서 경영해야 길하다. 낮 정단에서는 불리하다.

➔ 낮 정단 간상에는 주작이 귀살에 타서 일간을 극하니 관재에 걸리고 지상에는 양인살 午에 현무가 타고 있으니 도난을 당하는 상이니 낮 정단에서는 불리하다. ● 밤 정단에서는 일록에 청룡이 타고 있으니 재물을 얻는다.

○ **알현** : 가끔 가야 유익하다.
➔ 낮 귀인은 공망되어 었고 밤 귀인은 일간을 극하여 주야 모두 뜻을 이루지 못하는 상이니 가끔 가야 유익하다.

○ **질병** : 한열이 반복된다.
➔ 오행의 수는 한이고 화는 열이다. 초전의 천반이 午화이고 지반이 子수이니 한열이 반복된다. 그리고 천을귀인이 귀살에 타서 일간을 극하고 있으니 하늘 신과 땅 신의 해코지로 인한 질병이다. ● 의약신이 辰戌丑未이니 환(丸)이 좋고, 의약신이 辰戌丑未에 임하니 동남방, 서북방, 동북방, 서남방에서 의약을 구하면 된다.

○ **출행** : 귀인을 만나거나 혹은 문서로 출행한다.
➔ 낮 정단에서는 간상에 주작이 타니 문서로 출행하고, 밤 정단에서는 간상에 귀인이 타니 귀인을 만나는 일로 출행한다. 다만 주작승신과 귀인승신에서 일간을 극하니 결과는 나쁘다.

○ **귀가** : 귀가한 뒤에 바로 다른 곳으로 간다.
➔ 반음과는 왕래를 반복하는 상이니 귀가한 뒤에 바로 다른 곳으로 간다.

○ **유실** : 길에 있다.
➔ 재성은 재물이다. 재성인 申酉가 공망되었으니 길에 있다.

○ **쟁송** : 낮 정단에서는 음란사로 인해 어둡고 쟁송이 여러 번 반복된다. 분수를 지키면 화가 변하여 복이 온다.
➔ 삼교격이므로 음란사로 인해 쟁송이 어둡고, 반음과에는 쟁송이 여러번 반복된다.

○ **전투** : 밤 정단에서는 대승하고, 낮 정단에서는 장군과 재물을 잃는

다.
→ 밤 정단에서는 간상에 길장이 타고 있으니 대승하고, 낮 정단에서는 재성에 현무가 타고 있으니 장군과 재물을 잃는다.

□ 『필법부』: 〈제48법〉 천을귀인이 귀살에 타면 하늘 귀신과 땅 귀신의 해가 있다. 질병 정단을 하면 반드시 하늘 신과 땅 신의 해코지가 있다.
→ 밤 정단 간상에 귀인이 귀살 亥에 타고 있으니 하늘 귀신과 땅 귀신의 해가 있다.
〈제73법〉 전후에서 핍박하면 전진과 후퇴 모두 어렵다.

□ 『육임지남』: 戊子년 4월에 월장 戌을 辰에 가하고 승진 정단을 했다. 태세인 子가 귀살이 되어 청룡승신 午를 충극하고 청룡·재성·관성·일록·역마가 모두 공망과 절신에 들어갔으니 승진이 되더라도 뜻밖의 사고가 발생한다. 과연 6월에 승진이 되었지만 얼마가지 않아서 등에 악성종기가 생겼고 결국 사망하였다.

□ 『찬요』: 주작이 등명인 亥에 타면 구하는 일은 불성한다.
→ 밤 정단 간상에 귀인이 귀살 亥에 타고 있다.

| 갑술순 | 병자일 | 8국 |

丙子일   제 8국

공망 : 申·酉 ○
낮 : 왼쪽 천장, 밤 : 오른쪽 천장

辛	甲		己
常 巳 空	蛇 戌 蛇		空 卯 常
子	巳		戌
甲	己	辛	甲
蛇 戌 蛇	空 卯 常	常 巳 空	蛇 戌 蛇
丙 巳	戌	子	巳

蛇 甲戌巳	朱 乙亥午	合 丙子未	勾 丁丑申 ○
貴 ○酉辰 朱			陰 戌寅酉 ○ 青 玄
后 ○申卯 合			空 己卯戌庚辰 常
陰 癸未寅 勾	玄 壬午丑 青	常 辛巳子 空	白 亥 白

□ **과체** : 중심, 주인, 불비∥복덕, 자취난수, 덕경(초전), 육의(중전), 권섭부정, 양사협묘, 묘신부일, 회환, 무음, 살몰, 사묘加장생.

□ **핵심** : 화를 자초한다. 사과와 삼전이 자물쇠로 잠겨 있고 두 마리의 뱀이 묘지로 들어가니 일덕과 일록을 어찌 취하겠는가?

□ **분석** : ❶ 기궁이 지상으로 가서 지상에 가한 뒤에 일지로부터 오히려 제극을 당하니 방문가서 화를 자초한다.

❷ 그리고 일간과 일지가 자물쇠로 잠근 합(合)이니 근심을 해소하기 어렵다.

❸ 丙火의 묘신인 戌이 일간에 임하여서 두 마리의 뱀이 끼고 있으니 반드시 흉한 재액이 있다.

❹ 발용이 비록 일록과 일덕이지만 묘신과 창고로 들어가니 어떻게 얻을 수 있겠는가? 관직자가 정단하면 곤란해진다.

□ **정단** : ❶ 중심과이지만 주인격과 고개승헌격이니 관직이 드러나고 관록이 왕성해지는 상이다.

❷ 巳는 화로이고 戌은 관인이며 卯는 도장의 끈[印模]이다. 戌 속의 辛금이 巳 속의 丙火를 만나 합성하고 차례로 달궈서 록(祿)을 만드

니 '주인'이며 卯가 '수레'이니 승헌이다. 그러나 만약 여름의 화일[丙丁]에 등사나 주작의 오행인 화가 태왕하거나 혹은 戌이나 卯가 공망되면 관인이 깨지고 도장의 끈이 손상된다는 '파인손모'가 되어 관직정단에서 불길하다.

○ **날씨** : 건조하고 더우며 비가 오지 않는다.
　→ 주인격은 화로의 상이다. 따라서 건조하고 더우며 비가 오지 않는다.

○ **가정** : 길하다. 봄과 여름에는 화재를 방지해야 한다.
　→ 관직자가 있는 가정은 삼전이 주인격이니 길하다. 주인격은 대장간 화로의 상이다. 봄과 여름에는 화가 왕성해지니 두 계절에 정단하면 화재를 방지해야 한다. ● 기궁이 지상으로 가서 일지로부터 극을 당하니 가장이 무례 당하는 것을 방지해야 한다. ● 불비의 무음이니 가정의 음란을 방지해야 한다.

○ **혼인** : 육례를 따르면 번거롭고 지출이 많다.
　→ 간상에서 일간을 탈기하고 있으니 지출이 많다. 상신이 묘신이니 남자는 어려운 상황에 놓여있다. ● 사과가 불비와 무음이니 음란을 방지해야 한다. ● 기궁이 지상으로 가서 일지로부터 극을 당하니 남자가 장가든 뒤에 여자로부터 능욕 당하는 것을 방지해야 한다.

○ **임신·출산** : 딸이다. 아들을 낳으면 부실하다.
　→ 중심과이니 딸이다. 만약 가을과 겨울에 정단하면 초전의 지반이 강하니 딸을 낳을 가능성이 높다. 일간의 태신인 子가 지반의 未로부터 극을 당하니 아들을 낳으면 부실하다.

○ **구관** : 성사된다. 현재 맡고 있는 직책은 불리하다.
　→ 주인격이니 성사된다. 일록이 지상으로 갔으니 현재 맡고 있는

직책은 불리하다. 만약 발령을 받을 경우에는 한직이나 비정규직을 맡게 된다. 또한 초전의 일록이 중·말전의 묘신으로 이어지니 관로가 장구하지는 않다.

○ **구재** : 교역의 재물이고 이롭다.
  → 일간은 나이고 일지는 타지이다. 기궁과 일록이 지상으로 갔으니 타지로 가서 개업하는 상이다.

○ **알현** : 만난다.
  → 기궁이 지상으로 갔으니 귀인을 만나지만 기궁이 일지로부터 극을 당했으니 귀인의 도움을 받지 못하고 또한 낮 귀인 酉는 공망과 입옥이 되었고 밤 귀인 亥는 일간을 극하니 귀인의 도움을 받지 못한다.

○ **질병** : 흉하다. 음덕이 있으면 보호를 받는다.
  → 주인격은 쇠를 녹여서 도장을 만드는 상이니 흉하고, 간상신이 양사협묘여서 적괴(癌)로 인해 사망하는 상이니 다시 흉하다. 다만 연명이 亥인 사람은 이 흉이 조금 감소한다. ● 의약신이 戌이니 환(丸)이 좋고, 의약신이 巳에 임하니 동남간에서 의약을 구하면 된다.

○ **출행** : 고위직공무원을 만나는 일은 길하다. 황폐한 묘지를 만나 질겁한다.
  → 주인격은 고위직공무원을 만나는 일은 길하다. 그러나 간상과 중전이 묘신이니 황폐한 묘지를 만나 질겁한다.

○ **귀가** : 곧 온다. 봄에 정단하면 오늘 온다.
  → 기궁은 사람이고 일지는 집이다. 기궁이 지상으로 오니 곧 집으로 온다. 봄에 정단하면 지상의 사가 천차(天車)이니 오늘 온다.

○ **유실** : 획득한다.
  → 삼전이 사과로 내려오니 획득한다.

○ **쟁송** : 거짓이 많은 가운데에서 음식을 먹다가 쟁송이 일어난다.
  → 간상이 일간의 묘신이니 거짓이 있고 지상에 태상이 타고 있으

니 음식을 먹다가 쟁송이 일어난다. 주인격은 쇠를 녹여서 도장을 만드는 상이고 다시 간상이 양사협묘이니 관재 정단에서 대흉해서 만약 중죄를 지었을 경우에는 중형을 선고받는다.
○ **전투** : 낮 정단에서는 이롭고, 밤 정단에서는 평범하다.
→ 낮에는 지상에 길장이 타니 이롭고, 밤에는 지상에 흉장이 타니 평범하다. 그러나 일간에 묘신이 임하고 여기에 등사가 타고 있으니 전투에서 매우 불리하다.

□ 『**필법부**』 : 〈제8법〉 일록이 일지에 임하면 임시직으로서 정당한 자리가 아니거나 혹은 먼 곳에 직장이 주어진다.
〈제53법〉 양 쪽의 등사에서 묘신을 끼면 흉을 면하기 어렵다. 만약 질병정단을 하면 반드시 배 속에 적괴(積塊, 癌)가 있고, 이로 인하여 이 질병을 치료하지 못한다.
〈제81법〉 삼전에서 묘신이 묘신에 들면 증오와 사랑으로 나눠진다. 초전이 일간의 재신·록신·장생·관성 등이지만 중·말전이 묘신이면 나쁘다.
□ 『**고감**』 : 己酉년 11월 초하루에 월장 卯를 점시 戌에 가하여 전정을 정단했다. 간음의 卯가 간상의 戌을 극하고, 중전의 戌이 간상으로 와서 일간의 묘신이 되며, 巳가 가택으로 들어가서 극을 당하니 장애가 생긴다. 관복을 입고 임기를 마친 뒤에 발령을 받는다. 명성을 날리려고 하니 명성이 끝났다. 과연 모친이 사망하고 다시 형이 귀가하여 9년 만에 병사했다.

| 丙子일　제 9 국 | | | 공망 : 申·酉○
낮 : 왼쪽 천장, 밤 : 오른쪽 천장 |

○	丁	辛
貴 酉 朱	常 丑 陰	勾 巳 空
巳	酉 ○	丑

○	丁	庚	○
貴 酉 朱	常 丑 陰	青 辰 白	蛇 申 合
丙 巳	酉 ○	子	辰

○ 貴 酉 朱 巳	甲 后 戌 午	乙 貴 陰 亥 未	丙 玄 子 申 ○ 后
○ 蛇 申 辰 朱 癸 未 卯			丁 常 丑 酉 ○ 陰 戊 白 寅 戌 玄
壬 合 午 寅 青	辛 勾 巳 丑 空	庚 青 辰 子 白	己 空 卯 亥 常

□ **과체** : 중심, 종혁, 참관∥형상, 재공, 화미(불성), 합중범살, 삼기(불성), 천장생재(낮), 복덕, 오음, 양귀수극, 아괴성(공망), 복시살(밤), 고진과수.

□ **핵심** : 삼전이 공허하여 자취가 없고, 양 귀인은 극하는 지반에 앉아 있다. 낮 천장이 삼전을 생하니 재물을 잃더라도 다시 얻는다.

□ **분석** : ❶ 초전의 酉가 갑술순의 공망되어 었고 중전의 丑은 공망된 지반에 앉아 있으며 말전의 巳에는 천공이 타고 있어서 삼전이 모두 공망되었으니 삼전에 자취가 없다.

❷ 낮 귀인 酉는 丙(巳)으로부터 극을 당하고 밤 귀인 亥는 未로부터 극을 당하여서, 두 귀인이 모두 액을 당하는 지반에 앉아 있으니, 어찌 귀인의 도움을 받을 수 있겠는가?

❸ 금국이 모두 공망되어 재물을 잃더라도 낮 정단에서는 천을귀인 (己丑土), 태상(己未土), 구진(戊辰土)의 천장으로부터 생을 받으니 다시 얻을 수 있다. 이는 빚을 받는 일에서 매우 좋다.

□ **정단** : ❶ 종혁격이며 중심과이다. 모든 일은 나중에 움직이는 것이 유리하고 먼저 종(從)하고 나중에 개혁해야 한다. 유기(有氣)하면 개

혁에서 전진해야하고 무기하면 개혁에서 후퇴해야하니, 모든 정단에서 상세하게 심사숙고 한 뒤에 행동해야 한다.

❷ 지상의 辰에 백호가 타서 子에 가했는데 일지의 묘신이 일지에 임하여 일지를 극한다. 만약 가택을 정단하면 반드시 상복을 입거나 혹은 엎드려 있는 시신인 '복시'가 있다. 천강백호가 가택에 임하니 놀람과 두려움이 작지 않다.

○ **날씨** : 세차게 내리던 비가 그치고 갠다. 갑술순을 벗어나면 비가 온다.
  → 삼전의 금국이 공망되었으니 비가 그친다. 다음 순에는 공망이 메워지니 비가 온다.

○ **가정** : 천강백호가 가택에 임하니 놀라고 두렵다.
  → 일지는 집이고 천강은 辰이다. 밤 정단에서 지상에는 일지의 묘신 겸 귀살에 백호가 타고 있어서 집 밑에 복시가 있으니 가족에게 재앙이 닥친다. 특히 자월(子月)과 축월(丑月)에 정단하면 월건 기준의 사신과 사기에 해당하니 사망할 수 있다.

○ **혼인** : 나쁘다. 그리고 불성한다.
  → 종혁에는 배우자를 바꾸는 뜻이 있으니 혼인에 나쁘다. 또한 재성 申·酉가 공망되었으니 신부를 잃는 상이고 다시 간지상신이 공허하게 합을 하니 불성한다.

○ **임신·출산** : 부실 우려가 있다.
  → 일간과 태신은 태아이다. 임신의 유무를 물으면 간상신이 공망되었고 태신이 다시 공망되었으니 임신이 되지 않았고, 만약 임신 중이라면 유산될 가능성이 있다. 그리고 중심과이고 다시 삼전이 금국이니 딸일 가능성이 큰데, 초전의 지반이 득령하는 봄과 여름에는 딸이 더욱 확실하다.

○ **구관** : 가을에 점단하면 대길하고 나머지 계절에 점단하면 그렇지 않다.

➔ 가을에는 금국이 왕성하고 다시 공망된 酉가 메워지니 대길하다. 세 달 중 유월이 가장 길하다.

○ **구재** : 투자금 없이 구재하면 이익이 있고, 투자금을 가지고 구재하면 이익이 없다.

➔ 삼전의 재국이 공망되었으니 투자금을 가지고 구재하면 이익이 없고 투자금 없이 구재하면 이익이 있다.

○ **알현** : 만나지 못한다.

➔ 낮 귀인 酉는 공망되었으니 만나지 못하고, 밤 귀인 亥는 지반의 未로부터 극을 당했으니 귀인을 만나지 못한다.

○ **질병** : 어린이의 질병을 점단하면 재앙이 있다. 묘월의 질병 점단은 흉하다.

➔ 亥와 子는 어린이다. 일지의 묘신인 辰이 子에 임하니 어린이의 질병을 점단하면 흉하다. 그리고 삼전이 공망되었으니 처를 비롯한 구병 환자는 사망한다. ● 의약신이 辰이니 환(丸)이 좋고, 의약신이 子에 임하니 정북방에서 의약을 구하면 된다.

○ **출행** : 도착지에서 의탁할 수 없다.

➔ 말전은 도착지이다. 말전의 일록 巳에 낮에는 쟁투의 천장인 구진이 타고 있고 밤에는 공허의 천장인 천공이 타고 있으니 도착지에서 의탁할 수 없다.

○ **귀가** : 속히 온다.

➔ 삼전이 삼합하면 출행인이 속히 오는 상이지만 초전과 중전이 공망되었으니 그렇지 않다.

○ **유실** : 찾아야 하지만 발견하기 어렵다.

➔ 재성은 재물이다. 재성이 공망되었으니 발견할 수 없다.

○ **쟁송** : 세력에 기대지 말고 화해하는 것이 이롭다.

→ 매일의 제5국과 제9국은 과전이 삼합하니 화해가 되는 과이다. 다만 이 과전은 삼전의 酉가 공망되었으니 유년이나 유월이나 유월장 기간에 정단하면 화해가 된다.

○ **전투** : 손실이 발생한다. 장수와 병졸에게 병환이 발생한다.

→ 종혁에는 숙살의 기운이 있으니 전투를 하면 많은 사상자가 발생한다. 또한 지상신이 일지의 묘신이고 다시 귀살이니 질병이 발생한다.

□ 『**필법부**』 : 〈제49법〉 양 귀인이 극을 받으면 귀인에게 아뢰는 일은 뜻을 이루기 어렵다.

〈제62법〉 묘신백호가 일지에 임하면 엎드린 시신인 복시(伏屍)가 있다. 만약 가택을 극하면 화가 더욱 강하다.

〈제84법〉 합 속에 살을 범하는 것은 꿀 속에 비상이 있는 것이다. 반드시 은혜가 원한으로 변하여 다가오고 화합 중에 깨진다.

〈제74법〉 거듭하여 공망되면 일을 추구하면 안 된다. 우환사와 의혹스러운 일을 푸는 일에는 좋지만 성취하려고 하는 일에서는 뜻을 얻을 수 없다. 질병을 정단하면 구병환자는 사망한다.

□ 『**과경**』·『**정와**』 : 丙丁일의 종혁국이 비록 재물이지만 酉가 巳에 가했으니 근심이 있는 과이다. 그 이유는 酉가 가을의 숙살지기로서 만물이 근심하고 고뇌하기 때문이다.

□ 『**조담비결**』 : 가택 정단에서 辰이 일간을 극하는 것을 꺼린다 간지의 상하에 귀살이 숨어 있기 때문이다.

丙子일 제 10국

공망 : 申·酉 ○
낮 : 왼쪽 천장, 밤 : 오른쪽 천장

	○	乙	戊
	蛇 申 合	陰 亥 貴	白 寅 玄
	巳	申 ○	亥
	○	乙	己	壬
---	---	---	---	---
	蛇 申 合	陰 亥 貴	空 卯 常	合 午 靑
	丙 巳	申 ○	子	卯

蛇 申 巳	○ 合 貴 酉 午 朱	甲 后 戌 蛇 未	乙 陰 亥 貴 申 ○
朱 癸 未 辰	勾		玄 丙 子 酉 后
合 壬 午 卯	青		常 丁 丑 戌 陰
勾 辛 巳 寅	青 庚 辰 丑 白	空 己 卯 子 常	玄 戊 寅 亥 白

□ **과체** : 중심, 원태(생태), 과수 // 초전협극, 재공, 형통(체생), 호생, 백호입상차, 절신가생(연명:申).

□ **핵심** : 나의 재물을 대중에게 베풀어야 대중이 나의 은혜를 생각한다. 만약 낮에 정단하면 일사무성이다.

□ **분석** : ❶ 申은 丙의 재물로서 일간에 가한 뒤에 발용이 되어 갑술순의 공망되어 었다. 이것은 내 재물을 먼저 베풀어야 하는 재물이다. 초전의 申은 중전의 亥를 생하고, 중전은 말전의 寅을 생한다. 寅이 일간의 장생이지만 밤에는 현무가 타고 낮에는 백호가 타니 寅을 기대하기 어렵다.

❷ 삼전이 차례로 일간을 생하지만 나의 재물을 대중에게 베풀어야 하니 나에게 무슨 이익이 있겠는가?

❸ 밤 정단에서 초전의 申에 육합이 타고 있고 다시 귀인이 공망되었으니 말로만 도와준다.

❹ 낮 정단 초전에는 등사가 타고 말전에는 백호가 타니 모든 일에서 더욱 더 아무런 도움이 되지 않는다.

□ **정단** : ❶ 이 중심과의 삼전은 모두 사맹(寅申巳亥)이다. 퇴보의 장생

이지만 '생태'이니 일이 지체되지만 기쁨이 있다. 그러나 초·중전이 모두 공함에 떨어지니 모진 고생을 하더라도 구하려고 하는 것을 얻지 못한다.

❷ 그리고 합(合) 속에 형(刑)과 충(冲)이 많이 보이니 친한 가운데에서 불화가 몰래 생기는 것을 방지해야 한다.

❸ 정단하는 사람은 매사 자세하게 살피고 의지를 굳게 하면 잘못되지 않아서 저절로 성과를 거둔다. 특히 유년(酉年)과 유월(酉月)에 길하다.

○ 날씨 : 가을에는 비가 오고, 나머지 계절에는 비가 오지 않는다.
→ 초전의 申은 수모이고 중전의 亥는 비이다. 가을에는 공망이 메워지니 비가 온다.
○ 가정 : 가정에 재물이 부족하다.
→ 재성이 공망되었으니 가정에 재물이 부족하다. ● 일지의 상하가 子卯 형이니 가정이 화목하지 않다.
○ 혼인 : 이롭지 않다. 밤 정단은 길하지만 불성할 우려가 있다.
→ 일간과 관성은 남자이고 일지와 재성은 여자이다. 재성이 공망되었고 또한 간지의 상하가 모두 형이니 이롭지 않다. 밤 정단에서는 지상에 길장이 타고 있어서 길하지만 불성할 우려가 있다.
○ 임신·출산 : 태아를 정단하면 부실하다. 출산을 앞둔 경우에는 즉시 출산한다.
→ 일간은 태아이다. 일간이 공망되었으니 임신을 정단하면 낙태되는 상이고 출산정단에서는 출산하는 상이다.
○ 구관 : 타인의 추천이 있지만 마음만 있고 실재하지 않는다.
→ 초전의 申금에서 중전의 亥수를 생하고, 중전에서 말전의 寅목을 생하며, 말전에서 일간 丙화를 생하지만 초전과 중전이 공망되었으

니 추천은 있지만 실제로 발탁되지는 않는다.
○ **구재** : 소득이 없다.
→ 초전의 재성이 공망되었으니 소득이 없다.
○ **알현** : 서로 기뻐하지만 실익이 없다.
→ 낮 귀인 酉는 천반이 공망되었고 밤 귀인 亥는 지반이 공망되었으니 실익이 없다.
○ **질병** : 급병은 낫고 구병은 낫기 어렵다.
→ 일간이 공망되고 삼전이 공망되었으며 초전에서 申(身)이 巳(상여)에 드니 구병은 낫기 어렵다. 특히 부인의 질병을 정단하면 부인을 뜻하는 재성이 공망되었으니 사망한다. ● 의약신이 辰戌丑未이니 환(丸)이 좋고, 의약신이 辰戌丑未에 임하니 동남방, 서남방, 서북방, 동북방에서 의약을 구하면 된다.
○ **출행** : 불리하다.
→ 나를 뜻하는 일간이 공망되었으니 출행이 불리하다.
○ **귀가** : 아직 오지 않는다.
→ 자동차를 뜻하는 역마가 말전에 있고 다시 중전과 초전이 공망되었으니 아직 오지 않는다.
○ **유실** : 찾기 어렵다. 도망친 사람은 나루터에서 잡힌다.
→ 재성은 재물이다. 재성이 공망되었으니 유실물을 찾기 어렵다. 현무승신 寅이 초전의 申으로부터 극을 받으니 잡힌다.
○ **쟁송** : 실질적인 해가 없다. 화해는 했지만 원한을 품고 있다.
→ 중전의 귀살이 공망되었고 다시 말전이 중전의 귀살을 설기하여 일간을 생하니 실질적인 해가 없고, 일지 子가 일간을 극하니 화해는 했지만 원한을 품고 있다.
○ **전투** : 많은 군사를 잃는 것을 방지해야 하고, 적군의 행적이 없다.
→ 일간은 장졸이고 일지는 병영이다. 간지의 상하가 모두 형(刑)이니 많은 군사를 잃는 것을 방지해야 하며, 삼전이 공망되었으니 행

적이 없다.

□ 『필법부』: 〈제50법〉 두 귀인이 모두 공망되면 헛된 기쁨을 기약하게 된다.

→ 낮 귀인 酉는 천반이 공망되었고 밤 귀인 亥는 지반이 공망되었으니 실익이 없다.

〈제84법〉 합 속에 살을 범하는 것은 꿀 속에 비상이 있는 것이다. 반드시 은혜가 원한으로 변하여 다가오고 화합이 깨진다.

→ 삼전이 비록 삼합하지만 중전의 亥가 간상의 申과 육해이고 말전의 寅은 간상의 申과 상충하니 꿀 속에 비상이 있는 것이다.

□ 『과경』: 삼전이 체생하면 반드시 여러 사람의 도움을 받아서 시종 성취한다. 만약 공망되면 비록 성취하려는 마음은 있지만 말만 많고 진심은 적다.

→ 이 과전에서는 삼전이 비록 일간을 체생하지만 초전과 중전이 공망되어 었다.

□ 『심인부』: 발용이 공망되면 좋은 일이 일어나더라도 이룰 수 없고, 우환과 재앙이 일어나더라도 그것이 나타나지 않는다.

| 갑술순 | 병자일 | 11국 |

丙子일　제 11 국

공망 : 申·酉 ○
낮 : 왼쪽 천장, 밤 : 오른쪽 천장

庚	壬	○	
青 辰 白	合 午 青	蛇 申 合	
寅	辰	午	
癸	○	戊	庚
朱 未 勾	貴 酉 朱	白 寅 玄	青 辰 白
丙 巳	未	子	寅

癸未巳朱	○申午蛇	○酉未貴合	甲戌申朱后 蛇
壬午辰合青			乙亥酉陰貴
勾辛巳卯空			丙子戌玄后
庚辰寅青白	己卯丑空常	戊寅子白玄	丁丑亥常陰

병자일 11국

□ **과체** : 중심, 진간전, 여덕(밤), 등삼천 // 초전협극(낮), 재공, 복덕, 맥월, 주작폐구(낮), 주작공망(밤), 양귀공망, 용화사(낮), 교차육해, 살몰, 사묘가장생, 강색귀호.

□ **핵심** : 일간과 일지가 서로 해를 입히고 서로 다른 마음을 품는다. 탈기하고, 양인이며, 공망되니 전혀 의지할 곳이 없다.

□ **분석** : ❶ 일지 子와 간상의 未가 서로 해를 입히고 기궁 巳와 지상의 寅도 서로 해를 입히니 간지의 상하가 서로 해를 입힌다. 만약 내가 타인을 해치려고 하면 이미 타인이 나를 해치려는 마음을 지니고 있으니, 서로 왕래하면서 교역하는 일에서 어둡고 장애가 있으며 간음이 있고 각자 거간꾼의 마음을 품는다.

❷ 매사 모든 일에서 움직이면 길을 얻을 수 있고 화를 면할 수 있다. 삼전의 초전은 일간을 탈기하고, 중전은 丙의 양인이며, 말전은 순중의 공망되었으니 어찌 두려움이 없겠는가?

□ **정단** : ❶ 중심과이다.

❷ 그리고 순조로운 진간전의 등삼천(辰午申)이다. 모든 일은 아래에서 위로 올라가고 어두운 곳에서 밝은 곳으로 나아간다. 군자에게

는 당연히 직위가 주어지고 먼 곳까지 존경과 명망을 받는 상이다. 그렇지 않으면 풍택중부괘 상구에서와 같이 닭 울음 소리[翰音]가 하늘로 올라가니 정(貞)하여 흉하다.
❸ 귀인이 酉에 서면 수신하고 덕을 닦아야 한다.
❹ 낮 정단에서는 용이 뱀으로 변화하는 상이니 처음에는 영예가 있지만 나중에는 수치스럽게 된다.
❺ 초가을에 시령을 얻으면 길로 볼 수 있다.

──────────────────────────────

○ **날씨** : 구름이 피어오르더니 천둥소리가 일어난 뒤에 홀연히 사라진다. 가을에 정단하면 비가 온다.
　➔ 초전이 청룡을 뜻하는 辰이니 구름이 피어오르더니 천둥소리가 일어나고, 말전의 申이 공망되었으니 이것이 홀연히 사라진다. 가을에 정단하면 등삼천이 완성되니 비가 온다.
○ **가정** : 가난하고 손실이 생긴다. 가정의 부부가 불화하고 집에는 망가진 사다리가 있다.
　➔ 재성이 공망되었으니 가난하고 초전의 辰에서 일간을 탈기하니 손실이 발생한다. 일간은 남편이고 일지는 아내이다. 간지가 교차육해를 하고 다시 일지에서 일간을 극을 하며 지상에서 간상을 극하니 부부가 불화한다. 지상의 寅목이 백호승신 申금으로부터 외전을 당하니 집에 망가진 사다리가 있다. ● 낮 정단에서는 지상의 장생에 백호가 타고 있으니 부모에게 질병이 발생하고, 밤 정단에서는 현무가 타고 있으니 도난을 당한다.
○ **혼인** : 남녀가 합치고 싶지만 불성한다.
　➔ 일간은 남자이고 일지는 여자이다. 간상의 둔반 癸와 지상의 둔반 戊가 간합하니 남녀가 합치고 싶지만, 간지가 교차육해를 하고 다시 일지에서 일간을 극하며 지상에서 간상을 극하니 불성한다.

○ **임신·출산** : 유산을 방지해야 한다.
 ➜ 일간은 태아이고 일지는 임신부이다. 지상에서 간상을 극하고 있으니 유산을 방지해야 한다. ● 낮 정단에서는 주작이 폐구되었으니 선천성 청각·언어 장애자를 임신할 우려가 있다.

○ **구관** : 신월(申月)에 정단하면 길하다. 낮 정단에서는 국가고시 시험장에서 쫓겨난다.
 ➜ 신월(申月)에 정단하면 등삼천이 완성되니 관직에 길하다. 신월(申月) 뿐만이 아니라 신년(申年)이나 신월장(申月將) 기간에 정단해도 역시 길하다. 다만 낮 정단에서는 초전에 청룡이 타고 말전에 등사가 타고 있으니 국가고시 시험장에서 쫓겨난다.

○ **구재** : 본전을 손해 본 뒤에 놀란다. 가을 정단에서는 좋다.
 ➜ 투자를 뜻하는 자손효 辰이 재물을 뜻하는 공망된 말전의 재성을 생하지 못하니 본전을 손해 보는데, 낮 정단에서는 재성에 등사가 타고 있으니 놀란다. 가을에 정단하면 말전의 공망된 재성 申이 풀리니 구재에 좋다.

○ **질병** : 급병은 좋아지고 구병은 흉하다.
 ➜ 구병은 등삼천이어서 병이 확대되는 상이니 흉하지만 다행히 말전이 공망되었으니 불행 중 다행이다. ● 의약신이 辰未丑이니 환(丸)이 좋고, 의약신이 卯午子에 임하니 정동방과 정남방과 정북방에서 구하면 된다.

○ **유실** : 도난품을 얻기 어렵고, 도망친 사람은 스스로 돌아온다.
 ➜ 말전의 재성이 공망되었으니 도난품을 얻기 어렵고, 삼전이 등삼천이니 도망친 사람이 스스로 돌아온다.

○ **출행** : 안정적이다.
 ➜ 辰이 귀신의 문을 막고 있고 다시 삼전이 등삼천이니 출행이 안정적이다.

○ **귀가** : 자일(子日)이나 진일(辰日)에 온다. 밤 정단에서는 상여를 타고

귀가한다.

→ 근행한 사람은 발용과 육합을 하는 날 돌아오고 원행한 사람은 발용과 삼합하는 날 돌아온다. 따라서 근행한 사람은 유일(酉日)에 오고, 원행한 사람은 신일(申日)이나 자일(子日)에 온다. 밤 정단에서 몸을 뜻하는 申에 칠성판을 뜻하는 육합이 타서 분묘문을 뜻하는 午에 임하니 밤 정단에서는 상여를 타고 귀가한다.

○ **쟁송** : 쟁송이 상부의 법원에 보고되지만 쉽게 해결된다.

→ 초전은 쟁송의 초기, 중전은 중기, 말전은 말기이다. 등삼천의 말전이 공망되었으니 쟁송이 상부 법원에 보고되지만 쉽게 해결된다.

○ **전투** : 밤 정단에서는 불리하고, 낮 정단에서는 승리하지 못한다.

→ 일간은 아군이고 일지는 적군이다. 일지 子에서 일간 丙을 극하고 지상신 寅에서 간상신 未를 극하니 밤 정단에서는 아군이 불리하고, 낮 정단에서는 아군이 승리하지 못한다.

□ 『**필법부**』 : 〈제50법〉 두 귀인이 모두 공망되면 헛된 기쁨을 기약하게 된다.

〈제52법〉 천강[辰]이 귀신문 寅을 막으면 하고 싶은 대로 꾀할 수 있다.

□ 『**고감**』 : 己酉년 10월 초하루에 월장 卯를 점시 丑에 가한 뒤에 戊辰년에 출생한 사람이 승진정단을 했다. 子일은 관(關)이다. 지금 삼전이 비록 등삼천이지만 관문을 넘을 수 없고 눈앞에서 장애가 생긴다. 백호가 집안으로 들어서 부모효에 임하니 반드시 부모상(喪)을 당한다. 말전의 申은 순의 공망이고 행년 未 위가 다시 공망이다. 공망을 만났으니 관운이 멈추고 운이 다했다. 나중에 모두 이와 같았다.

| 갑술순 | 병자일 | 12국 |

```
丙子일   제 12 국
```

공망 : 申·酉 ○
낮 : 왼쪽 천장, 밤 : 오른쪽 천장

戊	己	庚
白寅玄	空卯常	青辰白
丑	寅	卯

壬	癸	丁	戊
合午青	朱未勾	常丑陰	白寅玄
丙巳	午	子	丑

壬午 辛巳 合	癸未 朱午	○ 申 未 蛇合	○ 酉 申 貴朱
辛巳 庚辰 勾　空			甲戌 酉 后　蛇
庚辰 己卯 青　白			乙亥 戌 陰　貴
己卯 寅 空　常	戊寅 丑 白　玄	丁丑 子 常　陰	丙子 亥 玄　后

- **과체** : 지일, 진여, 맥월∥복덕, 우녀상회(일지), 복태(일지), 간지협정삼전, 우녀상회.
- **핵심** : 일지와 일간이 삼전의 무리를 껴안은 가운데에서 비어있는 것이 일록이다. 낮 귀인은 공망되어 없고, 밤 귀인은 입옥이 되었다.
- **분석** : ❶ 간상의 午와 지상의 丑이 삼전의 寅卯辰을 껴안은 가운데에서 비어있는 것이 일록인 巳이니 식록이 부족하다.

  ❷ 낮 귀인 酉가 申에 가하여 낙공이 되었고, 밤 귀인 亥는 戌에 임하여 입옥이 되었으니 두 귀인 모두 무력하다.

- **정단** : ❶ 지일과이며 삼전이 순여이다. 지일과이니 모든 일이 동류에게서 일어난다.

  ❷ 그리고 일간과 일지가 공협하는 가운데에서 앞에 비어있는 일덕과 일록인 巳가 형제효이니 명예와 직위가 멈춰지고 동류(同類)는 부족하며 소소한 일에서 완성하지 못한다.

  ❸ 寅이 발용이 되어 일지의 기운을 빼서 일간을 생하니, 집은 쇠약해지고 사람은 왕성해진다.

❹ 해오던 것을 고수하는 것이 이롭고 함부로 행동하면 안되니 움직이면 오히려 재난이 생긴다.
❺ 寅년이나 卯년 또는 寅월이나 卯월이나 辰월에 길하다.

○ **날씨** : 흐리고 비가 오는 가운데에서 틈틈이 햇빛이 난다.
→ 일간은 하늘이다. 초전의 둔반이 戊토이니 흐리고 초전의 천반에 밤에는 수의 천장인 현무가 타고 있으니 비가 오며, 간상이 午이니 간간이 햇빛이 난다.

○ **가정** : 사람은 발달하고 가택은 편안하지 않다. 이사하면 절대로 안 된다.
→ 삼전의 寅卯辰에서 일지의 기운을 빼서 일간을 생하니 사람은 발달하고 가정은 편안하지 않다. 그러나 이사하면 절대로 안 된다.
● 일간은 사람이고 일지는 가정이다. 일지 子에서 일간 丙을 극하고 지상의 丑과 간상의 午가 육해이니 가족이 화목하지 않다. 육해에는 해치고 상하는 뜻이 있다.

○ **혼인** : 남녀가 화합하고 남자에게 특히 좋은 혼인이다. 그러나 시부모가 좋아하지 않는다.
→ 일간은 남자이고 일지는 여자이다. 제3과의 천지반이 丑과 子이고 특히 낮 정단에서는 丑에 태상이 타고 있으니 우녀상회가 되니 남녀가 화합하고 혼인이 성사된다. 남자의 시부모 궁인 제2과의 未와 신부궁인 제3과의 丑이 충을 하고 있으니 시부모와 신부가 충돌하는 상이니 시부모가 좋아하지 않는다.

○ **임신·출산** : 임신부 스스로 몸이 건강하다고 믿다가 오히려 태아가 다치고 피를 보게 된다.
→ 일간은 태아이다. 간상의 午가 양인이니 임신부 스스로 몸이 건강하다고 믿다가 오히려 태아가 다치고 피를 보게 된다. 이와 같이

양인에는 혈광의 뜻이 있으니 태아의 건강을 해친다. ● 발용의 천반이 강하니 아들이고 다시 일간의 천지반이 모두 양이니 또한 아들이다.

○ **구관** : 관직자는 현직을 유지하며 장기간 승진하지 못한다. 혹은 관직은 있지만 보수가 없다.

→ 간지가 삼전을 협정하면서 관록을 뜻하는 일록 巳가 비어있으니 장기간 승진하지 못하거나 혹은 관직은 있지만 보수가 없다.

○ **구재** : 겨울과 봄에는 경제적인 이익이 있다.

→ 삼전의 목국은 일간의 부모국으로서 생계의 의미가 있다. 겨울과 봄에 부모국이 왕성해지니 겨울과 봄에 경제적인 이익이 있다.

○ **알현** : 만나지 못한다.

→ 낮 정단에서는 귀인이 공망되었고 밤 정단에서는 귀인이 戌에 임하여 입옥되었으니 귀인을 만나지 못한다.

○ **질병** : 질병이 계속 이어지면서 낫지 않는다. 만약 음식을 먹지 못하면 흉하다.

→ 삼전이 진여이니 질병이 계속 이어지고, 일간과 일지가 삼전을 협정하면서 일록이 빠져 있으니 음식을 먹지 못해 흉하다. 다만 연명이 午인 사람은 그 상신이 未이니 일간과 일지가 삼전을 협정하는 것을 벗어나니 질병도 벗어난다.

● 의약신이 辰戌未이니 환(丸)이 좋고, 의약신이 卯午子에 임하니 정동방, 정남방, 정북방에서 의약을 구하면 된다.

○ **유실** : 동남쪽에 있거나 혹은 물건이 자기의 몸에서 떠나지 않았다. 도망간 사람은 스스로 돌아온다.

→ 지일과이고 간지가 삼전을 협정하니 물건이 자기의 몸에서 떠나지 않은 것이며 또한 도망간 사람은 돌아온다.

○ **출행** : 귀인은 불리하고 일반인은 무난하다.

→ 귀인은 공무원이다. 낮 귀인 酉가 공망되었고 밤 귀인 亥가 입옥

되었으니 공무원이 출행하면 불리하고 일반인이 출행하면 무난하다.

○ **귀가** : 신일(申日)이나 미일(未日)에 온다.
→ 간지협정삼전에서의 마지막 글자가 未와 申이니 신일(申日)이나 미일(未日)에 온다.

○ **쟁송** : 소송이 끝나기 어렵다. 원고에게는 유리하고 피고에게는 불리하다.
→ 간지가 삼전을 협정하니 소송이 끝나기 어렵다. 그리고 발용의 천반에서 그 지반을 극하고 삼전이 일지의 기운을 설기하여 일간을 생하니 원고에게 유리하다.

○ **전투** : 승전하지 못한다.
→ 일지 子가 일간 丙을 극하니 승전하지 못한다.

□ 『**필법부**』: 〈제29법〉 식구는 많고 거주하는 집은 좁다. 이른바 삼전에서 일간을 생하지만 오히려 지진을 탈기하기 때문이다.
〈제55법〉 천라지망을 만나면 희망하는 일이 보잘 것 없게 된다.
〈제76법〉 서로 시기하여 화가 모두에게 미친다.

□ 『**과경**』: 丑에는 우수가 있고 子에는 여수가 있다. 丑이 子에 가하고 여기에 태상이 타면 우녀상회격이다. 다시 말하기를 삼전이 일간을 생하고 일지를 탈기하면 식구는 많고 집은 좁다. 그러나 절대로 넓은 집으로 이사를 해서는 안 되니, 이사를 하면 오히려 재앙이 생긴다.

□ 『**수중금**』: 순조로운 연여인 寅卯辰은 정화(正和)이다. 나라를 다스리고 은총을 받는다.

정축일

丁丑日의 길신(구보)과 흉살(팔살)				
일덕	亥		형	
일록	午		충	
역마	亥		파	
장생	寅		해	
제왕	午		귀살	亥子
순기	丑		묘신	戌
육의	甲戌		패신	卯
귀인	주	亥	공망	申酉
	야	酉	탈(脫)	辰戌丑未
합(合)			사(死)	酉
태(胎)	子		절(絕)	亥

| 갑술순 | 정축일 | 1국 |

丁丑일 제 1 국

공망 : 申·酉 ○
낮 : 왼쪽 천장, 밤 : 오른쪽 천장

丁	甲	癸
朱 丑 常	后 戌 后	常 未 朱
丑	戌	未

癸	癸	丁	丁
常 未 朱	常 未 朱	朱 丑 常	朱 丑 常
丁未	未	丑	丑

辛巳空巳	壬午勾白午	癸未合常未	○申玄蛇申○
庚辰青青辰			○酉陰貴酉○
己卯勾空卯			甲戌后后戌
戊寅合白寅	丁丑朱常丑	丙子蛇玄子	乙亥貴陰亥

- □ **과체** : 복음, 자신, 가색, 유자, 삼기(초전) // 형상, 육의(중전), 복덕, 조간, 신임정마, 주객형상, 신장·귀등천문(낮).

- □ **핵심** : 사람이 움직이고 가택도 움직인다. 상대가 나에게 와서 구한다. 두 정마가 두 묘신을 끼고 있으니 근신하면서 움직여야 한다.

- □ **분석** : ❶ 복음과에 정마가 보이니 이동의 상이고 다시 일간이 丁이니 이동한다. 일간과 일지가 이동하는 가운데에서 일지가 발용이 된 뒤에 삼전에서 일간으로 되돌아 와서 일간에 이르니 타인이 나에게 와서 구한다.

  ❷ 일간이 丁이고 일지의 둔간이 丁이니 丁이 중첩되어 있다.

  ❸ 중전의 戌은 일간의 묘신이다. 모든 정단에서 삼전이 묘신이면 일이 멈춰진다. 지금 초·말전에서 묘신을 끼고 있으니 조용한 가운데에서 움직여야 하는 상이다.

- □ **정단** : ❶ 복음과의 자신격이다. 본래는 엎드려 숨은 뒤에 일어나지 않는 상이다. 하물며 순토인 가색(丑戌未)이어서 어려운 조짐이니 순응하는 것이 좋다. 그러나 일진에서 丁을 만나고, 간지의 상신이 두 번 충(冲)을 하며, 가색이 유자로 변한다. 만약 3월과 9월에는 천마

가 임하니 반드시 움직이는 기세가 있다.

❷ 丑未가 연명인 사람은 고시 정단에서 반드시 합격한다. 그 이유는 丑 안의 두(斗)와 未 안의 귀(鬼) 두 글자가 합쳐져서 북두칠성의 첫 번째 별인 '괴(魁)'가 되기 때문이다.

○ 날씨 : 많이 흐리고 비는 적게 온다. 농작물은 풍작이다. 헛된 지출을 방지해야 한다.
→ 삼전이 토국이니 많이 흐리고 말전에 癸수가 임하니 비가 적게 오며 삼전이 가색이니 농작물이 풍작이다. 가색에서 일간을 설기하니 헛된 지출을 방지해야 한다.

○ 가정 : 토목공사를 하면 좋지 않다. 구설수가 생길 우려가 있다.
→ 과전의 토국에서 일간을 설기하니 토목공사를 하면 경비가 많이 지출되니 좋지 않다. 낮 정단에서 초전의 丑에 주작이 타고 있으니 구설수가 발생한다. ● 일간과 일지가 상충하고 다시 간지의 상신이 충을 하며 간지가 교차충을 하니 가족이 화목하지 않다.

○ 혼인 : 농삿집의 여자이거나 혹은 고리가(庫吏家)의 딸이다. 데릴사위로 들어가는 것이 길하다.
→ 일지는 딸이다. 과전이 모두 토이니 농업·토목·건축을 하는 집안 혹은 창고를 관리하는 집안 혹은 지방에 있는 공무원 집안의 여자이다. ● 간지가 상충하고 다시 그 상신이 충을 하며 간지가 교차충이니 나쁜 궁합이고 혼사는 불성한다. 그리고 과전에서 일간을 크게 탈기하고 있으니 혼사에서 비용이 많이 든다. ● 일간 丁이 지상으로 갔으니 데릴사위로 들어가는 것이 길하다.

○ 임신·출산 : 좋지 않다.
→ 복음과의 임신정단은 선천성 청각·언어장애자일 가능성이 있고

또한 과전이 삼형이니 수술을 해서 낳을 가능성이 있으니 좋지 않다.

○ 구관 : 국유지 조성을 통하여 관직을 얻고 반드시 특별하게 발탁된다. 나머지는 불리하다.

→ 과전이 토국이니 국유지 조성을 통하여 관직을 얻고 반드시 특별하게 발탁된다.

○ 구재 : 얻는 것이 없을 뿐만 아니라 지출이 생긴다.

→ 과전의 토국에서 일간을 설기하니 얻는 것이 없을 뿐만 아니라 지출이 생긴다.

○ 알현 : 만날 가치가 없다.

→ 낮 귀인 亥는 일간을 극하고, 밤 귀인 酉는 공망되었으니 무익하여 만날 가치가 없다.

○ 질병 : 비·위에 탈이 나서 소화가 잘 되지 않고 설사가 나는 병이거나 혹은 적취(積聚)가 있다. 낫기 어렵다.

→ 과전이 토국이니 비·위에 탈이 나서 소화가 잘 되지 않고 설사가 나는 병이거나 혹은 적취(積聚)가 있다. 적(積)은 늘 한 곳에 있는 덩어리를 뜻하고 취(聚)는 있다가 없다가 하고 또 이리저리 돌아다니는 물질이다. 오랜 체증으로 인하여 뱃속에 덩어리가 생기는 병이다. ● 의약신이 戌丑未이니 환(丸)이 좋고, 의약신이 戌丑未에 임하니 서북방, 동북방, 서남방에서 의약을 구하면 된다.

○ 유실 : 잡기 어렵다.

→ 삼전의 가색에 정마가 임하니 유자격이다. 유자격은 도망치는 상이니 잡기 어렵다.

○ 출행 : 사적인 일로 가거나 혹은 부녀자의 집에 간다.

→ 일간 丁이 지상으로 갔으니 사적인 일로 가거나 혹은 부녀자의 집에 간다.

○ 귀가 : 표류하면서 돌아오지 않거나 혹은 애정행각을 하고 있다.

→ 삼전이 유자격이니 표류하면서 돌아오지 않거나 혹은 애정행각을 하고 있다.
○ **쟁송** : 부동산을 쟁탈하는 일로 다툰다.
→ 과전이 가색격이니 부동산을 쟁탈하는 일로 다툰다.
○ **전투** : 길하다. 둔전을 활용하는 것이 이롭다.
→ 둔전은 국유지이다. 과전이 가색격이니 주둔하는 지역의 둔전을 활용하는 것이 이롭다.

□ 『**필법부**』: 〈제57법〉 비용은 많이 들였으나 대가는 부족하다. 소득은 부족하고 지출은 지나쳐서 소득이 지출을 감당하지 못한다.
〈제23법〉 타인이 나에게 일을 구하는 격이다. 초전이 지상에서 일어나고 말전이 간상으로 돌아오는 것으로서 반드시 타인이 주요 모망사를 나에게 위임하거나 부탁하게 된다.
□ 『**과경**』: 교차상충을 하면 친근과 소원을 떠나 먼저 합치고 나중에 헤어진다.
□ 『**지규**』: 삼전에서 사계가 역으로 전해지면 봄 정단에서는 창고(겨울)를 뛰어 넘는다. 재물이 흩어지는 것은 이것 때문이 아니다. 여름 정단에는 중전이 하괴[戌]이니 그 사람을 임용하면 안 된다. 가을 정단에는 귀살과 묘신인데 기세가 점차 흥하고 기세가 일어난다. 겨울 정단에는 음이 엎드려 있으니 기세를 점차 거두어들이고 감춰둔다.

| 丁丑일 | 제 2 국 |

공망 : 申·酉 ○
낮 : 왼쪽 천장, 밤 : 오른쪽 천장

丙	乙	甲
蛇 子 玄	貴 亥 陰	后 戌 后
丑	子	亥
壬	辛	丙	乙
白 午 合	空 巳 勾	蛇 子 玄	貴 亥 陰
丁 未	午	丑	子

庚辰巳 青	辛巳午 空	壬午未 白	癸未申 常 朱 ○
青 己卯辰 勾	空	勾	朱 ○ 玄 申酉 蛇 ○
合 戊寅卯	白		陰 酉戌 貴
朱 丁丑寅	常 丙子丑 蛇	玄 乙亥子 陰	后 甲戌亥 后

- **과체** : 중심, 퇴여(중음) // 일덕(중전), 육의(말전), 왕록임신, 록현탈격(낮), 복덕, 가귀, 귀덕임신(연명 : 子), 상하구합, 호태, 교차육해, 살몰, 사묘加장생.
- **핵심** : 낮에는 백호가 일록을 곁에서 노려보고 있고, 삼전을 찾아가니 귀살을 따라 묘지로 들어가니 오랫동안 뒤얽히게 된다.
- **분석** : ❶ 丁의 일록인 午가 일간에 임했다. 낮 정단에서 백호가 일록에 타고 있으니 식록을 지키지 못한다.
  ❷ 움직여서 삼전으로 가니 초전은 귀살 子이고, 중전은 귀살 亥이며, 말전은 묘신 戌이어서 시종일관 뒤얽혀서 어둡고 막히며 재앙이 있을 뿐이다.
  ❸ 귀살 子가 丑에 앉아 극을 당하니 해가 되지 않을 것 같지만 간상의 午를 충하니 편안하지 않다.
- **정단** : ❶ 이 중심과의 삼전은 거꾸로 전해졌다.
❷ 중심과이니 주(主)에게 이롭고 또한 나중에 움직이는 것이 이롭다. 윗사람에게 액(厄)이 있고, 일은 내부에서 발생하며, 잘못은 여자로부터 일어나서 많이 불순하니 자세하게 살피고 행해야 길하다.

❸ 군자는 가택에 양식을 대지 못하는 상으로서 이러한 상태가 오랫동안 지속된다. 일반인은 파산하고 또한 소송에 걸리는 상으로서 대략 인생의 반을 이러한 고통에 시달린다.

❹ 시작은 편안하고 안락하지만 모든 정단에서 시작은 있고 결과는 적다.

○ 날씨 : 비가 많이 내리고 오랫동안 흐리다.
→ 초전과 중전이 수이니 비가 많이 내리고 말전이 토이니 오랫동안 흐리다.

○ 가정 : 노비를 들여서는 안 된다. 이로 인해 가끔 관청으로부터의 시비가 생기거나, 도난을 당하거나, 이들이 도망치기 때문이다.
→ 일지의 음양이신이 모두 귀살이고 귀살이 발용이 되었으니 가정으로 노비를 들여서는 안 된다. 이로 인해 가끔 관청으로부터의 시비가 생기거나, 도난을 당하거나, 이들이 도망친다. ● 지상의 귀살에 밤에는 현무가 타고 있으니 도난을 당하고, 낮에는 등사가 타고 있으니 경공사를 당한다.

○ 혼인 : 관재가 풀려야 비로소 합친다.
→ 일지음신에 천을귀인이 관귀효에 타고 있으니 상대 집안에 관재가 있다. 이 관재가 풀려야 비로소 합친다. ● 지상의 귀살 子에서 일간을 극하고 있으니 남자에게 해를 끼치는 신부감이다. ● 일간의 기궁 未와 일지 丑 그리고 간상신 午와 지상신 子가 상충하니 궁합이 대흉한데, 다시 기궁 未와 지상신 子가 육해이고 일지 丑과 간상신 午가 육해이니 나쁜 궁합이다.

○ 임신·출산 : 딸이다. 즉시 출산한다.
→ 삼전이 1음2양이니 딸이고 중심과이니 다시 딸이다. 만약 여름에 정단하면 초전의 지반이 왕상하니 반드시 딸이다. 일간은 태아

이고 일지는 임신부이다. 간지와 그 상신이 상충하니 즉시 출산한
다. ● 만약 임신의 길흉을 물으면 간지와 그 상신이 상충하니 유산
될 가능성이 높다.
○ **구관** : 두 관직을 거친 뒤에는 관운이 끝난다.
→ 관성은 관직이다. 두 관성인 초전 子와 중전 亥의 뒤에 있는 말전
의 묘신이니 관운이 끝난다. ● 간지와 그 상신이 상충하고 다시 중
심과와 퇴여격이니 관운이 점차 약해진다. ● 밤 정단에서는 왕록이
일간에 임하니 직위를 유지하는 것이 좋다.
○ **구재** : 손실을 입고 무익하다.
→ 일록은 직업이고 재성은 재물이다. 간상의 일록에 낮 정단에서
백호가 타니 손실을 입고 다시 과전에 재성이 없으니 무익하다.
○ **질병** : 편안하지도 않고 대흉하지도 않다.
→ 일간은 병자이고 일지는 질병이다. 지상신 子와 그 음신 亥가 일
간을 극하니 편안하지 않고, 간지와 그 상신이 상충하여 질병이 흩
어지니 대흉하지도 않다. ● 낮 정단에서는 귀살 亥에 천을귀인이
타서 일간을 극하고 있으니 반드시 하늘 신과 땅 신의 해코지가 있
다.
○ **유실** : 도둑에게 도난을 당하고 공무원으로부터 기만을 당한다.
→ 밤 정단에서는 현무가 지상의 귀살에 타서 일간을 극하니 도난
을 당하고, 낮 정단에서는 귀인승신 亥가 일간을 극하니 공무원으로
부터 기만을 당한다.
○ **출행** : 불리하다. 얼마 가지 못하고 되돌아온다.
→ 일간은 출행하는 사람이다. 간상에 양인이 임하니 출행이 불리
하다. 초전과 중전은 귀살이고 말전은 묘신이니 얼마 가지 못하고
되돌아온다.
○ **귀가** : 즉시 온다.
→ 말전은 출발지, 중전은 중도, 초전은 집 근처이다. 말전 戌→ 중

전 亥 → 초전 子 → 일지 丑으로 전해지니 즉시 온다.
○ **쟁송** : 낮 정단에서는 공무원의 도움을 청하는 것이 유리하고, 밤 정단에서는 이로움이 없다.
　→ 낮 정단에서는 귀인이 일덕귀인이니 공무원의 도움을 청하는 것이 유리하고, 밤 정단에서는 귀인이 공망되었고 다시 입옥되었으니 공무원의 도움을 청하더라도 이로움이 없다.
○ **전투** : 임기응변으로 전투해야 한다. 과단성이 없는 것이 우려된다.
　→ 일간은 나이고 귀살은 적군이다. 지상의 子에서 일간을 극하고 일지음신의 亥에서 일간을 극하니 임기응변으로 전투해야 한다. 곤괘의 상인 중심과이니 과단성이 없는 것이 우려된다.

▫ 『**필법부**』: 〈제48법〉 천을귀인이 귀살에 타면 곧 하늘 귀신과 땅 귀신의 해가 있다. 질병을 정단하면 반드시 하늘 신과 땅 신의 해코지가 있다.
　〈제86법〉 내전을 당하면 꾀하는 일에서 장차 재앙이 생긴다. 내전되어 발용이 되면 모든 일을 이룬 뒤에 타인으로부터 훼방을 당한다.
▫ 『**수중금**』: 중음[子亥戌]은 편안하게 은둔하면서 죽을 때 까지 편안하게 살아야 한다.
▫ 『**고감**』: 월장 午를 未에 가한 뒤에 전정을 점쳤다. 丁의 일록은 午이고, 亥는 일덕이며, 子는 자미(紫微)이고, 丑이 북두칠성이니 음덕이 넓고 크다. 삼전의 둔간 乙丙丁은 삼기이다. 천을귀인이 가운데에 있고 일록 午에 백호가 타고 있다. 행년상신이 관직을 재촉하는데 등사가 子에 타서 앞에서 인도하니 반드시 고시에서 높은 성적으로 합격하여 작게는 낭관이 되고 크게는 시종이 되지만 이 정도를 쉽게 예측할 수는 없다. 나중에 모두 그러하였다.

| 갑술순 | 정축일 | 3국 |

丁丑일 제 3 국

공망 : 申, 酉○
낮 : 왼쪽 천장, 밤 : 오른쪽 천장

乙	○	癸	
貴 亥 朱	陰 酉 貴	常 未 陰	
丑	亥	酉 ○	
辛	己	乙	○
空 巳 常	勾 卯 空	貴 亥 朱	陰 酉 貴
丁 未	巳	丑	亥

己卯巳 勾空	庚辰午 青白	辛巳未 空常	壬午申 白玄 ○
戊寅辰 合青			癸未酉 常陰 ○
丁丑卯 朱勾			○申戌 玄后
丙子寅 蛇合	乙亥丑 貴朱	甲戌子 后蛇	○酉亥 陰貴

□ **과체** : 중심, 퇴간전, 시둔(時遁, 亥酉未) // 교차절신, 재공, 일덕(지상), 문덕(밤), 복덕, 가귀, 육음, 나거취재, 귀인상가, 신장·귀등천문(밤).

□ **핵심** : 귀인이 도처에 있으니 귀인을 만나는 일에서 유리하다. 일지와 일간이 교차절신이고 과전이 모두 음이다.

□ **분석** : ❶ 낮 귀인 亥와 밤 귀인 酉가 제3과와 제4과에 있고 다시 초·중전에도 보이니 귀인이 도처에 있다. 따라서 귀인을 만나는 일에서 이롭지만 부탁하는 일에서는 불리하다. 그 이유는 귀인이 많으면 내가 귀인을 독차지 하지 못하기 때문이다.

❷ 그리고 화의 절은 亥이고 토의 절은 巳이다. 지금 일지와 일간이 교차절신이니 양쪽이 서로 교대하는 일에 좋다.

❸ 그리고 삼전이 사이를 띄우고서 전하며 순수한 육음이니 사적으로 꾀하고 몰래 꾀하는 일에는 이롭지만 공적인 일에는 불리하다.

□ **정단** : ❶ 이 과전은 중심과이고 '퇴여간전'이며 은둔하는 시절이라는 뜻의 '시둔격(亥酉未)'이다.

❷ 사맹의 하나인 亥가 움직여서 발용이 되었고 삼전이 중신 酉와 계신 未로 이어져서 음에 음이 보태진 것이니 친구를 따라 음모를

꾸미며 모든 일은 하인이나 여자로부터 일어난다. 만약 도리를 따라 행동하면 『주역』 중지곤괘 '암컷 말의 정(貞)'에 해당하고 중지곤괘 육오의 '누런 치마이면 크게 길한 것'에 해당한다. 만약 도리를 따라 행동하지 않으면 근심, 의심, 재해, 어려움이 뒤따르고 스스로 절망적인 상태에 직면하게 된다.
❸ 중·말전이 공망되었으니 모든 일은 시작은 있지만 결과가 없고 길흉은 모두 허하고 부실하다.

○ 날씨 : 많이 음침하고 비가 오지 않는다.
　→ 초전의 亥수가 지반의 丑토로부터 극을 당하고 여기에 귀인과 주작이 타고 있고, 중전의 酉가 연못을 뜻하지만 공망되어 었으니 많이 음침하고 비가 오지 않는다.
○ 가정 : 이사해야 한다. 밤 정단에서는 주작이 내전되니 구설수와 화재를 방지해야 한다.
　→ 일간은 사람이고 일지는 가옥이다. 지상의 亥는 일간 丁의 절신이고 간상의 巳는 일지 丑의 절신이니 사람과 가옥의 인연이 다했다는 뜻이니 이 가옥을 버리고 이사해야 한다. 그리고 밤 정단에서는 주작이 지상의 亥에 타서 일간을 극하니 가옥에 화재가 발생하거나 혹은 구설수가 생기는 가상이다. ● 낮 정단에서는 귀인이 귀살에 타서 일간을 극하니 관재나 귀신탈이 생기는 가상이다.
○ 혼인 : 불성한다.
　→ 일간은 남자이고 일지는 여자이다. 일간과 일지가 상충하고 다시 간지의 상신이 상충하니 혼인은 불성한다. 만약 교제하고 있는 사람이 있다면 교차절신이니 절연이 된다.
○ 임신·출산 : 태아는 딸이다. 본처 외의 여자가 자식을 낳는다.
　→ 일간의 천지반이 모두 음이니 딸이고 다시 중심과이니 딸이다.

삼전이 시둔격이니 본처 외의 여자가 자식을 낳는다.
○ **구관** : 현직에서 발령이 빈번하고 임시직을 맡는다. 고시에서는 추천을 받더라도 낙방한다.
→ 간지가 교차절신이니 현직에서 발령이 빈번하고 임시직을 맡는다. 관성 亥가 관성이 임한 지반 丑으로부터 극을 받았으니 낙방한다.
○ **구재** : 유월(酉月)에 재물을 얻는다.
→ 재성은 재물이다. 공망된 재성 酉가 풀리는 유월(酉月)에 얻는다. 그리고 유년(酉年)과 유월장(酉月將) 기간에도 酉가 풀리니 재물을 얻는다.
○ **질병** : 몸에 침입한 한사(寒邪)로 인해 낮에는 증세가 경하고 밤에는 중하다.
→ 과전이 육음이고 삼전이 시둔이니 몸에 침입한 한사로 인해 열기가 있는 낮에는 증세가 경하고 한기가 있는 밤에는 중하다. 의약신이 辰戌丑이니 환(丸)이 좋고, 의약신이 午子卯에 임하니 정남방, 정북방, 정동방에서 의약을 구하면 된다.
○ **유실** : 여자가 훔쳐서 깊숙한 곳에 감췄으니 찾기 어렵다.
→ 중심과이니 여자가 훔쳤고 시둔격이어서 깊숙한 곳에 감췄으므로 찾기 어렵다.
○ **출행** : 귀인을 여러 명 만나지만 도움을 받을 수 없다.
→ 귀인이 과전에 지나치게 많으니 귀인을 여러 명 만나지만 도움을 받을 수 없다.
○ **귀가** : 존장의 귀가를 정단하면 곧 온다.
→ 천을귀인은 존장이다. 낮 정단에서 귀인이 초전과 지상에 임하고 있으니 존장의 귀가를 정단하면 곧 온다.
○ **쟁송** : 밭이나 논의 매매 혹은 음란사로 발생한다. 요직에 있는 사람에게 의뢰하면 쟁송이 사라진다.

→ 발용의 지반이 丑이니 부동산으로 인해 쟁송이 발생하고, 삼전이 시둔격이니 음란사로 인해 쟁송이 발생한다. 교차절신이니 쟁송이 사라진다.

○ **전투** : 간첩을 이용하는 것이 좋고 임기응변하는 것이 좋다.
→ 육음이니 간첩을 이용하는 것이 좋고, 삼전이 시둔이니 적군 몰래 임기응변하는 것이 좋다.

□ 『**필법부**』 : 〈제45법〉 주야귀인이 서로 가하면 양 귀인에게서 구하면 된다. 관직자에게는 좋고 일반인에게는 나쁘다.
〈제44법〉 과전이 모두 귀인이면 도리어 의지할 곳이 없게 된다. 이 과전에서는 귀인이 무려 여섯이다.
〈제82법〉 삼전이 나아가지 못하는 불행전은 초전을 살펴야 한다.

□ 『**과경**』 : 삼전이 亥酉未이니 시둔이다. 酉는 태음이고 未 안에는 정마 옥녀가 들어 있으니 은둔하고 종적을 감추는 일에서 이롭다. 스스로 亥에서 未로 전해지는 것은 마치 사람이 어두컴컴한 곳으로 들어가서 몸을 숨기고 은둔하는 상이다. 군자는 길하지만 소인은 흉하다.

□ 『**찬의**』 : 밤 정단에서 (지상에서) 주작이 내전되면 집안에 구설수와 화재가 발생한다.

丁丑일 제 4 국

공망 : 申·酉 ○
낮 : 왼쪽 천장, 밤 : 오른쪽 천장

丙	庚	甲	
蛇子合	青辰白	后戌蛇	
卯	未	丑	
庚	丁	甲	癸
青辰白	朱丑勾	后戌蛇	常未陰
丁未	辰	丑	戌

戊寅巳 合青	己卯午 勾空	庚辰未 青白	辛巳申 空常○
丁丑辰 朱勾			壬午酉 白玄○
丙子卯 蛇合			癸未戌 常陰
乙亥寅 貴朱	甲戌丑 后蛇	○酉子 陰貴	○申亥 玄后

□ **과체** : 묘성, 엄목, 호시 // 육의(말전), 복덕(일간), 참관, 귀색귀호(낮), 귀인공망(밤), 간지육파, 간지상충.

□ **핵심** : 계속하여 어두우니 어둠을 감수해야 한다. 하괴(戌)가 정마를 타고 있으니, 하괴가 호랑이의 등에 타고 있는 것과 같다.

　→ 오류이다. 하괴는 정마를 타고 있지 않다.

□ **분석** : ❶ 일지의 묘신인 辰이 일간을 덮고 있고 일간의 묘신인 戌이 일지 丑을 덮고 있으니 계속하여 모두 어둡다. 그리고 일간의 기궁인 未가 戌에 앉고, 일지 丑은 辰에 앉으니, 일간과 일지 모두 어둠을 감수해야 한다. 따라서 『필법부』에서 하늘의 그물이 광대한 것에 비유하였다.

　❷ 괴강(戌辰)은 동신(動神)이고 丁은 변동의 신이다. 지금 하괴(戌)가 순의 정마에 타고 천강(辰)은 일간 丁에 타고 있으니 그 움직임이 사납고 맹렬하여 마치 호랑이 등에 타고 있는 것과 같다.

□ **정단** : ❶ 묘성과를 '동사엄목'이라고도 하고 '호시'라고도 한다.

　❷ 괴강(戌辰)이 丑未와 연계되어 있다.

　❸ 사람과 가정을 보니 모두 묘신이니 장애가 심하다.

❹ 일수와 월수가 사중(子午卯酉)에 임하면 '천지이번'이다. 밤 정단에서는 또다시 등사와 백호가 종횡으로 있으니 더욱 흉하다. 숨어 있던 벌레가 집을 무너뜨릴 수 있으니, 뒤로 물러나서 잠복하여 비밀스럽게 마음을 다하여 방비하면 흉액을 면할 수 있다.

○ **날씨** : 우레가 울리고 번개가 친다. 낮 정단에서는 비가 풍족하게 오고, 밤 정단에서는 바람이 많이 분다.
→ 묘성과이니 우레가 울리고 번개가 친다. 낮 정단에서는 중전에 청룡이 타니 비가 풍족하게 오고, 밤 정단에서는 중전에 백호가 타니 바람이 많이 분다.

○ **가정** : 밤 정단에서는 크게 놀라며 두려운 일이 생기거나 혹은 흉몽이 많다.
→ 일지는 가택이다. 밤 정단에서는 지상에 일간의 묘신인 戌에 등사가 타고 있으니 크게 놀라며 두려운 일이 생긴다. ● 낮 정단에서는 지상의 묘신에 천후가 타고 있으니 부인에게 우환이 생긴다.

○ **혼인** : 나쁘다. 만약 성사되더라도 반드시 남녀가 화목하지 않다.
→ 일간은 남자이고 일지는 여자이다. 일간의 묘신인 戌이 일지를 덮고 있으니 남자로 인해 여자가 불행해지고, 일지의 묘신인 辰이 일간을 덮고 있으니 여자로 인해 남자가 불행해진다. 일간과 일지가 상충하고 다시 간지의 상신이 상충하니 남녀가 화목하지 않다.

○ **임신·출산** : 낮 정단에서는 아들을 얻는다. 밤 정단에서는 즉시 출산하지만 괜히 놀란다.
→ 묘성과의 음일이니 아들이고, 일간의 음양이신이 1양2음이니 다시 아들이다. 간지와 그 상신이 상충하니 즉시 출산하지만 밤 정단에서 지상의 戌에 등사가 타고 있으니 괜히 놀란다.

○ **구관** : 도중에 위험이 있지만 신중하고 조심하면 결과가 길하다. 연

명이 午인 사람은 특히 좋다.
→ 묘성과는 관직정단에서 최길하다. 그러나 초전의 관성 子가 중·말전으로부터 제극당하니 도중에 위험이 있다. ● 연명이 寅인 사람은 그 상신이 亥이니 초전의 子와 말전의 戌에서 연명상신 亥를 인종하니 추천이나 발탁을 받는다.

○ **구재** : 경영술이 매우 나쁘다.
→ 자손효는 투자이고 처재효는 재물이다. 과전에 자손효가 많고 처재효가 없으므로 투자하여 돈을 벌지 못하니 경영술이 매우 나쁘다.

○ **질병** : 급병은 무사하지만 구병은 흉하다. 주로 놀란 병이다.
→ 묘성과는 구관을 제외한 모든 정단에서 흉하다. 특히 간지상과 중·말전에 묘신이 모여 있으니 급병은 무사하지만 구병은 흉하다. 묘성과이고 또한 과전에 등사와 백호가 타고 있으니 주로 놀란 병이다. ● 의약신이 辰戌丑未이니 환(丸)이 좋고, 의약신이 辰戌丑未에 임하니 의약을 동남방, 서북방, 동북방, 서남방에서 구하면 된다.

○ **유실** : 찾기 어렵다.
→ 재성은 재물이다. 재성이 과전에 없으니 찾기 어렵다.

○ **출행** : 부임에는 유리하고 나머지에서는 나쁘다.
→ 묘성과는 부임에는 유리하고 나머지에서는 나쁘다. 특히 묘성과에 등사와 백호가 타고 있으니 부임 외의 출행에서 대흉하다.

○ **귀가** : 장기간 지체된다.
→ 묘성과는 장기간 지체된다.

○ **쟁송** : 이롭지 않다.
→ 묘신이 간상을 덮고 있으니 패소할 우려가 있고, 관재를 범한 경우에는 수감될 가능성이 크다.

○ **전투** : 밤 정단에서는 편안하지 않다. 낮 정단에서는 금은보화를 얻

는다.

→ 밤 정단에서는 백호가 간상에 타고 있으니 편안하지 않고, 낮 정단에서는 청룡이 간상에 타고 있으니 금은보화를 얻는다.

□ 『필법부』: 〈제88법〉 간지에 묘신이 타면 모두 혼미해진다. 그 사람은 마치 운무 속을 걸어가는 것과 같고, 그 가택은 피폐해져서 저절로 먼지와 어둠에 더럽혀진다. 그리고 서로 형통하지 못하다.

〈제87법〉 사람과 가택이 묘신에 앉으면 불행을 부르니 이를 감수해야 한다. 어둡게 되며 모든 일에서 화를 부른다.

→ 기궁인 未는 未의 묘신인 戌에 앉아 있고, 일지인 丑은 丑의 묘신인 辰에 앉아 있다. 기궁은 곧 사람이니 사람이 어두워지고, 일지는 곧 가정이니 가정이 어두워진다.

〈제54법〉 (묘성과의) 호시격에서 백호를 만나면 힘이 있어도 쓰기 어렵다. 호시격에서 다시 백호가 타면 앞뒤 모두에 맹호가 있는 것과 같으니 지극히 큰 놀람과 액을 면할 수 없다.

□ 『과경』: 丁丑일에서 辰이 未에 가하고 밤 정단에서 백호가 묘신에 타서 일간에 임한 뒤에 삼전에 든다. 과체가 호시인데 만약 세 마리의 호랑이를 만나면 힘이 있더라도 힘을 발휘하기 어렵고 놀라는 액을 면하지 못한다.

→ 일지 丑의 묘신인 辰이 간상에 임한다. 여기서의 묘신에는 수토동궁이 적용되였다.

□ 『괄낭부』: 묘성과는 출입 왕래에서 위험을 예방해야한다.

丁丑일 제 5국

공망 : 申·酉
낮 : 왼쪽 천장, 밤 : 오른쪽 천장

	辛		丁		○	
空	巳	常	朱	丑	勾	陰	酉	貴
	酉 ○		巳		丑	

	己		乙		○		辛	
勾	卯	空	貴	亥	朱	陰	酉	貴	空	巳	常
	丁未		卯		丑		酉 ○	

丁朱丑巳丙蛇子辰乙貴亥卯甲后戌寅	戊合寅午	己勾卯未	庚白辰申○辛空巳酉常壬白午戌玄癸常未亥陰
	陰酉貴丑	玄申后子	

- **과체** : 원수, 종혁 // 재공, 삼기(중전), 천장생재(밤), 복덕(중전), 맥월, 육음, 합중범살, 귀인공망(밤), 여덕(낮), 구패(俱敗), 교차사신, 살몰, 사묘加장생, 고진과수.

- **핵심** : 작은 재물을 베풀면 큰 재물이 반드시 들어온다. 삼전이 공망되어 천장 오행이 모두 토이니 거듭하여 처와 재물을 취하는 상이지만 공망되었으니 그렇지 않다.

- **분석** : ❶ 일간은 나이고 일지는 타인이다.

  ❷ 지상의 酉는 본래 나의 재물이지만 공망된 재물이다. 지상의 酉는 상대에게 베푼 작은 재물이다.

  ❸ 酉에 가한 巳가 중전 및 말전과 합을 하여 금국을 이루니 모두 나의 재물이다. 초전에는 천공이 타고, 중전에서는 일간을 탈기하며, 말전은 순공이 되었다. 밤 천장이 순토가 되어 재국을 생하여 실로 변하니 모두 나의 처와 재물이다.

- **정단** : ❶ 원수과의 삼전이 합을 하여 종혁국을 이루니 모든 일에서 순조롭게 이익을 취하고 모든 일은 남자에게서 일어나며 공명정대한 상이다.

❷ 역삼합이니 반드시 막혀서 통하지 못한다.
❸ 卯酉가 간지에 임하여 그 체가 용전(龍戰)이니 시기와 의혹과 어긋나는 것을 면하기 어렵다.
❹ 천을귀인이 卯에 서면 소인과 첩에게 재앙이 생긴다.
❺ 초·말전은 모두 공망되었고 중전은 일간을 소모시키며 훔치니 헛수고만 하고 시종일관 공허하며 부실하다.

○ 날씨 : 건조한 날씨를 보이다가 구름이 끼고 적은 비가 온다.
　➜ 초전이 巳화이니 건조하고, 중전이 丑토이니 구름이 끼며, 말전이 못을 뜻하는 酉이니 적은 비가 온다.
○ 가정 : 부동산에 관련된 재물을 취해야 한다. 종업원을 많이 둬야 한다.
　➜ 밤 정단에서 삼전의 천장이 토 오행이고 일간의 재성이니 부동산에 관련된 재물을 취해야 한다. 현대에서는 토목건축을 비롯한 토에 관련된 사업으로 돈을 벌면 된다. 삼전의 밤 천장이 모두 자손효이니 종업원을 많이 둬야 한다. ● 간상에는 일간의 패신이 타고 지상에는 일지의 패신이 타니 가정의 내외가 모두 실패한다. 그리고 지상신은 일간의 사(死)이고 간상신이 일지의 사(死)이어서 교차 사기이니 가정 내외가 쇠잔해진다.
○ 혼인 : 재혼에 길하다. 시부모의 뜻을 거역하는 것을 미리 방지해야 한다.
　➜ 재성은 여자이다. 재성이 많으니 초혼은 물론이고 재혼도 길하다. 삼전의 재국에서 부모효를 극하니 시부모의 뜻을 거역하는 것을 미리 방지해야 하며 부모의 수명이 줄 수 있으니 처의 불효를 방지해야 한다.
○ 임신·출산 : 임신되지 않는 것을 방지해야 한다.

→ 일간은 태아이고 일지는 임신부이다. 간지상에 패신이 타고 간지가 교차사신이니 임신되지 않는 것을 방지해야 한다.
○ **구관**: 고위직공무원은 길하고 하급공무원은 불리하다.
→ 원수과이고 다시 밤 정단에서는 귀인이 卯에 임하여 '여덕'이니 고위직 공무원은 길하다. 그러나 삼전의 재국이 공망되어 재생관(財生官)을 하지 못하고 특히 낮 정단에서는 '여덕'이니 하급공무원은 불리하다.
○ **구재**: 도처에 재물이 있지만 제대로 얻지는 못한다.
→ 삼전이 재국이니 도처에 재물이 있지만 재국이 공망되었으니 제대로 얻지는 못한다.
○ **질병**: 부모님에게 병재가 있다. 복통 혹은 피가 섞인 대변을 누거나 순 피만 누는 '혈리(血痢)'이다. 급병은 곧 풀린다.
→ 삼전의 재국이 부모효를 극하니 부모님에게 병재가 있지만 삼전의 재국이 공망되었으니 급병은 곧 풀린다. ● 의약신이 丑이니 환(丸)이 좋고, 의약신이 巳에 임하니 동남방에서 의약을 구하면 된다.
○ **유실**: 아득하고 헛된 것을 잡으려고 한다.
→ 삼전의 재국이 공망되었으니 아득하고 헛된 것을 잡으려고 한다.
○ **출행**: 우환을 피해 원행하는 것이 좋고 문상이나 문병은 불리하다.
→ 巳가 酉에 가하면 유배갈 '配(배)' 글자가 되니 우환을 피해 원행하는 것이 좋고, 상여인 巳가 상복인 酉에 가하면 상을 당할 수 있으니 문상이나 문병은 불리하다.
○ **귀가**: 종업원과 문서를 정단하면 속히 도착한다.
→ 천공은 종업원의 류신이고 酉는 여종업원의 류신이다. 낮 정단에서 천공이 초전에 보이고 酉가 지상에 임하니 종업원이 속히 온다.
○ **쟁송**: 최근에 갑자기 발생한 소송은 풀리기 어렵고, 오래된 소송은 즉시 풀린다.

→ 낮 정단에서 간상에 소송의 천장인 구진이 타고 있으니 최근에 갑자기 발생한 소송은 풀리기 어렵고, 삼전의 종혁이 공망되었으니 오래된 소송은 즉시 풀린다.
○ **전투** : 한 걸음 한 걸음 신중해야 패전하지 않는다.
→ 일간은 아군이고 일지는 적군이다. 일간이 실하고 일지가 허하니 아군이 승전한다. 다만 삼전이 공망되었으니 신중해야 패전하지 않는다.

□ 『필법부』 : 〈제80법〉 사람과 가택이 모두 사신이면 사람과 가택이 쇠해지고 파리해진다.
→ 지상의 酉는 일간의 사기이고 간상의 卯는 일지의 사기이다.
〈제84법〉 합 속에 살을 범하는 것은 꿀 속에 비상이 있는 것이다. 반드시 은혜가 원한으로 변하여 다가오고 화합 중에 깨진다.
□ 『과경』 : 범려가 월나라 왕의 출산을 정단하여 巳가 酉에 가하여 발용이 되었다. 왕성한 화가 아래에 있는 금을 극하여서 위가 강하고 아래가 약하니 아들을 낳는다고 하였다.
□ 『육임지남』 : 庚辰년 정월에 월장 亥를 점시 卯에 가한 뒤에 승진정단을 했다. 삼전이 공망과 탈기이고, 태세와 청룡이 공망에 떨어지며, 간지상에는 사기가 타고 있다. 봄에 금국을 얻어 만임하기 어려우니 내년에 청하여 고하는 것이 좋다. 그러나 말을 듣지 않고 지내다가 辛巳년에 파직을 당했다.

| 丁丑일 | 제 6 국 |

공망 : 申·酉 ○
낮 : 왼쪽 천장, 밤 : 오른쪽 천장

	己	甲	辛	
	勾 卯 空	后 戌 蛇	空 巳 常	
	申 ○	卯	戌	
	戌	○	己	
合 寅 青	陰 酉 貴	玄 申 后	勾 卯 空	
丁未	寅	丑	申 ○	

丙蛇子巳	丁合丑午	戊勾寅未	己空卯申○
乙貴亥辰 朱			庚青辰酉 白○
甲后戌卯 蛇			辛空巳戌 常
陰酉寅 貴	玄申丑 后	癸常未子 陰	壬白午亥 玄

□ **과체** : 중심, 사절(四絶), 착륜∥재공, 육의(중전), 복덕, 상호나망(교차나망), 맥월, 후목무용, 고진과수.

□ **핵심** : 묘목(卯木)이 공망된 申에 앉아 있으니 썩은 나무를 쪼개서 바퀴를 드는 상이다. 비록 일을 망쳤지만 출순 후에는 다시 만들 수 있다.

□ **분석** : ❶ 초전의 申금이 갑술순의 공망되어 있다. 卯목이 그 위에 앉아 있어서 비록 착륜이지만 썩은 나무로는 조각하지 못한다.

❷ 丁화의 패신은 卯이고, 탈기는 戌이며, 巳는 파쇄이니 반드시 일을 망친다.

❸ 순을 벗어난 뒤에는 申금이 메워지니 다시 만들어 이룰 수 있다. 그러나 갑술순에서는 卯가 순중의 공망에 떨어지니 썩은 나무가 된다. 지금은 申이 공망되었으니 도끼가 없어서 썩은 나무에도 조각하기 어렵다.

※ **파쇄(破碎)** : 말전의 巳는 사중월(子卯午酉月)의 파쇄이다.

□ **정단** : ❶ 중심과이며 착륜격이다.

❷ 乙과 庚이 합을 해서 바퀴가 만들어지니 관직이 영화롭고 현달한

다. 그러나 아쉽게도 申이 순공이니 도끼는 예리하지 못하고 나무는 썩은 나무이니 반드시 때를 기다렸다가 다른 방향으로 바꿔야 하고 경솔하게 멋대로 행동하면 안 된다.

❸ 그리고 子午卯酉 모두가 절지에 임하니 옛일을 매듭짓는 것이 좋고 꾀하면 불리하다. 낮 정단에서는 卯가 발용이 되어 낮에는 구진이 내전이 되고 밤 정단에서는 천공이 내전이 된다.

○ 날씨 : 오랫동안 비가 오던 날씨이면 개고, 오랫동안 맑은 날씨이면 비가 온다.
→ 주인격은 대장간에서 쇠를 녹여서 철 도장을 만드는 상이다. 따라서 오랫동안 비가 오던 날씨이면 개고, 오랫동안 맑은 날씨이면 비가 온다.

○ 가정 : 부유하지 않다. 가택에 조작할 일이 있다.
→ 지상의 재성이 공망되었으니 부유하지 않다. 착륜격이니 가택에 조작할 일이 있다. ● 상호나망이니 부부가 서로 속이고 속임을 당한다. ● 일지는 가택이고 재성은 부인과 재물이다. 지상의 재성이 공망되었고 다시 묘신에 앉아 있으며 여기에 현무가 타고 있으니 부인이 건강을 잃거나 혹은 재물이 흩어지는 것을 방지해야 한다.

○ 혼인 : 밤 정단에서는 길하다. 길한 시기에 다시 정단해야 한다.
→ 밤 정단에서는 지상에 길장이 타고 있으니 길하지만 지상이 공망되었으니 길한 시기에 다시 정단해야 한다. ● 일지와 재성이 공망되었으니 혼인은 불성한다.

○ 임신·출산 : 태신이 절지에 임했으니 태아가 손상되는 것을 방지해야 한다.
→ 태신은 태아이다. 일간의 태신인 子가 태신의 절신인 巳에 임했으니 태아가 손상되는 것을 방지해야 한다.

○ 구관 : 인재가 되지 못한다. 방향을 바꾸면 성사된다.
→ 착륜격은 인재가 되는 격이지만 지금은 공망되었으니 다른 업으로 방향을 바꾸면 성사된다.

○ 구재 : 얻지 못한다. 부동산을 팔아야 한다.
→ 재성은 재물이다. 지상의 재성이 공망되었으니 사업하여 돈을 벌지 못한다. 중전의 戌토는 부동산이다. 부동산을 팔아서 돈을 마련해야 한다.

○ 질병 : 급병은 길하고 구병은 흉하다. 연명이 寅과 亥인 사람은 더욱 흉하다.
→ 착륜격은 도끼로 나무를 찍는 상이니 급병은 길하고 구병은 흉하다. 연명이 寅인 사람은 그 상신인 재성 酉가 공망되었으니 절식사하는 상이고, 연명이 亥인 사람은 일록이 끊기는 상이니 역시 절식사하는 상이다. 따라서 두 연명은 더욱 흉하다. ● 부인의 질병정단이면 부인이 사망한다. ● 의약신이 戌이니 환(丸)이 좋고, 의약신이 卯에 임하니 정동방에서 의약을 구하면 된다.

○ 유실 : 낮 정단에서는 잡기 어렵다.
→ 낮 정단에서는 현무가 지상의 재성에 타고 있으니 도둑을 잡기 어렵다.

○ 출행 : 장애가 생긴다.
→ 초전은 출행초기, 중전은 중도, 말전은 목적지이다. 초전은 공망되고, 중전은 일간의 묘신이며, 말전의 지반이 묘신이니 출행에 장애가 생긴다.

○ 귀가 : 형제의 귀가를 정단하면 온다.
→ 말전이 형제를 뜻하는 형제효이고 다시 자동차를 뜻하는 일간의 역마이니 형제의 귀가를 정단하면 온다.

○ 쟁송 : 풀린다.
→ 낮 정단에서 구진승신 卯가 공망되었으니 쟁송이 풀린다. 연명이

酉인 사람은 그 상신 辰에서 중전의 묘신 戌을 충하니 쟁송이 더욱 쉽게 풀린다.

※『육임직지』원문에서는 "귀인의 도움을 받아 조정된다."고 하였다. 그러나 낮 귀인은 입옥이 되었고 밤 귀인은 공망되었으니 귀인의 도움을 받지 못한다.

○ **전투** : 대부분의 소문이 헛소문이다. 많은 병사를 잃는 것을 방지해야 한다.

→ 초전이 공망되었으니 대부분의 소문이 헛소문이고, 지상의 재성 申이 공망되었으니 많은 병사를 잃는 것을 방지해야 한다.

───────────────

□ 『필법부』: 〈제55법〉 천라지망을 만나면 모망사에서 졸렬함이 많다. 모든 일에서 나는 타인을 옭아매려 하고 타인은 나를 옭아매려 하니 서로 암매하다.

〈제16법〉 공망 위에 공망이 타면 일을 이룰 수 없다. 이른바 천반에 순내 공망이 보이고 천공이 타면 무릇 정단에서 빈 뜻과 빈말이 되고 전혀 실상이 없다. 밤 정단에서 초전이 이에 해당한다.

□ 『과경』: 간상에 일지의 망(網)이 타고 지상에 일간의 라(羅)가 타면, 내가 그에게 굴레를 씌우려고 하지만 그가 이미 나에게 굴레를 씌운다.

→ 이 과전에서는 申이 공망되었으니 굴레를 벗어난다.

□ 『수중금』: 무릇 묘목(卯木)이 공망에 앉으면 썩은 나무여서 조각하기 어려우니 그 업을 버리고 다른 업종을 찾아야 한다.

□ 『정와』: 삼전에 일간의 묘신이 보이면 예전의 바퀴(또는 예전의 수레)라는 뜻의 '구륜(舊輪)'으로서 관직을 잃고 실직하지만 꾀하면 다시 흥한다.

丁丑일 제7국

공망 : 申·酉 ○
낮 : 왼쪽 천장, 밤 : 오른쪽 천장

乙	癸		丁
貴亥朱	勾未陰	陰丑勾	
巳	丑		未
丁	癸	癸	丁
陰丑勾	勾未陰	勾未陰	陰丑勾
丁未	丑	丑	未

乙貴亥巳	丙朱子午	丁陰丑未	戊玄寅申○
蛇甲戌辰			青己卯酉○
朱○酉卯			常庚辰戌
蛇貴			白
合○申寅	后勾未丑	陰青壬午子	玄辛巳亥
			空常

- □ **과체** : 반음, 무친, 정난사(井欄射) ∥ 일덕, 삼기(말전), 귀총, 복덕(멸덕), 육음, 탈상봉탈(낮).
- □ **핵심** : 움직이고 싶은 마음이 먼저 일어난 뒤에 나와 상대가 서로 취한다. 맺은 뜻을 저버리기 어렵고 기쁨은 예전과 동일하다.
- □ **분석** : ❶ 丁은 움직임을 주관한다. 일간이 丁이고 일지가 다시 丁이다. 일간과 일지가 서로 가하고 두 丁이 교섭하니 두 丁이 교대하여 나와 상대가 서로 취한다.
❷ 亥 안에는 壬이 있다. 초전의 亥와 일간의 丁이 丁壬 상합을 하고 중·말전의 丑과 未는 왕래가 빈번하니 맺은 뜻을 저버리기 어렵다.
❸ 중전의 未는 곧 일간 丁이고 말전 丑에는 순중의 丁이 있으니, 다시 두 丁이 서로 통하여서 그 환희의 정은 예와 같고 변함이 없다. 그리고 덕신이 발용이 되면 백가지의 흉을 해소할 수 있지만 절지에 임했으니 그렇지 않다.
- □ **정단** : ❶ 반음과의 무친격이며 정란사격이다. 하나가 두 가지로 쓰이며, 다른 방도로 구하면 쉽게 취하고 직접 구하면 어렵다. 모든 일을 속성하려고 하면 반복해서 쉽게 깨진다.

❷ 정(靜)하면 좋고 동(動)하면 뒤죽박죽이 된다.
❸ 그리고 주야의 귀인이 모두 임한 신으로부터 극을 당하니 귀인의 진노를 사게 된다.

○ 날씨 : 비가 오기를 원하는 정단을 하면 즉시 비가 오고, 맑은 날씨이기를 원하는 것을 정단하면 아직은 맑지 않다.
　→ 초전이 亥수이고 중전에 癸수가 임하니 비가 오기를 원하는 정단을 하면 즉시 비가 오고, 말전이 丑토이니 맑은 날씨이기를 원하는 것을 정단하면 아직은 맑지 않다.
○ 가정 : 가택은 길하고 가족은 화목하다. 수시로 이동한다.
　→ 일간은 사람이고 일지는 가택이다. 기궁이 지상으로 가고 일지가 간상으로 오니 가택은 길하고 가족은 화목하다. 과전에 정마가 많으니 수시로 이동한다.
○ 혼인 : 처음에는 뒤집히지만 결국 성취한다.
　→ 일간은 남자이고 일지는 여자이다. 반음과의 천반과 지반이 상충하니 처음에는 뒤집히지만, 기궁이 지상으로 가고 일지가 간상으로 오니 결국 성취한다. 다만 혼인한 뒤에 부부의 화목을 유지해야 한다.
○ 임신·출산 : 태아가 안전하지 않다.
　→ 태신은 태아이다. 태신 子가 태신의 충지인 午에 앉아 있으니 태아가 안전하지 않다.
○ 구관 : 매우 이롭다. 이전에 임명되어 일을 맡았던 사람이면 이전과 동일한 관품을 얻는다.
　→ 일간에서 丑과 未가 서로 가하니 구관에 매우 이롭다. 28수의 未에는 귀수(鬼宿)가 있고 丑에는 두수(斗宿)가 있다. 丑과 未가 서로 가하면 북두제1성인 괴(魁)가 되니 고시에 매우 이롭다. 반음과는

이전에 임명되어 일을 맡았던 관품과 동일한 관품을 얻는다.
○ **구재** : 펼치는 일이 하나가 아니다. 저축을 많이 해야 한다.
→ 과전에 자손효가 많으니 펼치는 일이 하나가 아니다. 과전에 재성이 없어서 수입이 없으니 저축을 많이 해야 한다.
○ **질병** : 질병은 걱정되지 않는다. 반복되는 것을 방지해야 한다.
→ 반음과는 천반과 지반이 상충하니 질병이 걱정되지 않지만 재발하는 특징이 있다. ● 의약신이 丑未이니 환(丸)이 좋고, 의약신이 未丑에 임하니 서남방과 동북방에서 의약을 구하면 된다.
○ **유실** : 유실물을 찾으면 획득한다. 도망친 사람은 스스로 돌아온다.
→ 일지의 역마가 발용이 된 뒤에 말전이 간상으로 되돌아오니, 유실물을 찾으면 취득하고 도망친 사람은 스스로 돌아온다.
○ **출행** : 친척과 친구를 많이 만난다.
→ 일간은 나이다. 기궁 未가 지상과 중전에 임하고 일간 丁이 말전에 임하니 친척과 친구를 많이 만난다.
○ **귀가** : 즉시 도착한다.
→ 발용이 일간의 절신이니 즉시 도착한다.
○ **쟁송** : 귀인이 좋아하지 않으니 평소와는 다르게 해야 한다.
→ 귀인은 판사이고 일간은 나이다. 낮 귀인 亥는 일간을 극하고 밤 귀인 酉는 공망되었으니 귀인이 나를 좋아하지 않는다. 따라서 평소와는 다르게 해야 한다.
○ **전투** : 낮 정단에서는 길하고 밤 정단에서는 흉하다. 적군과의 교전이 하나가 아니다.
→ 낮 정단에서는 길장이 초전에 타고 있으니 길하고, 밤 정단에서는 흉장이 초전에 타고 있으니 흉하다. 일간은 아군이고 일지는 적군이다. 기궁 未가 일지 丑과 충을 하고, 기궁상신 丑이 지상신 未와 충을 하고, 간상의 둔반과 지상의 둔반이 상충하고, 일간의 음신 未와 일지의 음신 丑이 충을 하니 여러 번 교전한다.

□ 『필법부』: 〈제81법〉 삼전에서 묘신이 묘신에 들면 증오와 사랑으로 나눠진다.
　〈제46법〉 귀인에게 차질이 생기면 일은 가지런하지 못하게 된다. 이른바 낮 귀인이 밤의 지반에 임하고 밤 귀인이 오히려 낮의 지반에 임하면 '귀인차질'이다. 귀인을 만나서 요구하는 일이 많을지라도 하나도 제대로 되는 것이 없다.
　→ 이 과전에서는 낮 귀인 亥가 낮 12지에 임하고 밤 귀인 酉가 밤 12지 卯에 임하니 이 격에 해당하지 않는다. 다만 낮 귀인이 절지에 임하고 밤 귀인이 공망되었으니 귀인의 도움을 받지 못한다.

□ 『찬요』: 丁丑일 반음과의 사과에 극이 없다. 丑 속의 癸수가 巳 속의 丙화를 향해 먼 곳에서 발사한다. 그리고 巳 위의 亥가 발용이 된다. 우물가의 난간에 기대어 비스듬히 그것을 발사하더라도 우물 밖을 벗어나지 않는다. 초전의 亥는 관성이며 덕신이고 중·말전이 묘신이니 나쁘다. 관직자가 정단하면 불리하고, 일반인이 정단하면 귀살이 묘신에 드니 오히려 좋다.

□ 『심인부』: 등명(亥)이 홀연히 초전의 천반으로 와서 머무니 귀인을 만나 부탁하면 반드시 고위직 공무원이 된다.
　→ 초전의 천반이 왕상해지는 가을과 겨울에 정단하면 가능성이 더욱 높다.

丁丑일 제8국

공망 : 申·酉 ○
낮 : 왼쪽 천장, 밤 : 오른쪽 천장

辛	甲	己
空 巳 常	蛇 戌 蛇	常 卯 空
子	巳	戌
丙	辛	壬 乙
后 子 合	空 巳 常	青 午 玄 貴 亥 朱
丁未	子	丑 午

甲戌 蛇 巳	乙亥 貴 午	丙子 后 未	丁丑 陰 申 勾 ○
朱 ○酉辰 貴			玄 戌寅 青 ○
合 ○申卯 后			常 己卯戌 空
勾 癸未寅 陰	青 壬午丑 玄	空 辛巳子 常	白 庚辰亥 白

□ **과체** : 중심, 주인, 승헌∥침해(피차시기), 일덕(제4과), 육의(중전), 록현탈(밤), 권섭부정, 복덕(중전), 양사협묘(연명 : 巳), 명암이귀, 교차육합, 간지구해, 살몰, 사묘加장생.

□ **핵심** : 서로 부족하지만 나중에는 화목하게 지낸다. 비록 외모는 공손하지만 결국 종업원에게 의지하게 된다.

□ **분석** : ❶ 기궁 未는 간상의 子와 육해이고, 일지 丑은 지상의 午와 육해이니 일간과 일지에서 먼저 부족한 것이 있다. 그러나 나중에는 기궁 未는 지상의 午와 상합하고 일지 丑은 간상의 子와 상합하니 서로 사귀어서 나중에는 서로 화목하다. 다만 子와 午, 丑과 未가 상충하니 화목한 것 같지만 공손할 뿐이다.
❷ 지상의 午화가 일지 丑을 생한다. 간상의 子수가 일간 丁을 극하는 것을 중전의 戌토가 먼 곳에서 이를 제극한다. 戌이 남자종업원(노복)이니 그의 도움을 받아서 우환을 구한다.

□ **정단** : ❶ 이 과전은 중심과이고 주인격이며 다시 고개승헌이다. 군자는 크게 형통하다. 그러나 일반인은 크게 불길하여 일이 느려지고 늦게 성사된다.

❷ 그리고 하나의 하적상이 발용이 되고 두 상극하는 무력하다. 모든 일이 음인과 소인으로부터 일어나서 윗사람에게 불리한데 매사 도리를 따라 행동해야 한다.
❸ 중전은 두 마리의 뱀이 묘지를 끼고 있다. 만약 여름에 정단하면 화기가 태왕해져서 도장과 도장 끈이 손상을 당하니 오히려 좋은 조짐이 아니다.

○ 날씨 : 가물고 더우며 적은 비가 온다.
→ 주인격이니 가물고 더우며 간상에 子가 임하니 적은 비가 온다.
○ 가정 : 가정이 이롭다. 그러나 종업원으로 인해 가장이 편안하지 않다.
→ 일간은 나이고 일지는 가족이다. 기궁 未와 지상 午가 육합하고 일지 丑과 간상 子가 상합하니 가족이 화목하여 가정이 이롭다. 戌은 종업원이다. 중전에 임하고 있는 戌에서 일간을 설기하니 종업원으로 인해 가장이 편안하지 않다. ● 밤 정단에서 지상의 식록 午에 현무가 타고 있으니 가정에서 재물을 잃는 것을 방지해야 한다.
○ 혼인 : 귀한 가문은 이롭고 일반인은 불리하다.
→ 삼전이 주인격이니 귀한 가문은 이롭고 일반인은 불리하다. ● 일간은 남자이고 일지는 여자이다. 간지가 교차육합을 하지만 간지와 그 상신이 충하고 일간과 일지의 천지반이 육해이니 궁합이 나쁘고 혼인도 불성한다.
○ 임신·출산 : 아들을 낳으면 반드시 귀(貴)하게 된다. 다만 낙태를 방지해야 한다.
→ 일간의 음양이신이 1양2음이니 아들이고, 삼전이 다시 1양2음이니 아들이고, 간상의 태신인 子가 중남의 상이니 아들이다. 아들을 낳으면 삼전이 주인격이니 반드시 귀(貴)하게 된다. 일간은 태아이

고 일지는 임신부이다. 간지와 그 상신이 상충하니 낙태를 방지해야 한다.

※『육임직지』원문에서는 "딸을 낳으면 반드시 귀하게 된다."고 하였다.

○ **구관** : 고시에 응시하면 반드시 합격하고, 선발에 지원하면 반드시 발탁되며, 관직자는 반드시 승진되고 발탁된다.

➜ 삼전이 주인격이니 고시에 응시하면 반드시 합격하고, 선발에 지원하면 반드시 발탁되며, 관직자는 반드시 승진되고 발탁된다.

● 다만 봄이나 여름 점단의 丙丁일이나 巳午일에는 그렇지 않다. 관직자나 직장인은 일록이 지상으로 갔으므로 직위가 낮아지거나 혹은 먼 곳에 발령을 받거나 혹은 감봉을 당할 우려가 있다.

○ **구재** : 관직자는 재물이 많고 경영자는 어렵다.

➜ 주인격이니 관직자에게는 재물이 많고, 과전에 재성이 없으니 경영자는 경영이 어렵다.

○ **알현** : 화목하다.

➜ 주인격이니 주객이 화목하다.

○ **질병** : 흉은 많고 길은 적다.

➜ 주인격은 사망하는 상이니 흉은 많고 길은 적다. 또한 간상에 귀살이 임하니 더욱 더 흉은 많고 길은 적다. ● 의약신이 戌이니 환(丸)이 좋고, 의약신이 巳에 임하니 동남방에서 의약을 구하면 된다.

○ **유실** : 도망치지만 결국 잡을 수 있다.

➜ 현무는 도둑이다. 현무가 사과에 임하니 잡을 수 있다.

○ **출행** : 고위직 공무원의 부임에 좋다.

➜ 삼전이 주인격이니 고위직 공무원의 부임에 좋다.

○ **귀가** : 항렬이 같은 사람은 즉시 온다.

➜ 초전이 형제효이니 항렬이 같은 사람은 즉시 온다.

○ **쟁송** : 타인에게 속아 수감되는 것을 방지해야 한다.

→ 중전이 묘신이니 타인에게 속아 수감되는 것을 방지해야 한다. 그리고 삼전이 주인격이니 쟁송이 더욱 흉하다.
- **전투** : 낮 정단에서는 흉하고 밤 정단에서는 길하다. 신중해야 한다.
  → 낮 정단에서는 초전에 흉장이 타니 흉하고, 밤 정단에서는 초전에 길장이 타니 길하다.

□ 『**필법부**』 : 〈제8법〉 일록이 일지에 임하면 임시직으로서 정당한 자리가 아니거나 혹은 먼 곳에 직장이 주어진다.

□ 『**육임지남**』 : 癸酉년 2월에 월장 亥를 점시 午에 가하고서 탄핵을 당한 뒤에 임금에게 다시 아뢰는 일에 대한 길흉을 정단했다. 말하기를 천공이 발용이니 반드시 임금에게 보고한다. 주인격은 반드시 관직을 옮기고 직장을 옮긴다. 사과의 상하가 충(沖)과 해(害)이고 일지음신 일록을 제압하니 감봉을 받는 처벌에 그친다. 중추에 천조(天詔)와 용신(龍神)을 만나고 청룡과 일록이 丑의 위에 앉는다. 午가 丑의 위에 있으니 반드시 오월(吳越) 두우(斗牛) 지방으로 영화롭게 발탁된다. 과연 그러하였다.

→ 천조는 임금의 조서를 뜻하고, 용신은 청룡을 뜻한다.

※ 천조 : 정월 亥에서 시작하여 순행 12지. 2월의 천조가 子이니 간상의 子가 천조이다.

→ 丑에는 28수의 두우(斗牛)가 들어 있다. 두우는 곧 '오월(吳越)'을 가리킨다.

丁丑일 제 9 국

공망 : 申·酉
낮 : 왼쪽 천장, 밤 : 오른쪽 천장

	○	丁	辛
	朱酉貴	陰丑常	空巳勾
	巳	酉 ○	丑

乙	己	辛	○
貴亥陰	常卯空	空巳勾	朱酉貴
丁未	亥	丑	巳

朱酉巳貴	甲蛇戌午后	乙貴亥未后	丙玄子申○
○合申辰蛇 勾癸未卯朱			陰丑酉戌玄 常丁寅戌白
青壬午寅	辛合巳丑空	庚白辰子青	己常卯亥空

- **과체** : 중심, 종혁, 맥월 // 초전협극(낮), 고진과수, 재공, 멸덕, 삼기(공망), 삼전재효태왕(공망), 복덕(공망), 귀덕임신(낮), 육음, 양귀수극, 재화귀(불성), 최관부, 귀승천을.

- **핵심** : 삼전에서 귀살 亥를 생하지만 밤 정단에서는 두렵지 않다. 두 귀인이 비록 상하지만 공망된 재성이 생을 하니 귀인이 일어난다.

- **분석** : ❶ 삼전이 삼합하여 금국을 이루어서 간상의 귀살 亥를 생하여 일으키니 두렵다. 다행히 삼전의 밤 천장이 모두 토이니 충분히 귀살을 제어하니 큰 해는 없다.

  ❷ 낮 귀인 亥가 未에 임하여 극을 당하고, 밤 귀인 酉가 巳에 임하여 공망되고 상하니 귀인에게 부탁할 수 없다.

  ❸ 초전은 갑술순의 공망이고, 중전은 공망에 앉으며, 말전에는 천공이 타니 재국이 망쳐졌다. 그러나 밤에는 밤 천장이 재국을 생하여 일으키니 다시 얻을 수 있다.

- **정단** : ❶ 중심과이며 종혁격이다.

  ❷ 초전에서 酉가 巳에 가하니 슬픈 과이다.

  ❸ 과상이 본래 화합하는 분위기이지만 간지의 내외가 교대로 충을

하니 심하게 동요한다.

❹ 또한 두 귀인이 제극받고 삼전이 모두 공망되었으니 발생한 일이 소리만 있고 실속은 없다.

❺ 만약 안전하게 정수(靜守)하면 저절로 쾌락을 누린다. 만약 강하게 밀어붙이고 분수를 벗어나서 분주하게 뛰어다니면 결국 무익하다.

───────────────

○ **날씨** : 세차게 비가 내리다가 맑아진다.
→ 삼전이 금국이니 세차게 비가 내리다가 삼전이 공망되었으니 맑아진다.

○ **가정** : 가운이 왕성해지고 부자가 된다. 다만 사람은 편안하지 않다.
→ 일지의 상하가 삼합하여 재성이 왕성하니 가운이 왕성해지고 부자가 된다. 다만 재국에서 간상의 귀살을 생하니 사람은 편안하지 않다. ● 간상에 일덕이 임하니 큰 우환이 없다.

○ **혼인** : 나중이 불길하다.
→ 일간의 상하가 상합하고 일지의 상하가 삼합하며 삼전이 상합하니 혼인이 길하지만 삼전이 종혁이어서 파혼이나 이혼할 가능성이 높으니 나중이 불길하다. ● 또한 제4과와 초전과 중전이 공망되었으니 혼인은 불성한다.

○ **임신·출산** : 卯일에 아들을 낳는다. 부실을 조심해야 한다.
→ 발용이 酉이니 卯일에 낳고 과전이 모두 음이니 아들을 낳는다. 태신이 공망되었으니 부실을 조심해야 한다.

○ **구관** : 돈으로 관직을 사거나 혹은 고유의 직을 물려받는 것이 좋다. 나머지는 무성하다.
→ 관성은 관직이다. 삼전의 재국에서 간상의 관성을 생하니 돈으로 산다. 현대에서는 고위직 공무원에게 돈으로 청탁하는 것이 여

기에 해당한다. 밤 정단에서는 간상에 염막귀인이 임하니 유의 직을 물려받는다.

○ **구재** : 진귀한 보석을 얻는다. 잃은 뒤에 다시 얻는다.
→ 삼전이 종혁이니 진귀한 보석을 얻는다. 그러나 종혁이 공망되었지만 다음 순에는 공망이 풀리니 다음 순에 다시 얻는다.

○ **알현** : 귀인을 만나는 일이 불리하다.
→ 낮 정단에서는 천을귀인이 귀인을 극하는 지반에 앉아 있고, 밤 정단에서는 귀인이 공망되었으니 귀인을 만나는 일이 불리하다.

○ **질병** : 조금 편안하지 않다.
→ 비록 지상의 巳가 간상의 귀살 亥를 충하지만 귀살 亥가 일간을 극하니 조금 편안하지 않다. ● 귀살에 천을귀인이 타고 있으니 하늘 귀신과 땅 귀신의 해가 있다. ● 의약신이 丑이니 환(丸)이 좋고, 의약신이 酉에 임하니 정서방에서 의약을 구하면 된다.

○ **유실** : 흙 속에 숨겨져 있는 것을 찾는다.
→ 금국은 보석이고 토의 천장은 흙이다. 밤 정단에서 삼전에 타고 있는 천장이 모두 토이니 흙 속에 숨겨져 있는 것을 찾는다.

○ **출행** : 서방이 이롭다.
→ 삼전의 재성이 서방을 뜻하니 서방이 이롭다.

○ **귀가** : 집밖에서 정단하면 이미 돌아 왔고, 집안에서 정단하면 아직 집으로 출발하지 않았다.
→ 일간은 외사문이고 일지는 내사문이다.
집밖에서 정단하면 말전 ⋯ 중전 ⋯ 초전 ⋯ 간상으로 이어지니 이미 돌아 왔고, 집안에서 정단하면 말전 ⋯ 중전 ⋯ 초전 ⋯ 간상으로 이어지지 않으니 아직 집으로 출발하지 않았다.

○ **쟁송** : 관공서에서 제재를 받지만 쉽게 해결된다.
→ 귀인은 공무원이고 관성은 관청이다. 낮 정단에서 귀인이 관성에 타고 있어서 관공서에서 제재를 받지만 지상에서 충을 하니 관

청의 제재가 쉽게 풀린다.
- **전투**: 이익이 없다. 병사의 마음이 변하는 것을 방지해야 한다.
  → 재성은 전리품이다. 삼전의 재성이 공망되었으니 이익이 없다. 간지와 그 상신이 상충하니 병사의 마음이 동요하는 것을 방지해야 한다.

- □ 『**필법부**』: 〈제27법〉 삼전의 재신이 귀살로 변하면 재물을 구하면 안 된다.
  〈제49법〉 양 귀인이 극을 받으면 귀인에게 아뢰는 일은 뜻을 얻기 어렵다. 귀인에게 부탁하는 모든 일은 절대로 성취되지 않는다.
  〈제48법〉 귀살에 천을귀인이 타면 곧 하늘 귀신과 땅 귀신의 해가 있다. 질병을 정단하면 반드시 하늘 신과 땅 신의 해코지가 있다.
- □ 『**과경**』: 삼전이 모두 재성인 경우 이 재물을 취하면 일간의 귀살을 생하여서 마치 칼에 묻어있는 꿀과 같으니 취할 수 없다. 낮 정단에서 이 재물을 귀인에게 부탁하면 받을 수 있다.
- □ 『**심인부**』: 酉가 巳에 가하고 주작이 타서 발용이 되었으니 귀인을 만나서 재물을 구하면 소식이 있다.

丁丑일 제 10 국

공망 : 申·酉 ○
낮 : 왼쪽 천장, 밤 : 오른쪽 천장

	壬	甲	庚
	青午合	蛇戌后	白辰青
	卯	未	丑
	甲	丁	庚	癸
	蛇戌后	陰丑常	白辰青	勾未朱
	丁未	戌	丑	辰

○合	蛇申巳	朱酉午	○蛇戌未	貴乙亥申	陰○
勾	朱癸未辰			后丙子酉	玄○
青	合壬午卯			陰丁丑戌	常
空	勾辛巳寅	白庚辰丑	青常己卯子	玄戊寅亥	白

- **과체** : 묘성, 동사엄목 // 침해(피차시기), 간지상충, 복덕, 묘신부일, 절신가생.
- **핵심** : 일간과 일지 위에 묘신이 임하고 낮 정단에서는 뱀과 호랑이가 그곳에 타고 있다. 두 귀인이 모두 공망되었으니 작은 도움조차 받지 못한다.
- **분석** : ❶ 묘신이 일간과 일지를 모두 덮고 있다. 더군다나 낮 정단에서는 등사와 백호를 만났으니 어둠이 그치지 않는다.

  ❷ 밤 귀인은 갑술순의 공망되어 었고 낮 귀인은 공망에 앉아 있으니 귀인의 도움을 받을 수 없다.

- **정단** : ❶ 동사엄목에서 낮 정단에서는 호시가 호랑이를 만났으니 흉계를 방지해야 하며 놀람과 공포가 예사롭지 않다. 만약 일수와 월수가 사중에 가하면 '천지이번'이 되어 그 화가 더욱 거세다. 다행히 청룡이 午에 타서 발용이 되어 일록과 지덕이다.

  ❷ 삼전이 묘지에 들어간다. 중전의 戌에서 말전의 백호승신 辰을 충하여 흉으로써 흉을 사라지게 하니 모든 일에서 근신하면 설령 우환이 있더라도 큰 해가 되지는 않는다.

※ 천지이번 : 사중(子·午·卯·酉)인 월장이 사정(초하루·보름·상형·하현·그믐)을 만나고, 사평일(子·午·卯·酉)에 정단하여 일수와 월수가 여기에 가하며, 두강(辰)이 丑 혹은 未 위에 가하면 이 격이다.
※ 지덕 : 子일에 巳에서 일으켜서 순행 12지.

○ 날씨 : 비바람이 몰아치고 우레와 번개가 치며 무지개가 펼쳐진다.
→ 묘성과는 비바람이 몰아치고 우레와 번개가 치며 무지개가 펼쳐진다.
○ 가정 : 어둡고 불길하다. 낮 정단에서는 괴이한 꿈과 놀람과 두려움이 많고, 밤 정단에서는 간음을 방지해야 한다.
→ 간상과 지상에 묘신이 임하니 가정 내외가 어둡고 불길하다. 낮 정단에서는 간상에 등사가 타고 있으니 괴이한 꿈과 놀람과 두려움이 많다. 밤 정단에서는 천후가 戌에 타고 있으니 여자의 간음을 방지해야 한다. ● 낮에는 지상에 백호가 타고 있으니 가정에 환자가 발생한다. ● 밤에는 초전에 육합이 타고 중전에 천후가 타니 남자의 간음을 방지해야 한다.
○ 혼인 : 불길하다.
→ 일간은 남자이고 일지는 여자이다. 간상과 지상에 묘신이 임하니 신랑신부는 모두 불길하다. 그리고 간지가 상충하고 그 상신이 다시 상충하니 혼인이 불길하다. 더군다나 일간의 천지반과 일지의 천지반이 각각 육해이니 더욱 불길하다.
○ 임신·출산 : 임신을 정단하면 태아가 유산되는 것을 방지해야 하고, 출산을 정단하면 즉시 낳는다.
→ 일간은 태아이고 일지는 임신부이다. 기궁과 일지가 상충하고 다시 간상과 지상이 상충하니 임신을 정단하면 태아가 유산되는 것을 방지해야 하고, 출산을 정단하면 즉시 낳는다. ● 묘성과의 음일

이니 아들이고 다시 일간의 음양이신이 1양2음이니 아들이다.
- **구관** : 좌절하고 성공하기 어렵다.
  - → 관성이 과전에 없고 오히려 자손효가 가득하니 좌절하고 성공하기 어렵다.
- **구재** : 얻기 어렵다.
  - → 재성은 재물이다. 과전에 재성이 없으니 얻기 어렵다.
- **알현** : 만나지 못한다.
  - → 낮 정단에서는 귀인승신 亥가 공망되어 었고, 밤 정단에서도 귀인승신 酉가 공망되었으니 귀인을 만나지 못한다.
- **질병** : 집밖에서는 흉하고, 집안에서는 흉하지만 무해하다.
  - → 묘성과는 집밖에서 질병을 정단하면 흉하고, 집안에서 질병을 정단하면 흉하지만 무해하다.
- **유실** : 찾기 어렵다.
  - → 과전에 재성이 없으니 찾기 어렵다.
- **출행** : 출행하면 놀람과 두려움이 있다.
  - → 묘성과는 출행하면 놀람과 두려움이 있다.
- **귀가** : 발이 묶여 지체된다.
  - → 묘성과는 발이 묶여 지체된다.
  - ※ 『육임직지』 원문에서는 "즉시 온다."고 하였다.
- **쟁송** : 원고와 피고 모두 상한다.
  - → 간지상에 묘신이 임하니 원고와 피고 모두 상한다.
- **전투** : 이롭지 않다.
  - → 묘성과는 이롭지 않다.
- **분묘** : 분묘 서남쪽에 놀람이 있다.
  - → 제3과는 묘이고 제4과는 혈이다. 제4과상신 未가 제2과상신으로부터 충을 당한다. 제4과 상신이 未이니 미방(未方) 곧 서남방에 놀람이 있다.

- □ 『필법부』: 〈제50법〉 양 귀인이 모두 공망되면 헛된 기쁨을 기약하게 된다. 귀인에게 주요 일을 부탁하면 허탕을 친다.
  〈제54법〉 호시과에서 백호를 만나면 힘이 있어도 쓰기 어렵다. 모든 정단에서 어찌 지극히 큰 놀람과 액을 면할 수 있으리오?
  〈제87법〉 사람과 가택 위에 묘신이 임하면 좋은 것이 불행을 부르고 암매해진다.
  〈제88법〉 간지상에 묘신이 임하면 사람과 가정 모두 혼미해진다.
- □ 『과경』: 묘성과의 삼전에 등사와 백호가 보이면 매우 흉하다. 午가 卯에 가하면 '명당(明堂)'이 되어 만사 번창한다. 그리고 午는 이명(離明)이고 卯는 천사(天駟)와 방심(房心)인데 명당의 별자리로서 흉을 만나더라도 길로 바뀐다. 또한 未가 辰에 가하고 丑이 戌에 가하면 일간과 일지가 서로 무덤에 앉아 있으니 서로 몸을 의탁하는 것이 좋지 않으며, 반드시 우둔한 사람이다.
  ※ 방·심(房·心): 방과 심 모두 동양천문학에서의 묘궁(卯宮)에 소속된 별자리이다.
- □ 『육임심경』: 묘성이 발용으로 일어나면 호시이다. 추분(秋分)이 酉에 있으니 그 생사를 알 수 있다. 여인이 음란해지는 원인을 물으면 지명(地名)이 금지하지 못하기 때문이다.

丁丑일 제 11 국

공망 : 申·酉 ○
낮 : 왼쪽 천장, 밤 : 오른쪽 천장

- **과체** : 중심, 진간전, 응음[未酉丑], 고진과수//재공, 삼기(말전), 여덕(낮), 복덕(말전), 육음, 간지구사, 이귀개공, 강색귀호, 아괴성(공망), 주야귀인상가, 살몰, 사묘加장생.
- **핵심** : 일간은 공망과 사지에 임했다. 구재는 나쁘다. : 정마와 역마를 모두 만나고, 두 귀인은 비어 있다.
- **분석** : ❶ 간상 및 초전의 酉는 丁의 재성이고 또한 丁의 사신이다. 지금 갑술순의 공망되어 어 간상에 임하니 재물이 눈앞에 있지만 마치 허화와 같고 독주와 같아서 구할 수 없다.

  ❷ 중전의 亥는 역마이고 말전은 순중의 정마이니 움직이려는 뜻이 있다.

  ❸ 그리고 두 귀인이 과전에 들지만 모두 공망되었으니 소용이 없다.

  ❹ 간지상 모두에 사신이 타고 있으니 만사에서 가볍게 움직이면 안 된다.
- **분석** : ❶ 중심과이다.

  ❷ 순조로운 진간전이고 응음격이다. 모든 일은 음인과 아랫사람에

게서 일어나서 웃어른에게 불리하며 도리에 어긋나는 일이 많고 먼저 움직이면 불리하다. 더군다나 두 번 공망을 만나니 터럭조차 잡을 수 없지만 오직 승려, 도인, 구류(九流)는 무방하다. 수험생과 세속인은 모두 어긋나고 모든 일은 이뤄지지 않는다.
❸ 8월에 酉금이 사령하게 되면 일반인은 유익하다.
※ 구류(九流) : 구류는 유가·도가·음양가·법가·명가·묵가·종횡가·잡가·농가를 가리킨다.

○ 날씨 : 흐린 날씨가 풀리지 않는다.
  → 삼전이 응음(酉亥丑)이니 흐린 날씨가 풀리지 않는다.
○ 가정 : 어둡고 밝지 못하며 사람과 집이 모두 불길하다.
  → 일간은 나이고 일지는 가족이다. 간상에는 일간의 사신 酉가 임하고 지상에는 일지의 사신 卯가 임하니 사람과 집이 모두 불길하다. ● 기궁 未와 일지 丑이 충을 하고 간상신 酉와 지상신 卯가 충을 하니 가족이 화목하지 않다.
○ 혼인 : 불길하고 불성한다.
  → 일간은 나이고 일지는 상대이다. 비록 기궁 未와 지상신 卯가 육합하고 일지 丑과 간상신 酉가 육합하지만, 기궁과 일지가 상충하고 간상과 지상이 상충하니 혼인이 불길하고 불성한다. 더군다나 간지의 음신이 다시 충을 하니 양가의 반대가 있고, 또다시 재성이 공망되고 관성이 공망되니 혼인은 불성한다.
○ 임신·출산 : 불임을 방지해야 한다.
  → 일간은 태아이고 일지는 임신부이다. 일간이 공망되었으니 불임을 방지해야 한다. 만약 임신이 되어 있을 경우에는 간상이 사기이고 공망되었으니 낙태를 방지해야 한다.
○ 구관 : 수회 꾀하지만 불리하다. 8월에 정단하면 길하다.

→ 관성을 생하는 재성이 공망되었고 다시 관성 亥가 공함에 임하며 또다시 삼전이 응음이니 불리하다. 유월(酉月)에는 공망된 초전의 酉가 풀리니 유월에 정단하면 길하다.

○ **구재** : 뜬 구름 잡는 소리이다.
→ 재성은 재물이다. 초전의 재성 酉가 공망되었으니 재물을 얻지 못하니 뜬 구름 잡는 소리이다.

○ **알현** : 만나지 못한다.
→ 낮 귀인 亥는 공망된 지반에 앉아 있고 밤 귀인 酉는 공망되었으니 주야 모두 만나지 못한다. 설령 만나더라도 실익이 없다.

○ **질병** : 급병은 길하고 구병은 흉하다. 상한증이다.
→ 일간이 공망되면 급병은 길하고 구병은 흉하다. 과전이 육음이고 삼전이 응음이니 상한증이다. ● 의약신이 丑이니 환(丸)이 좋고, 의약신이 亥에 임하니 서북방에서 의약을 구하면 된다.

○ **유실** : 돌려받지 못한다. 도망간 사람은 스스로 돌아온다.
→ 재성은 물건이다. 재성인 酉가 공망되었으니 돌려받지 못한다. 초전과 일지가 삼합하니 도망간 사람이 스스로 돌아온다.

○ **출행** : 반드시 되돌아온다.
→ 진간전이 공망되었으니 반드시 되돌아온다.

○ **귀가** : 여종업원을 정단하면 되돌아온다.
→ 초전과 간상에 여종업원의 류신인 酉가 임하니 여종업원을 정단하면 되돌아온다. 다만 공망이 메워지는 유년·유월·유월장 기간에 돌아온다.

○ **쟁송** : 놀라며 두렵다. 음모를 꾸미지만 모두 불성한다.
→ 일간은 나이고 일지는 상대이다. 간상과 지상에 각각 사신이 임하니 놀라며 두렵다. 삼전이 酉亥丑 응음이니 음모를 꾸미지만 응음격이 공망되었으니 음모가 불성한다.

○ **전투** : 낮 정단에서는 흉하고, 밤 정단에서는 길하다.

→ 일간은 아군이다. 낮 정단에서는 간상에 흉장이 타고 있으니 흉하고, 밤 정단에서는 간상에 길장이 타고 있으니 길하다.

────────────────────────────────

☐ 『필법부』: (제45법) 주야귀인이 서로 가하면 양 귀인에게서 구하면 된다. 귀인에게 요청하여 일을 구하는 정단은 반드시 양 귀인이 참견하여 성취한다. 그러나 귀인을 만나는 정단에서는 귀인을 반드시 만나지 못한다.
 (제80법) 사람과 가택이 모두 사신이면 사람과 가택이 쇠해지고 파리해지니 휴식이 좋다. 만약 꾀하여 움직이면 만사 불리하다.
☐ 『심인부』: 응음은 서리와 단단하고 두터운 얼음을 밟고 서 있는 상이다. 모든 일은 어둡고 밝지 못하다.
☐ 『고감』: 己酉년에 월장 午를 점시 辰에 가한 뒤에 전정을 정단했다. 주작이 태세 酉에 타고 있고 귀살 亥가 酉에 임하니 일간 丁화가 절(絶)을 당하니 문서와 말로 인해 폄하를 당한다. 그리고 酉는 애첩이다. 천을귀인 亥가 酉에 가하여 오히려 본처를 극하고 일간의 어머니인 卯가 애첩인 酉로부터 제극을 당한다. 본궁에 보이는 巳가 酉丑에서 모여 애첩 때문에 부인을 저버리고 모친을 떠나니 폄하를 받아 마땅하다.

丁丑일 제 12 국

공망 : 申·酉
낮 : 왼쪽 천장, 밤 : 오른쪽 천장

○	○	甲	
合申蛇	朱酉貴	蛇戌后	
未	申○	酉○	
○	○	戊	己
合申蛇	朱酉貴	玄寅白	常卯空
丁未	申○	丑	寅

壬午巳 青空	癸未午 勾	○申未 合蛇	○酉申 朱貴
辛巳辰 空勾			甲戌酉 蛇后
庚辰卯 白青			乙亥戌 貴陰
己卯寅 常空	戊寅丑 玄白	丁丑子 陰常	丙子亥 后玄

□ **과체** : 중심, 진여, 유금(流金,申酉戌) // 재공, 육의(공망), 복덕(공망), 천라지망, 진연주(공망), 삼전개공, 고진과수.

□ **핵심** : 적은 재물일지라도 그것을 지켜야 한다. 지키지 않고 전진하면 수렁에 빠진다. 묘신이 재물을 도우니 본전을 잃은 뒤에 다시 일어난다.

□ **분석** : ❶ 간상의 공망된 재물 申을 지킬 수 없다.

❷ 전진하여 酉를 취하면 갑술순의 공망일 뿐만 아니라 일간의 사지이지만 다행히 말전의 묘신 戌에서 초·중전의 재성 申과 酉를 생하니 잃은 재물을 다시 얻을 수 있다.

❸ 움직여서 도모하면 오히려 본전을 잃는다. 가만히 자기의 본분을 지키면 오히려 재물을 획득한다.

□ **정단** : ❶ 중심과이다.

❷ 순조로운 진연여서 비록 과체가 순조롭지만 과의 덕은 순조롭지 못하다.

❸ 하물며 삼전과 일간의 음양이 모두 공함에 빠졌으니 마치 환상과 같다. 만약 성실하게 자신의 본분을 지키면 우환을 만나더라도

우환이 되지 않고 즐거움을 만나더라도 즐거움이 되지 않으니 가만히 있어야 복을 받을 수 있다. 만약 이것을 망각하고 일을 시작하면 말과 일이 전혀 근거가 없을 뿐만 아니라 물속의 달을 잡는 것과 같아서 재물이 흩어지고 사람은 재앙을 당한다. 다만 가을 세 달에 정단하면 조금 길하다.

○ **날씨** : 가을에 정단하면 비가 오고 나머지 계절에 정단하면 적은 비가 온다.
  → 가을에 정단하면 공망된 삼전의 금국이 풀리니 비가 오고 나머지 계절에 정단하면 적은 비가 온다.

○ **가정** : 식구가 늘지 않는다. 집에 고독한 사람이 있다.
  → 일간은 사람이고 일지는 가정이다. 일간의 음양이 공망되었으니 식구가 늘지 않는다. 초전의 천반이 공망되어 남편을 잃는 상이니 집에 고독한 사람이 있다. ● 낮 정단에서는 지상의 寅에 현무가 타고 있으니 도난을 방지해야 하고, 밤 정단에서는 백호가 부모효에 타고 있으니 부모에게 병환이 생기는 것을 방지해야 한다.

○ **혼인** : 이뤄지지 않는다.
  → 일간과 관성은 남자이고 일지와 재성은 여자이다. 일간이 공망되었고 다시 재성이 공망되었으니 궁합이 나쁘고 혼인이 이뤄지지 않는다. 또한 기궁 未와 일지 丑이 상충하고 간상신 申과 지상신 寅이 상충하니 궁합이 나쁘고 혼인이 이뤄지지 않는다.

○ **임신·출산** : 태아를 정단하면 임신되지 않는 것을 방지해야 하고 출산을 정단하면 바로 출산한다.
  → 일간은 태아이다. 일간이 공망되었으니 임신되기 어렵고 만약 임신이 되어 있을 경우에는 낙태를 방지해야 한다. 그러나 출산을 정단하면 기궁과 일지가 상충하고 간상신과 지상신이 상충하니 바

로 출산한다.
○ **구관** : 취하기 어렵다.
→ 관성은 관직이고 재성은 관성을 생하는 기운이다. 관성이 과전에 없고 관성을 생하는 재성이 공망되었으니 관직을 취하기 어렵다. 그리고 삼전이 모두 공망되었으니 관로가 매우 어렵다.
○ **구재** : (사업체를) 운영하면 손실을 입고 가만히 유지하면 오히려 얻는다.
→ 재성은 재물이다. 과전의 재성이 공망되었으니 (사업체를) 운영하면 손실을 입고 가만히 유지하면 오히려 얻는다. 다만 가을에 정단하면 공망되었던 재성이 살아나니 길하다.
○ **알현** : 낮 정단에서는 사람을 만나는 일이 불안하다. 밤 정단에서는 만나지 못한다.
→ 낮 정단에서는 귀인이 입옥되었으니 사람을 만나는 일이 불안하다. 밤 정단에서는 귀인이 공망되었으니 만나지 못한다.
○ **질병** : 신병은 저절로 낫고 구병은 흉하다.
→ 일간과 삼전이 공망되었으니 신병은 저절로 낫고 구병은 흉하다. 의약신이 辰丑未이니 환(丸)이 좋고, 의약신이 卯子午에 임하니 정동방, 정북방, 정남방에서 의약을 구하면 된다.
○ **유실** : 본가를 벗어났으면 잡기 어렵다. 도망친 사람은 잡혀온다.
→ 현무는 도둑이고 일지는 집이다. 낮 정단에서 현무가 지상에 타고 있으니 도둑이 본가에 머물고 있으면 잡을 수 있고 본가를 벗어났으면 잡기 어렵다. 말전 戌 → 중전 酉 → 초전 申 → 간상 申으로 이어지니 도망친 사람은 잡혀온다.
○ **출행** : 이익이 없으니 되돌아온다.
→ 삼전의 재성이 공망되어 이익이 없으니 되돌아온다.
○ **귀가** : 가장을 정단하면 즉시 도착한다. 나머지 사람을 정단하면 가을에 온다.

→ 장생은 가장이고 일지는 집이다. 장생이 지상에 임하니 가장을 정단하면 즉시 도착한다. 나머지 사람을 정단하면 삼전의 재성이 풀리는 가을에 온다.

○ **쟁송** : 공망된 재물을 다투고 소송은 불성한다.
→ 재성은 재물이다. 삼전의 재성이 공망되었으니 공망된 재물을 다투고 소송은 불성한다.

○ **전투** : 적을 만나지 않는다. 많은 병사를 잃는 것을 방지해야 한다.
→ 삼전이 공망되었으니 적을 만나지 않는다. 삼전의 재국이 공망되었으니 많은 병사를 잃는 것을 방지해야 한다.

□ 『**필법부**』 : 〈제74법〉 거듭하여 공망을 만나면 일을 추구해서는 안 된다. 우환사와 의혹사가 풀리고 사라지는 일에는 좋지만, 성취하려고 하는 일에서는 얻을 수 없다. 질병을 정단하면 구병 환자는 사망한다.

〈제17법〉 진여가 공망되면 후퇴가 옳다.

〈제55법〉 천라지망을 만나면 모망사에서 졸렬함이 많다. 그물로 몸과 가택을 옭아매니 모든 정단에서 어찌 형통할 수 있겠는가?

□ 『**수중금**』 : 순여인 申酉戌은 흐르는 금이라는 뜻의 '유금(流金)'으로서 서리가 내린 다리 위를 말을 타고 달리는 상이다.

□ 『**육임지남**』 : 庚寅년 7월에 월장 午를 점시 巳에 가한 뒤에 귀가 정단을 했다. 삼전의 연여가 공망을 만나고 현무가 타고 있는 겁살 寅이 일지의 음양에 들어갔으니 도착한 인접 지역에서 도난이 발생한다. 가정의 식구는 산수간으로 물러났고, 9월이 시작되는 한로 뒤의 子일이나 丑일에 집에 도착한다. 나중에 과연 예상했던 시기와 같았다. 그 이유는 도적을 피해서 늦게 나타난 것이다.

무인일

戊寅日의 길신(구보)과 흉살(팔살)			
일덕	巳	형	
일록	巳	충	
역마	申	파	
장생	寅	해	
제왕	午	귀살	寅卯
순기	丑	묘신	戌
육의	甲戌	패신	卯
귀인	주	丑	공망	申酉
	야	未	탈(脫)	申酉
합(合)		사(死)	酉
태(胎)	子	절(絶)	亥

戊寅日　제 1 국

공망 : 申·酉
낮 : 왼쪽 천장, 밤 : 오른쪽 천장

辛	○	戊
勾巳朱	白申后	蛇寅青
巳	申○	寅

辛	辛	戊	戊
勾巳朱	勾巳朱	蛇寅青	蛇寅青
戊巳	巳	寅	寅

辛勾巳巳	壬朱青午午	癸空貴未未	○白申申后
庚合辰辰合			○常酉酉陰
己朱卯卯勾			甲玄戌戌玄
戊蛇寅寅青	丁貴丑丑空	丙后子子白	乙陰亥亥常

□ **과체** : 복음, 자임, 원태 // 신임정마(중전), 주객형상, 침해, 앙구(체극), 일덕(초전), 복덕(공망), 인귀생성, 조지, 말조초혜, 우중다행(밤).

□ **핵심** : 계속하여 고소를 당한다. 고소장이 상부의 관청에 올라간다. 내가 상대에게 구하는 것이 어찌 순조롭겠는가?

□ **분석** : ❶ 초전의 巳가 중전 申을 극하고, 중전이 말전 寅을 극하며, 말전이 일간 戊를 극하여서 삼전이 연이어서 일간을 극하여 오니, 평소에 흉악과 횡포를 당하여 연명(連名)에 의해 사람들로부터 비방을 받는다. 공무원은 상부의 관청에 고소를 당하기 이전에 나 자신을 단속해야 한다.

❷ 일간이 발용이 된 뒤에 일지로 전해지니 내가 상대에게 부탁하는 상이다. 상대가 계속하여 일간을 극하여 오는 것을 순순히 받아들여야 한다. 말전이 초전을 도와서 일간을 생하니 결국 좋아진다.

□ **정단** : ❶ 이 자임과는 과전이 모두 사맹인 원태격으로서 위축되어 펴지 못하고 엎드려서 일어나지 못하는 상이다. 매사 매우 어둡지만 정도를 지키고 가만히 있으면 형통하고 경거망동하면 막힌다.

❷ 그리고 삼전이 계속하여 일간을 극하여 오니 그 위세가 두렵다. 좋아 보이는 것은 중전이 공망되어 허리가 부러지고 말전이 초전의 생을 도와주니 화가 그치고 오히려 음덕을 받는다.

○ 날씨 : 낮 정단에서는 비가 오지 않고, 밤 정단에서는 비가 오지만 그 비를 오래 기다려야 한다.
→ 낮에 정단하면 말전이 화의 천장인 등사가 타고 있으니 비가 오지 않는다. 밤에 정단하면 말전이 비의 천장인 청룡이 타고 있으니 비가 오지만 말전에 있으니 비를 오랫동안 기다려야 한다.

○ 가정 : 낮에 정단하면 등불로 놀라고, 밤에 정단하면 편안하다.
→ 등사는 등불이고 청룡은 재백이며 일지는 가정이다. 낮에 정단하면 등사가 지상에 타고 있으니 등불로 놀란다. 밤에 정단하면 청룡이 지상에 타서 있으니 편안하다. ● 다만 복음과 간상에 구진과 주작이 타고 있으니 송사가 발생할 우려가 있다.

○ 혼인 : 밤에 정단하면 성사된다. 그러나 백년해로하기는 어렵다.
→ 밤에 정단하면 지상에 길장인 청룡이 타고 있으니 혼인이 성사된다. 그러나 기궁 巳와 일지 寅이 상형하고 간상신 巳와 지상신 寅이 상형하며 다시 간지가 교차삼형이며 삼전이 삼형이니 일평생 조석으로 싸우니 백년해로하기 어렵다. 또한 간지와 삼전이 이러하니 궁합 또한 매우 나쁘다. ● 낮에 정단하면 혼인하기 어렵고 또한 백년해로하기 어렵다.

○ 임신·출산 : 낮 정단에서는 놀라고, 밤 정단에서는 아들을 낳는다.
→ 일간은 태아이고 일지는 임신부이다. 낮에 정단하면 지상에 등사가 타고 있으니 놀란다. 일간의 음양이 1양2음이니 아들이고 양일에 일간이 발용이 되었으니 다시 아들이다. ● 복음과이니 선천성 청각·언어장애자를 출산할 우려가 있다.

○ **구관** : 음관(蔭官)이 좋다. 탄핵을 방지해야 한다.
　→ 음관은 시험을 거치지 않고 조상의 음덕으로 얻는 관직이다. 현대에는 음관이 없으니 음관을 얻지 못한다. 삼전이 일간을 차례로 극하여 오니 탄핵을 방지해야 한다. 중전이 공망되어 삼형을 갖추지 못했으니 승진에 장애가 생긴다.
○ **구재** : 낮 정단에서는 얻기 어렵고, 밤 정단에서는 얻을 수 있다.
　→ 재성과 청룡은 재물이다. 낮 정단에서는 재성과 청룡이 과전에 임하지 않으므로 득재하기 어렵다. 그러나 밤 정단에서는 지상의 장생에 청룡이 타고 있으니 재물을 얻는다.
○ **알현** : 중도에 그만둔다.
　→ 삼전은 만나러 가는 과정이다. 삼전이 삼형이고 다시 중전과 말전이 공망되었으니 중도에 그만둔다.
○ **질병** : 신병은 흉하고 구병은 무방하다.
　→ 태산을 상징하는 복음과는 신병은 병이 오래 지속되는 상이니 흉하다. 구병은 중전이 공망되었고 말전의 귀살을 간상과 초전의 인성이 설기하여 일간을 생하니 무방하다. ● 의약신인 申酉가 공망되었으니 치료할 수 없다. 다만 신년, 신월, 신월장 기간에 정단에서는 공망된 의약신이 풀리니 치료할 수 있다. 의약신이 申酉에 임하니 서남방과 정서방에서 의약을 구하면 된다.
○ **유실** : 식구가 훔쳐갔고 도망친 사람은 이웃에 숨어 있다.
　→ 복음과이니 식구가 훔쳐갔고 도망친 사람은 이웃에 숨어 있다.
○ **출행** : 신년과 신월의 밤에 정단하면 좋다.
　→ 삼전은 여정이다. 신년(申年)과 신월(申月)에는 공망된 중전이 풀리니 이때 출행하면 좋고, 밤에 정단하면 중전과 말전에 길장이 타고 있으니 출행에 좋다. ● 복음과의 과전이 삼형을 하고 있으니 가급적 출행하지 않는 것이 좋다.
○ **귀가** : 중도에 장애가 생긴다. 갑술순을 벗어나면 비로소 도착한다.

→ 말전은 귀가 출발지, 중전은 귀가 경유지, 초전은 귀가 도착지이다. 중전이 공망되었으니 중도에 장애가 생기지만 중전의 申이 풀리는 갑신순에 온다.
○ **쟁송** : 여러 사람에 의해 관재가 발생하지만 결국 풀린다.
→ 비록 초전 巳화가 중전을 극하고, 중전이 말전 申금을 극하며, 말전이 일간 戊토를 극하여 삼전이 일간을 체극하니 여러 사람에 의해 관재가 발생하지만 간상의 부모효에서 일간을 생하니 결국 관재가 풀린다. ● 삼전이 일간을 체극하고 다시 조지격이니 내가 패소한다.
○ **전투** : 불리하다. 기다렸다가 가만히 움직여야 한다.
→ 삼전이 일간을 체극하여 전세가 불리하니 기다렸다가 가만히 움직여야 한다.

─────────────────────────────

□ 『**필법부**』 : 〈제24법〉 이른바 초전이 간상에서 일어나고 말전이 지상으로 돌아오는 것이다. 모든 일에서 강제로 타인에게 고개 숙여서 구함을 면치 못하고 또한 타인의 압력으로 굴신하기 어렵다.
〈제32법〉 삼전에서 차례로 일간을 극하면 대중이 나를 기만한다.
□ 『**비요**』 : 寅이 초전을 도와 일간을 생하기도 하고 寅이 일간을 극하기도 한다. 따라서 양면의 칼날이다.
□ 『**육임지남**』 : 癸酉년 6월에 월장 未를 점시 未시에 가한 뒤에 관직정단을 했다. 두강[辰]이 일지 전에 머물고, 과전이 형극하며, 등사가 귀살에 타서 지상에 임하고, 발용에서 태세를 극하니 탄핵을 방지해야 한다. 결국 입추가 지난 뒤에 탄핵을 당해 해임됐다.

| 戊寅日 | 제 2 국 |

공망 : 申·酉 ○
낮 : 왼쪽 천장, 밤 : 오른쪽 천장

丙	乙	甲
后 子 白	陰 亥 常	玄 戌 玄
丑	子	亥

庚	己	丁	丙
合 辰 合	朱 卯 勾	貴 丑 空	后 子 白
戊 巳	辰	寅	丑

庚辰合巳	辛勾巳午	壬朱午未	癸蛇未申○
己朱卯辰			白申酉○
蛇戊寅卯青			常酉戌陰
貴丁丑寅	丙空子丑	乙陰亥子常	甲玄戌亥玄

□ **과체** : 지일, 퇴여, 참관, 중음, 삼기∥육의(말전), 맥월, 참관, 살몰, 사묘加장생.

□ **핵심** : 과전에 삼기와 육의가 있으니 모든 일을 해볼 만하다. 그러나 삼전이 점차 어두워지니 꺼려진다. 간상이 참관이니 낮 정단에서는 달려 나갈 수 있다.

□ **분석** : ❶ 과전이 戌-亥-子-丑-寅-卯-辰을 거쳐서 戌이 갑술순의 순의이다. 亥·子·丑의 둔간이 천상의 乙丙丁 삼기이고 戌·寅·辰의 둔간이 지상 甲·戊·庚 삼기여서 삼기와 육의가 모두 과전에 들어와 있으니 모든 꾀하는 일을 임의로 펼치면 된다.

❷ 묘신이 일간을 덮고 있으니 어둡고 밝지 못한 것을 면하지 못한다.

❸ 그러나 참관에 낮 정단에서 천을 신광(神光)에 丁이 타고서 천량[寅]에 임하였고, 천후가 화개인 子를 쥐고서 형체를 가리며, 태음은 숨어서 은닉하는 신이니 만리를 질주하는 데에 어찌 막힘이 있겠는가?

□ **정단** : ❶ 지일과이고 삼전의 연여가 역으로 전해지고 중음격(子亥戌)

을 형성한다.
❸ 지일과는 모든 일이 동류에게서 일어나, 의심이 많아 쉽게 결정하지 못한다. 육합이 간상에 나란히 임하고 천후가 현무로 들어가니 간음과 암매한 일이 생기는 상이다.
❹ 묘신(사계)이 간지를 덮고 있으니 사람과 집이 모두 어둡지만 오로지 겨울에 정단하면 모든 일이 순조롭다.

○ **날씨** : 흐리고 비가 많이 온다.
　→ 말전이 戌토이니 흐리고 초전의 子와 중전의 亥가 수 오행이니 비가 많이 온다.
○ **가정** : 가정이 어둡고 도망치는 사람이 있다.
　→ 삼전이 중음이니 가정이 어둡고 지상에 정마가 임하니 도망치는 사람이 있다. ● 지상에 정마가 임하니 이사수가 있고, 기궁과 일지가 상형이고 간상과 지상이 상파이니 가족이 화목하지 않다.
○ **혼인** : 좋은 가운데에서 부족함이 있다.
　→ 비록 지상의 丑이 삼기이고 낮에는 지상에 길장이 타고 있지만 기궁과 일지가 상형하고 간상과 지상이 상파하니 좋은 가운데에서 부족함이 있다. ● 밤에는 지상에 천공이 타고 있으니 상대의 성정이 좋지 않다.
○ **임신·출산** : 태기가 왕성하다.
　→ 육합은 자손이다. 간상에 육합이 타고 있으니 태기가 왕성하다.
○ **구관** : 뜻밖의 좋은 기회가 있다.
　→ 중전과 초전과 지상의 둔반에 乙丙丁 천상삼기를 갖췄고, 다시 지상에 순기 丑이 임하며, 말전에 육의가 임하니 뜻밖의 좋은 기회가 있다.
○ **구재** : 재물을 획득한다. 도난당하는 것을 방지해야 한다.

➜ 재성은 재물이다. 초전과 중전에 재성이 임하니 재물을 획득한다. 그러나 간상과 지상과 말전에 형제효가 많고 현무가 말전에 타고 있으니 재물을 도난당하는 것을 방지해야 한다.

○ 질병 : 지나친 색욕에서 온 병이다. 만약 색욕을 연연해하면 낫지 않는다.

➜ 삼전이 밤으로 이어지는 중음이니 색욕에서 온 병이다. 만약 색욕을 연연해하면 낫지 않는다. ● 의약신 申과 酉가 공망되었으니 낫기 어렵다. 다만 신년, 신월, 신월장 기간에 점단하면 풀리니 치료할 수 있다. 의약신이 酉와 戌에 임하니 정서방과 서북방에서 의약을 구하면 된다.

○ 유실 : 찾는다.

➜ 재성은 재물이다. 재성이 삼전에 있으니 찾는다.

○ 출행 : 난을 피해 급히 가는 일에는 이롭다.

➜ 간상에 동신인 辰이 임하고 과전에 귀인과 태음과 천후가 임하며 다시 일간음신에 卯가 임하니 난을 피해 급히 가는 일에서 이롭다. 곧 '진참관'이니 피신에는 이롭다.

○ 귀가 : 관진(關津) 곧 검문소에서 장애가 발생한다.

➜ 말전은 귀가 출발지이다. 하괴인 戌이 亥에 임하니 검문소에서 장애가 발생한다. 그러나 간상의 辰에서 戌을 충하니 나중에 장애가 풀린다.

○ 쟁송 : 풀린다.

➜ 묘신은 장애이다. 말전의 묘신을 간상의 辰에서 충하니 쟁송이 풀린다.

○ 전투 : 주야 모두 불안하다.

➜ 삼전이 중음이니 주야 모두 불안하다. ● 중심과이고 삼전이 퇴여이며 묘신이 간상에 임하니 수세가 좋다.

- □ 『필법부』: 〈제40법〉 천후와 육합은 혼인 정단에서 중매인을 쓰지 않아도 된다.
  → 이 과전에서는 육합은 간상에 있고 천후는 일지음신에 타고 있다.

  〈제51법〉 하괴가 천문을 건너면 관문(검문소)이 막힌다.
  → 이 과전에서는 하괴가 천문을 말전에서 건너고 있다.

- □ 『과경』: 일간은 남편이고 일지는 아내이다. 간상에 육합이 타고 있으니 어찌 음사가 생기지 않겠는가?

- □ 『증문정장』: 戊己일 간상에 辰이 임하면 도망칠 수 있고, 다시 천상 삼기 乙丙丁을 얻으면 뒤를 쫓더라도 그를 잡지 못한다.

- □ 『조담비결』: 피난에서 위험을 사라지게 할 수 있는 것으로서 12지로는 묘방(卯方)과 미방(未方)이 있고 12천장으로는 청룡, 태상, 태음, 육합이 있다. 이들이 과전에 임하면 도망쳐서 숨을 수 있다.

| 갑술순 | 무인일 | 3국 |

戊寅日 제 3 국

공망 : 申·酉 ○
낮 : 왼쪽 천장, 밤 : 오른쪽 천장

丁	乙	○
貴丑空	陰亥常	常酉陰
卯	丑	亥

己	丁	丙	甲
朱卯勾	貴丑空丁	后子白	玄戌玄
戌巳	卯	寅	子

己卯巳 朱	勾	庚辰午 合	合	辛巳未 勾	朱	壬午申 青	蛇○
戊寅辰 蛇	青					癸未酉 空	貴○
丁丑卯 貴	空					○申戌 白	后
后 丙子寅	白	陰亥丑 常	玄	甲戌子 玄	常	○酉亥 常	陰

- □ **과체** : 중심, 간전, 극음(丑亥酉), 삼기(초전), 용전, 여덕 ∥ 복덕, 주객 형상.
- □ **핵심** : 내가 상대방을 업신여기면 상대방이 이러한 나의 뜻을 알아차린다. 천도(天道)에 의지하여 돌아온다. 子卯 형은 악독한 형이다.
- □ **분석** : ❶ 일간이 일지를 쳐다보니 戊가 寅의 극을 받아서 업신여김을 당한다.

❷ 戊의 기궁은 巳이다. 巳화에서 일지 寅목의 기운을 탈기하니 어찌 계략을 알아채지 못할까?

❸ 子卯는 무례지형이다. 寅이 기궁으로 와서 巳를 형을 하고 丑이 일지음신으로 가서 戌과 형을 한다. 모든 일은 천도에 의거하여 되돌아오니 악독한 형은 악독한 형으로 되갚아야 한다.

❹ 일간과 일지가 서로의 묘신 위에 앉아 있으니 반드시 어리석은 사람이고 서로 어려움을 초래한다.

❺ 그리고 삼전에 길신이 있더라도 연명상신에서 길신을 극하여 없애면 뒤로 물러나되 앞으로 나아가려고 하지 않는다.

※ 기궁 巳는 일지의 묘신인 未에 앉고, 일지 寅은 일간의 묘신인 辰

에 앉는다.
- □ **정단** : ❶ 이 중심과는 사이를 띄워 전해져서 퇴여이며 극음격에 해당한다. 상하가 불순하고 주객이 불화하니 덕을 닦으면 좋고 도리를 거스르면 나쁘다.
  ❷ 만약 연명이 卯酉이명 용전이 되어 심신에 의혹이 생겨 진퇴를 결정하지 못한다. 다만 순기와 옥당인 丑이 발용이 되었으니 재앙이 변하여 복이 온다.

○ **날씨** : 날이 흐리고 차며 얼어붙는다.
  → 초전이 丑토이니 날이 흐리고 말전의 酉에 밤에는 태음이 타고 있으니 겨울에 정단하면 날이 차며 얼어붙는다.
○ **가정** : 식구가 불안하니 토신에 기도하는 것이 좋다.
  → 밤에 정단하면 천을귀인이 공망되어 어 식구가 불안하니 토신에 기도하는 것이 좋다. 또한 낮 귀인승신 丑과 밤 귀인승신 未가 각각 酉와 卯에 임하니 기도하는 것이 좋다. ● 기궁과 일지가 형을 하고 다시 일간과 일지의 상신이 형을 하니 가족이 화목하지 않다.
○ **혼인** : 비록 맏며느리감이지만 남편을 사랑하지 않는다.
  → 일간은 나이고 일지는 신부감이다. 낮에 정단하면 지상에 천후가 타고 있어서 맏며느리감이지만 지상의 子가 간상의 卯를 형을 하니 남편을 사랑하지 않는다. ● 기궁과 일지가 상형하고 간상과 지상이 상형하니 궁합이 나쁘고 혼인은 불성한다. ● 밤 정단에서는 백호가 지상에 타고 있으니 신부감의 건강이 좋지 않다. ● 제2과는 시가이고 제4과는 처가이다. 제2과의 상신과 제4과의 상신이 상충하니 양가의 부모가 혼인을 싫어한다.
○ **임신·출산** : 아들이다.
  → 일간의 음양이신이 1양2음이니 아들이고 다시 태신인 子가 중남

이니 아들을 낳는다.

※ 『육임직지』 원문에서는 낮에 정단하면 아들이라고 하였다.

○ 구관 : 형제의 관직을 정단하면 뜻밖의 행운이 있다. 고위직 공무원은 승진하고 하급직 공무원은 불리하다.

→ 발용의 丑이 형제효이며 다시 삼기이니 형제의 관직을 정단하면 뜻밖의 행운이 있다. 주야 모두 귀인이 묘유에 임하여 여덕격이니 고위직 공무원은 승진하고 하급직 공무원은 불리하다.

○ 구재 : 바르게 얻은 재물이 아니니 결국 나간다.

→ 태음이 중전의 재성에 타고 있으니 바르게 얻은 재물이 아니고 말전이 공망되었으니 결국 나간다. ● 중전의 재성 위에 귀살이 임하니 이 재물을 득한 뒤에 재앙이 생긴다.

○ 질병 : 괜찮다.

→ 밤 정단에서 백호승신 子가 일간을 생하니 괜찮다. ● 삼전이 밤으로 이어지니 음란으로 생긴 병이다. 의약신인 申酉가 공망되었으니 치료할 수 없다. 다만 신년, 신월, 신월장 기간에 정단에서는 풀리니 치료할 수 있다. 의약신이 戌·亥에 임하니 서북방에서 의약을 구하면 된다.

○ 유실 : 재물을 되찾기 어렵다. 도망친 사람이 스스로 돌아온다.

→ 중전의 재성이 말전에서 공망되었으니 재물을 되찾기 어렵다. 초전의 丑과 지상의 子가 육합하니 도망친 사람이 스스로 돌아온다.

○ 출행 : 이롭지 않다.

→ 간상에 낮 정단에서는 주작이 타서 일간을 극하고 있으니 구설수가 생기고 밤 정단에서는 구진이 타고 있어서 관재가 생기니 이롭지 않다. 그리고 말전이 일간을 탈기하고 다시 공망되어 재물을 잃으니 이롭지 않다. 또한 삼전이 극음이어서 주색을 탐하니 이롭지 않다.

○ 귀가 : 귀가에 장애가 생긴다.

→ 말전은 귀가 출발지이다. 말전이 공망되었으니 귀가에 장애가 생긴다.

○ 쟁송 : 문서와 농토로 인해 판사의 노여움을 산다. 나중에 풀린다.
→ 낮 정단에서는 간상에 주작이 타고 있으니 문서로 인해 판사의 노여움을 사고, 밤 정단에서는 간상에 구진이 타고 있으니 농토로 인해 판사의 노여움을 산다. 그러나 그 음신이 형제효인 丑이고 그 둔반이 부모효인 丁이니 관재가 풀린다.

○ 전투 : 불리하다.
→ 일간은 아군이고 귀살은 적군이다. 낮 정단에서는 주작이 귀살에 타서 일간을 극하고 밤 정단에서는 구진이 귀살에 타서 일간을 극하니 주야 모두 불리하다.

□ 『필법부』 : 〈제75법〉 손님과 주인이 다투니 형벌을 받는다. 교섭사에서 반드시 각각에게 다른 마음이 있다.
〈제87법〉 사람과 가택이 묘신에 앉으면 불행을 부른다.

□ 『과경』 : 간상의 卯에 낮 천장 주작이 타서 일간의 귀살을 만들면 주작이 귀살을 만든다는 뜻이 있는 '작귀격'이다. 관직에 몸담고 있는 사람은 탄핵을 방지해야 하고 또한 상부의 관청에 문서를 올리거나 말로 건의하면 파면을 당한다.

□ 『심인부』 : 주작이 일간을 극하면 일이 어지럽게 되고 희망하는 일과 재물을 구하는 일 모두 불성한다.

□ 『옥성가』 : 卯에 전이(前二)가 타면 입술을 부른다. 천공이 발용에 타면 하려고 하는 일을 할 수 없다.

| 갑술순 | 무인일 | 4국 |

戊寅일 제 4 국

공망 : 申·酉○
낮 : 왼쪽 천장, 밤 : 오른쪽 천장

	戊	乙	○
	蛇寅青	陰亥常	白申后
	巳		寅	亥

	戊	乙	乙	○
	蛇寅青	陰亥常	陰亥常	白申后
	戊	巳	寅	寅	亥

戊蛇寅巳	己朱卯午	庚勾合辰未	辛朱巳申○
丁貴丑辰	空		壬青午酉○ 蛇
后丙子卯		白	癸空未戌 貴
陰乙亥寅	甲玄戌丑 玄	○常酉子陰	○白申亥后

□ **과체** : 원수, 원태(병태), 불비(무음), 난수∥침해, 복덕, 회환, 명암이
 귀.

□ **핵심** : 공망 된 두 곳의 申이 어찌 네 寅을 이길 수 있겠는가? 고수하
 거나 진행해도 재앙이 된다. 주야의 두 귀인이 화가 났다.

□ **분석** : ❶ 일지 寅이 일간에 임하여 일간을 극하는 상문난수이니 믿
 을 것이 申금 구신이다. 비록 두 申이 있지만 갑술순의 공망되었으
 니 네 개의 귀살을 이길 수 없다. 따라서 고수하더라도 재앙을 당하
 고 움직이더라도 초전으로부터 극을 당하니 화환을 면하지 못한다.
 ❷ 주야 귀인이 戌과 辰에 임하면 '입옥'이라고 하여 귀인을 찾아가
 서 부탁하면 반드시 귀인이 화를 낸다.

□ **정단** : ❶ 이 원수과는 삼전이 사맹으로 이어져서 원태격을 이룬다.
 ❷ 합(合) 속에 파(破)가 있고 일간 戊가 일지 寅으로부터 극을 당하
 니 타인에게 자기를 굽히는 상이다.

○ **날씨** : 먼저 바람이 불고 나중에 비가 온다. 겨울에 정단하면 눈과

싸라기눈이 온다.
→ 초전이 寅목이니 처음에는 바람이 불고, 중전이 亥수이니 나중에는 비가 온다. 겨울에 정단하면 눈과 싸라기눈이 온다.
○ 가정 : 집은 왕성하고 사람은 쇠미하다.
→ 지상이 일지를 생하니 집은 왕성하고 간상이 일간을 극하니 사람은 쇠미하다. ● 일간은 가장이고 일지는 가족이다. 일지가 간상으로 와서 일간을 극하니 가장이 가족으로부터 불손을 당하고, 일지가 일간을 극하고 지상과 간상이 파(破)를 하니 가족이 화목하지 않다. ● 사과가 1음2양이어서 불비이고 무음이니 가정에서 음란을 방지해야 한다.
○ 혼인 : 데릴사위가 온다.
→ 일지가 간상으로 와서 일간을 극하니 데릴사위가 와서 불순하거나 혹은 여자가 시집와서 남편에게 불순하다. ● 간상의 寅과 지상의 亥가 상합하니 처음에는 남녀가 화합하는 상이지만 상파하니 나중에는 혼사가 깨질 우려가 있다.
○ 임신·출산 : 안전하다. 낮 정단에서는 아들을 낳는다.
→ 일간은 태아이고 일지는 임신부이다. 임신부가 간상으로 와서 태아를 돌보는 상이니 안전하다. 그리고 일간의 천지반이 모두 양이고 태신인 子가 중남의 상이고 다시 원수과이니 아들을 낳는다. ● 사과가 불비여서 팔삭동이가 출산할 우려가 있으니 이를 방지해야 하며, 과전이 회환이니 예정일을 넘겨서 출산한다.
○ 구관 : 신년과 신월에 정단하면 공명을 이룬다.
→ 관성은 관직이다. 신년(申年)과 신월(申月)에 정단하면 공망된 말전이 풀려서 중전의 재성을 생하고 중전이 다시 초전의 관성을 생하니 공명을 이룬다. 신년(申年)과 신월(申月) 외에도 신월장(申月將) 기간에 정단하더라고 공망된 말전이 풀리니 공명을 이룬다.
○ 구재 : 얻지만 누리지 못한다.

→ 재성은 재물이다. 중전의 재성이 말전에서 공망되었으니 누리지 못한다. ● 다만 신년(申年)이나 신월(申月)이나 신월장(申月將) 기간에 정단하면 공망된 말전이 풀리니 재물을 누린다. ● 지상과 중전의 재성에 귀살이 임하니 재물을 취득한 뒤에 재앙이 닥친다.

○ **알현** : 처음에는 귀인과 교제하지만 나중에는 반드시 원수가 된다.
→ 주야귀인이 모두 형제효이니 처음에는 귀인과 교제하지만 주야귀인이 모두 입옥이 되었으니 나중에는 귀인의 진노로 인해 반드시 원수가 된다.

○ **질병** : 놀라거나 두려운 병이다. 무섭다. 노인과 소아는 더욱 흉하다.
→ 일간은 환자이고 일지는 질병이다. 일지가 간상으로 와서 일간을 극한다. 낮 정단에서는 등사가 귀살에 타서 일간을 극하니 놀라고 두렵다. 그리고 낮 정단에서 백호가 자손효 겸 장생 申에 타고 있으니 노인과 소아는 더욱 흉하다. ● 의약신 申·酉가 공망되었으니 치료할 수 없다. 다만 신년, 신월, 신월장 기간에 정단하면 풀리니 치료할 수 있다. 의약신이 亥·子에 임하니 서북방과 정북방에서 의약을 구하면 된다.

○ **유실** : 얻기 어렵다. 도망친 사람은 스스로 돌아온다.
→ 중전의 재성이 말전에서 공망되었으니 얻기 어렵다. 그리고 과전이 회환이니 도망친 사람은 스스로 돌아온다.

○ **출행** : 결실이 없다. 출행하여 이롭지 않다.
→ 삼전은 여정이다. 비록 중전이 재성이지만 말전이 공망되었으니 출행하여 이롭지 않고 결실도 없다.

○ **귀가** : 출발하지 않았다. 신년과 신월에 정단하면 오고 있다.
→ 역마는 여객수단이다. 역마가 말전에서 공망되었으니 아직 집으로 출발하지 않았다. 신년과 신월에 정단하면 공망된 역마가 풀리니 출발해서 오고 있다.

○ **쟁송** : 무리 중의 한 사람이 양쪽을 부추긴다.

→ 삼전의 사맹은 무리이고 중전은 부추기는 사람이며 관성은 관재이다. 중전의 재성에서 관귀효를 생하니 무리 중의 한 사람이 양쪽을 부추긴다.
○ **전투** : 낮 정단에서는 불리하고, 밤 정단에서는 길하다.
→ 간상의 귀살에 낮 정단에서는 등사가 타고 있으니 불리하고, 밤 정단에서는 길장인 청룡이 타고 있으니 길하다.

□ 『필법부』 : (제84법) 합 속에 살을 범하면 꿀 속에 비상이 있다. 은혜가 반드시 원한으로 변한다.
□ 『오월춘추』 : 오나라 왕이 월나라 왕 구천을 사면하려고 하니 월나라 왕이 기뻐한다. 구천의 국사인 범려가 정단하기를 戌는 가둔 날이고 공조인 寅에는 등사가 타서 戌에 임하며, 청룡이 승광인 午에 타고 酉에 임하니 사기에 임한다. 그리고 점시에서 일간을 극하고, 발용에서 다시 그것을 도와 큰 그물로 천지사방을 묶어 만물이 모두 손상됐으니 왕에게 무슨 기쁨이 있겠습니까? 나중에 오나라 국사 오자서가 오나라 왕에게 강력하게 건의해서 월나라 왕을 다시 석실에 가뒀다.
□ 『정온』 : 월장 寅을 점시 巳에 가한 뒤에 혼인정단을 한다. 사과가 비록 상합하지만 말전의 申에 천후가 타서 일상의 寅을 극한다. 관귀효 寅은 남편이고 청룡 또한 남편인데 천후로부터 극을 받으니 부부 불화의 상이며 다시 사과가 양불비이니 반드시 남편을 극한다.

戊寅일 제 5 국

공망 : 申·酉○
낮 : 왼쪽 천장, 밤 : 오른쪽 천장

甲	壬	戊
合 戌 合	白 午 后	后 寅 白
寅	戌	午
丁 ○	甲	壬
貴 丑 空 勾 酉 朱	合 戌 合	白 午 后
戌 巳	丑	寅	戌

丁　空　戊　　己　常　庚　玄
貴 丑　　寅 白 陰 卯　玄 辰
巳　　　午　　　未　　申○
丙　青　　　　　　　　辛　陰
蛇 子　　　　　　　　常 巳
辰　　　　　　　　　　酉○
乙　勾　　　　　　　　壬　后
朱 亥　　　　　　　　白 午
卯　　　　　　　　　　戌
甲　合　　○　　　○　　癸　貴
合 戌　勾 酉 朱　青 申 蛇　空 未
寅　　　丑　　　子　　　亥

□ **과체** : 중심, 염상, 교동, 참관∥형상, 초전협극, 육의(초전), 오양, 부모효현괘, 합중범살, 사묘加장생, 신장·살몰·귀등천문(밤)

□ **핵심** : 밤에 정단하면 백호귀살이 설친다. 그리고 참관격이다. 나는 왕성하지만 상대는 쇠하고, 집은 쇠하지만 식구는 왕성하다.

□ **분석** : ❶ 두괴인 戌이 지상에서 발용이 되었으니 참관이다.

❷ 밤 정단에서 백호가 귀살인 寅에 타고 있으니 흉하고 위험한 것을 낮 정단이 이에 미치지 못한다.

❸ 삼전의 화국에서 일간을 생하고 일지를 탈기하니, 만약 상대와 나를 분별하여 말하면 나는 왕성하고 상대는 쇠패하다. 만약 가정을 논하면 사람은 많고 집은 좁다. 이 과전에서는 넓은 집으로 이사하면 절대로 안 된다. 만약 이사하면 재앙이 발생한 뒤에 후회한다.

□ **정단** : ❶ 이 중심과는 염상국을 이루며 참관이다. 모든 불순한 일이 음인과 소인으로부터 일어나며 허하고 부실하다. 그리고 처음에는 웃고 나중에는 울며, 처음에는 합치고 나중에는 헤어지며, 행동하면 이롭고 안거하면 불리하다.

❷ 육합이 戌에 타고 귀문(鬼門) 寅에 임했으니 간음하여 추태를 부

리니 밝지 못하다.
❸ 간상의 丑과 지상의 戌이 상형하니 서로가 서로의 세력에 의거한다.
❹ 삼전이 비록 삼합하지만 초전과 간상이 삼형이니 웃음 속에 칼을 품고 있고 꿀 속에 독약이 들어 있는 것과 같다.

○ **날씨** : 오랫동안 가물다가 구름이 많이 끼고 번개가 친다. 낮 정단에서는 비가 오고 밤 정단에서는 바람이 인다.
→ 삼전이 염상이니 오랫동안 가물고, 초전이 戌토이니 구름이 많이 끼며, 말전에 백호가 타고 있으니 번개가 친다. 낮 정단에서는 말전에 천후가 타니 비가 오고, 밤 정단에서는 말전에 백호가 타니 바람이 인다.

○ **가정** : 식구는 많고 집은 좁다. 종업원이 간통한 뒤에 도망치는 것을 방지해야 한다.
→ 일간은 식구이고 일지는 집이다. 삼전의 화국에서 일지를 설기하여 일간을 생하니 식구는 많고 집은 좁다. 따라서 넓은 집으로 이사하면 절대로 안 된다. 육합은 음란의 천장이고 戌은 종업원이다. 육합이 戌에 타서 발용이 되었으니 종업원이 간통한 뒤에 도망치는 것을 방지해야 한다.

○ **혼인** : 혼인하면 안 된다.
→ 낮 정단에서는 초전에 육합이 타고 말전에 천후가 타고 있어서 남녀가 음란하니 혼인하면 안 된다. 그리고 일간은 남자이고 일지는 여자이다. 기궁과 일지가 상형하고 간상과 지상이 상형하여 궁합이 나쁘니 혼인하면 안 된다. 또한 지상이 일간의 묘신이어서 암매한 상대이니 혼인하면 안 된다.

○ **임신·출산** : 여아를 낳는다. 그리고 난산이다.

→ 중심과이니 딸이다. 특히 겨울과 봄에 정단하면 초전의 지반이 왕성하니 여아를 낳는다. 일간의 상하와 일지의 상하와 삼전이 상합하면 태아가 어머니의 자궁을 떠나지 않는 상이니 난산이다.

○ **구관** : 타인의 도움을 받아 늦게 얻는다. 타인으로부터 보이지 않는 해를 방지해야 한다.

→ 삼전이 삼합하여 일간을 생하니 타인의 도움을 받아 늦게 공명을 얻는다. 초전의 戌이 간상과 상형하니 타인으로부터 보이지 않는 해를 방지해야 한다.

○ **구재** : 장애가 생긴다.

→ 삼전이 삼합하지만 초전과 간상이 상형하니 장애가 생긴다. 그리고 중전의 둔반에 재성이 임하니 길하지만 낮에는 백호가 타고 있으니 장애가 생긴다. 연명이 卯와 辰인 사람은 그 위에 재성이 임하니 구제가 비교적 순조로운 편이다.

○ **알현** : 겉으로는 화목하지만 마음으로는 등을 지고 은혜 속에 원한이 생긴다.

→ 삼전이 삼합하지만 초전과 간상이 상형하니 겉으로는 화목하지만 마음으로는 등을 지고 은혜 속에 원한이 생긴다.

○ **질병** : 쉽게 낫는다. 그러나 나중에 재발하는 것을 방지해야 한다.

→ 삼전의 인성국에서 일간을 생하니 쉽게 낫는다. 그러나 네 묘신이 네 장생에 임하니 나중에 재발하는 것을 방지해야 한다. ● 의약신인 申·酉가 공망되었으니 치료할 수 없다. 다만 신년, 신월, 신월장 기간에 정단하면 공망된 의약신이 풀리니 치료할 수 있다. 의약신이 子·丑에 임하니 정북방과 동북방에서 의약을 구하면 된다.

○ **유실** : 종업원이 훔쳐서 도망친다. 잡을 수 있다.

→ 초전의 戌은 종업원이고 말전은 잡는 사람이다. 말전에서 초전의 戌을 극하니 종업원을 잡을 수 있다.

○ **출행** : 우환을 피해 종적을 감추는 일에 이롭다.

→ 진참관격이니 우환을 피해 종적을 감추는 일에서 이롭다. 지상과 초전이 戌이니 참관격이고 초전에 육합이 타고 말전에 寅이 임하며 천을귀인과 백호가 과전에 임하니 진참관격이다.
○ 귀가 : 즉시 온다.
　→ 초전이 일간의 묘신이니 즉시 온다.
○ 쟁송 : 법정에서 명확하게 판결받는 것이 이롭다.
　→ 삼합의 초전이 간상과 상형하니 법정에서 명확하게 판결받는 것이 이롭다.
○ 전투 : 밤에 정단하면 길하지 않다. 방어가 이롭다.
　→ 밤에 정단하면 간상에 악장이 타고 있으니 길하지 않다. 중심과 이니 방어가 이롭다.
　※ 『육임직지』 원문에서는 "낮에 정단하면 길하지 않다. 공격이 이롭다."고 하였다.
○ 분묘 : 묘지 속에 흰개미가 있다.
　→ 음택 정단에서 장생은 부모이고 백호는 흰개미이다. 밤에 정단하면 장생에 백호가 타고 있으니 묘지 속에 흰 개미가 있다.

──────────────────────

□ 『필법부』 : 〈제84법〉 합 속에 살을 범하면 꿀 속에 비상이 있다.
　〈제40법〉 천후와 육합은 혼인에서 중매인을 쓰지 않아도 된다.
□ 『과경』 : 壬午년 정월 초8일에 월장 亥를 점시 卯에 가한 뒤에 성(城)을 지키는 정단을 했다. 삼전의 화국에서 일간을 생한다. 간상의 丑이 합을 하는 가운데에서 살을 범하지만 癸未일이 되어 丑을 충을 하여 흩어놓으니 지원병이 도착하고 적은 퇴각한다. 과연 13일에 지원군이 도착했고 15일에 적군이 군영을 옮겨갔다.

戊寅일 제 6 국

공망 : 申·酉
낮 : 왼쪽 천장, 밤 : 오른쪽 천장

丙	癸	戊
蛇子青	空未貴	后寅白
巳	子	未

丙	癸	○	庚
蛇子青	空未貴	勾酉朱	玄辰玄
戊	巳	子	寅	酉○

丙子巳 蛇青	丁丑午 貴空	戊寅未 后白	己卯申 陰常
乙亥辰 朱勾	甲戌卯 合合		庚辰酉 玄玄○
			辛巳戌 常陰
○酉寅 勾朱	○申丑 青蛇	癸未子 空貴	壬午亥 白后

□ **과체** : 중심, 사절(四絶) // 복덕, 태수극절, 교차패신, 파패신임택.

□ **핵심** : 간상과 지상에서 패신을 만났다. 여름의 밤 정단에서는 불도마뱀을 만나고, 寅이 비록 귀살이지만 자세히 보면 해치지 않는다.

□ **분석** : ❶ 戊土의 패신인 酉와 寅木의 패신인 子가 간상과 지상에 가하니, 내가 그를 패망시키려고 하면 그가 먼저 나를 패망시키니 타인을 공격하고 흉계를 꾸미면 안 된다. 그리하면 오히려 나의 옛 허물로 인해 벌을 받게 된다.

※ 지상의 酉는 수토동궁을 적용하였다.

❷ 여름에 정단하면 酉가 화귀(火鬼)이다. 화귀가 지상에 임하여 가택을 극하고 밤 정단에서는 주작이 타고 있으니 화재를 예방해야 한다.

❸ 말전의 寅이 비록 일간의 귀살이지만 눈여겨서 자세히 과전을 살펴보면 寅의 지반에는 묘신인 未가 있고 寅의 천반에는 원수인 酉가 있어서 상대가 스스로 생각할 겨를이 없으니 어찌 나를 방해할 수 있겠는가?

※ 말전의 寅이 일간을 극하지만 寅이 묘신에 임하고 또한 寅 위에

귀살이 임하니 일간을 극하기 어렵다는 이론이다.
□ 정단 : ❶ 이 중심과는 두 상극하가 하나의 하적상을 이기지 못하니 모든 일에서 매우 불순하고 모든 일이 음인과 소인에게서 일어난다. ❷ 그리고 오행이 모두 절지에 임하고 간지에 서로의 패신이 타고 있으니 모든 일에서 조심하고 신중해야 전화위복이 된다. 낮 정단 초전에서 등사가 수의 오행에 드니 놀람과 근심이 있지만 나중에는 소멸되어 사라진다.

○ 날씨 : 비가 온다. 비가 오는 도중에 해가 뜬다.
　→ 초전의 子수에 밤에는 청룡이 타니 비가 온다. 그리고 그 위에 丙화가 뜨니 비가 오는 도중에 해가 뜬다.
○ 가정 : 가정이 깨진다. 여름 밤 정단에서는 화재를 방지해야 한다.
　→ 지상의 酉는 일간의 패신이며 일지의 파쇄이니 가정이 깨진다. 여름의 밤에 정단하면 지상의 酉가 화귀살이고 등사가 타고 있으니 화재를 방지해야 한다. 화재보험을 미리 들어 놓아 나중에 보상받는 것이 좋다. ● 처의 건강이 나쁠 경우 처재효가 절신에 앉아 있으니 처가 사망할 위험이 있다.
○ 혼인 : 낮 정단에서는 남자집안에서 애쓰지 않고, 밤 정단에서는 여자집안에서 허락하지 않는다.
　→ 일간은 남자이고 일지는 여자이다. 기궁과 일지가 상형하고 간상신과 지상신이 상파하니 궁합이 나쁘고 혼인은 불성한다. 또한 간상은 일지의 패신이고 지상은 일간의 패신이니 혼인이 불성한다.
　● 지상이 패신과 파쇄이니 패망한 집안의 여자이다.
　※ 『육임직지』 원문에서는 "낮 정단에서는 남자집안에서 애쓰지 않고, 밤 정단에서는 여자집안에서 허락하지 않는다."고 하였다.
○ 임신·출산 : 태아가 상하는 것을 방지해야 한다. 남아이다.

→ 일간의 태신인 子가 子의 절신인 巳에 임하니 태아가 상하는 것을 방지해야 한다. 특히 신월과 유월에 정단하면 子가 사신과 사기이니 더욱 위험하다. 그리고 일간의 상하가 모두 양이니 아들이고, 태신 子가 중남의 상이니 다시 아들이다.

○ **구관** : 처음에는 불안하지만 나중에는 안전하다. 서방이 불리하다.
→ 초전은 현재이고 말전은 미래이다. 초전의 子수가 중전의 未토로부터 극을 받고 또한 중전과 육해여서 처음에는 불안하지만 말전이 일간의 장생과 일덕과 관성이니 대길하다.

○ **구재** : 밤 정단에서는 길하다.
→ 재성은 재물이다. 초전의 재성 子에 밤 정단에서 재물 류신인 청룡이 타고 있으니 길하다. 가을과 겨울에 정단하면 천반의 子수가 왕상하니 더욱 길하지만 만약 봄과 여름에 정단하면 재성이 쇠약하니 흉하다. 그리고 낮 정단에서는 재성이 내전되니 흉하지만 가을과 겨울에는 재성이 왕성하니 무방하다.

○ **질병** : 기혈이 쇠하다.
→ 간지상신이 교차패신이니 기혈이 쇠하다.
● 의약신인 申酉가 공망되었으니 치료할 수 없다. 다만 신년, 신월, 신월장 기간에 정단에서는 공망된 의약신이 풀리니 치료할 수 있다. 의약신이 丑寅에 임하니 동북방에서 의약을 구하면 된다.

○ **유실** : 밤 정단에서는 즉시 획득한다.
→ 재성은 재물이다. 밤 정단에서는 초전의 재성에 청룡이 타고 있으니 즉시 획득한다.

○ **출행** : 장애를 방지해야 한다.
→ 삼전은 여정이다. 말전에서 중전을 극하고 중전에서 초전을 극하고 계속 상극하를 하여 출행이 순조롭지 않은 상이니 장애를 방지해야 한다.

○ **귀가** : 직장인을 정단하면 즉시 돌아온다.

→ 일간은 외사문이고 일지는 내사문이다. 간상이 발용이 된 뒤에 말전이 일지로 전해지니 직장인을 정단하면 즉시 돌아온다.
○ **쟁송** : 아랫사람의 간음으로 인해 타인으로부터 고발을 당한다.
→ 중심과이니 아랫사람의 간음으로 인해 타인으로부터 고발을 당한다.
○ **전투** : 낮 정단에서는 작은 패전을 방지해야 한다. 밤 정단에서는 크게 이롭다.
→ 일간은 아군이다. 낮 정단에서는 간상에 흉장이 타고 있으니 작은 패전을 방지해야 한다. 밤 정단에서는 간상에 길장이 타고 있으니 크게 이롭다.

□ 『**필법부**』 : 〈제36법〉 일간과 일지가 모두 패신이면 형세가 기울고 무너진다. 건강을 정단하면 기혈이 쇠하고, 가택을 정단하면 가택이 무너져서 날이 갈수록 낭패이며 큰 발전이 전혀 없다.
□ 『**과경**』 : 신장론에서 말하기를, 등사가 발용이 되어 다시 일간에 임하면 '추수(墜水)'라고 하여 놀람과 근심과 괴몽이 있더라도 흉한 재액이 일어나지 않는다. 다시 말하기를 子에 청룡이나 육합이 탄 경우에 여자가 정단하면 반드시 황제의 은총을 받는다. 그리고 子나 午에 청룡이 타면 처첩이 임신한다. 다시 말하기를 주작이 酉에 타면 '야조(夜噪)'라고 하여 관재가 발생한다.
□ 『**심인부**』 : 子가 巳에 앉고 卯가 申에 앉으면 옛 일을 매듭짓고 끝내는 일이 확실하다.

| 갑술순 | 무인일 | 7국 |

戊寅일 제 7 국

공망 : 申·酉
낮 : 왼쪽 천장, 밤 : 오른쪽 천장

戊	○	戊
后 寅 白	青 申 蛇	后 寅 白
申 ○	寅	申 ○

乙	辛	○	戊
朱 亥 勾	常 巳 陰	青 申 蛇	后 寅 白
戊 巳	亥	寅	申

乙亥 朱	丙子 蛇	丁丑 貴	戊寅 白
巳 勾	午 青	未 空	申 后 ○
甲戌辰 合			己卯酉 ○ 陰 常
○酉卯 勾 朱			庚辰戌 玄 玄
青申寅 蛇	癸未丑 空 貴	壬午子 白 后	辛巳亥 常 陰

- □ **과체** : 무의, 원태(절태), 장도액∥덕입천문, 복덕(공망), 가귀(공망), 간지구절(간지봉절), 회환, 맥월, 교차장생, 교차육합, 침해(교차시기), 래거구공(삼전개공).
- □ **핵심** : 양측이 모두 합을 싫어하니 교제는 물처럼 담박해야 한다. 생과 극이 이미 없다.
- □ **분석** : ❶ 간지상의 음양이신이 서로 번갈아서 육합하면서 다시 육해하니 서로에게 이익도 있지만 해도 있다.

  ❷ 몸을 움직여서 삼전으로 간다. 삼전이 모두 공함되어 생이 없고 극도 없으니 어찌 합이 있고 해가 있겠는가?

  ❸ 군자가 이러한 상황에 처하면 마치 사귀어서 담박하기가 물과 같아야 한다. 생·극·합·해가 모두 공허하게 되었으니 복(福)과 화(禍)는 불성한다. 이와 같으니 어찌 가볍게 함부로 움직이겠는가?
- □ **정단** : ❶ 이 반음과 무의격 과전이 사맹이고 세 곳이 하적상이니 모든 일이 요원하고 암매하여 길을 단정하기 어렵다. 친한 사람과는 멀어지고 합한 사람과는 헤어지니 늦춰지고 의혹스러워진다.

  ❷ 그리고 괴강[戌辰]이 쉽게 자리를 옮긴다. 4월에 정단하면 '천강

과'여서 만물이 상하는데 작게는 막히고 크게는 재앙이 닥친다. 다행히 삼전이 모두 공망되어 보리수나무가 없고 맑은 거울에 받침대가 없는 상이니 길흉 모두 생기지 않는다. 오로지 구류(유가·도가·음양가·법가·명가·묵가·종횡가·잡가·농가 등의 아홉 학파)와 불제자, 도인에게는 유리하다.

○ **날씨** : 비가 오려다가 그친다. 갑술순을 벗어나면 발이 젖을 정도로 많은 비가 온다.
  → 비가 오려다가 그친다. 초전의 寅에 낮에는 천후가 타고 있지만 공망되었으니 비가 그치고, 중전의 申에 낮에는 청룡이 타고 있지만 공망되었으니 비가 그친다. 그러나 갑술순을 벗어나면 발이 젖을 정도로 많은 비가 온다.
○ **가정** : 도로가 비었으니 왕래하기 불편하다.
  → 寅과 申은 도로이다. 모두 공망되었으니 왕래하기 불편하다.
  ● 일간은 나이고 일지는 가정이다. 일간과 일지가 상형하고 간지상신이 상해하니 가족이 불화한다. 그리고 일지의 음양이 모두 공망되었으니 공허한 가상이다.
○ **혼인** : 불성한다. 다만 신년(申年)과 신월(申月)의 낮 정단에서는 성사된다.
  → 일간은 남자이고 일지는 여자이다. 기궁과 지상이 상합하고 일지와 간상이 상합하지만 지상이 공망되었으니 혼인은 불성한다. 다만 신년·신월·신월장(소만~하지) 기간에는 지상의 공망이 풀려서 간지가 교차상합하니 혼인이 성사된다. 그러나 성사가 되더라도 일간과 일지는 물론이고 간지의 상신이 육해이고 과전의 모든 천반과 지반이 상충하니 결국 이혼하게 된다.
○ **임신·출산** : 밤에 정단하면 경공사가 생긴다. 낮에 정단하면 딸이며

길하다.

→ 일간은 태아이고 일지는 임신부이다. 밤에 정단하면 지상에 등사가 타고 있으니 경공사가 생기고, 낮에 정단하면 지상에 길장이 타니 길하다. ● 지반은 음이며 딸이고 천반은 양이며 아들이다. 하적상 발용이니 딸이다. 만약 가을에 정단하면 초전의 지반이 왕성하니 반드시 딸이다. ● 원태가 절신에 앉으니 임신정단에서 대흉하다.

○ **구관** : 가을에 고시정단을 하면 희망할 수 있다. 나머지 계절에는 모두 뜻을 이루지 못한다.

→ 청룡은 문관이다. 가을에는 공망된 청룡승신이 풀리고 왕성해지니 고시정단을 하면 희망할 수 있다. 공망이 풀리는 신년·신월·신월장(소만~하지) 기간에 정단하면 희망할 수 있다.

○ **구재** : 옛 부동산을 매듭짓는 일에 이롭다. 자본을 빌려서 생계를 꾸리는 일에 좋다.

→ 재성은 재물이고 구진은 부동산이다. 구진이 간상의 亥에 타서 亥의 절신인 巳에 임했으니 옛 부동산을 처분하는 일에서 이롭다. 그리고 간지가 교차생합하니 자본을 빌려서 생계를 꾸리는 일에 좋다.

○ **질병** : 처첩의 질병을 정단하면 이롭지 않다.

→ 재성은 처첩이다. 재성인 亥가 亥의 절신 巳에 임하니 처첩의 질병을 정단하면 이롭지 않다. ● 반음과는 합병증이 많고 재발하기 쉽다. ● 의약신 申酉가 공망되었으니 치료할 수 없다. 다만 신년, 신월, 신월장 기간에 정단에서는 풀리니 치료할 수 있다. 의약신이 寅卯에 임하니 동북방과 정동방에서 의약을 구하면 된다.

○ **유실** : 찾지 말아야 한다.

→ 재성은 유실물이다. 재성이 절신에 임했으니 얻지 못하니 찾지 말아야 한다.

○ **출행** : 헛고생하니 돌아와야 한다.
　➡ 삼전은 여정이다. 삼전이 모두 공망되어 헛고생하니 돌아와야 한다.
○ **귀가** : 오는 중이다. 아직 도착하지 않는다.
　➡ 역마는 여객수단이다. 역마가 중전에 임하니 오는 중이다. 그러나 역마가 공망되었으니 아직 도착하지 않는다.
○ **쟁송** : 처음에는 떠들썩하지만 나중에는 풀린다.
　➡ 일간은 나이고 일지는 상대이다.
　기궁과 일지가 상해하고 간상신과 지상신이 상해하니 처음에는 떠들썩하다. 그러나 삼전이 공망되었으니 나중에는 쟁송이 풀린다.
○ **전투** : 성공하지 못한다.
　➡ 삼전이 모두 공망되었으니 성공하지 못한다.

──────────────────────────────

□ 『**필법부**』 : 〈제76법〉 서로 시기하니 모두에게 화가 미친다.
　〈제79법〉 간지의 상신이 절신이면 모든 모망사는 끊긴다. 흉사를 끊고 끝맺는 일에 좋다. 관송사를 푸는 일에 좋고, 질병을 정단하면 병이 낫는다.
　〈제90법〉 오고 감이 모두 공망이니 어찌 동하는 것이 옳겠는가? 움직이려는 뜻은 있지만 실제로는 움직이지 못한다.
□ 『**비요**』 : 밤 정단에서는 삼중으로 백호가 장생에 타고 있으니 불행 중 다행이고, 낮 정단에서는 삼중으로 청룡이 일간의 귀살에 타고 있으니 다행 중 불행이다.
□ 『**수중금**』 : 반음과에서 모든 사맹이 절신에 앉으면 '절원태'이다. 임신정단에서 대흉하다.

戊寅日　제8국

공망 : 申·酉 ○
낮 : 왼쪽 천장, 밤 : 오른쪽 천장

丙	辛	甲
蛇子青	常巳陰	合戌合
未	子	巳

甲	己	癸	丙
合戌合	陰卯常	空未貴	蛇子青
戌	巳	寅	未

甲合戌巳	乙朱亥午	丙蛇子未	丁貴丑申 空○
勾酉辰 ○朱			后戌寅 白酉○
青申卯 ○蛇			陰卯戌 常
空癸未寅 貴	白壬午丑 后	常辛巳子 陰	玄庚辰亥 玄

□ **과체** : 지일, 참관, 주인, 맥월∥묘신부일, 간지구묘, 침해(피차시기), 육의(말전), 일순주편(수미상견), 나거취재, 귀색귀호(밤), 살몰, 사묘加장생.

□ **핵심** : 일덕과 일록이 극하는 지반에 앉아 있고, 묘신 戌에서 귀살 子를 극한다. 밤 귀인이 폐구되고 묘신을 만들어서 가택에 임한다.

□ **분석** : ❶ 巳는 일간의 일덕과 일록이다. 중전에 앉아 있는 일덕과 일록이 초전의 子수로부터 극을 당하고 있다. 말전의 戌토가 일간의 묘지이니 일덕과 일록은 모두 쓸모가 없어진다.

❷ 밤 정단에서 귀인이 未가 타서 가택에 임한다. 未가 갑술순의 꼬리여서 '폐구'가 되었으니 귀인에게 부탁하면 허락하지 않는다. 더군다나 묘신 未가 가택을 덮고 있으니 반드시 어둡고 밝지 못하다.

□ **정단** : ❶ 지일과의 간지상에 형(刑)과 해(害)가 보인다. 지일과이니 모든 일이 동류에게서 일어난다. 스스로를 알고 스스로를 살펴보니 그가 원수인 것을 자각하지 못하고, 혼자 알고 혼자 보니 그가 적인 것을 느끼지 못한다.

❷ 두괴[戌]가 일간에 임하여 '참관'이지만 근심과 의혹과 험한 장애

가 있으니, 반드시 귀인에게 부탁해야 죄를 면할 수 있다.
❸ 비록 격명이 주인이지만 이미 지반 수에 임했으니 화가 수를 이기지 못하고 다시 관청의 도장이 없으니 주인격은 불성한다.

―――――――――――――――――

○ 날씨 : 비는 많이 오고 맑은 날씨는 적다.
→ 감우의 천장인 청룡이 子에 타고 있으니 비가 많이 오고, 중전과 말전이 화와 토이니 나중에는 맑다.
○ 가정 : 저지대이고 어두침침한 가택이다. 물로 인해 부엌이 무너진다.
→ 간상과 지상에 묘신이 임하고 또한 지상의 둔반에 癸가 임하고 그 음신에는 子가 임하니 저지대의 어두침침한 가택이고 물로 인해 부엌이 무너진다. ● 일간은 나이고 일지는 가족이다. 기궁과 일지, 간상과 지상이 상형하니 가족이 화목하지 않다. ● 간상과 지상에 묘신이 임하니 가족 구성원이 모두 어려운 상황에 놓여있고, 간상과 지상에 형제효가 나란히 임하니 가정에 재물이 부족하다.
○ 혼인 : 길하고 혼인이 가능하다. 밤 정단은 낮 정단에 비해 낫다.
→ 일간은 나이고 일지는 상대이다. 간상에 순수가 있고 지상에 순미가 있어서 '일순주편(一旬周遍)'하니 길하고 혼인이 가능하다. 지상에 귀인이 타고 있으니 밤 정단은 낮 정단에 비해 낫다. ● 지일과이니 지인이나 가까운 곳에서 배우자감을 물색하는 것이 좋다.
○ 임신·출산 : 딸이다. 태아정단을 하면 불안하고 출산정단을 하면 즉시 출산한다.
→ 하적상 발용이니 딸이고 삼전이 1음2양이니 다시 딸이다. 일간은 태아이고 일지는 임신부이다. 사과가 일순주편하니 태아정단을 하면 불안하고 출산정단을 하면 즉시 출산한다.
○ 구관 : 관인과 관인의 끈을 얻지만 장애가 발생한다.

→ 주인격이니 관인과 관인의 끈을 얻는다. 다만 간지상에 묘신이 임하니 장애가 발생한다.

○ **구재** : 재물을 얻지만 바로 지출된다.

→ 재성은 재물이다. 발용에 재성이 있어서 재물을 얻지만 과전에 형제효가 많으니 바로 지출된다.

○ **알현** : 불화한다.

→ 낮 귀인은 공망되어 었고 밤 귀인은 하적상을 당했으니 나와 귀인이 불화한다.

○ **질병** : 말을 하지 못하고 음식을 먹지 못한다.

→ 지상이 폐구 되었으니 말을 하지 못하고 음식을 먹지 못한다. ● 일간은 환자이다. 간상의 둔반에서 일간을 극하고 다시 묘신이 일간에 임하니 중병이다. 다만 연명이 亥인 사람은 연명상신 辰에서 묘신 戌을 충을 해서 깨트리니 질병이 낫는다. 만약 병을 적극 치료하지 않으면 사과가 일순주편하니 질병을 벗어나기 어렵다. ● 의약신인 申酉가 공망되었으니 치료할 수 없다. 다만 신년, 신월, 신월장 기간에 정단하면 공망이 풀리니 치료할 수 있다. 의약신이 卯辰에 임하니 정동방과 동남방에서 의약을 구하면 된다.

○ **유실** : 집안에 있다. 사람이 수긍하는 말을 하지 않는다.

→ 재성은 재물이다. 재성이 일지음신에 임하니 집안에 있다. 그러나 지상이 폐구 되었으니 사람이 수긍하는 말을 하지 않는다.

○ **출행** : 역마가 귀인의 전(前)에 있으니 귀인과 동행한다. 길하고 특히 화를 피하는 일에서 더욱 이롭다.

→ 낮 정단에서는 역마가 귀인의 전5위에 있고 밤 정단에서는 역마가 귀인의 전1위에 있으니 귀인과 동행한다. 특히 밤 정단에서는 귀인이 寅에 임하여 '귀색귀호'이니 화를 피하는 일에서 더욱 이롭다.

○ **귀가** : 존장의 귀가를 정단하면 즉시 온다.

→ 귀인은 존장이고 일지는 집이다. 밤 정단에서 귀인이 지상에 임

하니 존장의 귀가를 정단하면 즉시 온다.
○ **쟁송** : 쟁송이 갑자기 일어나고 판사에게 고하는 일에서 불리하다.
→ 제4과가 발용이 되었으니 맥월이다. 맥월이니 쟁송이 갑자기 발생한다. 낮 정단에서는 귀인이 공망지에 앉아 있고 밤 정단에서는 귀인이 지반으로부터 극을 받고 있으니 판사에게 고하는 일에서 불리하다. ● 지일과이니 합의를 보는 것이 이롭다. ● 사과가 일순주편하니 관재와 쟁송을 벗어나기가 어렵다. ● 조간격이니 내가 유리하다.
○ **전투** : 낮에 정단하면 놀라고 밤에 정단하면 길하다.
→ 낮에는 초전에 등사가 타고 있으니 놀라고, 밤에는 청룡이 타고 있으니 길하다.

□ 『**필법부**』 : 〈제2법〉 순수와 순미가 마주 보이면 처음부터 끝까지 좋다. 소송 정단에서는 판사와 법원을 바꾸는 것이 좋다.
□ 『**과경**』 : 子년 戌월에 월장 卯를 점시 戌에 가한 뒤에 정단한다. 子는 태세이고 일간의 재성이며 지덕이 未에 가하여 발용이 되었다. 초전에 청룡이 타고 있고 말전에 육합이 타고 있어서 시태격이니 만사형통하다.
　※ 지덕(支德) : 子일에 巳에서 일으켜서 순행 12지. 따라서 寅일의 지덕은 子이다.
□ 『**조담비결**』 : 위급한 상황이 닥쳤을 때에 묘방(卯方), 미방(未方), 청룡·태상·태음·육합이 임한 방위가 도망가서 숨을 수 있는 방위다.

| 戊寅일 제 9 국 |

공망 : 申·酉
낮 : 왼쪽 천장, 밤 : 오른쪽 천장

	丁	辛	○
	貴 丑 空	白 午 后	勾 酉 朱
	酉 ○	寅	巳
	○	丁	壬	甲
	勾 酉 朱	貴 丑 空	白 午 后	合 戌 合
	戌 巳	酉 ○	寅	午

勾 酉 朱 巳 ○ 青 空 申 辰 癸 未 卯 蛇 貴	合 戌 午 甲	朱 亥 未 乙 合	蛇 申 丁 丑 酉 戌 寅 戌 己 卯 亥 丙 子 青 ○ 空 白 常 陰
白 壬 午 寅	后 辛 巳 丑 常	陰 庚 辰 子 玄	

□ **과체** : 묘성, 호시, 삼광, 전봉, 여덕 // 삼기(공망), 복덕, 간지구탈, 간지구사, 호태, 고진과수.

□ **핵심** : 시작과 끝이 모두 공망되어 었고, 양인과 백호가 중전에 있다. 두 귀인을 믿을 수 없다. 곤궁하게 된다.

□ **분석** : ❶ 말전의 酉는 갑술순의 공망이고 초전의 丑은 공망되었으니 반드시 시작과 끝이 없다. 중전의 午는 양인이다. 낮 정단에서 백호가 양인에 타서 중전에 있으니 움직이면 반드시 화를 당한다.

❷ 낮 귀인 丑이 酉에 임하여서 일간을 탈기하며 공망되어 었고, 밤 귀인 未가 卯에 임하여 극을 당하니 주야귀인 모두 믿기 어렵다.

❸ 삼전은 무익하고 두 귀인은 의지하기 어렵다. 생각해보니 패신과 공망된 酉금만 홀로 남아 있으니 종신토록 곤궁할 뿐이다.

□ **정단** : ❶ 묘성과이고 호시격이니 만사 지체되고 놀라운 액을 많이 겪게 되며, 전진하기는 어렵고 후퇴하기는 쉬우며 헛된 지출이 많다. 따라서 호시전봉은 무섭고 당황하게 되니 좋다고 단정할 수 없다.

❷ 삼전의 음이 매우 성하니 매사 어둡다. 다행히 초·말전이 모두

공망되었으니 길흉 모두 존재하지 않는다.

❸ 丑은 옥당 순기로서 귀인이 卯·酉에 임하니 '여덕격'이다. 군자가 땅을 굽어보고 하늘을 쳐다보아도 부끄러운 것이 없으니 재난을 피하고 복을 받는다.

○ **날씨** : 비가 많이 오고 바람도 많이 분다. 오랫동안 흐린다.
→ 초전이 강우의 신인 丑이니 비가 많이 오고 중전에 백호가 타고 있으니 바람이 많이 분다. 과전이 육음이니 오랫동안 흐린다.

○ **가정** : 가택은 낡고 가족은 가난하다. 집안을 망치는 자식을 방지해야 한다.
→ 지상이 일지의 사신이니 가택이 낡았고, 지상이 일간을 탈기하니 가족이 가난하다. 간상의 자손효가 일간을 설기하고 공망되었으니 집안을 망치는 자식을 예방해야 한다. ● 낮에 정단하면 백호가 지상에 타고 있으니 가족에게 질병이 있고, 밤에 정단하면 천후가 지상에 타서 일간을 생하니 부인이 남편을 내조한다. ● 간상은 일간을 탈기하고 지상은 일지는 탈기하니 나와 가정 모두 재물을 도난당한다.

○ **혼인** : 불성한다.
→ 일간은 나이고 일지는 상대이다. 일간이 공망되었으니 혼인이 불성한다. 또한 간지의 상신이 모두 간지의 사신이니 연애와 혼담이 불성한다. ● 지상이 양인이니 드센 상대이다. 낮 정단에서는 백호가 타고 있으니 더욱 드센 상대이다.

○ **임신·출산** : 난산이다. 아들을 낳는다.
→ 태신은 태아이다. 태신인 子가 子의 장생인 申에 임하니 난산이다. 일간의 음양이 1양2음이니 아들이고 삼전이 1양2음이니 다시 아들이다. 만약 임신한 경우에는 태신이 공망되었으니 낙태될 우려

가 있다.

※ 『육임직지』 원문에서는 "낮에 정단하면 태신인 子가 장생에 앉아 있으니 바로 출산한다. 딸을 낳는다."고 하였다.

○ **구관** : 고생만 하고 얻기 어렵다.

→ 과전이 육음이고, 일간이 공망되고, 간지의 상신이 모두 간지의 사신이고, 초전의 삼기 丑과 아괴성 酉가 공망되었으니 고생만 하고 얻기 어렵다.

○ **구재** : 뜬구름을 잡는 것과 같다.

→ 재성은 재물이다. 재성이 과전에 전혀 없으므로 뜬구름을 잡는 것과 같다.

○ **알현** : 만나지 못한다. 만나더라도 무익하다.

→ 낮에 정단하면 낮 귀인 丑이 공망되어 있고 밤에 정단하면 밤 귀인 未가 지반으로부터 극을 당하여 상했으니 만나지 못하고 설령 만나더라도 무익하다.

○ **질병** : 매우 위험하다.

→ 묘성과이고 일간이 공망되었으며 백호가 양인에 타고 있으니 매우 위험하다. ● 의약신인 申·酉가 공망되었으니 치료할 수 없다. 다만 신년, 신월, 신월장 기간에 정단에서는 공망이 풀리니 치료할 수 있다. 의약신이 辰巳에 임하니 동남방에서 의약을 구하면 된다.

○ **유실** : 도둑이 서남쪽에 있고 잡기 어렵다.

→ 도둑이 있는 방위는 현무의 음신이다. 주야 모두 현무의 음신이 申이니 서남쪽에 있다. 현무가 과전에 없으니 잡기 어렵다.

※ 『육임직지』 원문에서는 "도둑이 북쪽에 있다."고 하였다.

○ **출행** : 가려고 하다가 돌이키고 출발하더라도 되돌아온다.

→ 일간은 나이고 삼전은 여정이다. 일간이 공망되었으니 가려고 하다가 돌이키고, 삼전이 공망되었으니 출발하더라도 되돌아온다.

○ **귀가** : 아직 돌아오지 않는다.

→ 말전은 귀가 출발지, 중전은 중도, 말전은 집 근처이다. 말전이 공망되어 귀가 길에 오르지 못했으니 아직 돌아오지 않는다.
O 쟁송 : 놀라고 근심하는 일이 쉽게 사라지고 쟁송은 즉시 풀린다.
→ 구진과 주작은 관재이다. 간상에 타고 있는 구진과 주작이 공망되고 초전과 말전이 공망되었으니 놀라고 근심하는 일이 쉽게 사라지고 쟁송은 즉시 풀린다.
O 전투 : 흉하다.
→ 묘성과이니 흉하고, 일간이 공망되었으니 흉하고, 간지의 상신이 간지의 사신이니 다시 흉하다.
※『육임직지』원문에서는 "낮 정단에서는 길하고 밤 정단에서는 불리하다."고 하였다.

□ 『필법부』: 〈제35법〉 사람과 가택이 실탈당하니 두 곳 모두 도적을 초래한다. 모든 정단에서 타인에 의한 속임수로 손실을 입게 되고, 가택에서는 반드시 도적에게 재물을 도난당한다.
〈제54법〉 호시과에서 백호를 만나면 힘이 있어도 쓰기 어렵다. 모든 정단에서 지극히 큰 놀람과 액을 면할 수 없다.
□ 『과경』: 6월에 월장 午를 점시 寅에 가한 뒤에 정단한다. 비록 묘성과의 호시이지만 '삼광(三光)'이다. 여름에 정단하여 귀인승신 丑이 발용에 임했고 戊의 기궁 巳가 왕기이니 일간에게 기운이 있다. 일지 寅이 午로 전해지니 일지는 기운이 있다. 몸이 밝고 집이 밝으며 행동 또한 밝다. 몸(일간)과 집(일지)과 행동(발용)에 광화가 있으니 '삼광'이라고 한다. 정단하는 사람에게 만사가 길하고 번창하니 스스로 애쓰지 않아도 된다.

戊寅일　제 10 국

공망 : 申·酉 ○
낮 : 왼쪽 천장, 밤 : 오른쪽 천장

○	乙	戊	
青申蛇	朱亥勾	后寅白	
巳	申○	亥	
○	乙	辛	○
青申蛇	朱亥勾	常巳陰	青申蛇
戊巳	申○	寅	巳

○青申巳空	○勾酉午	甲合戊未	乙朱亥申○	勾
癸未辰貴			丙子酉○	蛇青
壬午卯白		后	丁丑戌貴	○空
辛巳寅常	庚辰丑玄陰	己卯子陰常	戊寅亥后	白

□ **과체** : 중심, 원태(생태), 불비∥형상, 침해, 권섭부정, 간지록마, 왕래수생, 복덕(공망), 무음, 절신가생, 백호入상여, 고진과수.

□ **핵심** : 일간을 공허하게 생하고, 중전의 재물은 흩어진다. 화를 자초한 것이고, 밤 귀인은 사납고 흉악하다.

□ **분석** : ❶ 간상의 申은 戊토의 장생이다. 일간에 임한 뒤에 발용이 되었으니 어찌 좋지 않겠는가? 그러나 갑술순의 공망되었으니 일간을 공허하게 생한다.

❷ 戊토의 재물인 중전의 亥수가 초전 申금의 생을 받아서 나타났으니 어찌 순조롭지 않겠는가? 그러나 중전의 亥수가 공망에 앉아 있으니 재물이 흩어진다. 남은 것은 말전의 일귀 寅이다. 밤 정단에서 백호가 寅에 타고 있어서 지극히 흉악하니 함부로 가까이 할 수 없다.

❸ 戊의 기궁인 巳가 寅으로 가서 寅에 가하여 스스로 화를 초래하니 어찌 그 화가 심하지 않겠는가?

❹ 그리고 일간에는 일지의 역마 申이 임하고 일지 일록인 巳가 임한다.

❺ 백호가 寅에 타서 지반 亥에 가하면 귀살이 생을 받으니 일간을 범하지 못한다.

→ 申을 戊토의 장생으로 본 것은 수토동궁을 따른 것이다.

□ 정단 : ❶ 중심과이다. 한 곳의 아래에서 그 위를 극을 한 과이니 매사 순조롭지 않고 일은 반드시 내부에서 일어나며, 나중에 움직이는 것이 이롭고 경거망동하면 불리하다.

❷ 이 과전은 또한 생태이니 모든 일을 혁신하는 상이다. 아쉽게도 초·중전이 공함이 되었으니 길흉 모두 공허하다. 만약 7월에 정단하여 이 과전을 얻으면 申금의 공망이 메워지니 경사가 확실하다.

❸ 일록과 역마가 모두 일진에 임하니 왕기의 계절을 만나면 비록 순의 공망되어 더라도 무해하다.

○ 날씨 : 가을에 정단하면 비가 오고, 나머지 계절에 정단하면 비가 오지 않고 바람이 분다.

→ 申은 수모(水母)이다. 가을에 정단하면 申이 공망이 풀리니 비가 오고, 나머지 계절에 정단하면 비가 오지 않는다. 말전이 寅이니 바람이 분다.

○ 가정 : 만약 집에 있으면 낭비가 많으니 외출이 이롭다.

→ 지상에서 일지를 탈기하니 만약 집에 있으면 낭비가 많으니 외출이 이롭다. ● 일간은 나이고 일지는 가족이다. 기궁과 일지가 상형하고 간상신과 지상신이 다시 상형하니 가족이 화목하지 않다. ● 사과가 1양2음이어서 불비이고 무음이니 가정에 음란사가 발생하는 것을 방지해야 한다.

○ 혼인 : 신월의 낮 정단은 길하고 나머지는 불성할 우려가 있다.

→ 일간은 남자이고 일지는 여자이다. 신월(申月)에는 간상의 공망이 풀리니 길하고, 낮에 정단하면 간상과 지상에 길장이 타고 있으

니 길하다. ● 그러나 기궁과 일지가 상형하고 간상과 지상이 다시 상형하니 파혼을 예방해야 한다. ● 사과가 불비이고 무음이니 음란사가 발생하는 것을 예방해야 한다.
○ **임신·출산** : 태신이 일간의 패신 지반에 임하니 태아가 손상되는 것을 방지해야 한다.

→ 태신은 태아이다. 태신인 子가 子의 패신인 酉에 임하고 있고 다시 원태격의 두 곳이 공망되었으니 태아가 손상되는 것을 방지해야 한다. ● 출산을 정단하면 사과가 불비이니 미숙아를 방지해야 한다.

○ **구관** : 헛말로 추천하니 실재하지 않는다.

→ 초전의 자손효가 중전의 재성을 생하고 중전이 말전의 관성을 생하지만 초전과 중전이 공망되어 헛말로 추천하니 그것이 실재하지 않는다. ● 또한 간지의 상신이 각각 역마와 일록이지만 간상의 역마가 공망되었으니 흉하다. ● 일록이 지상으로 갔으니 권섭부정이 되어 강등당할 우려가 있다. ● 밤 정단에서는 말전이 '최관부'이니 나중에 발령을 받는다.

○ **구재** : 헛말이 된다. 혹은 부동산에 관련된 재물로서 손실을 방지해야 한다.

→ 재성은 재물이다. 일간음신 및 중전의 재성이 공망되어 재물을 얻지 못하니 헛말이 된다. 밤에 정단하면 재성 亥에 구진이 타고 있으니 부동산에 관련된 재물로서 공망되었으니 손실을 방지해야 한다.

○ **질병** : 화증(火症) 혹은 머리와 눈에 관련된 증상이다. 혹은 이성을 밝혀서 얻은 병으로서 조짐이 매우 흉하다.

→ 지상은 병증이다. 지상이 巳이니 화증 혹은 머리와 눈에 관련된 증상이다. 그리고 사과가 1양2음이어서 불비이니 이성을 밝혀서 얻은 병이다. 초전에서 申이 巳에 가하여 시신이 상여로 들어가는 상

이니 조짐이 매우 흉하다.
- ○ 유실 : 재물을 찾기 어렵다. 그리고 도둑이 권세가에 들어갔으니 감히 잡지 못한다.
  → 재성은 재물이고 관성은 관직이다. 재성이 공망되었으니 재물을 찾기 어렵다. 중전의 재성이 말전의 관성을 생하여 도둑이 권세가에 들어갔으니 감히 잡지 못한다.
- ○ 출행 : 동쪽으로 가려고 애쓰지만 집을 떠나지 못한다.
  → 일간은 여행객이고 말전은 목적지이다. 말전이 寅이니 동쪽으로 가려하고, 일간이 공망되었으니 출행하지 못하고, 기궁이 지상으로 갔으니 출행하지 못한다.
- ○ 귀가 : 가장의 귀가를 정단하면 당일에 도착한다.
  → 기궁은 가장이고 일지는 집이다. 기궁이 지상으로 왔으니 가장이 귀가한다.
- ○ 쟁송 : 법원으로 가면 불리하다.
  → 관성은 관청이다. 寅이 일간을 극하니 법원으로 가면 불리하다.
- ○ 전투 : 속임수를 방지해야 한다.
  → 일간은 아군이고 일지는 적군이다. 지상의 巳가 간상의 장생이지만 간상을 극을 하기도 하니 적의 속임수를 방지해야 한다.

- □ 『필법부』 : 〈제8법〉 일록이 일지에 임하면 임시직으로서 정당한 자리가 아니거나 혹은 먼 곳에 직장이 주어진다.
  〈제41법〉 간지상에 일록과 역마를 만나면 부귀해진다.
- □ 『찬요』 : 백호를 '최관부'라고 한다. 부임 정단에서 반드시 신속하게 부임한다. 그리고 간상의 申에 낮에는 청룡이 타고 있다. 만약 술월(戌月)에 정단하면 申이 월내의 생기이니 서서히 발복한다. 그러나 아쉽게도 갑술순의 공망되어 었다.

戊寅일 제 11 국

공망 : 申·酉 ○
낮 : 왼쪽 천장, 밤 : 오른쪽 천장

庚	壬	○
合 辰 合	青 午 蛇	白 申 后
寅	辰	午
癸	○	庚	壬
空 未 貴	常 酉 陰	合 辰 合	青 午 蛇
戊	巳	未	寅	辰

癸未巳 空貴	○ 白 申 午	○ 常 酉 未 陰	甲戌申 玄 玄 ○
壬午辰 青 蛇			乙亥酉 陰 常 ○
辛巳卯 勾 朱			丙子戌 后 白
庚辰寅 合 合	己卯丑 朱 勾	戊寅子 蛇 青	丁丑亥 貴 空

- □ **과체** : 중심, 진간전, 등삼천, 참관, 교동(밤) // 초전협극, 복덕(공망), 신장·살몰·귀등천문, 사묘加장생, 강색귀호.

- □ **핵심** : 삼전이 묘신에서 장생으로 전해지지만 결국 편안하지 못하다. 차례차례 얽어맨다. 양 귀인이 모두 丁이다.

- □ **분석** : ❶ 초전의 辰이 일간의 묘신이고 말전의 申이 일간의 장생이어서 묘신에서 장생으로 전해지니 처음에는 혼미하지만 나중에는 그렇지 않다. 그러나 말전의 장생이 갑술순의 공망되어 었고, 초전이 묘신이며, 중전이 양인이니 결국 헛말이 되었다. 이와 같으니 어찌 편안한 곳이겠는가?

❷ 간상에는 일지의 묘신인 未가 임하고 지상에는 일간의 묘신인 辰이 임하니, 서로 옭아매고 가리며 억누르니 어두워진다. 귀인인 丑의 둔간이 丁이고 귀인인 未 또한 未 속에 丁을 감춰뒀으니 귀인에게 움직임이 있다.

❸ 귀등천문이니 관직자가 정단하면 가장 길하다.

→ 수토동궁을 적용하면 지상과 초전의 辰은 일간의 묘신이다.

- □ **정단** : ❶ 중심과이다. 두강[辰]이 일지 寅에 가하여 발용이 되었으니

'참관'이고 삼전이 辰午申이니 '등삼천'이다. 중심과이니 모든 일이 음인과 소인에게서 일어나고 매사 나중에 행동하는 것이 이롭다. 그리고 가는 곳이 막혀서 통하지 못하니 뜻을 이루지 못한다. 하물며 말전이 공망과 탈기이니 높은 곳으로 올라가려고 애를 쓰다가 오르지 못하는 상이다.

❹ 밤 정단에서 발용이 육합으로부터 일어나서 말전이 천후로 끝나니 음란으로 인해 바르지 못한 일이 군자에게 발생하니 부끄러운 일이다.

❺ 천강[辰]이 寅에 임하여 '강색귀호'이니 음으로 꾀하고 사적으로 소망하는 일에서 이롭고 또한 재난을 피해 피신하는 일에서 이롭다. ⑥ 그리고 대인의 대사에는 이롭지만 일반인의 소사에는 불리하다. 가을에 정단하면 길하다.

○ 날씨 : 오랫동안의 가뭄 끝에 비가 온다.
　➔ 삼전이 辰午申이니 오랫동안의 가뭄 끝에 비가 온다.
○ 가정 : 사람은 혼미하고 집은 어둡다. 부녀자는 근신해야 한다.
　➔ 일지의 묘신이 일간에 가하고 일간의 묘신이 지상에 가하니 사람은 혼미하고 집은 어둡다. 밤 정단에서 초전에 육합이 타고 있고 말전에 천후가 타고 있으니 부녀자는 근신해야 한다.
○ 혼인 : 나쁘다.
　➔ 일간은 남자이고 일지는 여자이다. 일지의 묘신이 일간에 가하고 일간의 묘신이 지상에 가하여 남녀가 서로 속이니 혼인이 나쁘고, 기궁과 일지가 상형하니 혼인이 나쁘다. ● 초전이 협극되었으니 혼인이 뜻대로 되지 않는다. ● 밤 정단에서는 초전에 육합이 타고 말전에 천후가 타니 연애결혼을 한다.
○ 임신·출산 : 병으로 인해 태아가 손상되는 것을 방지해야 한다. 인월

(寅月) 낮 정단에서는 득남한다.

→ 밤 정단에서는 일간의 태신에 백호가 타고 있고 다시 지반으로부터 극을 당하고 있으니 병으로 인해 태아가 손상되는 것을 방지해야 한다. 그리고 일간의 음양이신이 1양2음이니 아들이고, 삼전이 모두 양이니 아들이며, 일간의 태신인 子가 감괘에 해당하니 다시 아들이다. ● 일간이 폐구되었으니 선천성 청각·언어장애자를 방지해야 한다.

※ 『육임직지』 원문에서는 "신월(申月) 낮 정단에서 득남한다."고 하였다. 신월에는 子가 사기이니 태아가 사망한다.

○ 구관 : 연명이 亥인 사람이 신월의 낮 정단에서 매우 이롭다.

→ 연명이 亥인 사람이 낮에 정단하면 귀인이 천문에 오르니 이롭고 신월(申月)에 정단하면 말전의 申이 풀려서 등삼천이 완성되니 매우 이롭다. 그리고 신년(申年)과 신월장(申月將, 소만~하지) 기간에 정단해도 공망된 말전이 풀리니 매우 이롭다.

○ 구재 : 무익하다.

→ 재성은 재물이다. 재성이 과전에 없으니 무익하다. 다만 연명이 酉와 戌인 사람은 그 상신이 亥와 子이니 유익하다. 그리고 낮 정단에서는 청룡이 중전의 午에 타서 일간을 생하니 역시 유익하다.

○ 질병 : 중풍이다. 비록 위험하지만 풀린다.

→ 일간이 폐구 되었으니 중풍이다. 진간전의 등삼천이어서 병을 오래 끌어 위험하지만 다행히 말전이 공망되었으니 풀린다.

○ 유실 : 종업원과 어린이가 훔쳐갔고 잡지 못한다.

→ 중심과이니 종업원과 어린이가 훔쳐갔다. 현무가 과전에 없으니 잡지 못한다.

○ 출행 : 관직자의 부임에 이롭고 재난을 피하는 일에서 유리하다.

→ 삼전이 등삼천이니 관직자의 부임에 이롭다. 그리고 참관격과 귀등천문격과 강색귀호이니 재난을 피하는 일에서 이롭다.

○ **귀가** : 아직 출발하지 않았다.

→ 말전의 역마가 공망되었으니 아직 출발하지 않았다.

※ 『육임직지』 원문에서는 "길에 있다."고 하였다.

○ **쟁송** : 쟁송이 확대되는 것을 막아야 한다.

→ 삼전이 등삼천이니 쟁송이 확대되는 것을 막아야 한다.

○ **전투** : 낮 정단과 밤 정단 모두 길하다.

→ 간상에 일지의 묘신 未가 임하니 적의 속임수를 방지해야 한다.

──────────────────────

□ 『필법부』: 〈제52법〉 천강[辰]이 귀신문[寅]을 막으면 임의로 도모할 수 있다. 재액을 피난하여 음모, 사적인 기도, 문상과 문병, 약 짓기와 부적 쓰기에 좋다. 만약 甲·戊·庚일이면 더욱 좋다.

제88법 : 간지에 묘신이 임하면 나와 주객이 모두 혼미해진다.

제40법 : 천후와 육합은 혼인 정단에서 중매인을 쓰지 않아도 된다.

□ 『과경』: 귀등천문·신장·살몰은 丑이 亥에 가하는 경우에 적당하다. 사맹월(寅申巳亥月)에는 더욱 적당한데 이것은 사중(四仲)이 월장일 때이다.

□ 『신장론』: 육합이 辰에 타면 예에 어긋난다는 뜻의 '위례(違禮)'이다. 천후가 申에 타면 '간사'인데 육합에서 일어나면 '교동'이다.

| 갑술순 | 무인일 | 12국 |

戊寅일 제 12 국

공망 : 申·酉
낮 : 왼쪽 천장, 밤 : 오른쪽 천장

庚 合 辰 合	辛 勾 巳 朱	壬 青 午 蛇
卯	辰	巳
壬 青 午 蛇	癸 空 未 貴	己 朱 卯 勾	庚 合 辰 合
戌 巳	午	寅	卯

壬 青 午 巳 蛇	癸 空 未 午 貴	○ 白 申 未 后	○ 常 酉 申 陰
辛 勾 巳 辰 朱			甲 玄 戌 酉 ○
庚 合 辰 卯 合			乙 陰 亥 戌 常
己 朱 卯 寅 勾	戊 蛇 寅 丑 青 貴	丁 空 丑 子 后	丙 白 子 亥

□ **과체** : 중심, 진여 // 침해, 초전협극, 인귀생성, 구왕, 맥월.

□ **핵심** : 일간과 일지가 천라지망이니 현 상황을 고수하면 저절로 왕성하다. 움직여서 다른 일을 꾀하면 나쁜 상황이 된다.

□ **분석** : ❶ 간상의 午는 일간의 전1위이고 지상의 卯는 일지의 전1위이니 '천라지망'이다. 정단하여 천라지망을 얻으면 나와 내 집을 그물로 얽어매니 형통하지 못하고, 지상에 제왕이 타니 집에서 정수(靜守)하는 것이 이롭다. 만약 경거망동하면 그것이 그물로 변하여 그의 몸과 집을 휘감는다.

❷ 초전이 묘지이고 중전이 절지이며 말전에서 양인을 만나니 흉과 재앙이 백가지로 나타난다. 만약 행년이나 본명이 나망을 충(冲)을 하여 깨트리면 비로소 형통하다.

❸ 주작이 卯에 타서 일지에 가했고 천강[辰]이 발용이 되어 구설수와 문서사가 홀연히 일어나니 전진하면 흉하고 후퇴하면 길하다.

□ **정단** : ❶ 중심과이다.

❷ 순조로운 진연여이고 이름이 승계(升階,辰巳午)이니 선진국을 관광하는 상이다. 무릇 정단에서 옛 풍속을 지키면 길하고 적선하면

경사가 있으며 타인이 나에게 와서 나를 돕는다. 처음에는 비록 장애가 있지만 끝에는 추천을 받고 호위를 받는다. 巳午년의 봄과 여름에 이 과전으로 정단하면 크게 이롭다.

○ 날씨 : 처음에는 구름이 일어나는 것이 보이다가 기상이 선회하여 맑아지고 밝아진다.
→ 초전이 辰이니 처음에는 구름이 일어나는 것이 보이다가 중전과 말전이 화이니 기상이 선회하여 맑아지고 밝아진다.

○ 가정 : 불길하니 옛 풍습을 지키는 것이 좋다.
→ 일간은 가장이고 일지는 가족이다. 간지의 상신이 모두 제왕이니 사람과 집이 모두 왕성하지만 양인이기도 하니 불길하여 경거망동하면 그물에 묶여 해를 당한다. 삼전이 승계이니 옛 풍습을 지키는 것이 좋다.

○ 혼인 : 갑자기 합친 것으로 인해 나중에 아내를 두려워하게 되는 것을 방지해야 한다.
→ 육합이 타고 있는 일지음신이 발용이 되었으니 갑자기 합친 것이고, 지상의 卯목이 일간 戊토를 극하여 오니 아내가 남편에게 독설을 퍼붓고 싸움을 걸어와서 두려워하게 되는 것을 방지해야 한다. ● 기궁 巳와 일지 寅이 상형하고 간상 午와 지상 卯가 상파하니 나쁜 궁합이다.

○ 임신·출산 : 태기가 왕성하다. 아들을 낳는다.
→ 일간은 태아이다. 간상의 午가 왕기이니 태기가 왕성하다. 일간의 천지반이 모두 양이니 아들이고, 태신이 감괘 子이니 다시 아들이며, 삼전이 양으로 나아가니 다시 아들이다.

○ 구관 : 천명에 순응하고 분수를 지키면 저절로 오지만 힘써 구하면 오히려 물러난다.

→ 일간의 왕신 겸 양인이 일간에 임하고 일지의 왕신 겸 양인이 지상에 임하니 천명에 순응하여 분수를 지키면 저절로 오지만 힘써 구하면 오히려 물러난다. 특히 낮 정단에서는 간상에 문관의 류신인 청룡이 인성에 타서 일간을 생하니 더욱 길하다.

○ **구재** : 낮에 정단하면 얻고, 밤에 정단하면 얻지 못한다.

→ 청룡과 재성은 재물이다. 낮 정단에서는 청룡이 午에 타서 일간을 생하니 재물을 얻는다. 밤 정단에서는 과전에 재성 亥·子가 없으니 얻지 못한다. 다만 연명이 戌·亥인 사람은 연명상신이 亥子이니 얻는다.

○ **질병** : 무방하다.

→ 과전에 귀살과 백호가 없으니 무방하다. 그러나 사과가 천라지망이고 다시 삼전이 일간과 일지의 중간에 끼어 있으니 중환자인 경우 질병을 쉽게 벗어나지 못한다. ● 의약신인 申酉가 공망되었으니 치료할 수 없다. 다만 신년, 신월, 신월장 기간에 정단에서는 공망이 풀리니 치료할 수 있다. 의약신이 未申에 임하니 서남방에서 의약을 구하면 된다.

○ **유실** : 은신처가 있으니 도둑을 잡기 어렵다.

→ 현무는 도둑이다. 현무가 과전에 보이지 않으므로 도둑을 잡기 어렵다.

○ **출행** : 장애가 생다. 비록 멀리 갔더라도 반드시 되돌아온다.

→ 사과가 천라지망이니 장애가 생기고, 비록 멀리 갔더라도 반드시 되돌아온다.

○ **귀가** : 갑자기 집에 도착한다.

→ 일지 寅에서 출발한 12신이 卯-辰-巳-午를 거쳐서 제2과의 未로 전해지고 있으니 갑자기 집에 도착한다.

○ **쟁송** : 끝내 명쾌하게 판결하지 못하니 쌍방이 화해하는 것만 못하다.

→ 일지 寅에서 출발한 12신이 卯-辰-巳-午를 거쳐서 제2과의 未로 전해지고 있어서 끝내 명쾌하게 판결하지 못하니 쌍방이 화해하는 것만 못하다.
○ **전투** : 전진하다가 후퇴하는 상이다.
→ 삼전이 진연여이니 전진하다가 사과가 천라지망이니 후퇴하는 상이다. 따라서 전진하지 않고 정수하는 것이 좋다.

□ 『**필법부**』 : 〈제55법〉 천라지망을 만나면 모망사에서 졸렬함이 많다. 그물로 몸과 가택을 옭아매니, 모든 정단에서 형통할 수 없다.
〈제65법〉 일간의 묘신이 관신을 아우르면 사람과 가택이 폐관되는 허물이 있다. 관신은 봄에는 丑, 여름에는 辰, 가을에는 未, 겨울에는 戌이다.

□ 『**고감**』 : 46세이다. 월장 申을 점시 未에 가한 뒤에 전정을 정단했다. 간상이 천라와 양인이고 일지음신이 발용이 되어 일상으로 되돌아 왔고 낮 천장 청룡이 午에 타고 있으니 당연히 부임한다. 행년이 亥이고 행년상신 子가 지망이니 반드시 장애가 있어서 밖에서 어려움을 겪는다. 卯는 6수이고 辰은 5수이며 巳는 4수이니 15년에 감사직에 오른다. 그 이후 천라인 午로 들어가니 반드시 강등을 당하게 되고 23년에 대운이 끝난다. 모두 적중하였다.

기묘일

己卯日의 길신(구보)과 흉살(팔살)

일덕	寅		형	
일록	午		충	
역마	巳		파	
장생	寅		해	
제왕	午		귀살	寅卯
순기	丑		묘신	戌
육의	甲戌		패신	卯
귀인	주	子	공망	申酉
	야	申	탈(脫)	申酉
합(合)			사(死)	酉
태(胎)	子		절(絶)	亥

| 갑술순 | 기묘일 | 1국 |

己卯일 제 1 국

공망 : 申·酉 ○
낮 : 왼쪽 천장, 밤 : 오른쪽 천장

己	丙	壬
合 卯 靑	貴 子 常	空 午 朱
卯	子	午

癸	癸	己	己
白 未 蛇	白 未 蛇	合 卯 靑	合 卯 靑
己 未	未	卯	卯

辛巳 靑巳	壬午 合	癸未 空午 朱	○申 蛇未	常申 貴○
庚辰 勾辰	勾			玄酉 ○酉 后
己卯 合卯	靑			陰戌 甲戌 陰
戊寅 朱寅	空	丁丑 蛇丑	丙子 白 貴子 常	后亥 乙亥 玄

- □ 과체 : 복음, 자신, 삼교 // 가귀, 용전, 오음, 나거취재.
- □ 핵심 : 귀살인 卯를 거듭 만났다. 낮에는 육합이 타고 밤에는 청룡이 탄다. 제때에 폐구가 되었으니 재앙과 화가 나에게 미친다.
- □ 분석 : ❶ 과전에서 일간의 귀살인 卯가 무려 다섯 번이나 중첩되어 있다. 하물며 낮에는 육합이 타고 밤에는 청룡이 타고 있어서 모두 오행의 목이 되어 귀살을 돕는다.

  ❷ 순미인 未가 일간에 임해서 폐구가 되니 항상 입을 다물고 있어야 한다. 낮의 백호와 밤의 등사의 흉을 면하기 어렵다. 만약 경거망동하면 화와 재앙을 반드시 면하기 어렵다.

- □ 정단 : ❶ 복음과의 자신격이다.

  ❷ 삼전이 사중이니 삼교격이다. 모든 일에서 은인자중해야 하며 가만히 있다가 움직여야 한다. 만약 함부로 움직이면 장애가 생겨서 나아가면 물러날 수 없고 물러나더라도 꾀하는 일을 이룰 수 없다. 일지의 묘신이 일간에 가하니 저절로 혼미해진다. 가정궁에는 육합과 卯가 나란히 임하니 음란사로 인해 가정이 암매하다.

  ❸ 만약 술월(戌月)에 이 과전으로 정단하면 '천번'이 되어 흉은 많

고 길은 적다.

→ 천번격은 월장이 사중(子午卯酉)이고, 월장이 사중에 가하며, 두 강(辰)이 丑이나 未에 임하는 경우이다. 본문에서의 술월(戌月)의 양력 10월 23일경에 월장 卯가 시작된다.

○ **날씨** : 비온 뒤에 갠다.
→ 중전이 子이고 말전이 午이니 비온 뒤에 갠다.
○ **가정** : 가택은 왕성하지만 사람은 편안하지 않다.
→ 일간은 사람이고 일지는 가택이다. 중전이 일지를 형(刑)하고 초전이 일간을 극(剋)하니 가택은 왕성하지만 사람은 편안하지 않다. 그리고 지상의 귀살이 일간을 극하니 흉가이다. ● 기궁이 지상과 육합하고 일지가 간상과 육합하니 가족이 화목하다. ● 과전이 삼교이니 가족의 음란사를 방지해야 한다.
○ **혼인** : 화합한다. 다만 여자로부터의 구속을 받을 우려가 있다.
→ 일간은 남자이고 일지는 여자이다. 기궁이 지상과 육합하고 일지가 간상과 육합하니 남녀가 화합한다. 다만 지상의 卯에서 일간을 극하니 악처로부터 구속받을 우려가 있다. ● 일지의 묘신이 일간에 임하니 여자로 인해 인생이 어두워지고, 과전이 삼교이니 간음이 있다.
○ **임신·출산** : 임신되지 않았거나 혹은 선천성 청각·언어장애자이다.
→ 복음과이고 일간이 폐구 되었으니 선천성 청각·언어장애자이다. 일간은 태아이고 일지는 임신부이다. 간지가 교차육합하니 임신은 길하고 출산은 흉하다.
○ **구관** : 얻을 수 있다. 다만 가만히 있어야 하고 움직이면 재앙이 닥친다. 밤에 고시정단을 하면 반드시 합격한다.
→ 복음과이니 얻을 수 있다. 다만 가만히 있어야 하고 움직이면 재

앙이 닥친다. 관성은 관직이고 청룡은 문관직이다. 밤에 고시정단을 하면 초전의 관성에 청룡이 타고 있으니 반드시 합격한다.

○ **구재** : 귀인의 힘을 빌려야 한다.

→ 재성은 재물이고 귀인은 공무원이나 은인이다. 낮 정단에서 중전의 재성 子에 귀인이 타고 있으니 귀인의 힘을 빌려야 재물을 얻는다. 다만 중전의 재성이 말전과 상충하니 득한 뒤에 재물이 사라지는 것을 방지해야 한다.

○ **알현** : 귀인을 만나지 못한다. 비록 만나더라도 서로 허심탄회하게 털어놓지 않는다.

→ 천을귀인은 곧 귀인이다. 낮 귀인 子는 간상의 未와 육해이고, 밤 귀인 申은 공망되었으니 귀인을 만나지 못하고, 비록 만나더라도 서로 허심탄회하게 털어놓지 않는다.

○ **질병** : 쓰러진 뒤에 엎드려서 말을 하지 못하고 혹은 음식을 먹지 못하니 길과 복을 빌어야 한다.

→ 일간이 폐구되었으니 쓰러진 뒤에 엎드려서 말을 하지 못하고 혹은 음식을 먹지 못한다. ● 일간은 환자이고 일지는 질병이다. 지상과 초전의 귀살에서 일간을 극하니 중증이고, 간지가 교차삼합하니 병이 쉽게 물러나지 않는다. 의약신인 申酉가 공망되었으니 치료할 수 없다. 다만 신년, 신월, 신월장 기간에 정단에서는 공망이 풀리니 치료할 수 있다. 의약신이 申酉에 임하니 서남방과 정서방에서 의약을 구하면 된다.

○ **유실** : 집안을 벗어나지 않았다. 도망친 사람은 잡기 어렵다.

→ 복음과이니 집안을 벗어나지 않았고 도망친 사람은 깊이 숨었으니 잡기 어렵다.

○ **출행** : 몸을 움직일 수 없다. 출행하더라도 되돌아온다.

→ 복음과에 역마와 정마가 없으니 몸을 움직일 수 없고, 출행하더라도 되돌아온다. 만약 출행을 강행하면 삼전이 삼형이니 도로에서

사고가 난다.

- ○ 귀가 : 아직 도착하지 않는다.
  → 복음과는 원행한 사람은 아직 오지 않는다.
- ○ 쟁송 : 판사를 만나는 일이 불리하다. 화해하는 것이 길하다.
  → 낮 정단에서 귀인승신 子가 간상신 未와 육해가 되니 판사를 만나는 일이 불리하니 화해하는 것이 길하다. ● 간지가 교차육합하니 합의되기 쉽다. 만약 합의를 보지 않을 경우에는 복음과이니 소송이 길어진다.
- ○ 전투 : 낮 정단에서는 금은보화를 획득하고, 밤 정단에서는 대승하며 재물과 책을 획득한다. 다만 몰래 침입당하는 것이 두렵다.
  → 중전의 재성에 낮에는 귀인이 타고 있으니 금은보화를 획득하고, 밤에는 태상이 타고 있으니 재화를 획득한다. 다만 지상의 귀살에서 일간을 극하니 몰래 침입당하는 것이 두렵다.

- □ 『필법부』: 〈제70법〉 귀살이 제3과와 제4과에 임하면 관사와 병환이 끊어지지 않고 계속 이어진다.

제72법 : 상문과 조객을 모두 만나면 흰옷을 건다.
  → 이 과전에서는 상문과 조객을 모두 만날 가능성이 없다.
- □ 『신장론』: 주작이 午화에 타서 남방에 임하고 네 개의 형충살이 임하면 화재가 발생한다. 다행히 복음이니 신살이 움직이지 않는다.
- □ 『옥성가』: 복음에서 거동하면 뜻한 것을 이루지 못한다. '삼교'의 길흉은 모두 안에서 기인한다.

갑술순 | 기묘일 | 2국

己卯일 제 2 국

공망 : 申·酉 ○
낮 : 왼쪽 천장, 밤 : 오른쪽 천장

丁	丙	乙
蛇丑白	貴子常	后亥玄
卯	丑	子

壬	辛	戊	丁
空午朱	青巳合	朱寅空	蛇丑白
己未	午	卯	寅

庚辰巳 勾勾	辛巳午 青合	壬午未 空朱	癸未申 白蛇 ○
己卯辰 合青			申酉 ○ 常貴
戊寅卯 朱空			酉戌 ○ 玄后
丁丑寅 蛇白	丙子丑 貴常	乙亥子 后玄	甲戌亥 陰陰

□ **과체** : 중심, 퇴여(연주), 천상삼기, 여덕(밤), 맥월∥왕록임신, 살몰, 사묘加장생.

□ **핵심** : 삼전의 둔간이 삼기이니 모든 정단에서 좋다. 전진해도 좋고 후퇴해서 고수하더라도 손해가 없다.

□ **분석** : ❶ 삼전에서 갑술순의 둔간 乙丙丁을 취득하니 '천상삼기'이다. 일·월·성의 정기가 마치 아름다운 옥이 합친 듯하고, 다섯 행성이 진주를 꿰어 놓은 듯하다.

❷ 정단하여 이 과를 얻으면 좋지 않은 것이 없다. 움직이면 삼전 子亥의 재물을 얻고, 뒤로 물러나서 간상을 지키면 왕록의 생을 받으니 진퇴와 동정 모두 안 되는 일이 없다.

❸ 삼전의 丑은 옥당이고 子는 명당이며 亥는 강궁이다.

□ **정단** : ❶ 중심과이고 삼전이 퇴연여이다. 모든 일을 주도면밀하게 살피고 돌아보면서 순리대로 행해야 하며, 먼저 뒤로 한발 물러나면 나중에는 오히려 한발 전진할 수 있다. 힘써 행하려고 하지만 행하지 못하며 멈추려고 하면 멈추지 못한다. 매사 재발하는 것을 방지해야 하고 예측하지 못했던 일이 발생하는 것을 방지해야 한다.

❷ 간상신에서 일간을 생하고 삼전에 삼기가 보이니 흉을 만나더라도 흉하지 않고 길을 만나면 더욱 길하다.
❸ 오월(午月)에 午를 취득하고 연명에 다시 왕신이 임하면 반드시 뜻밖의 복이 갑자기 찾아 온다. 그러나 아쉽게도 丑午가 육해를 하고 子午가 충을 하니 아름다운 가운데에서 조금의 부족이 생기는 것을 면하지 못한다.

○ 날씨 : 바람과 비가 조화로워서 금년에 풍작이 들고 풍요롭다.
　→ 삼전의 천반이 수국이고 둔반이 연주삼기이니 바람과 비가 조화로워서 금년에 풍작이 들고 풍요롭다.
○ 가정 : 가택은 길하고 사람은 편안하다. 과수원에 공터가 있다.
　→ 일간은 사람이고 일지는 가택이다. 지상에 일덕 寅이 임하니 가택이 길하고, 간상에 왕성한 일록이 임하니 사람이 편안하다. 밤 정단에서 지상에 천공이 타고 있으니 과수원에 공터가 있다.
○ 혼인 : 길하다. 다만 시부모가 기뻐하지 않는 것을 대비해야 한다.
　→
일간은 남자이고 일지는 여자이다. 기궁과 일지가 상합하고 간상과 지상이 상합하며 다시 중전이 우녀상회이니 혼인이 길하다. 다만 지상의 寅과 제2과상신 巳가 상형하니 시부모가 기뻐하지 않는 것을 대비해야 한다. ● 낮 정단에서는 지상에 주작이 타고 밤 정단에서는 지상에 천공이 타니 좋은 가운데에서 흠이 있다.
○ 임신·출산 : 안전하다.
　→ 일간은 태아이고 일지는 임신부이다. 기궁과 일지가 상합하고 간상과 지상이 상합하니 임신정단을 하면 안전하고, 출산정단을 하면 난산이다. 일간의 음양이신이 1양2음이니 아들이고, 삼전이 1양2음이니 다시 아들이며, 삼전이 연주삼기이니 다시 아들이다.

○ **구관** : 여름 정단 및 연명상신이 일간을 생하는 사람은 반드시 공명을 이룬다.
→ 여름에 정단하면 간상의 일록에서 일간을 생하니 공명을 이루고, 연명이 午와 未이면 그 상신 巳와 午에서 일간을 생하니 다시 공명을 이룬다. ● 관성은 관직이다. 지상의 寅이 득지(得地)하니 관직이 탄탄하고, 삼전이 연주삼기이니 공명을 이룬다. ● 이와 같으므로 고시를 정단하면 합격한다.

○ **구재** : 뜻을 이룬다.
→ 일록과 재성은 재물이다. 간상에 왕록이 임하고 삼전에 두 재성이 임하니 뜻을 이룬다.

○ **알현** : 뜻밖의 만남이 있다.
→ 삼전이 연주삼기이니 뜻밖의 만남이 있다.

○ **질병** : 주로 구토와 구역질이다. 나은 뒤에 재발을 방지해야 한다.
→ 재성은 음식이다. 삼전이 재국이니 주로 구토와 구역질이다. 네 묘신(辰戌丑未)이 네 맹신(巳亥寅申)에 임하니 나은 뒤에 재발을 방지해야 한다. ● 의약신인 申酉가 공망되었으니 치료할 수 없다. 다만 신년, 신월, 신월장 기간에 정단에서는 공망이 풀리니 치료할 수 있다. 의약신이 酉戌에 임하니 정서방과 서북방에서 의약을 구하면 된다.

○ **유실** : 잡기 어렵다.
→ 현무가 말전에 임하고 있으니 잡기 어렵다.

○ **출행** : 여름에 남방으로 가는 것이 좋고 반드시 흡족해한다.
→ 수의 오행인 재국이 지나치게 왕성하니 균형을 맞추기 위해 일간이 왕성해지는 여름에 남방으로 가는 것이 좋고 반드시 흡족해한다.

○ **귀가** : 속히 온다.
→ 말전은 귀가 출발시기, 중전은 중도, 초전은 집 근처, 일지는 집

이다. 말전 亥 ⋯ 중전 子 ⋯ 초전 丑 ⋯ 지상 寅으로 이어지니 속히 온다.

O **쟁송** : 주로 구설과 사기로 인한 쟁송이다. 화해하는 것이 좋다.
→ 일간은 나이다. 간상에 낮 정단에서는 천공이 타고 있으니 사기로 인한 쟁송이고, 밤 정단에서는 주작이 타고 있으니 구설로 인한 쟁송이다. 간지와 그 상신이 삼합하고 있으니 화해하는 것이 좋다.

O **전투** : 주야 모두 이롭다. 이익은 많고 손실은 적다.
→ 일간은 아군이고 삼전은 전투과정이다. 간상에 일록이 임하고 삼전이 연주삼기이니, 주야 모두 이로워서 이익은 많고 손실은 적다.

□ 『**필법부**』: 〈제42법〉 삼전에서 삼기를 만나면 존숭해진다. 군자가 정단하면 일품의 높고 귀한 벼슬아치가 되고 의정부에 들어간다.
〈제7법〉 왕록이 일간에 임하면 망령된 행동을 하면 안 된다.

□ 『**과경**』: 酉가 순수인 戌 위에 있고 낮에는 현무가 타고 있으니 폐구이다.

□ 『**수중금**』: 丑子亥가 묘신으로 들어가서 소장하는 상태이니 관직자가 진급에 관심이 없다.

□ 『**심인부**』: 일상신과 본명상신이 서로 생합하면 기쁨과 복이 온다. 다시 말하기를 子와 丑이 서로 가하면 일이 반드시 성사되고 다시 길장을 만나면 유쾌해진다.

己卯일 제 3 국

공망 : 申·酉
낮 : 왼쪽 천장, 밤 : 오른쪽 천장

	乙	○	癸
	后 亥 玄	玄 酉 后	白 未 蛇
	丑	亥	酉 ○
	辛	己	丁	乙
	青 巳 合	合 卯 青	蛇 丑 白	后 亥 玄
	己 未	巳	卯	丑

己卯巳 合青	庚辰午 勾勾	辛巳未 青合	壬午申 空朱 ○
戊寅辰 朱空			癸未酉 白蛇 ○
丁丑卯 蛇白			○申戌 常貴
丙子寅 貴常	乙亥丑 后玄	甲戌子 陰陰	○酉亥 玄后

□ **과체** : 섭해, 퇴간전(시둔), 구추, 용전 ∥ 복덕(공망), 맥월, 육음, 귀색 귀호(낮), 귀인공망(밤).

□ **핵심** : 일간에는 역마가 임하고 지상에는 정마가 임하니 잠시도 멈추지 않는다. 삼전은 현무와 탈기와 공망과 패신이다. 음이 극에 이르면 양이 발생한다.

□ **분석** : ❶ 일간에는 일지의 역마가 타고 일지에는 순의 정마가 타고 있어서 역마가 움직이고 丁이 뒤따르니 한번 움직이기로 결정하였다면 잠시도 멈추지 않는다.

❷ 중전의 酉에 현무가 타서 일간의 기운을 훔치고 다시 갑술순의 공망이며 일간 己의 패신이니 흉에 이른다. 사물이 극에 이르면 반대로 변하거나 혹은 음이 끝나고 양이 살아난다. 이 과에서 未가 酉에 가하니 이런 설이 있는 것이다. 나머지에서는 그렇지 않다.

※ 패신 : 수토동궁을 적용하여 酉를 일간의 패신으로 보았다. 이 설에 의하면 戊己와 壬癸의 패신은 모두 酉이다.

□ **정단** : ❶ 섭해과이고 극음격이다.

❷ 그리고 己卯일에서 丑이 일지에 가하여 발용이 되면 구추격이다.

戊己는 북극성이 하강하는 날이고 卯는 양이 성하고 음이 끊기는 날이니 형살이 바르지 못하여 만물이 엉키고 상하가 머뭇거려서 재앙이 많다. 하물며 섭해과이니 어려움을 오랫동안 겪는다.

❸ 용전이니 사람의 마음에 의혹이 많고 극음이니 한 치(3.3cm) 전진하고 한 자(30cm) 물러나야 하는데 만약 전진하면 일이 어긋난다.

❹ 그러나 간상신이 일간을 생하니 윗분이 나를 찾아와서 나에게 도움을 주니 나는 힘들지 않다. 그러나 말전이 공망되었으니 시작은 있지만 결과는 적다.

○ 날씨 : 오랫동안 흐리고 장맛비가 내린다.
→ 과전이 육음이고 삼전에 亥수와 癸수가 임하니 오랫동안 흐리고 장맛비가 내린다.

○ 가정 : 가족은 많고 집은 좁다. 가정이 어둡고 밝지 못하다.
→ 일간은 사람이고 일지는 가정이다. 간상의 巳에서 일지를 설기하여 일간을 생하니 가족은 많고 집은 좁다. 과전이 육음이고 삼전이 시둔이니 가정이 어둡고 밝지 못하다. ● 지상의 丑에 낮 정단에서는 등사가 타고 있으니 괴이한 일이 발생하고, 밤 정단에서는 백호가 타고 있으니 환자가 발생한다.

○ 혼인 : 적합하다. 좋은 가운데에서 부족이 있다.
→ 일간은 남자이고 일지는 여자이다. 기궁이 일지와 상합하고 간상이 지상과 상합하니 적합하지만 자손효가 공망되어 자손이 귀하니 좋은 가운데에서 부족이 있다. 그리고 구추격이니 미모에 흠이 있고 흉하다.

○ 임신·출산 : 딸이다. 난산이다.
→ 일간은 태아이고 삼전은 태아가 형성되는 과정이다. 일간의 천

지반이 모두 양이니 딸이고, 하극상 발용이니 다시 딸이며, 삼전에 음기가 강하니 또다시 딸이다. 기궁이 일지와 상합하고 간상이 지상과 상합하여 태아와 임신부가 결합하는 상이니 난산이다.

○ **구관** : 연명이 巳인 사람은 더욱 길하다.

→ 청룡은 문관이고 역마는 승진의 신이다. 낮에 정단하면 청룡이 간상의 역마에 타서 일간을 생하니 길하다. 특히 연명이 未인 사람은 그 상신이 이와 같아서 길신이 중복되니 더욱 길하다. ● 그러나 과전이 육음이고 중·말전이 패신과 폐구가 겹쳐 있으며 다시 공망되었으니 관로가 원대하지 못한 흠이 있다.

○ **구재** : 얻는다.

→ 청룡과 재성은 재물이다. 낮 정단에서는 간상의 청룡승신에서 일간을 생하고 다시 초전이 재성이니 재물을 얻는다. 그러나 밤 정단에서는 현무가 재성에 타고 있으니 흉하다.

○ **질병** : 복통으로 놀라지만 무방하다.

→ 丑은 배(腹)이다. 일지에서 丑이 지반의 卯목으로부터 극을 당하여 복통으로 놀란다. 그러나 제2과의 卯목을 간상에서 설기하여 일간을 생하고 다시 중전과 말전이 공망되었으니 무방하다. ● 일간은 환자이고 일지는 질병이다. 기궁이 일지와 상합하고 간상이 지상과 상합하니 질병이 쉽게 물러나지 않는다.

○ **유실** : 잡기 어렵다.

→ 낮 정단에서는 현무가 중전에서 공망되었으니 잡기 어렵고, 밤 정단에서는 현무음신이 중전에서 공망되었으니 역시 잡기 어렵다.

○ **출행** : 이롭지 않다.

→ 삼전은 여정이다. 중전과 말전이 공망되었으니 이롭지 않다.

○ **귀가** : 축일(丑日)과 사일(巳日)에 온다.

→ 원행은 발용과의 삼합일에 오니 묘일(卯日)이나 미일(未日)에 귀가하고, 근행은 발용과의 육합일에 오니 인일(寅日)에 귀가한다.

○ **쟁송** : 풀리기 어려워서 고등법원에 이른다.
 → 섭해과이고 육음격이며 시둔격이니 풀리기 어려워서 고등법원에 이른다.
○ **전투** : 적군의 움직임이 있을 것에 대비해야 한다.
 → 일간은 아군이고 일지는 적군이다. 지상에 정마가 임하니 적군의 움직임이 있을 것에 대비해야 한다.

□ 『**필법부**』: 〈제29법〉 식구는 많고 거주하는 집은 좁다. 넓고 큰 가택으로 옮겨서는 절대로 안 된다.
 〈제92법〉 청룡이 생기에 가하면 길한 작용이 늦게 나타난다.
□ 『**과경**』: 6월의 낮에 정단하여 청룡이 일간을 생하는 신에 타고 다시 월내의 생기이다. 만약 군자가 사람들에게 덕을 베풀면 서서히 복을 받는다.
□ 『**관월경**』: 네 날(子午卯酉) 5일(乙丁己辛癸)에 정단하면 '구추'로서 흉하다. 그러나 월장 대길(丑)이 사중(子午卯酉)에 가하더라도 삼년과 삼월에는 대흉이 발생하지 않는다.

己卯일 제 4 국

공망 : 申·酉 ○
낮 : 왼쪽 천장, 밤 : 오른쪽 천장

丙	○	壬	
貴 子 勾	玄 酉 蛇	空 午 陰	
卯	子	酉	○

庚	丁	丙	○
勾 辰 常	蛇 丑 青	貴 子 勾	玄 酉 蛇
己 未	辰	卯	子

戊寅巳朱	空	己卯午合	庚辰未勾	常	辛巳申青	玄
蛇 丁丑辰	青				空 壬午酉	陰○
貴 丙子卯乙	勾				白 癸未戌	后
后 亥寅	合	陰 甲戌丑	朱	玄 酉子	蛇	常 申亥	貴

□ **과체** : 요극, 탄사, 삼교, 여덕(낮), 이번∥형상, 귀인공망(밤), 복덕(공망), 교차육해(피차시기), 삼전불행전, 참관, 신장·귀등천문(밤).

□ **핵심** : 간상의 辰을 지키면 액과 장애가 생기고 움직이면 요극을 만다. 중전과 말전이 모두 공망되었으니 우환과 의혹이 풀린다.

□ **분석** : ❶ 간상의 辰은 오행 수·토의 묘신이다. 묘신을 지키면 묘가 일간을 덮고 있으니 액과 장애를 만나 불통한다.
❷ 움직이면 지상의 子가 재성이지만 귀인과 구진 두 토로부터 협극 당하니 비록 재물은 있지만 자신이 쓸 수 있는 재물이 아니다.
❸ 중전과 말전으로 가면 두 전이 모두 공망되었으니 우환과 의혹을 푸는 일에서 이롭다. 만약 좋은 일로 정단하면 이른바 뜬구름 잡는 소리가 되듯이 실상이 전혀 없어서 모든 일에서 이루는 것이 없다.

□ **정단** : ❶ 탄사격이다.
❷ 그리고 삼전이 모두 사중이니 '삼교격'이 되어 모든 일에서 요동치고 타인과의 정은 멀어진다.
❸ 탄사는 움직인 쪽은 유리하고 가만히 있는 쪽은 불리하며, 처음

은 이롭고 나중은 불리하다.
❹ 말전에서 午가 酉에 가하니 '사교(死交)'가 되어 모든 일에서 기개를 잃고 장애물이 생겨서 성공하지 못한다.
❺ 일지와 일간이 서로 해하니 흉이 중하고 유력하다. ❻ 다행히 삼전이 공망되어 화살촉과 총알을 잃었으니 화와 복이 모두 불성한다. ❼ 그리고 일수와 월수가 사중[子午卯酉]에 가하고, 두강[辰]이 丑이나 未에 임하며, 행년이 卯나 酉이면 '천지이번'이라고 하여 재앙이 작지 않다.

○ 날씨 : 비가 오기를 구하는 정단을 하면 비가 오지 않고, 맑은 날씨를 구하는 정단을 하면 맑지 않다.
　→ 비가 오기를 구하는 정단을 하면 중전과 말전이 공망되었으니 비가 오지 않고, 맑은 날씨를 구하는 정단을 하면 초전이 子수이고 말전 둔반이 壬수이니 맑지 않다.
○ 가정 : 나와 가택이 불안하니 토신에 기도해야 한다.
　→ 일간은 나이고 일지는 가택이다. 일간에는 묘신이 임하고 일지는 상하가 상형하며 일간과 일지가 교차육해하여 나와 가택이 불안하다. 낮 귀인 子는 卯에 임하여 여덕이고 밤 귀인 申은 공망되어 귀수(鬼祟)가 있으니 토신에 기도해야 한다.
○ 혼인 : 불길하다.
　→ 기궁과 일지가 상합하고 간상과 지상이 상합하니 길해 보인다. 그러나 요극과이니 불길하다. 그리고 일간은 남자이고 일지는 여자인데 일간과 일지가 교차육해이니 다시 불길하다. 또한 일간에 묘신이 임하고 일지의 상하가 삼형이니 다시 불길하다.
○ 임신·출산 : 부실을 방지하고 또한 난산을 방지해야 한다.
　→ 자손효는 자녀이다. 일간의 자손효인 酉가 중전에서 공망되어 있

고 또한 태신 子의 상하가 삼형이니 부실을 방지해야 한다. 그리고 기궁과 일지가 상합하고 간상과 지상이 상합하니 난산을 방지해야 한다.

○ **구관** : 고위직 공무원은 승진하고 하급 공무원은 그렇지 않다.
→ 낮에 정단하면 천을귀인이 묘에 임하니 여덕이다. 여덕은 고위직 공무원은 승진하고 하급 공무원은 그렇지 않다. 그리고 요극과이고 삼교격이며 중전과 말전이 공망되었으니 관로가 밝지 않다.

○ **구재** : 노력하지만 결국 무익하다.
→ 요극과이니 노력하지만 결국 무익하다. 그리고 재성은 재물이다. 초전의 재성이 지반과 삼형이어서 파손된 재물이고 다시 중전과 말전이 공망되었으니 역시 결국 무익하다.

○ **질병** : 여름과 토왕절에 정단하면 무사하다. 그러나 가을과 겨울에 구병을 정단하면 대흉하다.
→ 여름과 토왕절에 정단하면 일간이 왕성하고 또한 간상의 묘신이 왕성하여 창고가 되니 무사하다. 그러나 가을과 겨울에 구병을 정단하면 일간이 쇠약하고 간상의 묘신이 작용하니 대흉하다. ● 일간은 환자이고 일지는 질병이다. 기궁과 일지가 상합하고 간상과 지상이 상합하여 병이 몸을 벗어나지 않는 상이지만 중전과 말전이 공망되었으니 무방하다.

○ **유실** : 찾기 어렵다.
→ 초전의 재성이 상하 형을 하고 중전과 말전이 공망되었으니 찾기 어렵다.

○ **출행** : 나쁘다.
→ 요극과이니 나쁘고, 묘신이 일간에 임하니 나쁘며, 삼전이 공망되었으니 다시 나쁘다.

○ **귀가** : 오지 않는다.
→ 말전과 중전이 공망되었으니 오지 않는다.

○ 쟁송 : 풀려서 사라진다.
→ 중전과 말전이 공망되었으니 쟁송이 풀려서 사라진다. 그리고 기궁과 일지가 상합하고 간상과 지상이 상합하니 합의가 가능하다.
○ 전투 : 낮 정단에서는 천리의 영토를 개척하고, 밤 정단에서는 병사가 다친다.
→ 낮 정단에서는 초전의 재성에 길장인 귀인이 타고 있으니 천리의 영토를 개척하고, 밤 정단에서는 초전의 재성에 흉장인 등사가 타고 있으니 병사가 다친다.

□ 『필법부』 : 〈제64법〉 부부가 음란하여 각기 사통하는 일이 생긴다. 반드시 사적으로 간통하여 부부 불화의 뜻이 있다.
〈제76법〉 서로 시기하여 모두에게 화가 미친다. 교차육해는 내가 먼저 타인을 해치려고 뜻을 세우면 타인이 먼저 나를 해친다.
□ 『과경』 : 3월 15일이고 월장은 酉이고 점시는 子이다. 남자의 행년은 子이고 일수인 酉가 子에 임하고 두강(辰)이 未에 임하니 '천번격'이다. 그리고 여자의 행년은 午이다. 월수인 卯가 午에 임하고 천강(辰)이 未에 임하니 지번격이다. 덕의 기운이 안에 있고 형의 기운이 밖에 있어서 천지가 뒤바뀌니 근심이 지대하다.

己卯일   제 5국

공망 : 申·酉 ○
낮 : 왼쪽 천장, 밤 : 오른쪽 천장

	癸	己	乙
	白 未 后	合 卯 白	后 亥 合
	亥	未	卯

己	乙	乙	癸
合 卯 白	后 亥 合	后 亥 合	白 未 后
己 未	卯	卯	亥

丁 蛇 丑 巳	戊 朱 寅 午	己 空 卯 未	庚 勾 辰 申 ○
丙 貴 子 辰			辛 青 巳 酉 ○ 玄
乙 后 亥 卯 合			壬 空 午 戌 陰
甲 陰 戌 寅	○ 玄 酉 丑 朱	○ 蛇 申 子 常 貴	癸 白 未 亥 后

□ **과체** : 섭해, 곡직, 일녀, 불비, 백화(魄化), 비혼(飛魂) // 상문난수, 회환, 육음, 맥월, 최관부(밤), 살몰, 사묘加장생.

※ 백화격 : 백호가 월신살인 사신이나 사기에 해당되어 일·진·행년·발용이 되면 이 격이다. 비혼격 : 비혼살이 행년이나 일진에 임하여 발용이 되면 이 격이다.

□ **핵심** : 일지가 간상으로 와서 일간을 극하니 흉을 벗어날 수 없다. 낮 정단에서는 귀인에게 부탁하지 않아야 하고, 밤 정단도 마찬가지이다.

□ **분석** : ❶ 卯가 간상으로 와서 일간을 극하니 '상문난수'인데 일간이 제극을 당하니 극을 감당할 수 없다.

❷ 삼전의 亥卯未가 사과를 떠나지 않으니 이를 벗어날 길이 없으며 일이 연루되어 끝나지 않는다.

❸ 낮 귀인 子가 辰에 임하여 이미 수감되었고, 밤 귀인 申이 子에 임하여 함몰되었다. 낮 귀인과 밤 귀인이 서로 가하니 귀인을 만나 부탁하는 일에서 헛수고를 하고 무익하다.

□ **정단** : ❶ 섭해과이고 곡직격이다. 모든 일에서 난제가 생겨서 지체

된다. 행하려고 하지만 행하지 못하고, 먼저는 곧고 나중은 굽는다. 치밀하게 계획하면 승리하고 엉성하게 계획하면 패한다. 다행히 己일의 뿌리가 튼튼하니 봄 정단에서는 더욱 좋다.

❷ 사과가 불비이고 다시 삼전에서 천후와 육합을 만나니 반드시 음란으로 인해 어두운 일이 생긴다.

❸ 일지가 일간을 극하는 '상문난수'는 바르지 못한 사악으로서 하에서 상을 치는 상이다.

❹ 만약 겨울과 여름의 중월[午월]에 만나서 백호가 행년으로 들어가면 '비혼백화(飛魂魄化)'가 되어 더욱 흉한 재앙이 닥치니 정단하는 사람은 이것에 신중을 기해야 한다.

○ 날씨 : 바람이 많이 불고 흐리며 비가 온다.
→ 과전이 목국이니 바람이 많이 불고 초전에는 癸수가 임하고 말전에는 천후가 亥수에 타고 있으니 비가 온다.

○ 가정 : 봄에 정단하면 수목이 많고 길하다. 가을에 정단하면 불리하고 간음으로 인해 밝지 못한 일을 방지해야 한다.
→ 봄에 정단하면 과전이 목국이니 수목이 많고 왕성하니 길하다. 그러나 가을에 정단하면 목국이 쇠약하니 불리하다. 낮에 정단하면 간상에는 육합이 타고 지상에는 천후가 타서 교동이 되니 음란하고, 밤에 정단하면 초전에는 천후가 타고 말전에는 육합이 타서 일녀가 되니 음란하다. 따라서 가정에서 간음을 방지해야 한다. ● 일간은 부모이고 일지는 자녀이고 일간은 남편이고 일지는 아내이다. 일지가 간상으로 와서 일간을 극하니 자녀나 아내가 해를 입히는 것을 방지해야 한다.

○ 혼인 : 나쁘다.
→ 일간은 나이고 일지는 상대이다. 일지가 간상으로 와서 일간을

극하니 상대가 나에게 해를 입히는 상이니 혼인이 나쁘다. 또한 사과가 불비이며 다시 낮에는 사과에서 육합과 천후를 만나고 밤에는 삼전에서 천후와 육합을 만나 남녀가 음란하니 혼인이 나쁘다.

○ **임신·출산** : 유산을 방지해야 한다.

→ 태신은 태아이다. 태신인 子가 子의 묘신인 辰에 임하니 유산을 방지해야 한다. 또한 과전의 모든 곳에서 일간을 극하니 태아의 건강이 우려된다.

○ **구관** : 고위직에 오르는 것을 희망하면 오른다. 겨울과 봄 정단에서는 더욱 길하다.

→ 일간의 상하와 일지의 상하가 각각 삼합하여 관성국을 형성할 뿐만 아니라 다시 삼전이 관성국을 이루어서 관성이 왕성하니 승진한다. 만약 봄과 여름에 정단하면 목국이 더욱 왕성해지니 더욱 길하고, 연명이 酉나 戌이면 그 상신이 인성인 巳와 午이니 더더욱 길하다.

○ **구재** : 작다. 재물로 인해 재앙이 생기는 것을 방지해야 한다.

→ 재성은 재물이다. 재성이 귀살로 변화하니 작은 재물이고 재물로 인해 재앙이 생기는 것을 방지해야 한다.

○ **질병** : 주로 전염성 질병이다. 밤 정단에서는 백호가 일간에 임하니 귀살의 흉이 심하다.

→ 오행의 목은 공기와 바람을 뜻한다. 이러한 성향의 목이 국을 이루어서 일간을 극하니 주로 전염성 질병이다. 밤에 정단하면 백호가 귀살에 타서 일간을 극하니 대흉하다. ● 의약신인 申酉가 공망되었으니 치료할 수 없다. 다만 신년, 신월, 신월장 기간에 정단에서는 공망이 풀리니 치료할 수 있다. 의약신이 子丑에 임하니 정북방과 동남방에서 의약을 구하면 된다.

○ **유실** : 잡기 어렵다.

→ 현무는 도둑이다. 과전에 현무가 없으니 잡기 어렵다.

○ **출행** : 사람을 만나러 가면 길하고, 원행하면 장애가 생긴다.
→ 일간과 일지가 상합하니 사람을 만나러 가면 길하다. 삼전은 여정이다. 삼전이 귀살국을 형성하여 일간을 극하니 원행하면 장애가 생긴다. 특히 해월과 자월에 정단하면 귀살인 卯가 사신과 사기에 해당하니 대흉하다.

○ **귀가** : 즉시 귀가한다.
→ 삼전이 사과로 되돌아오는 회환격이니 즉시 귀가한다.

○ **쟁송** : 주로 재물로 인한 쟁송이다. 연루되어 해결되기 어렵다.
→ 과전의 재성이 귀살을 생하니 재물로 인한 쟁송이다. 삼전이 사과로 되돌아오는 회환격이며 또한 사과와 삼전이 귀살국을 형성하여 일간을 극하니 쟁송에 연루되어 해결되기 어렵다.

○ **전투** : 밤 정단에서는 불길하다.
→ 일간의 귀살에 백호가 타서 일간을 극하기 때문이다.

□ 『**필법부**』 : 〈제40법〉 천후와 육합은 혼인 정단에서 중매인을 쓰지 않아도 된다.
〈제91법〉 백호가 일간에 임하면 귀살의 흉한 작용이 매우 빠르게 나타난다.

□ 『**수중금**』 : 비혼과 상백은 집산과 왕래의 신이다. 만약 일진과 행년 위에 이것이 보이고 다시 백호가 삼전에 들며 월내의 생기가 보이지 않으면 건강한 사람은 쇠해질 우려가 있고 병자는 사망할 우려가 있다.

□ 『**정와**』 : 己일에는 나무가 흙에 뿌리를 박으므로 뿌리가 튼튼하다. 일간의 관귀효를 대략 논하면 군자는 길하고 소인은 흉하다.

己卯일 제 6 국

공망 : 申·酉 ○
낮 : 왼쪽 천장, 밤 : 오른쪽 천장

甲	辛	丙
朱 戌 朱	白 巳 玄	貴 子 勾
卯	戌	巳

戌	○	甲	辛
陰 寅 空	合 酉 蛇	朱 戌 朱	白 巳 玄
己 未	寅	卯	戌

丙子巳 貴	丁丑午 勾	戊寅未 陰	己卯申○ 空 白
乙亥辰 蛇	合		庚辰酉○ 常 常
甲戌卯 朱	朱		辛巳戌 白 玄
○酉寅 合	○申丑 蛇 勾	癸未子 貴 青 后	壬午亥 空 陰

□ **과체** : 중심, 참관 // 일덕, 육의, 태수극절.

□ **핵심** : 중전의 생기는 子와 戌을 수용하지 못한다. 일간이 관귀의 옆에 있으니 화에게 공이 있다.

□ **분석** : ❶ 중전의 巳화가 己토를 생한다. 그러나 중전의 巳가 초전 戌의 묘지에 앉아 있고 다시 말전 子로부터 극을 당하니 앞뒤를 수용할 수 없다.

❷ 간상의 寅이 비록 일간의 귀살이지만 지금 일간 위에 임하여서 오히려 묘신인 戌을 극하여 묘지를 깨트리고 子의 기운을 탈기하여 巳로 하여금 안정을 시키니, 일간을 생하는 공로가 巳에 있는 것이지 寅에 있는 것이 아니다.

□ **정단** : ❶ 중심과는 모든 일이 내가 원하는 대로 이루어지지 않고, 중간에 어려움을 겪은 뒤에 내 뜻을 이룬다.

❷ 그리고 戌이 일지에 가한 뒤에 발용이 되어 '참관격'을 이루니 피난과 도망에 이로우며 안거하는 상은 아니다.

❸ 간상의 寅은 일간의 귀살이고 다시 일덕이니 선도 되고 악도 되어 두 갈래의 갈등에 끼어 있다. 바르게 처신하면 복을 받고 경거망

동하면 손해를 입는다.
❹ 주작이 가택 위에 나란히 임한 뒤에 발용이 되니 문서와 구설수를 초래할 우려가 있다.
❺ 다행히 주작이 일간의 묘신에 드니 충이 없더라도 편안하게 거처할 수 있다. 만약 관직자가 정단하면 기뻐서 흥분한다.

○ **날씨** : 오랫동안 태양을 보지 못한다. 바람이 불고 비가 온다.
→ 초전이 戌이니 구름이 낀다. 중전이 巳이니 무지개가 뜨고 낮에는 백호가 타니 바람이 분다. 말전이 子이니 적은 비가 온다. 따라서 오랫동안 태양을 보지 못한다.

○ **가정** : 식구가 화목하지 않은 것과 화재를 예방해야 한다.
→ 일지 卯가 일간 己를 극하고 간상 寅이 지상 戌을 극하며 지상의 둔반 甲이 간상의 둔반 戊를 극하니 가족이 화목하지 않은 것을 예방해야 한다. 주작은 화의 천장으로서 화재를 주관한다. 이러한 주작이 지상에 임하니 가택에 화재가 발생하는 것을 방지해야 한다.

○ **혼인** : 먼저는 어렵고 나중은 기쁘다.
→ 일간은 나이고 일지는 상대이다. 비록 일간이 일지를 극하고 간상이 지상을 극하며 지상의 둔반이 간상의 둔반을 극하니 먼저는 어렵고, 기궁이 일지와 상합하고 간상이 지상과 상합하니 나중에는 기쁘다. 특히 간상에 일덕이 있으니 길하다.

○ **임신·출산** : 태신이 절신에 임했고 태아와 임신부는 충극한다. 첩이 임신한 태아가 손상되는 것을 방지해야 한다.
→ 일간의 태신인 子가 子의 절신인 巳에 임하니 낙태되는 상이다. 그리고 일간은 태아이고 일지는 임신부이다. 간상이 지상을 극하고 지상의 둔반이 간상의 둔반을 극하니 임신부와 태아 모두 위험하다. 그리고 육합과 자손효는 모두 자녀이고 酉는 첩이다. 일간음신

에서 육합이 자손효인 酉에 타고서는 공망되었으니 첩이 임신한 태아는 낙태된다.

○ **구관** : 성공한다.
→ 간상에 관성과 일덕이 임하고 초전이 육의이며 중전에서는 주인격을 형성하니 성공한다.

○ **구재** : 재물을 얻는다. 교역과 장사를 해서 성공한다.
→ 재성은 재물이다. 초전은 처음이고 중전은 중간이며 말전은 나중이다. 재성이 말전에 있으니 나중에 성공한다.

○ **질병** : 입으로 구토한다. 수족을 들지 못하지만 무방하다.
→ 일간은 환자이고 일지는 병증이다. 일지의 상하가 戌과 卯이니 중풍이다. 중풍의 초기에는 입으로 구토하고 나중에는 수족을 들지 못한다. ● 말전에서 子가 巳에 가하여 죽을 '死' 글자가 형성되니 중증인 경우에는 사망한다. ● 낮에 정단하면 백호가 일간의 부모효인 巳에 타서 묘신인 戌에 임하니 생명이 위험하다. ● 치료법 : 의약신인 申酉가 공망되었으니 치료할 수 없다. 다만 신년, 신월, 신월장 기간에 정단에서는 공망이 풀리니 치료할 수 있다. 의약신이 丑寅에 임하니 서북방에서 의약을 구하면 된다.

○ **유실** : 술월에 찾으면 된다. 도둑을 잡아 반드시 물건을 되찾는다.
→ 술월(戌月)에는 일간의 묘신인 戌이 창고가 되니 술월에 찾으면 된다. 그리고 재성은 재물이다. 말전에 재성이 임하니 물건을 되찾는다.

○ **출행** : 우환을 피하는 일에서 이롭다.
→ 과전에 辰이나 戌이 임하면 '참관격'이다. 辰이나 戌이 과전에 들고 寅이 간상에 임하고 子가 말전에 임하며, 태음이 간상에 타고 있고, 백호는 중전에 타고 있으며, 천을귀인이 말전에 타고 있어서 '진참관격'이니 우환을 피하는 일에서 더욱 길하다.

○ **귀가** : 인일(寅日)이나 오일(午日)에 온다.

→ 초전이 戌이니 인일(寅日)이나 오일(午日)에 온다.
※ 『육임직지』 원문에서는 "신일(申日)에 온다."고 하였다.
○ 쟁송 : 서너 곳의 법원을 거쳐야 한다.
→ 중심과이니 서너 곳의 법원을 거쳐야 한다.
○ 전투 : 더욱 엄하게 호령하면 정복하지 못할 곳이 없다.
→ 일간은 아군이고 일지는 적군이다. 간상의 寅에서 지상의 戌을 극하니 엄하게 호령하면 정복하지 못할 곳이 없다.

□ 『필법부』 : 巳가 戌에 앉아 있고 낮에는 백호가 묘신에 타고 있으니 부모의 무덤에 흰개미가 생기고 만약 살아계시면 질병이 있다.
→ 『대육임필법부』 95-8법 백의식시격(白蟻食尸格)에서는 "일간의 장생에 백호가 타고 이 장생이 장생의 묘신에 앉으면 부모님 묘지 속에 흰개미가 생긴다."고 하였다. 또한 "만약 부모님이 병환 중인데 다시 월내의 사기나 사신이면 부모님이 병으로 필사한다."고 하였다.
□ 『신장론』 : 주작이 남방이면 문서를 방지해야 한다. 辰과 戌이 나망에 들면 어긋나고 잃게 된다.
□ 『백련금』 : 중심과는 주(主)에게 유리하고 나중에 거동하는 쪽이 형통하다. 주작이 발용이 되면 병사들이 놀란다. 주작과 천공과 태음이 간지에 가하면 서로의 속임수가 매우 심하다.

갑술순 | 기묘일 | 7국

己卯일 제 7국

공망 : 申·酉 ○
낮 : 왼쪽 천장, 밤 : 오른쪽 천장

己	○	己
玄 卯 白	合 酉 蛇	玄 卯 白
酉 ○	卯	酉 ○

丁	癸	○	己
后 丑 青	青 未 后	合 酉 蛇	玄 卯 白
己 未	丑	卯	酉 ○

乙亥蛇 子巳	丙 貴 子 午	丁 后 丑 未	戊 寅 申 ○
甲戌辰 朱 朱			陰 己 卯 酉 ○ 玄 白
○ 酉卯 合 蛇			庚辰戌 常 常
○ 申寅 勾 貴	癸未丑 青 后	壬午子 空 陰	辛巳亥 白 玄

- □ 과체 : 반음, 무의, 삼교(불성), 구추∥복덕(공망), 가귀, 용전, 회환, 맥월, 착륜, 삼전개공, 고진과수.
- □ 핵심 : 가득 찬 귀살이 공망되었으니 흉을 당하더라도 흉이 되지 않고, 여름의 밤에는 귀살인 酉가 걱정되지만 화마는 괜한 걱정일 뿐이다.
- □ 분석 : ❶ 초전의 卯는 일간의 귀살이고 지상과 중전의 酉는 일지의 귀살이다. 지금 酉는 갑술순의 공망이고 卯가 다시 공망에 앉으니 비록 두렵지만 오히려 두려움이 모두 사라진다. 언뜻 쳐다보면 흉하지만 실제로는 흉이 되지 않는다.

❷ 밤 정단에서는 등사가 酉에 타서 가택에 임하여 가택을 극한다. 여름에 정단하면 酉가 화귀이니 화재를 방지해야 한다. 그러나 이미 낙공이어서 화마에 괜히 놀랄 뿐이니 두려워하지 않아도 된다.

- □ 정단 : ❶ 반음과 무의격에서 卯와 酉가 서로 가하여 발용이 되었으니 모든 일에서 온화하지 않다. 가족과의 정은 뒤집히고 가까운 사람과는 반드시 멀어지고 합쳤던 사람과는 이별한다.

❷ '삼교격'이고 '구추격'이니 앞으로 나아갈 수가 없고 뒤로는 의지

할 곳이 없다. 만물이 엉켜 있으니 모든 꾀하는 일에서 불리하다.
❸ 현무·육합·등사·백호가 입전하니 도적과 간음과 놀람·질병·소송이 있지만 삼전이 모두 공망되었으니 실재하지 않는다.

○ **날씨** : 갑자기 흐리고 갑자기 맑다. 낮에 정단하면 짙은 구름이 끼지만 비가 오지 않고, 밤에 정단하면 번개가 치며 태풍이 분다.
→ 반음과는 변덕스러운 날씨를 보인다. 초전의 둔반이 己토이니 갑자기 흐리고, 오행의 수를 생하는 중전의 酉가 공망되었으니 갑자기 맑다. 낮에 정단하면 초전과 말전의 둔반에 己토가 임하니 짙은 구름은 끼지만 비가 오지 않고, 밤에 정단하면 초전과 말전에 백호가 타고 있으니 태풍이 분다. 그리고 초전과 말전이 진괘에 해당하는 卯이니 번개가 친다.

○ **가정** : 출입문이 흔들리니 수리하고 바꿔야 한다.
→ 일지 卯는 앞문이고 지상 酉는 후문이다. 상하로 충하고 좌우로 충하여 출입문이 흔들리니 출입문을 수리하고 바꿔야 한다. ● 기궁과 일지가 삼합하고 간상과 지상이 삼합하니 겉으로는 화목한 상이다. 그러나 일지의 음양과 삼전이 용전호투하니 가정이 화목하지 않다. ● 낮에 정단하면 간상과 지상에 천후와 육합이 나란히 타고 있어서 '일녀격'이니 가정에서 음란이 발생하는 것을 방지해야 한다. ● 여름에 정단하면 지상의 酉에서 일지 卯를 극하니 가택에 화재가 발생하는 것을 방지해야 한다.

○ **혼인** : 불성한다.
→ 일간은 남자이고 일지는 여자이다. 비록 기궁과 일지가 삼합하고 간상과 지상이 삼합하지만 지상이 공망되었으니 혼인이 불성한다. 관성은 남자이다. 관성이 공망되었으니 다시 불성한다. ● 낮에 정단하면 간상과 지상에 각각 천후와 육합이 타고 있어서 '일녀격'

이니 사적으로 정분을 통한 후에 혼인하는 상이지만 지상이 공망되었으니 연애혼인도 불성한다.
- 임신·출산 : 임신되기 어렵다.
  → 일간은 태아이고 일지는 임신부이다. 일간과 일지는 물론이고 과전이 온통 상하로 상충하니 임신되기 어렵다. 다만 출산정단은 좋다.
- 구관 : 공명을 얻었다가 다시 잃는다.
  → 착륜격이 공망되었으니 공명을 얻었다가 다시 잃는다. ● 일간의 천지반이 丑과 未이니 '魁'가 형성되어 시험에서 합격한다.
- 구재 : 헛수고만 하고 분주하기만 하다.
  → 과전에 재성이 없으니 헛수고만 하고 반음과이니 분주하기만 하다.
- 알현 : 거듭 만나지 못한다.
  → 삼전은 만나러 가는 과정이다. 삼전이 모두 공망되었으니 거듭 만나지 못한다.
- 질병 : 급병은 놀라고, 구병은 불길하다.
  → 지상에 등사가 타고 있으니 급병을 정단하면 놀란다. 구병을 정단하여 초전이 공망되면 사망하는 상이니 불길하다. 의약신인 申酉가 공망되었으니 치료할 수 없다. 다만 신년, 신월, 신월장 기간에 정단에서는 공망이 풀리니 치료할 수 있다. 의약신이 寅卯에 임하니 동북방과 정동방에서 의약을 구하면 된다.
- 유실 : 잃고 남은 것이 없다. 도망친 사람을 잡기 어렵다.
  → 자손효가 공망되고 재성이 없으므로 잃고 남은 것이 없다. 초전과 말전에 타고 있는 현무가 공망되었으니 잡지 못한다.
- 출행 : 나가려고 하다가 자꾸 멈추고 끝내 가지 못한다.
  → 일간은 나이고 삼전은 여정이다. 간상의 정마를 타고 출행하려고 하지만 삼전이 공망되었으니 자꾸 멈추고 가지 못한다.

- **귀가** : 아직 떠나지 않았다.
    → 말전은 귀가 출발시기, 중전은 중도, 초전은 집근처이다. 말전이 공망되었으니 목적지에서 아직 출발하지 않았다.
- **쟁송** : 처음에는 놀라지만 결국 풀린다. 구속된 사람은 석방된다.
    → 용전호투격이니 처음에는 놀라지만 결국 풀린다. 그리고 삼전이 공망되었으니 구속된 사람은 석방된다.
- **전투** : 교전하지 않고 허세로 인해 서로 놀란다. 병사를 잃는 것을 예방해야 한다.
    → 일지와 삼전이 공망되었으니 교전하지 않고 허세로 인해 서로 놀란다. 병사를 잃는 것을 예방해야 한다.

- 『**필법부**』 : 〈제40법〉 천후와 육합은 혼인 정단에서 중매인을 쓰지 않아도 된다. 서로 사적으로 정분을 통한 후에 혼인한다.
    〈제90법〉 오고 감이 모두 공망되면 어찌 동하는 것이 옳겠는가! 실제로는 움직이지 못한다.
- 『**과경**』 : 밤에는 등사가 酉에 타서 가택을 극하니 여름에 정단하면 화재를 당한다.
- 『**지규**』 : 卯와 酉는 나눌 '分(분)'이고, 분은 다를 '이(異)'이며, '이'는 분쟁이니 분쟁하는 일이 생긴다. 卯는 외문으로서 생기를 주관하고, 酉는 내문으로서 살기를 주관한다.

己卯일   제 8 국

공망 : 申·酉 ○
낮 : 왼쪽 천장, 밤 : 오른쪽 천장

辛	甲	己
白 巳 玄	朱 戌 朱	玄 卯 白
子	巳	戌
丙	辛	○	丁
貴 子 勾	白 巳 玄	勾 申 貴	后 丑 青
己 未	子	卯	申 ○

甲戌巳 朱	乙亥午 蛇	丙子未 合 貴	丁丑申 勾 后	青○
朱				
○酉辰 合	蛇		戊寅酉 陰	空○
○申卯 勾	貴		己卯戌 玄	白
癸未寅 青	壬午丑 空 陰	辛巳子 白 玄	庚辰亥 常	常

□ **과체** : 지일, 주인, 승헌, 여덕(밤) // 침해(피차시기), 육의(중전), 복덕(공망), 인귀생성, 백화(밤, 해월·자월), 백화(낮, 축월·인월), 말조초혜, 귀복간지, 태재생기(인월), 살몰, 사묘加장생.

□ **핵심** : 나와 내 집을 찾아 오는 귀인이 밤에는 손해를 입히고 낮에는 이익을 준다. 말전이 초전을 생하니 귀살인 卯가 두렵지 않다.

□ **분석** : ❶ 낮 귀인이 나에게 오고 밤 귀인이 내 집에 오니 나와 내 집에 귀인이 온다. 그러나 밤 귀인이 지상에서 귀살이 되어 집을 훼손시키니, 일간의 재성인 낮 귀인만 못하고 낮 귀인이 나에게는 실질적인 은혜를 준다.

❷ 초전의 巳화에서 일간을 생하고 말전의 卯목에서 초전을 생한다. 비록 卯가 일간의 귀살이지만 초전을 생하고 중전의 묘신을 극하여서 매우 유익하니 왜 卯가 두렵겠는가?

□ **정단** : ❶ 지일과이다. 모든 일이 동류에게서 생기고 은혜 속에 해가 생긴다.

❷ 귀인이 한 마음으로 협력하고 본분을 다해야 길하며 경사스러워진다.

❸ 삼전에 '주인'과 '승헌'이 보이니 관직자가 이 과전을 얻으면 관록이 순탄하게 높아지고, 일반인은 오히려 재앙이 되며 또한 매사 지체된다.
❹ 삼전에서 묘신이 다시 묘신으로 들어가고, 밤 귀인 申이 가택을 극하며, 낮 귀인 子가 일간 己(未)와 육해이다. 이러하니 모든 정단에서 반드시 존비(尊卑)가 서로 밀치고 삿됨과 바름이 함께 있으니 가족에게 재난과 우환이 닥친다.

○ 날씨 : 맑은 날이 많고 비 오는 날은 적다. 바람이 불 때도 있다.
→ 삼전이 주인격이니 맑은 날이 많고 비 오는 날은 적다. 낮에는 초전에 백호가 타고 있고 밤에는 말전에 백호가 타고 있으니 바람이 불 때도 있다.
○ 가정 : 이롭지 않다. 가정의 신위가 바르게 정돈되어 있지 않다.
→ 일지는 가정이다. 지상신이 공망되었으니 이롭지 않다. 그리고 밤에 정단하면 천을귀인이 공망되어 얻고 또한 귀인이 卯에 임하여 여덕이니 가정의 신위가 바르게 정돈되어 있지 않아 신상으로부터 재앙이 닥칠 수 있으니 이롭지 않다. ● 낮에 정단하면 구진이 지귀(支鬼)에 타서 일지를 극하여 관재가 발생할 우려가 있으니 이롭지 않다.
○ 혼인 : 서로 좋아하지만 불성할 우려가 있다.
→ 일간은 남자이고 일지는 여자이다. 기궁과 일지가 상합하고 간상과 지상이 상합하니 좋아 보이지만 일지가 공망되었으니 불성할 우려가 있다. ● 혼처를 구할 경우 지일과이니 지인을 통해 근처에서 배우자를 구하면 된다.
○ 임신·출산 : 안전하지 않다.
→ 일간은 태아이고 일지는 임신부이다. 처재효 겸 태신이 일간에

임하니 처가 임신한 상이지만 천지반이 子未 육해이니 안전하지 않고 다시 삼전이 주인격이니 안전하지 않다. 다만 인월(寅月)에 정단하면 태신이 생기이니 안전하다.

※ 『육임직지』 원문에서는 "안전하다."고 하였다.

O **구관** : 주작이 귀인을 극하니 고시를 정단하면 나쁘다. 관인(官印)이 있으니 관직자가 정단하면 길하다.

→ 고시정단에서 주작은 시험이고 천을귀인은 공무원이다. 주작승신 戌土에서 귀인승신 子를 극하니 고시에 나쁘다. 그리고 삼전의 巳戌卯는 주인격으로서 관직 대기자는 임명장을 받고 관직자는 높이 승진하는 상이니 관직자가 정단하면 길하다.

O **구재** : 자신의 재물을 지키면 발전한다.

→ 재성은 재물이다. 간상의 재성은 현재의 재물이고 삼전의 재성은 미래에 취할 재물이다. 이 과전에서는 삼전에 재성이 없으니 간상의 자신의 재물을 지키면 발전한다.

O **질병** : 부모의 질병을 정단하면 부모가 위중하다. 다른 모든 사람도 흉하다.

→ 장생은 부모이다. 장생인 申이 공망되었으니 부모의 질병을 정단하면 위중하다. 이 외에도 삼전이 주인격이니 흉하다. 만약 축월(丑月)이나 인월(寅月)의 낮에 정단하면 초전의 巳가 '백화'이고 해월(亥月)이나 자월(子月)의 밤에 정단하면 말전의 卯가 '백화'이니 사망이 우려된다.

O **유실** : 도둑을 추적하면 오히려 다친다.

→ 현무는 도둑이다. 낮 정단에서 현무가 귀살에 타서 일간을 극하니 도둑을 추적하면 오히려 다친다. 지일과이니 도둑이 도난지로부터 가까운 곳에 숨어 있다.

O **출행** : 부임에 좋다.

→ 주인격은 임명장을 받는 상이니 부임에 좋다. 그리고 지일과이

니 가까운 곳으로 가는 것이 좋다.
- **귀가** : 돌아온다.
    → 간지와 그 상신이 삼합하니 기쁘게 돌아온다.
- **쟁송** : 불리하다. 판사에게 부탁하여 화해하는 것이 좋다.
    → 주인격은 사망하는 상이니 불리하다. 지일과이니 판사에게 부탁하여 화해하는 것이 좋다.
- **전투** : 낮 정단에서는 두려울 것이 없고, 밤 정단에서는 군수품이 유실되는 것을 방지해야 한다.
    → 낮 정단에서는 간상에 귀인이 임하니 두려울 것이 없고, 밤 정단에서는 구진이 임하니 군수품이 유실되는 것을 방지해야 한다.

- □ 『**필법부**』 : 〈제37법〉 말전에서 초전을 생하는 것에는 세 가지 이론이 있다. 타인이 나를 몰래 돕는다.
- □ 『**고감**』 : 유년(酉年)에 출생한 사람이 점시 丑에 월장 午를 가한 뒤에 전정을 정단했다. 일간에서 子가 未에 가하니 쥐가 양의 대가리를 싫어한다. 중전에서 戌이 巳에 가하니 뱀이 개가 짖는 소리에 놀란다. 처는 부모를 억제하고 나는 자식을 극한다. 가택 위의 귀인이 공망되었으니 신상(神像)이 정돈되어 있지 않다. 현무가 '주인(鑄印)'에 타면 주인의 형틀이 깨지고 백호가 타면 모형이 파손된다. 수레(卯)에 금의 오행인 백호가 타면 수레(卯)가 상하여 수레에서 떨어진다. 마음 씀씀이가 바르지 못하고 사람의 단점을 들추는 것을 좋아하면 반드시 공명을 이루지 못한다. 그리고 눈이 오기를 정단하면 申이 수모(水母)이니 당연히 눈이 내린다. 巳화가 子수에 엎드려 있고 申과 子가 만나 수가 되어 일진에 임하며 삼전이 순행하고 말전의 卯에 백호가 탄다. 이러하니 한밤중에 눈이 오는데 적설량이 7촌이다. 나중에 과연 그러하였다.

己卯일   제 9국

공망 : 申·酉
낮 : 왼쪽 천장, 밤 : 오른쪽 천장

	癸	乙	己	
青未后	蛇亥合	玄卯白
	卯	未	亥	
	乙	己	癸	乙
蛇亥合	玄卯白	青未后	蛇亥合
	己未	亥	卯	未

	○合酉巳	甲朱戌午	乙蛇亥未	丙勾子申	
勾申辰			后丁丑酉 ○青
青癸未卯			戌陰寅戌 空
空壬午寅	辛陰巳丑 白	庚常辰子 常	己玄卯亥 白

- □ **과체** : 섭해, 비용, 곡직, 자취난수, 불비∥회환, 음일(일녀), 장도액, 육음.

- □ **핵심** : 밤 정단에서 백호가 말전에 임하니 재앙과 화가 물러나기 어렵다. 재앙을 자초하였으니 어찌 이를 면할꼬?

- □ **분석** : ❶ 재성인 亥가 간상에 임했지만 내가 쓸 수 있는 재물이 아니다. 未卯와 삼합하여 귀살이 되었으니 재앙과 화가 생기는 것을 막기 어렵다. 밤 정단 말전에 백호가 일간의 귀살인 卯에 타고 있으니 해가 더욱 커졌다.

  ❷ 기궁이 지상으로 가서 스스로 난수를 취했으니 타인의 과오가 아니므로 어찌 재앙을 벗어날 수 있겠는가?

  ❸ 섭해를 따지면 亥는 戌토 한 번을 거치고 未는 卯와 乙로부터 두 번을 거치는데 未는 사중(子午卯酉)에 임하고 亥는 사계(辰戌丑未)에 임하니 未를 쓴다.

  → 천반의 亥가 지반의 亥에 도착하는 데에는 모두 3번의 극을 거치고, 천반의 未가 지반의 未에 도착하는 데에는 모두 2번의 극을 거친다. 극을 많이 거친 곳이 발용이 되는 섭해과 원칙을 따르면 천반

의 亥가 발용이 되어야 하지만 여기서는 未가 발용이 되었다.
- □ 정단 : ❶ 섭해과이며 곡직격이다. 따라서 처음에는 어렵고 끝에는 쉬워지며, 귀인에게 부탁하는 일은 귀인과 한뜻이 된다.
  ❷ 사과가 불비이고 삼전이 사과로 순환하여 어려움을 만나니 멈춰야 한다.
  ❸ 그리고 일간이 일지로 가서 일지에 가한 뒤에 극을 당하는 것은 스스로를 존중하지 않아서 모욕을 당한 것이다.
  ❹ 재물이 귀살로 변하니 재물을 탐내서 후회할 일이 생기는 것을 방지해야 한다.

―――――――――――――――――――――――――

- ○ 날씨 : 바람은 많이 불고 비는 적게 온다.
  → 곡직격이니 바람이 많이 불고 삼전에 수의 오행이 적으니 비는 적게 온다.
- ○ 가정 : 부모와 자식이 불화하니 집에서 근신해야 한다.
  → 일간은 부모이고 일지는 자식이다. 기궁이 지상으로 가서 일지로부터 극을 당하니 부모와 자식이 불화하니 집에서 근신해야 한다. 이 기운이 발용이 되어 삼전에서 귀살국을 만드니 그 해가 매우 심하다.
- ○ 혼인 : 나쁘다. 남편이 제지당하는 것을 방지해야 한다.
  → 일간은 남자이고 일지는 여자이다. 기궁이 지상으로 가서 일지로부터 극을 당하니 제지당하는 것을 방지해야 한다. 다만 여름과 토왕절에 정단하면 기궁이 왕성하니 제지당하는 것이 약하다. ● 밤에 정단하면 간상과 지상에 육합과 천후가 타고 있어서 교동이 되니 남녀가 음란하다.
- ○ 임신·출산 : 태신이 장생에 앉아 있으니 태아에게는 좋고 출산에는 나쁘다.

→ 태신은 태아이다. 임신을 정단하면 태신인 子가 子의 장생인 申에 앉아 있어서 태아가 생육하는 상이니 좋지만 출산을 정단하면 오히려 나쁘다.
○ **구관**: 길하고 이롭다. 곡식을 바쳐서 관직을 구하고 관품을 바꾼다.
→ 재성은 재물이고 관성은 관직이다. 제1과·제4과·중전의 재성이 관성을 생하니 길하고 이로워서 곡식을 바쳐서 관직을 구하고 관품을 바꾼다. 다만 주야귀인이 모두 공망되었으니 귀인에게 청탁하는 일은 불길하다.
○ **구재**: 재물로 인해 화가 닥치는 것을 방지해야 한다.
→ 처재효는 재물이고 관귀효는 관재이다. 제1과·제4과·중전의 처재효가 귀살로 변했으니 재물로 인해 화가 닥치는 것을 방지해야 한다. 낮 정단 말전에는 현무가 타고 있으니 도난이나 사기를 조심해야 하고, 밤 정단 말전에는 백호가 타고 있으니 질병을 조심해야 한다. 과전이 삼합국이니 매매에 이롭다.
○ **질병**: 부녀자의 질병을 정단하면 이롭지 않다.
→ 천후는 여자이다. 밤 정단의 초전에서 천후승신 未土가 지반의 卯목으로부터 극을 당하였으니 부녀자의 질병을 정단하면 이롭지 않다. 그리고 청룡은 남편이다. 낮 정단의 초전에서 청룡승신 未土가 지반의 卯목으로부터 극을 당하였으니 남자의 질병을 정단하면 이롭지 않다. 더군다나 삼전이 귀살국을 형성하여 일간을 극하고 있으니 질병 정단에서 대흉하다.
○ **유실**: 도신이 귀살을 생하고 있으니 소송에 이른다.
→ 도신(盜神)은 현무의 음신이다. 낮 정단의 도신인 未가 귀살국을 형성하고 있으니 도난사로 인해 송재가 발생한다.
○ **출행**: 관직을 구하는 출행은 길하다. 봄 정단이 좋다.
→ 관성은 관직이다. 과전이 관성국을 형성하고 있으니 관직을 구하는 출행은 길하다. 그리고 과전이 목국이니 봄 정단이 좋다.

○ **귀가** : 즉시 온다.
　→ 삼전이 삼합하니 곧 도착한다.
○ **쟁송** : 처나 재물 혹은 간음으로 인해 족쇄형을 당하는 것을 방지해야 한다.
　→ 처재효에는 처나 재물이나 간음의 뜻이 있다. 따라서 이로 인해 관재가 발생한다. 과전이 목국이니 나무로 만든 형틀 형을 당한다.
○ **전투** : 밤 정단에서는 대승한다. 낮 정단에서는 위엄이 없어서 군영이 불안하다.
　→ 낮에 정단하면 간상에 흉장인 등사가 타고 있어서 위엄이 없으니 군영이 불안하다. 밤에 정단하면 간상에 길장인 육합이 타고 있으니 대승한다.

□ 『**필법부**』: 〈제40법〉 천후와 육합은 혼인 정단에서 중매인을 쓰지 않아도 된다.
　〈제50법〉 두 귀인이 모두 공망되면 헛된 기쁨을 기약하게 된다.
□ 『**과경**』: 간지가 스스로 삼합을 만들고 삼전이 사과를 벗어나지 않으니 회환격이다. 흉사를 정단하면 흉하고, 길사를 정단하면 길하다.
□ 『**육임심경**』: 난수는 아래에서 위를 깔본다. 만약 다시 卯酉를 취득하고 천후와 육합이 타면 남녀가 음란하다. 그리고 괴강[辰戌]과 구진이 공망되면 말할 수 없을 정도의 일이 발생한다.

己卯일 제 10 국

공망 : 申·酉 ○
낮 : 왼쪽 천장, 밤 : 오른쪽 천장

○	丙	己	
合 酉 后	貴 子 常	玄 卯 青	
午	酉 ○	子	
甲	丁	壬	○
朱 戌 陰	后 丑 白	空 午 朱	合 酉 后
己 未	戌	卯	午

勾 申 貴 巳	合 酉 朱 午	甲 戌 陰 未	乙 亥 蛇 申 ○
青 癸 未 蛇 辰			蛇 丙 子 貴 酉 常
空 壬 午 朱 卯			后 丁 丑 戌 白
白 辛 巳 合 寅	常 庚 辰 勾 丑	勾 己 卯 青 子	陰 戊 寅 空 亥

- **과체** : 중심, 삼교, 맥월 // 권섭부정, 여덕(낮), 귀인공망(밤), 맥월, 묘신부일, 절신가생, 교차육합, 나거취재, 고진과수.
- **핵심** : 간지가 교차육합하니 매우 좋지만 초전에는 탈기와 공망이 있다. 현무가 말전의 卯에 타고 있으니 월담하는 도둑을 방비해야 한다.
- **분석** : ❶ 卯와 戌이 합을 하고 午와 未가 합을 하여 간지의 상하가 교차하여 상합하니 매우 좋다.
❷ 그러나 초전의 酉가 순중의 공망에 떨어지고 다시 일간을 탈기하니, 우환과 의혹을 푸는 일에는 좋지만 꾀하는 일에는 불리하다.
❸ '태충(卯)'은 도둑으로서 교활하고 바르지 못하다. 밤 정단에서는 현무가 말전에 타서 귀살을 만드니 월담하는 도둑을 방비해야 한다.
- **정단** : ❶ 중심과이다.
❷ 과수가 발용이 되었으니 가정정단에서는 불리하고 신상정단에서는 고독하게 고향을 떠나 타향에서 가정을 꾸린다. 오로지 승려와 도인과 구류 및 맺혔던 원한을 풀며 근심꺼리를 제거하고 재앙을

흩는 일에는 이롭다.
❸ 그리고 '삼교격'은 재앙을 피해 은닉하는 일에서 이롭다. 정단하는 사람은 절개와 본분을 지켜야 한다. 크게 구분지어 말하면 만약 말재주가 없고 자신이 총명할지라도 우둔한 것처럼 행동하면 겉으로는 아둔해 보이지만 실제로는 매우 총명해서 재앙을 면한다.
→ ● 삼교격은 가정에 간음이 있거나 스스로 도망쳐서 숨는다(『육임대전』〈삼교과〉, 家隱奸私, 或自逃匿).

────────────────────────────────

○ 날씨 : 많이 흐리지만 비가 오지 않는다.
→ 초전이 못을 뜻하는 酉이지만 공망되어 있고 중전이 비를 뜻하는 子이지만 공망되었으니 많이 흐리지만 비가 오지 않는다.
○ 가정 : 헛된 손실로 인해 살림이 부족하다. 子가 酉에 가하고 여기에 귀인이 타고 있으니 존장에게 재앙이 생기거나 혹은 부녀자에게 간음과 구설이 생긴다.
→ 일간은 사람이고 일지는 가정이며 일지음신의 酉는 일간의 패신이다. 패신인 일지음신의 酉에서 일간을 탈기하고 다시 공망되었으니 헛된 손실로 인해 살림이 부족하다. 중전의 子와 酉는 상파한다. 여기에 낮에는 귀인이 타고 있으니 존장에게 재앙이 생긴다. 천반의 子는 부녀자이다. 子와 酉는 상파하니 부녀자에게 간음과 구설이 생긴다. ● 삼교격이니 간음이 발생한다.
○ 혼인 : 혼인이 나쁘고 불성한다.
→ 일간은 나이고 일지는 상대이다. 비록 간지가 교차육합하여 혼인이 좋아 보이지만 삼교격이니 혼인이 나쁘다. 그리고 초전이 과수이고 결합의 천장인 육합이 공망되며 신부를 뜻하는 천후가 초전에서 공망되었으니 혼인은 불성한다.
○ 임신·출산 : 태아를 정단하면 부실하고 출산을 정단하면 즉시 출산한

다.
→ 태신은 태아이다. 태신인 子가 중전에서 공망되었으니 낙태를 방지해야 한다. 일간은 태아이고 일지는 임신부이다. 간지가 교차육합하고 있으니 출산을 정단하면 난산이다.
※ 『육임직지』 원문에서는 "출산을 정단하면 즉시 출산한다."고 하였다.

○ 구관 : 전근을 간다.
→ 일지는 지방이다. 일록이 지상으로 가면 지방으로 전근을 간다. 일지가 지방을 뜻하니 공무원임용고시나 입사시험에 합격한 사람은 지방으로 발령난다.

○ 구재 : 재물이 흩어진다.
→ 자손효는 손실이고 처재효는 재물이다. 일지음신과 초전의 탈기신에서 일간을 탈기하니 재물이 새어나가고, 재성이 공망되었으니 재물이 흩어진다. 구재하기 위해서는 재빨리 움직여야 한다. 그 이유는 간상에 경쟁자가 있기 때문이다. 그리고 간지가 교차육합하니 장사, 매매, 동업, 거래를 트는 일에서 좋다.

○ 알현 : 한조각의 허울뿐인 호의로서 전혀 실재하지 않는다.
→ 낮 귀인 子는 공망된 지반에 앉아 있고 밤 귀인 申은 공망되었으니 한조각의 허울뿐인 호의로서 전혀 실재하지 않는다.

○ 질병 : 신병은 즉시 낫고 구병은 흉하다.
→ 초전이 공망되어 었고 삼전은 삼교격이며 묘신이 일간에 임하니 구병은 흉하다. 의약신인 申酉가 공망되었으니 치료할 수 없다. 다만 신년, 신월, 신월장 기간에 정단에서는 공망이 풀리니 치료할 수 있다. 의약신이 巳午에 임하니 동남방과 정남방에서 의약을 구하면 된다.

○ 유실 : 찾지 못한다.
→ 삼전에서 자손효 酉와 재성 子가 공망되었으니 찾지 못한다.

○ **출행** : 손실을 방지해야 한다.
  → 삼전에서 자손효 酉와 재성 子가 공망되었으니 손실을 방지해야 한다.
○ **귀가** : 귀가를 희망하지만 오랫동안 귀가하지 않는다. 나중에 홀연히 도착한다.
  → 삼교격이니 오랫동안 귀가하지 않는다. 나중에 삼전의 공망이 풀리니 홀연히 도착한다.
○ **쟁송** : 어려운 가운데에서 쉬워진다. 원한과 맺힌 것을 풀어야 한다.
  → 묘신이 일간에 임하니 어렵지만 간지가 교차육합하니 서로 합의하여 원한과 맺힌 것을 풀어야 한다.
○ **전투** : 군사행정이 바뀐다. 군심을 잃는 것을 방지해야 한다.
  → 삼교는 강적을 만나는 상이지만 초·중전이 공망되었으니 그렇지 않다.

□ 『**필법부**』: 제8법 : 일록이 일지에 임하면 임시직으로서 정당한 자리가 아니거나 혹은 먼 곳에 직장이 주어진다.
제21법 : 교차상합은 타인과의 왕래에 이롭다.
□ 『**과경**』: 교차육합하고 삼전에 삼교가 보인다. 서로 연락하여 처리하는 일에서 반드시 간음이 있거나 혹은 서로 교섭하는 것이 두 세 가지이다.
□ 『**지규**』: 사람들은 순공이 10개의 천간이 미치지 못하는 것으로만 알고 있지만 공망이 일어난다는 것을 알지 못한다. 이것이 정녕 하늘의 가운데이니 '천중살'이라고 한다.

己卯일 제 11 국

공망 : 申·酉
낮 : 왼쪽 천장, 밤 : 오른쪽 천장

	乙	丁	己
	蛇亥玄	后丑白	玄卯青
	酉 ○	亥	丑
	○	乙	辛	癸
	合酉后	蛇亥玄	白巳合	青未蛇
	己未	酉 ○	卯	巳

癸未巳 青蛇 空	○申午 勾貴	○酉未 合后	甲戌申 朱陰
壬午辰 朱			乙亥酉 蛇玄
辛巳卯 白合			丙子戌 貴常
庚辰寅 常勾	己卯丑 玄青	戊寅子 陰空	丁丑亥 后白

- **과체** : 요극, 탄사, 진간전, 순음(육음), 명몽(溟蒙) // 삼기(중전), 백화(유월·술월), 근단원소, 양귀수극, 탈상봉탈(밤), 사묘加장생, 살몰, 강색귀호, 고진과수.

- **핵심** : 활은 있지만 화살이 없다. 밤에는 손실을 방지해야 한다. : 육음을 모두 갖췄고, 두 귀인은 아득하다.

- **분석** : ❶ 일간이 먼 곳에 있는 신을 극하니 '탄사'이다.

  ❷ 간상의 酉가 이미 공망과 탈기가 되었고, 초전의 亥는 공망에 앉아 있어서 이미 화살을 잃었으니 빈 활이다.

  ❸ 비어 있는 초전의 재성에 밤 정단에서 현무가 타고 있으니 반드시 재물이 유실되는 것을 방지해야 한다.

  ❹ 육음인 丑卯巳未酉亥가 모두 갖춰져서 하나의 양도 보이지 않으니 너무나도 혼미하다.

  ❺ 낮 귀인 子가 戌에 가하여서 입옥(入獄)되어 제지를 당하며, 밤 귀인 申은 午에 가하여 공망되고 지반으로부터 극을 당하니 모든 것이 아득하여 의지하기에는 부족하다.

- **정단** : ❶ 요극과이고 탄사격이다.

❷ 일간의 음양이 서로 다투니 외사(外事)이다.
❸ 빈말로만 서로 쏘니 실제적인 작용을 하지 못하고 비용이 지나치게 많아 모든 일을 이루기 어렵다. 만약 놀라고 두려운 일을 만나면 오히려 그것이 사라지고 재앙이 되지 않는다. 길사 정단에서는 길이 불성하고 흉사 정단에서는 흉이 불성한다.
❹ 그리고 과전이 음으로만 구성되어 있다. 음이 극에 달하면 양이 저절로 발생한다. 낌새를 알아채서 조용하게 시기를 기다렸다가 움직여야 뜻하는 것을 이룰 수 있다.

○ 날씨 : 비가 오기를 원하는 정단을 하면 날이 개이고, 맑기를 원하는 정단을 하면 오랫동안 흐린다.
→ 초전의 亥수가 공망되었으니 비가 오기를 원하는 정단을 하면 날이 개이고, 삼전이 모두 음이고 다시 중전이 丑이니 맑기를 원하는 정단을 하면 오랫동안 흐린다.
○ 가정 : 가정이 어둡고 밝지 않다. 음란과 실종을 방지해야 한다.
→ 일간은 사람이고 일지는 가정이다. 과전이 육음이고, 삼전이 명몽이며, 간지가 모두 그 상신으로 탈기를 당하니 사람은 손실을 당하고 가정은 도적에게 재물을 도난당하니 가정이 어둡고 밝지 않다. ● 사과가 '근단원소'이어서 재산이 모두 사라지는 가상이니 이사하는 것이 좋다. ● 낮 정단에서 지상의 부모효 巳에 백호가 타고 있으니 부모의 질병을 예방해야 한다. 특히 축월과 인월에 정단하면 巳가 사신과 사기에 해당하니 더욱 흉하다.
○ 혼인 : 불성한다. 성사되더라도 이롭지 않다.
→ 일간은 남자이고 일지는 여자이다. 기궁이 일지와 상합하고 간상이 지상과 상합하지만 일간이 공망되었으니 혼인이 불성한다. 과전이 육음이고 다시 삼전이 '명몽(溟濛)'이니 혼인이 어둡고 사과가

근단원소이어서 비용이 과다 지출되니 설령 성사되더라도 이롭지 않다.
○ **임신·출산** : 괜히 놀란다. 낙태를 방지해야 한다.
  → 요극과이니 괜히 놀란다. 일지는 임신부이고 일간은 태아이다. 일간이 공망되었으니 낙태를 방지해야 한다.
  ※ 『육임직지』 원문에서는 "순산한다."고 하였다.
○ **구관** : 불리하다. 고위직에 있는 사람은 위험하다.
  → 일간이 공망되었고 사과가 '근단원소'이고 삼전이 '명몽'이니 불리하다. 과전이 '육음'이니 고위직에 있는 사람은 위험하다.
○ **알현** : 귀인을 만나더라도 무익하다.
  → 낮 귀인은 입옥이 되었고, 밤 귀인은 공망되었으니 귀인을 만나더라도 무익하다.
○ **구재** : 허비되고 부족하다.
  → 일간이 간상으로 탈기되고 공망되었으니 허비되고, 초전의 재성이 공망되었으니 소득이 부족하다.
○ **질병** : 역마가 상차[상여]에 타서 일지에 임하면 질병 정단에서 대흉하다.
  → ● 병세 : 역마는 발동의 신이고 상차는 상여이며 일지는 질병이다. 낮 정단에서는 백호가 상차[상여] 巳에 타서 일지에 임하니 대흉하다. 巳가 부모효이니 부모님의 질병을 예방해야 한다. ● 의약신인 申酉가 공망되었으니 치료할 수 없다. 다만 신년, 신월, 신월장 기간에 정단에서는 공망이 풀리니 치료할 수 있다. 의약신이 午未에 임하니 정남방과 서남방에서 의약을 구하면 된다.
○ **유실** : 잡지 못한다.
  → 도둑을 뜻하는 현무가 공망되었으니 잡지 못한다.
○ **출행** : 중추(음력 8월)에는 길하다. 나머지 달에는 좋지 않다.
  → 간상의 공망된 酉가 8월에는 풀리니 8월에 정단하면 길하다.

○ 귀가 : 반드시 온다.
　→ 초전의 亥가 일지 卯와 삼합하니 반드시 온다.
○ 쟁송 : 쉽게 풀린다. 그러나 관직자에게는 불리하다.
　→ 초전이 공망되었으니 쟁송이 쉽게 풀린다. 과전이 육음이고 삼전이 명몽이니 공적인 신분을 지닌 관직자에게는 불리하다. 그리고 쟁송이 길어지면 근단원소이니 재산과 체력 손실이 많다. 그리고 낮 귀인이 입옥되고 밤 귀인이 공망되었으니 주야 모두 법원 공무원의 도움을 받을 수 없다.
○ 출병 : 속임수를 방지해야 한다. 불길하다.
　→ 과전이 육음이고 삼전이 명몽이니 속임수를 방지해야 한다.

□ 『필법부』 : 〈제6법〉 음모와 사적으로 간하는 일은 이롭다.
　〈제49법〉 양 귀인이 극을 받으면 귀인에게 부탁하는 일은 뜻을 성취하기 어렵다.
　〈제35법〉 사람과 가택이 탈기되면 두 곳 모두 도적을 초래한다.
□ 『과경』 : 명몽격은 음모와 사적으로 간하는 일에는 이롭지만 공무원의 승진에서는 불리하다. 다시 등사·현무·천후·육합 천장을 겸하고 간지 모두에 도기(盜氣)가 타며 용신이 공망되면 힘드는 것을 이루 말로 다 표현할 수 없다.
□ 『지장부』 : 종괴[酉]에 현무나 육합이 타면 처가 반드시 임신한다. 백호가 태을[巳]에 타면 가정에 질병이 많다. 재물이 천중살(공망)을 만나면 산업이 기울고 무너진다.

| 갑술순 | 기묘일 | 12국 |

己卯일   제 12 국

공망 : 申·酉
낮 : 왼쪽 천장, 밤 : 오른쪽 천장

庚	辛	壬
勾辰勾	青巳合	空午朱
卯	辰	巳
○	○	庚	辛
常申貴	玄酉后	勾辰勾	青巳合
己未	申○	卯	辰

壬朱	癸蛇	○貴	○后
空午白	常未	玄申	酉○
辛巳合			甲戌陰
青辰勾			乙亥玄
庚卯			丙子常
己寅	戊寅	丁丑	丙子
合 青	朱 空	蛇 白	貴

- □ **과체** : 중심, 진여, 참관 // 침해(피차시기), 복덕(공망), 승계(升階), 천라지망, 염막귀인, 신장·귀등천문(낮).
- □ **핵심** : 귀인을 만나 부탁하면 내 부탁을 들어주지 않고, 일간의 묘신이 지상에 임하여 세 곳을 공협하지만 하나가 부족하니 식록을 기대할 수 없다.
- □ **분석** : ❶ 밤 귀인이 간상의 申에 타서 일간에 임하지만 마침 갑술순의 공망되었으니 귀인을 만나지만 만나지 않은 것과 마찬가지이다.
❷ 일간의 묘신인 辰이 지상에 임하니 가택이 반드시 혼미하다.
❸ 간상의 申과 지상의 辰이 삼전의 巳午를 공협하면서 '未' 글자가 빠져 있다. 午는 일록이다. 나아가서 未를 얻지 못하니 공허한 전진이며 식록이 부족하다.
❹ 삼전이 묘에서 생으로 전해지니 처음에는 혼미하지만 나중에는 밝아지는 상이다.
➔ 辰을 일간의 묘신으로 본 것은 수토동궁을 따른 것이다.
- □ **정단** : ❶ 이 중심과는 순조로운 진연여이지만 전진하는 가운데에서 후퇴하게 된다. 또 다른 문제가 파생되어 지체하면 가로막히고 서두

르면 순조롭다.

❷ 묘신이 발용이 되었으니 일반인은 가만히 머물면 길하고 관직자는 앞으로 향하면 나중에 식록을 얻는다.

❸ 두강[辰]이 卯에 가하여 발용이 되고 여기에 다시 구진이 나란히 타고 있으니 오히려 사람이 흉신을 만난 것으로서 거듭된 토로 인해 장애가 생긴다. 이로 인해 관문을 넘기 어렵지만 반갑게도 '귀등천문'이니 숨어서 피하기에 이로워서 피난에 이롭고 외출하는 일에서 좋다.

➔ 귀등천문은 천을귀인이 천문인 亥에 임하는 것이다.

➔ 『육임직지』 원문에서는 두강(辰)이 辰에 가하였다고 하였지만 실제로는 동신인 辰이 출입문을 뜻하는 卯에 가하고 있다.

───────────────

O 날씨 : 주야 모두 처음에는 흐리고 나중에는 맑다.

➔ 주야 모두 처음에는 초전이 辰토이니 흐리고 나중에는 중전과 말전이 巳午이니 맑다.

※ 『육임직지』 원문에서는 "낮에 정단하면 구름이 많이 끼고, 밤에 정단하면 이슬이 많이 내린다."고 하였다.

O 가정 : 가정이 쇠하고 어둡다. 시시때때로 치고받고 싸우는 일이 발생하는 것을 방지해야 한다.

➔ 일지는 가택이다. 묘신이 지상에 임하니 가정이 쇠하고 어둡다. 일지의 상하가 辰卯 육해이니 시시때때로 치고받고 싸우는 일이 발생하는 것을 방지해야 한다.

O 혼인 : 성사가 가능하다.

➔ 일간은 남자이고 일지는 여자이다. 기궁이 일지와 상합하고 간상이 지상과 상합하지만 일간이 공망되었으니 지금은 불가능하다. 다만 다음 순에는 간상의 공망이 풀리니 갑신순에는 성사가 가능하

다.
○ **임신·출산** : 태기가 왕성하다.
　➔ 갑신순에는 공망된 자손효 酉가 풀리니 다음 순에는 태기가 왕성하다.
○ **구관** : 처음에는 실패하지만 노력하면 얻을 수 있다.
　➔ 일간이 공망되었으니 처음에는 실패한다. 그러나 삼전이 밝음으로 전진하는 상의 승계이고 다시 말전이 일록이니 노력하면 나중에는 얻을 수 있다. 다만 낮 정단에서 간상에 염막귀인이 타고 있으니 만임에 가까운 공무원이나 직장인은 퇴직할 우려가 있다.
○ **구재** : 돈과 재백을 하사받지만 형제간에 쟁탈하는 우환을 방지해야 한다.
　➔ 부모효는 부모이고 청룡은 재물이다. 낮 정단 일지음신에서 청룡이 부모효에 타서 일간을 생하니 부모나 높은이로부터 재산을 내려 받는다. 그러나 지상과 초전에 형제효가 있으니 형제간의 쟁탈을 방지해야 한다.
○ **알현** : 부지런히 구하면 이익이 있다.
　➔ 낮에 정단하면 귀인이 子에 타고 있으니 부지런히 구하면 이익이 있다. 그러나 밤에 정단하면 귀인이 공망되었으니 이익이 없다.
○ **질병** : 몸이 오랫동안 병에 얽매이지만 무방하다.
　➔ 과전이 천라지망이고 간지가 삼전을 끼고 있으니 몸이 오랫동안 병에 얽매이지만 무방하다.
○ **유실** : 도로에 있다. 혹은 종업원(노복)이 먼 곳으로 도망쳤다.
　➔ 역마는 자동차이다. 역마가 중전에 임하니 도로(중간)에 있다. 그리고 지상 辰 ⋯ 초전 ⋯ 巳 중전 午 ⋯ 말전 未로 이어졌으니 종업원(노복)이 먼 곳으로 도망쳤다.
○ **출행** : 장애가 있으니 출행을 재고하는 것이 좋다.
　➔ 일간은 여행객이고 일지는 여행지이다. 일지에 묘신이 임하여

흉한 여행지이고 사과가 다시 천라지망이어서 장애가 발생하니 출행을 재고하는 것이 좋다.
○ 귀가 : 곧 도착한다.
> 말전은 귀가 출발지이고 중전은 중도이며 초전은 도착지이다. 초전이 사계의 하나인 辰이니 곧 도착한다.
○ 쟁송 : 부동산으로 인해 싸우고 죽인다. 죄를 추궁당하는 것을 방지해야 한다.
> 구진과 辰은 부동산이다. 구진이 지상의 辰에 타고 있으니 부동산으로 인해 싸우고 죽여서 나중에 죄를 추궁당하는 것을 방지해야 한다. 중심과이니 쟁송에서 나중에 대응하는 전략이 길하다.
○ 출전 : 주에게는 유리하고 객에게는 불리하다. 진퇴를 결정하기 어렵다.
> 중심과이니 주(主)에게 유리하고 객(客)에게 불리하다. 곧 공격하는 군이 불리하고 수성하는 군이 유리하다. 일간은 장졸이다. 일간이 공망되었으니 진퇴를 결정하기 어렵다.
※ 『육임직지』 원문에서는 "객에게 유리하고 주에게 불리하다."고 하였다.

□ 『필법부』 : 〈제55법〉 천라지망을 만나면 모망사가 보잘 것이 없게 된다.
〈제65법〉 일간의 묘신이 관신을 아우르면 사람과 가택이 폐관되는 허물이 있다.

□ 『점험』 : 월장 寅을 丑에 가한 뒤에 관직점단을 했다. 申이 일간의 장생이고 귀인승신 子에서 일간을 생하니 존장의 돌봄이 있다. 그리고 가을에는 금이 사령하니 사법관이다. 행년에는 백호가 정마에 타니 그 기세가 반드시 움직인다. 일록인 午가 역마인 巳에 임하고 여기

에 주작이 나란히 타고 있다. 巳에 임한 것은 가마와 풀무질이니 가마와 풀무질 집사가 된다. 모두 그러하였다.

→ 申을 일간의 장생으로 본 것은 수토동군을 채용하였다.

경진일

庚辰日의 길신(구보)과 흉살(팔살)				
일덕	申		형	
일록	申		충	
역마	寅		파	
장생	巳		해	
제왕	酉		귀살	巳午
순기	丑		묘신	丑
육의	甲戌		패신	午
귀인	주	丑	공망	申酉
	야	未	탈(脫)	亥子
합(合)			사(死)	子
태(胎)	卯		절(絶)	寅

대육임직지

庚辰일 제 1 국

공망 : 申·酉
낮 : 왼쪽 천장, 밤 : 오른쪽 천장

	○	戊	辛
	白申后	蛇寅青	勾巳朱
	申○	寅	巳
○	○	庚	庚
白申后	白申后	合辰合	合辰合
○庚申	申○	辰	辰

辛勾巳巳	壬朱青午午	癸蛇空未未	○白申申○
庚合辰辰己朱卯卯			○常酉酉○甲玄戌戌
戊蛇寅寅	丁青貴丑丑	丙空后子子	乙玄亥亥常

□ **과체** : 복음, 자임, 원태∥록공망, 록현탈격, 고진과수, 일녀(공망), 신임정마, 나거취재, 고진과수.

□ **핵심** : 공망된 일록을 포기하고 중전으로 가서 역마에 타고 있는 재성을 취하는 것이 좋다. 관귀가 장생이니 진위를 변별해야 한다.

□ **분석** : ❶ 일록인 申이 일간에 임하여 갑술순의 공망되어 었고 여기에 낮 정단에서 백호가 타고 있으니 이것을 지킬 수 없다.

❷ 이것을 버리고 중전으로 가서 일간의 재성이 역마에 타고 있으니 이 수레에 탑승할 수 있다.

❸ 말전의 巳가 본래 장생이지만 밤 정단에서 주작이 타서 나를 극하니 곧 장생이면서 관귀이다. 낮 정단에서 구진이 타니 진정으로 나를 생하는 장생이다. 이와 같이 진짜와 가짜로 나눠서 분별해내지 않으면 안 된다.

□ **정단** : ❶ 복음과이고 자임격이며 삼전이 모두 사맹이다.

❷ 상(上)에게는 이롭고 하(下)에게는 불리하며, 원방은 이롭고 근방은 불리하다. 숨어서 움직이지 않아야 하며 만약 외부와 접촉하면 재앙이 닥친다.

❸ 사람이 바르고 덕을 닦으면 형통하다.
❹ 고진이 발용이 되면 허는 많고 실은 적으니 방침을 바꾸는 것이 좋다.
❺ 백호가 왕성한 금에 앉아 있고, 구진이 양손으로 관인을 받쳐 들며, 등사의 대가리에 뿔이 나 있으니 시험이나 관직에 모두 길하다.

○ 날씨 : 비가 오려는 상이지만 바람이 부니 바로 흩어진다.
→ 수원(水源)을 뜻하는 초전의 申이 공망되었으니 비가 오려는 상이지만 중전이 寅이어서 바람이 부니 바로 흩어진다.
○ 가정 : 안정되어 있다. 낮 정단에서는 허경을 방지해야 하고, 밤 정단에서는 부녀자의 구설을 방지해야 한다.
→ 이 과전은 복음과이다. 복음과가 산을 뜻하니 가택이 안정되어 있다. 낮 정단에서는 간상에 타고 있는 백호가 공망되었으니 허경(虛驚)을 방지해야 하고, 밤 정단에서는 간상에 타고 있는 천후가 공망되었으니 부녀자의 구설을 방지해야 한다.
○ 혼인 : 이 혼인은 옳지 않다.
→ 밤 정단에서 간지상에 천후와 육합이 타고 있어서 성정이 불량하니 혼인이 옳지 않다. 그리고 일간은 남자이고 일지는 여자이다. 비록 기궁과 일지가 상합하고 간상과 지상이 상합하지만 일간이 공망되었으니 혼인은 불성한다.
○ 임신·출산 : 태아를 정단하면 낙태를 방지해야 한다. 출산을 정단하면 즉시 출산한다.
→ 일간의 태신은 卯이다. 태아를 정단하면 일상에 타고 있는 백호 승신인 申이 태신인 卯를 극하니 낙태를 방지해야 한다. 일간은 태아이다. 일간의 천지반이 모두 공망되었으니 또한 낙태를 방지해야 한다. 일간은 태아이고 일지는 임신부이다. 기궁과 일지가 상합하

고 간상과 지상이 상합하여 출산이 불길하지만 일간이 공망되었으니 출산을 정단하면 즉시 출산한다.
- ○ 구관 : 신월의 巳월장 기간에 정단하면 지체가 높아지고 귀해진다. 나머지 정단에서는 허희에 불과하다.
  - → 그리고 일록은 관록이고 관성은 관직이다. 입추로부터 30일이 신월이고 처서~추분의 월장은 巳이다. 이 시기에는 공망된 일록 申이 메워지고 관성인 巳가 빛이 난다. 그리고 말전의 구진은 양손으로 관인을 받쳐 들고 등사의 대가리에는 뿔이 나 있으니 시험과 관직에서 모두 길하다. 또한 삼전이 삼형을 갖추고 있으니 더욱 이롭다.
- ○ 구재 : 소득이 매우 작다.
  - → 재성은 재물이다. 재성인 중전의 寅이 초·말전과 형을 하고 있으니 소득이 매우 작다. ● 재성이 역마에 타고 있으니 신속하게 재물을 얻을 수 있다.
- ○ 질병 : 무방하다. 노인과 소아는 두렵다.
  - → ● 병세 : 삼형은 재앙을 뜻한다. 삼전의 삼형이 초전에서 공망되었으니 흉화위길하고, 또한 말전의 귀살에서 일간을 극하고 있으니 흉하지만 지상에서 살인상생하여 일간을 생하니 흉화위길하다. 그러나 일록이 공망되었으니 절식사할 우려가 있다. ● 치료법 : 의약신이 亥子이니 탕약이 좋고, 의약신이 亥子에 임하니 서북간과 정북에서 의약을 구하면 된다.
- ○ 유실 : 찾기 어렵다.
  - → 현무가 과전에 없으니 도둑을 찾기 어렵다.
- ○ 출행 : 장애가 발생한다.
  - → 일간은 출행인이고 일록은 경비이다. 간상의 일록이 공망되었으니 여비가 없고 다시 삼전이 삼형이니 장애가 발생한다.
- ○ 귀가 : 근방에 있는 사람은 즉시 도착하고, 원방에 있는 사람은 되돌

아온다.
➜ 복음과는 근방에 있는 사람은 즉시 도착하고, 원방에 있는 사람은 되돌아온다.

○ **쟁송** : 두려움과 근심은 쉽게 풀리고 우환과 재난은 쉽게 소멸된다.
➜ 초전은 쟁송의 초기, 중전은 중기, 말전은 말기이다. 초전이 공망되었으니 두려움과 근심은 쉽게 풀리고 우환과 재난은 쉽게 소멸된다. 특히 낮에 정단하면 말전에 타고 있는 구진의 오행인 戊辰토에서 일간을 생하니 더욱 길하다.

○ **전투** : 변경되고 많은 장병을 잃는 상이다.
➜ 일간의 음양과 삼전이 원태이니 변경된다. 일간은 장병이다. 일간이 공망되었으니 많은 장병을 잃는다.

□ 『**필법부**』 : 〈제75법〉 손님과 주인이 다투니 형벌을 받는다.
〈제40법〉 천후와 육합이 모두 보이면 혼인 정단에서 중매인을 쓰지 않아도 된다.

□ 『**과경**』 : 丑은 갑술순의 丁이다. 부모의 묘지에 재앙이 생긴다.

□ 『**고감**』 : 丁巳년에 출생한 사람이 戊申년의 子 월장에 무관직정단을 했다. 무관직은 군사에 관련된 것으로서 금왕이 좋다. 지금 천지반의 申이 모두 공망되어 있고 태상이 삼전에 올라가지 못했으니, 무관직 다섯 자리가 없고 관록 또한 비어 있으니 길하지 않다. 다행히 寅에 타고 있는 청룡이 사당으로 들고 巳 위의 주작이 일간의 장생이고 관성이며 학당이어서 문관직으로 바꾸면 반드시 관직이 현달한다. 그렇게 하였더니 과연 기유년과 경술년에 승승장구했다.

庚辰일 제 2국

공망 : 申·酉 ○
낮 : 왼쪽 천장, 밤 : 오른쪽 천장

	己	戊	丁
	朱 卯 勾	蛇 寅 青	貴 丑 空
	辰	卯	寅
	癸	壬	己	戊
	空 未 貴	青 午 蛇	朱 卯 勾	蛇 寅 青
	○ 庚 申	未	辰	卯

庚 合 辰 巳 己 卯 朱 辰 蛇 戊 寅 青 卯	辛 勾 巳 午	壬 蛇 午 未 青	癸 空 未 申 貴 ○ 白 申 酉 后 ○ 常 酉 戌 陰
丁 貴 丑 空 寅	丙 子 空 后 丑	乙 陰 亥 子 常	甲 玄 戌 亥 玄

□ **과체** : 원수, 퇴여, 연방(聯芳) ∥ 침해(피차시기), 삼기(말전), 전재태왕, 금일정신, 귀인폐구, 천공폐구, 살몰, 사묘加장생.

□ **핵심** : 재물을 욕심내면 정마가 뒤따라온다. 낮과 밤을 자세하게
변 : 해야 한다. 겨울의 낮에는 주작이 화재를 부른다.

□ **분석** : ❶ 일간의 재성인 卯가 가택에 임한 뒤에 발용이 되었으니 취할 수 있을 것으로 생각하여 사람들이 반드시 재물을 욕심낸다.
❷ 비록 중전의 寅이 일간의 역마이지만 말전의 丑이 갑술순의 정마이다. 재물을 취하려고 하니 말전에서 정마가 뒤따라오니 시기를 엿보면서 기회를 노려야 한다.
❸ 만약 초전의 재성 卯를 무작정 고수하면 반드시 무익하다.
❹ 그리고 주작이 卯에 타서 가택에 임하여 가택을 극한다. 卯가 겨울의 화귀이니 겨울의 낮 정단에서는 반드시 화재가 발생한다.
※ 화귀살 : 봄 : 午, 여름 : 酉, 가을 : 子, 겨울 : 卯.

□ **정단** : ❶ 원수과는 정단하는 일이 매우 순조롭고 우환사와 길경사 모두 실재한다.
❷ 삼전의 '연여(連茹)'가 역으로 전해지고 있다. 후퇴하면 전진하게

되고, 평온하며, 안정되어 흉이 길로 변한다.
❸ 발용의 卯와 일지 辰이 육해이고 다시 卯에서 귀살을 생하여 일간을 극하니 이익을 얻는 곳에서 보이지 않는 해가 상존하니 물러나는 것이 좋다.

○ 날씨 : 바람은 많이 불지만 비는 적게 온다.
　→ 삼전이 목국이니 바람이 많이 불지만 목국의 중전에 청룡이 타고 있으니 적은 비가 온다.
○ 가정 : 구설수와 관재를 방지해야 한다. 겨울 정단에서는 화재를 방지해야 한다.
　→ 주작과 구진이 일지의 귀살에 타서 일지를 극하니 구설수와 관재가 가정에서 발생하는 것을 방지해야 한다. 겨울의 낮에 정단하면 주작이 화귀살인 卯가 일지 辰을 극하니 화재를 방지해야 한다. 기궁과 일지가 상합하고 간상과 지상이 상합하니 가족이 화목하다.
○ 혼인 : 해롭다. 여자로 인해 소송이 닥친다.
　→ 주작과 구진은 소송을 뜻하고 재성은 여자를 뜻한다. 지상과 초전의 재성에 주작과 구진이 타고 있어서 여자로 인해 소송이 닥치니 해롭다. ● 일간은 남자이고 일지는 여자이다. 간상과 지상이 상합하니 혼인이 성사될 가능성이 높다.
○ 임신·출산 : 남몰래 임신하였으니 구설수를 겪는다.
　→ 재성은 처이고 태신은 태아이다. 지상의 卯가 일간의 재성이고 태신이니 처가 임신한다.
　※『육임직지』원문에서는 "남몰래 임신(私娠)하였으니 구설수를 겪는다."고 하였다.
○ 구관 : 재물로 관직을 얻는 일에 좋다. 처가의 도움을 받는다.
　→ 재성은 재물이고 관성은 관직이다. 일지의 음양과 초·중전에 재

성이 있으니 재물로 관직을 얻는 일에 좋다. 또한 처가의 도움을 받는다.

○ 구재 : 얻는다. 다만 화가 닥치는 것을 방지해야 한다.
→ 재성은 재물이다. 초·중전에 재성이 있으니 재물을 얻는다. 그러나 말전의 둔반에 귀살이 있으니 화가 닥치는 것을 방지해야 한다. 말전의 낮에는 귀인이 타고 있으니 관재를 방지해야 하고, 밤에는 천공이 타고 있으니 사기를 방지해야 한다.

○ 질병 : 윗분에게 재앙이 생긴다.
→ 부모효는 부모이다. 간상의 부모효 未가 폐구되었고 또한 삼전의 재국에서 부모효를 극하니 윗분에게 재앙이 생긴다. ● 의약신이 亥子이니 탕약이 좋고, 의약신이 子丑에 임하니 정북방과 동북방에서 의약을 구하면 된다.

○ 유실 : 잡기 어렵다. 죄인을 잡는 사람이 뇌물을 받는다.
→ 초전은 도둑이고 말전은 잡는 사람이다. 초전의 卯에서 말전의 丑을 극하니 잡기 어렵다. 낮에 정단하면 구진승신 巳와 현무승신 戌이 상생하니 죄인을 잡는 사람이 뇌물을 받는다.

○ 출행 : 파견을 간다.
→ 삼전 卯寅丑은 연방이다. 卯·寅이 귀인을 뜻하는 丑으로 향하니 파견을 간다. 그리고 역마가 중전에 있으니 출행이 순조롭다.

○ 귀가 : 오는 중이다.
→ 역마는 여객수단이다. 말전은 출발시기, 중전은 중도, 초전은 집 근처이다. 역마가 중전에 있으니 오는 중이다.

○ 쟁송 : 재물로 인해 발생한다. 가정이 파탄된다.
→ 재성은 재물이고 관귀효는 관재이다. 초·중전이 재성이고 말전의 둔반이 귀살이니 재물로 인해 쟁송이 발생한다. 삼전의 목국에서 일지를 극하니 가정이 파탄된다.

○ 전투 : 서로 한번은 승전하고 한번은 패전한다.

→ 일간 庚이 지상의 卯를 극하니 한번은 내가 승전하고, 지상의 卯에서 간상의 未를 극하니 한번은 상대가 승전한다.
○ 묘지 : 말전의 丑에는 갑술순의 丁이 붙는다. 반드시 부모님 무덤으로 인해 흉이 발생한다.

→ 丑은 묘지이고 부모효는 부모이다. 부모효인 말전의 丑에 귀살이 임하니 반드시 부모님 무덤으로 인해 흉이 발생한다.

□ 『필법부』 : (제25법) 금일(金日)에 정마를 만나면 흉화가 발생한다. 관직자가 정단하면 부임이 지극히 빠르다. 그러나 구관이 아닌 일로 정단하면 흉화가 발생한다.
□ 『과경』 : 겨울에 정단하면 화귀 卯목이 가택 辰토를 극하고 다시 말전의 둔간 丁이 일간을 극하니 반드시 화재가 발생한다. 우물 속의 진흙을 아궁이에 바르는 것이 좋다.
□ 『신응경』 : 丑에는 갑술순의 丁이 붙는다. 왕상은 전답이고 수사는 묘지이다.

→ 丑토는 여름과 계월에 왕상하니 전답이고, 나머지 계절에는 수사기이니 묘지이다.
□ 『지장부』 : 삼전이 역으로 전해지는 연여로서 삼전의 卯寅丑이 '연방(聯芳)'이다. 고생 끝에 즐거움이 오는 것을 알아야 한다.

庚辰일 제 3 국

공망 : 申·酉 ○
낮 : 왼쪽 천장, 밤 : 오른쪽 천장

	戊	丙	甲
	蛇寅青	后子白	玄戌玄
	辰	寅	子
	壬	庚	戊	丙
	青午蛇	合辰合	蛇寅青	后子白
	○庚申	午	辰	寅

己卯巳 朱	庚辰午 勾	辛巳未 勾	壬午申 朱
戊寅辰 蛇			癸未酉 青
丁丑卯 貴			○申戌 空
丙子寅 后	乙亥丑 陰	甲戌子 玄	○酉亥 陰

□ **과체** : 섭해, 견기, 퇴간전, 고조∥여덕, 복덕(제4과), 인귀생성, 육양, 말조초혜, 회환, 용화사(낮), 사화용(밤), 구극, 조지격, 고진과수.

→ 간상의 午는 4번 극을 하고, 지상의 寅은 6번 극을 하고 있다. 섭해법 원칙을 따르면 제3과가 발용이 되어야 하지만, 여기서는 고전을 따른다.

□ **핵심** : 서로가 편안하지 않다. 寅이 와서 부추긴다. 높은 이가 낮은 이에게 부탁한다. 일반인은 재물을 얻으면 안 된다.

□ **분석** : ❶ 일간 庚은 午에게서 극을 당하고 일지 辰은 寅에게서 극을 당한다. 이과 같이 일간과 일지가 모두 제극을 당하니 편안하지 못하다.

❷ 일간의 재성인 寅이 초전의 午를 도와서 일간을 극하니 寅이 소송을 부추기는 사람이다. 만약 재물인 寅을 취하면 반드시 재앙이 발생하고 이로 인해 후회하게 된다.

❸ 스스로 일간이 일지로 전해져서 윗사람이 아랫사람에게 부탁하는 상이니 자기를 낮추는 것이 좋다.

❹ 그리고 말전의 寅이 일간 庚을 충하여 마귀와 요괴이니 寅에게

현혹되어서는 안 된다.
→ 일간이 일지로 전해지면 조지격이다.
□ 정단 : ❶ 이 견기격은 모든 일에서 장애가 많고 빈말만 있으며 실속이 없다. 그리고 길사 정단은 길하게 되지 않고 흉사 정단은 흉하게 되지 않는다.
❷ 귀인이 새롭게 변화하여 고시에서 합격하고 정도를 지킨다.
❸ 귀인이 卯나 酉에 앉은 경우, 고위직공무원이 정단하면 반드시 영전하고 영화를 누리는 경사가 있다. 일반인은 나와 가정이 모두 불안하다.

──────────────────────

○ 날씨 : 맑은 날씨를 원하는 정단을 하면 개지 않고 비를 원하는 정단을 하면 비가 오지 않는다. 반드시 갑술순을 벗어나야 원하는 날씨를 기대할 수 있다.
→ 청룡이 초전과 말전에 청룡이 타고 있으니 맑은 날씨를 원하는 정단을 하면 개지 않는다. 비를 원하는 정단을 하면 청룡이 공망되었으니 비가 오지 않는다.
○ 가정 : 불안하다. 토신에 감사해야 한다. 임신부에게 휴가가 필요하다.
→ 일간은 가장이고 일지는 가정이다. 일간과 일지가 그 상신으로부터 극을 받고 있어서 가정내외에 재앙이 발생하니 불안하다. 그리고 주야 귀인이 각각 卯와 酉에 임하여 '여덕'이니 토신에 감사해야 한다. 임신부가 있는 가정은 지상의 寅에서 일지를 극하니 휴가가 필요하다.
● 일간은 나이다. 낮 정단에서는 간상에 청룡이 귀살에 타서 일간을 극하니 재정난이 있고, 밤 정단에서는 간상에 등사가 귀살에 타서 일간을 극하니 경공사가 있다.

● 일지는 가정이다. 낮 정단에서는 지상에 등사가 귀살에 타서 일지를 극하니 경공사가 있고, 밤 정단에서는 지상에 청룡이 타서 일지를 극하니 가계난이 있다.

○ **혼인** : 나쁘다.

→ 일간은 나이고 일지는 상대이다. 비록 기궁 申과 일지 辰이 상합하고 간상 午와 지상 寅이 상합하지만 일간은 간상으로부터 극을 당하고 일지는 지상으로부터 극을 당하니 좋은 가운데에서 해침이 있으니 나쁘다. 또한 초전의 지반 申이 공망되어 '고진'이어서 여자를 잃는 상이니 나쁘다. 그리고 간상이 발용이 되어 말전이 지상이 되는 '조지(朝支)'는 남자가 여자에게 허리를 숙이는 상이니 남자에게 나쁘다.

○ **임신·출산** : 임신정단은 안전하고, 출산정단은 불안하다.

→ 일간은 태아이고 일지는 임신부이다. 간지와 그 상신이 삼합하고 있으니 임신정단은 좋고 출산정단은 나쁘다. 간지가 모두 그 상신으로부터 극을 받으니 태아와 임신부 모두 몸을 상하는 것을 방지해야 한다.

○ **구관** : 관성과 일록이 공망되었으니 불리하다. 다만 7월 밤 정단에서는 길해서 고시에 합격하여 명성과 직위를 얻는다.

→ 관성은 관직이고 일록은 관록이다. 관성 午와 일록 申이 초전에서 공망되었으니 불리하다. 다만 7월에는 공망된 초전의 지반이 풀리어 관성과 일록이 왕성하니 명성과 직위를 얻는다. 특히 밤 정단에서는 초전에 등사가 타고 말전에 청룡이 타서 이무기가 용이 되는 상이니 관직이 더욱 원대하다.

● 다만 삼전이 고조격이니 임명직 공무원이나 만임의 공무원이나 일반 직장인은 퇴직하며 특히 낮 정단에서는 용이 뱀으로 변하니 더욱 흉하다. ● 부당하게 퇴직한 직장인이 복직의 가부를 정단하면 '회환'이니 복직된다.

○ **구재** : 재물로 인해 화가 닥치는 것을 방지해야 한다.
  → 재성은 재물이고 관귀효는 재앙이다. 말전의 재성에서 초전의 관귀효를 생하니 재물로 인해 화가 닥치는 것을 방지해야 한다. 사업에서는 맹상신이 발용이 되는 '견기'이니 적극적인 변화를 주어야 한다.
○ **알현** : 주인과 손님이 모임을 갖는다.
  → 일간은 나이고 일지는 상대이다. 간지와 그 상신이 상합하니 주인과 손님이 모임을 갖는다.
○ **질병** : 월내에 흉하다.
  → 말전의 재성 寅이 초전과 간상의 귀살 午를 생하여 일간 庚을 극하니 월내에 흉하다. ● 일간은 환자이고 일지는 질병이다. 간지와 그 상신이 삼합하고 다시 섭해과이니 오래 끄는 병이고, 회환이니 병을 떨쳐내기 어렵다. ● 의약신이 子이니 탕약이 좋고, 의약신이 寅에 임하니 동북간에서 의약을 구하면 된다.
○ **유실** : 마땅히 찾는다. 도망친 사람은 스스로 돌아온다.
  → '회환'은 유실물과 도망친 사람이 되돌아온다.
○ **출행** : 이롭지 않다.
  → 삼전이 사과로 되돌아오는 '회환'이어서 오히려 귀가하는 상이니 이롭지 않다.
○ **귀가** : 즉시 온다.
  → 삼전이 사과로 되돌아오는 '회환'이니 즉시 온다.
○ **쟁송** : 부추기는 사람이 있다. 그는 공무원이거나 혹은 도사이거나 혹은 수염이 있는 사람이거나 혹은 성씨에 나무 '木' 글자가 있는 사람이거나 혹은 호랑이띠이다.
  → 부추기는 사람은 말전의 재성 寅이다. 寅에는 위와 같은 여러 가지의 뜻이 있다. ● 간지가 모두 극을 당하니 양측 모두 패소한다. ● 간상에서 발용이 되어 말전이 지상으로 내려오니 내가 불리하다.

● 섭해과이니 쟁송이 오래 가고, 회환이니 쟁송에서 벗어나기 어렵다.
○ **전투** : 낮 정단에서는 대승한다. 밤 정단에서는 군심이 불안하다.
  → 일간은 장졸이다. 간상에 낮에는 길장인 청룡이 타고 있으니 대승하고, 밤에는 흉장인 등사가 타니 군심이 불안하다.

□ 『**필법부**』 : 〈제63법〉 서로 상하니 양쪽 모두 방비해야 한다. 송사를 정단하면 반드시 양가 모두 죄로 인하여 처벌을 받는다. 모든 정단에서 반드시 양쪽 모두에게 탄식이 있다. 신상을 정단하면 상함을 당하고, 가택을 정단하면 가택이 무너지고 훼손된다.
  〈제24법〉 내가 타인에게 일을 구하는 격이다. 이른바 초전이 간상에서 일어나고 말전이 지상으로 돌아오는 것이다. 모든 일에서 강제로 타인에게 고개를 숙여서 구함을 면치 못한다.
□ 『**정온**』 : 말전이 초전을 생하지만 초전이 공망에 앉아 있어서 무력하게 일간을 극하고 있으니 싸움닭을 안고 싸우지 않는 상이다. 그리고 午辰寅은 고조격이다. 午는 寅의 자손이고 寅은 午의 장생이다. 따라서 午가 寅으로 전해진 것은 옛 오두막집으로 돌아가는 상이다. 따라서 꾀하려고 하는 모든 일에서 길하다. 그러나 오로지 庚일의 질병 정단은 흉하다.

庚辰일 제 4 국

공망 : 申·酉 ○
낮 : 왼쪽 천장, 밤 : 오른쪽 천장

辛	戊	乙
勾 巳 朱	蛇 寅 青	陰 亥 常
申 ○	巳	寅

辛	戊	丁	甲
勾 巳 朱	蛇 寅 青	貴 丑 空	玄 戌 玄
○庚 申	巳	辰	丑

蛇 寅 巳	青	朱 卯 午	勾	合 辰 未	合	勾 巳 申 ○	朱
貴 丁 丑 辰	空					青 壬 午 酉 ○	蛇
后 丙 子 卯	白					空 癸 未 戌	貴
陰 乙 亥 寅	常	玄 甲 戌 丑	玄	常 ○ 酉 子	陰	白 ○ 申 亥	后

- □ **과체** : 원수, 원태 // 호생, 삼전체생, 복덕, 병태, 명암작귀, 작귀(雀鬼), 금일정신, 인택이화, 고진과수.

- □ **핵심** : 밤의 巳는 귀살이고 낮의 巳는 장생이다. 亥는 생과 극으로 구별되며, 실패시키기도 하고 성공시키기도 한다.

- □ **분석** : ❶ 낮 정단에서는 구진이 초전의 巳에 타고 있다. 구진의 오행 戊辰토에서 일간을 생하니 구진이 곧 일간의 장생이다. 밤 정단에서는 주작이 巳화에 타서 일간을 극하니 주작이 곧 일간의 귀살이다. 말전의 亥수에서 초전의 巳화를 충과 극을 하여 巳화가 일간을 해치지 못하니 亥가 구신이 된다.

  ❷ 삼전이 차례로 생을 한다. 亥가 寅을 생하고 寅이 巳를 생하여서 일간을 극하니 성패는 모두 亥에게 달렸다.

- □ **정단** : ❶ 이 원수과는 삼전이 모두 사맹이고 다시 병태이다. 순조로운 가운데에서 그렇지 않은 것이 많이 숨어있다.

  ❷ 일간과 일지의 음양에 형살이 끼어있어서 경거망동하면 후회하게 되니 따라서 절대로 경거망동하면 안 된다.

  ❸ 좋아 보이는 것은 초전의 巳가 장생이고 중전의 寅이 역마이며

삼전이 체생한다는 점이다.

❹ 그리고 관성이 일상에 임한 뒤에 발용이 되었다. 이곳에 구진이 관인을 받쳐서 들고 있고 등사가 용으로 변화하니 관직자가 정단하면 높은 관직에 오르는 것을 어찌 의심할 수 있겠는가? 그러나 일반인이 정단하면 불리하다.

○ 날씨 : 오랫동안 가물다가 흐리지만 갑술순을 벗어나야 비가 온다. 오랫동안 내리던 비가 그치더라도 갑술순을 벗어나야 매우 맑은 날씨가 된다.
→ 초전이 巳화이지만 공망되었으니 맑지 않다. 중전이 寅목이니 바람이 불며, 말전이 亥수이니 비가 온다.

○ 가정 : 사람은 번영하지 않지만 가정은 길하다. 노복(종업원)에 의한 도난을 예방해야 한다.
→ 일간은 사람이고 일지는 가정이다. 일간이 공망되었으니 사람은 번영하지 않지만 지상의 부모효에서 일간을 생하니 가정은 길하다. 현무는 도난이고 戌은 노복(종업원)이다. 현무가 일지음신의 戌에 타고 있으니 노복(종업원)에 의한 도난을 예방해야 한다. ● 낮 정단에서는 구진이 간상의 귀살에 타서 일간을 극하니 관재를 당하지만 구진의 오행에서 일간을 살인상생하니 흉하지 않고, 밤 정단에서는 주작이 간상의 귀살에 타서 일간을 극하니 구설수나 관재 또는 탄핵을 당한다. ● 지상의 둔반에 귀살이 임하니 낮 정단에서는 부동산으로 인한 관재가 가정에서 발생하고, 밤 정단에서는 천공이 타고 있으니 가정에서 기만을 당한다.

○ 혼인 : 결합한다.
→ 일간은 나이고 일지는 상대이다. 지상신 丑에서 일간을 생하고 간상의 巳에서 일지를 생하며 또한 간지와 그 상신이 상합하니 남

녀가 결합한다. ● 다만 지상의 丑이 일간의 묘신이어서 일간을 생하지 못할 뿐만 아니라 오히려 둔반 귀살의 극을 받으니 만약 장가를 든다면 처로 인해 고통을 당한다. 그리고 삼전이 병태여서 병든 병아리의 상이니 흉하다.
○ **임신·출산** : 태아가 손상되는 것을 방지해야 한다.
　➔ 태신은 태아이다. 일간의 태신인 卯가 일간의 패신인 午에 임하니 태아가 손상되는 것을 방지해야 한다.
○ **구관** : 4월과 7월에 정단하면 대길하다.
　➔ 관성은 관직이고 일록은 관록이다. 4월에 정단하면 관성인 巳가 왕성해지니 대길하고, 7월에 정단하면 일록인 申이 왕성해지니 대길하다. 특히 이 과전은 원수과이니 더욱 길하다.
○ **구재** : 낮 정단에서는 불길하고, 밤 정단에서는 이롭다.
　➔ 재성은 재물이다. 중전의 재성에 낮 정단에서는 경공의 천장인 등사가 타니 불길하고, 밤 정단에서는 청룡이 타니 이롭다.
○ **질병** : 매우 심해서 병마에 시달린다.
　➔ 일간은 환자이고 일지와 귀살은 질병이다. 중전 寅목의 생을 받은 초전의 巳화가 일간을 극하여 오니 질병이 매우 심해서 병마에 시달린다. 다만 초전의 귀살이 공망되었으니 무방하며 다시 말전의 의약신에서 초전의 귀살을 제압하고 있으니 길하다.
○ **유실** : 찾을 수 있다. 도망친 사람이 스스로 돌아온다.
　➔ 재성이 중전에 있으니 유실물을 찾을 수 있다. 퇴연여에 해당한다. 즉 말전 亥수⋯ 중전 寅목 ⋯ 초전 巳화 ⋯ 간상 巳화로 연결되어 있으니 도망친 사람이 스스로 돌아온다.
○ **출행** : 기일을 변경해서 부임하면 길하다.
　➔ 초전이 공망되었으니 기일을 변경해서 갑술순을 벗어난 뒤에 부임하면 길하다.
○ **쟁송** : 형벌받는 것을 방지해야 한다. 화해하는 것이 좋다.

→ 재성의 생을 받은 초전의 귀살이 일간을 극하니 형벌받는 것을 방지해야 한다. 다만 초전의 귀살이 공망되었으니 무방하다. 일간은 나이고 일지는 상대이다. 기궁과 일지가 상합하고 간상과 지상이 상합하니 화해하는 것이 좋다.

○ **전투** : 낮 정단에서는 병사의 뼈가 부러지고 다치는 것을 방지해야 하고, 밤 정단에서는 군대의 위용이 정비되어 있지 않다.

→ 일간은 아군이고 구진은 병사이다. 낮에 정단하면 구진이 巳에 타서 기궁 申과 상형하니 병사의 뼈가 부러지고 다친다. 밤에 정단하면 주작이 巳에 타서 기궁 申과 상형하니 군대의 위용이 정비되어 있지 않다.

○ **분묘** : 수침(水侵)이나 도적에 의한 훼손을 방지해야 한다.

→ 일지음신은 분묘이다. 도적을 뜻하는 현무가 戌에 타고 있으니 수침(水侵)이나 도적에 의한 훼손을 방지해야 한다.

□ 『**필법부**』 : 〈제31법〉 삼전이 차례로 일간을 생해오면 타인의 추천을 받는다.

□ 『**찬요**』 : 밤 정단에서 주작이 일간의 귀살을 만들어서 일간에 임하니 '작귀격'이다. 관직자는 탄핵을 방지해야 하고 상부의 관청에 올리는 문서나 말은 불리하다. 또한 연명에 임하더라도 이와 같다. 〈신장론〉에서 토의 오행인 구진이 巳화에 타고 있으니 구진이 일간 庚금을 생하여서 관성인 화가 왕성하니 승진된다. 그리고 등사가 寅에 있으니 왕성하면 뿔이 나서 용이 되고 쇠하면 시기를 놓쳐서 오히려 도마뱀이 된다.

庚辰일 제 5 국

공망 : 申·酉
낮 : 왼쪽 천장, 밤 : 오른쪽 천장

	丙	○	庚
	蛇子青	青申蛇	玄辰玄
	辰	子	申 ○
	庚	丙	丙	○
	玄辰玄	蛇子青	蛇子青	青申蛇
	○庚申	辰	辰	子

丁貴丑巳	戊空寅午	己陰卯未	庚玄辰申○
丙蛇子青辰			辛常巳酉○
乙朱亥勾卯			壬白午后戌
甲合戌寅	○合勾酉丑	○青朱申子	癸空未貴亥

□ **과체** : 중심, 윤하, 불비, 참관 ∥ 삼전내전(낮), 복덕, 회환, 조간, 불행전, 왕래수생(자재), 사묘加장생, 신장·살몰·귀등천문(밤).

□ **핵심** : 상대가 나에게 부탁하지만 좋지 않다. 모든 일에서 빈틈이 없:니 모든 일을 계속하면 성사된다.

□ **분석** : ❶ 지상이 초전에 이르고 말전이 간상에 이르니 상대가 나에게 부탁하게 된다.

❷ 말전의 辰이 초전의 子를 극하고 子에서는 일간 庚을 탈기하니 아름답지 못하고 추잡하다.

❸ 그러나 삼전이 삼합하여 국을 형성한 뒤에 말전이 중전을 생하고 중전이 초전을 생하며 초전이 다시 일간의 생을 받으니 체생(遞生)되지만 삼전과 사과가 회환이니 좋지 않다고 하는 것이며 얻을 수가 없다.

□ **정단** : ❶ 이 중심과에는 윤하격이 합쳐져 있다. 당연히 자세하게 살핀 뒤에 행해야 하며 흘러서 멈추지 않는 물과 같아야 한다.

❷ 삼전이 사과를 벗어나지 않으니 모망사는 반드시 성사되고 가족은 정으로 화합한다.

❸ 삼전이 모두 자손이니 재물을 구하지 않더라도 재물이 스스로 이르는 상이지만 삼전이 삼합하여 일간을 탈기하는 수국을 이루니 모든 일에서 결국 손실을 입게 된다.
❺ 그리고 중전이 공망되었으니 허리가 부러졌다는 뜻의 '절요격'이다.

○ **날씨** : 비가 많이 와서 초목이 성장한다.
→ 삼전이 수국이니 비가 많이 와서 초목이 성장한다.
○ **가정** : 가정에 낭비가 있다. 형제는 적고 수목은 많다.
→ 일간은 나이고 일지는 가정이다. 일간과 일지와 삼전이 삼합하여 탈기국을 형성하고 있으니 가정에 낭비가 많다. 제4과의 형제효가 공망되어 었고 다시 과전의 세 곳에 탈기국이 형성되어 있으니 형제가 적다. 일간과 일지와 삼전이 삼합하여 수국을 형성하니 수목이 많다.
● 일간은 나이고 일지는 가정이다. 일지가 간상으로 와서 일간을 생하니 가족이 나를 돕는다.
○ **혼인** : 자식이 많다. 혼인이 길하니 혼인해도 된다. 상대의 집안은 미천하다.
→ 자손효는 자식이다. 과전에 자손효가 많으니 혼인한 뒤에 자식이 많다. 일간은 나이고 일지는 상대이다. 과전의 세 곳이 각각 삼합하고 또한 일지가 간상으로 와서 일간을 생하여 혼인이 길하니 혼인해도 된다. 일지음신은 상대의 집안이다. 낮 정단에서 일록이 일지음신에서 공망되었으니 상대의 집안이 미천하다.
○ **임신·출산** : 출산이 늦어진다.
→ 과전의 세 곳이 삼합하니 출산이 늦어진다. 그러나 임신정단을 하면 길하다.

○ 구관 : 누군가의 추천이 있지만 오히려 손실이 많아진다.
　➔ 말전의 辰土에서 중전의 申금을 생하고 중전에서 초전 子수를 생하니 추천이 있다. 그러나 중·말전이 공망되었으니 오히려 손실이 많아진다.
○ 구재 : 돈을 버는 것에 비해 상환해야 할 금액이 많다.
　➔ 과전의 세 곳이 각각 탈기국을 형성하고 있지만 재성이 없으니 돈을 버는 것에 비해 상환해야 할 금액이 많다. 다만 연명이 午와 未인 사람은 그 위에 재성인 寅과 卯가 임하니 돈을 번다.
○ 알현 : 화합은 하지만 충분하지 못하다.
　➔ 과전의 세 곳이 삼합하지만 공망되었으니 화합은 하지만 충분하지 못하다.
○ 질병 : 등사가 子에 타고 있으니 부인에게 재앙과 곡(哭)이 있다. 급병은 낫는다. 신월(申月)과 유월(酉月)에 질병을 정단하면 사망한다.
　➔ 천후의 오행이 子이니 子는 곧 부녀자를 뜻한다. 등사가 지상과 초전의 子에 타고 있으니 부인에게 재앙과 곡(哭)이 있다. 신월(申月)과 유월(酉月)에 정단하면 　子가 사기와 사신에 해당하니 사망한다. 그리고 子가 자식을 가리키고 일간의 자손효이니 자식의 질병으로 분석할 수도 있다. ● 의약신이 子이니 탕약이 좋고, 의약신이 辰에 임하니 동남방에서 의약을 구하면 된다.
○ 유실 : 도신이 공망에 임하니 훔쳐간 뒤에 되돌아온다.
　➔ 이 과전에서는 현무가 공망에 임하고 있다. 말전은 도둑이 간 곳, 일간은 나, 일지는 도둑맞은 장소이다. 말전의 현무승신 辰이 일진상으로 되돌아왔으니 도둑이 되돌아온다.
○ 출행 : 실없이 놀라는 일이 발생한다.
　➔ 등사는 경공을 뜻한다. 낮 정단에서 등사가 초전의 子에 타고 있으니 실없이 놀라는 일이 발생한다. 과전이 '살몰'이고 특히 밤 정단에서는 '신장'과 '귀등천문'이니 여행이 길하다.

○ **귀가** : 신일(申日)과 술일(戌日)에 온다.
→ 근행은 발용과의 육합일에 오고 원행은 발용과의 삼합일에 온다. 따라서 근행은 축일(丑日)에 오고, 원행은 신일(申日)이나 진일(辰日)에 온다.
※ 『육임직지』 원문에서는 "신일(申日)과 술일(戌日)에 온다."고 하였다.

○ **쟁송** : 화합한다.
→ 일간은 나이고 일지는 상대이다. 과전의 세 곳이 삼합국을 이루고 있으니 화합한다. 만약 화합하지 않을 경우에는 과전이 탈기국을 형성하고 있으니 경제적인 손실이 크다. 그리고 지상이 발용이 된 뒤에 말전이 간상으로 오니 쟁송에서 내가 유리하다.

○ **전투** : 낮 정단에서는 놀라고, 밤 정단에서는 대승한다.
→ 낮에 정단하면 등사가 초전의 子에 등사가 타고 있으니 놀란다. 간상의 辰토에서 지상의 子수를 극하니 아군이 승전한다.

□ 『**필법부**』 : 〈제31법〉 삼전이 차례로 일간을 생하여 오면 타인의 추천을 받는다.
〈제83법〉 삼합과 육합을 하면 만사 기쁘다.

□ 『**과경**』 : 未가 亥에 가하니 '귀등천문'이고 또한 '신장'과 '살몰'이다. 그리고 일지가 일간에 가하여서 일간을 생하는 '자재격'이다.

□ 『**정와**』 : 물의 성정은 아래로 흐르니 길흉사 모두 아랫사람에게 달려 있다. 비록 삼전이 순조롭지만 현무가 주야에 나란히 타고 있으니 반드시 도둑을 맞는다.

庚辰일   제 6 국

공망 : 申·酉 ○
낮 : 왼쪽 천장, 밤 : 오른쪽 천장

	壬	丁	○
	白午后	貴丑空	青申蛇
	亥	午	丑
	己	甲	乙	壬
	陰卯常	合戌合	朱亥勾	白午后
	○庚申	卯	辰	亥

丙子蛇巳	丁青丑貴午	戊空寅后未	己陰卯常申○
乙朱亥勾辰			庚玄辰玄酉○
甲合戌合卯			辛常巳陰戌
○勾酉朱寅	○朱申青丑	癸空未貴子	壬白午后亥

□ **과체** : 섭해, 절사, 맥월∥삼기(중전), 복덕(지상), 가귀, 인귀생성, 사절(四絶), 무록, 금일정신, 태수극절, 교차육해.

□ **핵심** : 사과의 아래에서 그 위를 모두 극하니 제사를 드리는 일이 끝난다. 중전의 丑에 갑술순의 丁이 임하니 움직이면 재앙과 장애가 생긴다.

□ **분석** : ❶ 사과 네 곳의 하적상은 절사격이니 제사를 드리는 것이 끝난다는 뜻의 '제사절형(祭祀絶享)'이다.

❷ 간상에 본래 있는 재성인 卯를 고수해야 한다. 만약 움직여서 삼전으로 가면 초전에서 귀살 午를 만난다.

❸ 중전의 丑에서 비록 일간을 생하지만 오히려 丑이 일간의 묘신이고 다시 둔간이 갑술순의 丁이니 일간의 귀살이다.

❹ 말전이 공망되었으니 일덕과 일록이 무기하여 재앙과 장애가 겹치는 것을 어찌 막아낼 수 있겠는가?

□ **정단** : ❶ 이 과전은 섭해과이다.

❷ 『과경』의 『정와』에서 네 곳의 하에서 그 위를 극하면 상(上)이 록을 잃으니 '무록(無祿)'이다. 정단하면 직업을 잃어 쓸쓸해지고, 소

인은 무례하며, 뜻하지 않았던 재앙과 눈에 보이지 않는 화가 홀연히 발생한다. 이로움은 주(主)에게 있고 불리는 객(客)에게 있으며, 선(先)은 나쁘고 후(後)는 좋다. 가만히 있다가 움직여서 바름을 유지하면 반드시 길하다.

→ 주(主)는 가만히 있는 쪽이고 객(客)은 움직인 쪽이다. 중심과의 상과 흡사하다.

○ **날씨** : 광풍과 함께 천둥이 치고 번갯불이 번쩍인다. 비가 오려고 하다가 그친다.

→ 초전이 午이고 여기에 낮에는 백호가 타고 있으니 천둥이 치고 광풍이 분다. 비록 말전의 申이 수원이지만 공망되었으니 비가 오려고 하다가 그친다.

○ **가정** : 어린이 사망으로 인한 곡읍이 있다.

→ 지상의 '亥'는 어린이이다. 亥가 亥의 묘신인 辰에 가하니 어린이 사망으로 인한 곡읍이 있다. ● 사과의 아래에서 그 위를 모두 극하여 아랫사람이 윗사람을 범하는 상이다. 자녀가 부모에게 불효하고 아내가 남편에게 드세니 가족이 화목하지 않다.

※ 『육임직지』 원문에서는 "백호가 午에 타서 亥에 가하니 화재를 방지해야 한다."고 하였다. 가택에 화재가 발생할 가능성보다는 백호가 午에 타서 일간을 극하니 가정에 병자가 발생할 가능성이 높다.

○ **혼인** : 적합한 것 같지만 적합하지 않다.

→ 일간은 나이고 일지는 상대이다. 기궁 申과 일지 辰이 삼합하고 다시 그 상신 卯와 亥가 삼합하니 적합한 것 같지만, 기궁 申과 지상신 亥가 육해이고 일지 辰과 간상신 卯가 육해여서 서로 속이고 해치니 적합하지 않다. 따라서 좋기도 하고 나쁘기도 한다.

○ **임신·출산** : 낙태를 방지해야 한다. 해일(亥日)에 낳는다.

➜ 태신은 태아이다. 태신이 간상에서 공망되었으니 낙태를 방지해야 한다. 출산일은 발용의 형이나 충을 주로 쓴다. 형을 쓰면 오일(午日)이고 충을 쓰면 자일(子日)이다. 그리고 간상의 卯는 일간의 재성이면서 태신이니 임신의 기쁨이 있다. 만약 사월(巳月)에 정단하면 월신살 생기이니 임신한 뒤에 잘 생육된다.

※ 『육임직지』 원문에서는 "해일(亥日)에 낳는다."고 하였다.

○ **구관** : 시작은 좋고 끝은 나쁘다.

➜ 관성은 관직이다. 초전은 관로의 초기, 중전은 중기, 말전은 말기이다. 관성인 午가 초전에 있으니 처음은 좋지만 중전이 일간의 묘신인 丑이고 일록인 말전의 申이 공망되었으니 나중은 나쁘다. 초전의 午가 절신인 亥에 가하고 있으니 나쁘다. 다만 여름에는 천반의 午가 왕상하니 다른 계절 정단에 비해 관운이 좋다.

○ **구재** : 자신의 재물을 지키는 것이 좋다. 주제넘게 구재하면 오히려 잃는다.

➜ 간상의 재성은 나의 재물로서 자신의 재물을 지키는 것이 좋다. 말전의 일록이 공망되었으니 주제넘게 구재하면 오히려 잃는다.

○ **알현** : 반갑게 만나 서로 도와주려는 마음이 있다.

➜ 일간은 나이고 일지는 상대이다. 간지와 그 상신이 상합하고 있으니 반갑게 만나 서로 도와주려는 마음이 있다. 다만 간지가 교차육해이니 부족함이 있다.

○ **질병** : 오한과 신열이 나거나 결핵으로 인해 위독하다.

➜ 초전의 천반과 지반이 午화와 亥수이니 오한과 신열이 나고, 귀살이 午화이니 오화의 극을 받는 오행이 금이니 폐병의 하나인 결핵으로 인해 위독하다. 만약 남편의 질병을 정단하면 사과의 하에서 상을 모두 극하고 다시 초전의 관성 午가 절신 亥에 가하며, 중전에서는 일간의 묘신에 들며, 말전이 공망되었으니 남편이 사망한다.

● 의약신이 亥이니 탕약이 좋고, 의약신이 辰에 임하니 동북간에서 의약을 구하면 된다.
○ **유실** : 도둑을 잡기 어렵다. 부녀자가 속이고 도망갔다.
→ 과전에 현무가 없으니 도둑을 잡기 어렵다. 그리고 천후는 부녀자이다. 밤 정단에서 초전의 午에 천후가 타서 일간을 극하니 부녀자가 나를 속이고 중전의 정마를 타고 도망친다.
○ **출행** : 원행은 불리하다.
→ 초전은 근행이고 말전은 원행이다. 말전이 공망되었으니 원행이 불리하다.
○ **귀가** : 해일(亥日)이나 당일에 도착한다.
→ 근행은 발용과의 육합일에 오고 원행은 발용과의 삼합일에 온다. 따라서 근행은 미일(未日)에 오고, 원행은 인일(寅日)이나 술일(戌日)에 온다.
※ 『육임직지』 원문에서는 "해일(亥日)이나 당일에 도착한다."고 하였다.
○ **쟁송** : 주로 무리한 처사로 인해 발생한다. 쉽게 해결된다.
→ 간상의 재성을 무리하게 취득, 초전의 관성을 자극하여 무리한 처사로 인해 발생한다. 일간은 나이고 일지는 상대이다. 간지와 그 상신이 상합하고 또한 삼전이 연이어서 생하고 있으니 쉽게 해결된다. ● 사과의 하에서 상을 극하니 존장과 원고가 불리하다.
○ **전투** : 불리하다. 중간에 변경되는 것을 방지해야 한다.
→ 일간은 아군이다. 일간이 공망되고 일간이 초전의 귀살로부터 극을 당하니 전투가 불리하다. 삼전이 공망되었으니 중간에 변경되는 것을 방지해야 한다.

□ **『필법부』** : 〈제25법〉 금일(金日,庚辛)에 정마를 만나면 흉화가 일어난

다.
→ 중전의 둔반에 정마가 임한다. 낮에 정단하면 천반에 귀인이 타고 있으니 관재가 발생하고, 밤에 정단하면 천반에 천공이 타고 있으니 사기가 발생한다.

《제19법》 태신 겸 재신이 월신살 생기이면 처의 임신이다.
→ 간상의 卯는 태신 겸 재성이다. 만약 사월(巳月)에 정단하면 처가 임신한 아기가 잘 생육된다. 만약 해월(亥月)에 정단하면 사기가 되니 태아가 손상된다.

《제20법》 태신 겸 재신이 사기이면 태아가 손상된다.

□ 『정와』: 이 과에 신장(神將)이 흉하면 가족이 이별하고 신장이 길하면 재산을 나눠서 따로 산다.
→ 사과의 하적상을 설명하고 있다.

□ 『증문』: 이 과전으로 정단하면 이로운 것은 집에 머무는 것이고, 불리는 객에게 있으며, 마땅한 것은 자제를 훈계하는 일이다.
→ 하적상 발용을 설명하고 있다. 천반은 존장이고 지반이 비유, 천반은 객(客)이고 지반은 주(主)이다.

□ 『지장부』: 초전이 중전을 생하고 중전이 말전을 생하면 '유실(遺失)'로서 나중에 모든 일이 쇠퇴해진다. 모든 발용의 기운이 간상에 모여야 한다. 초전이 중전과 말전을 생하면 나의 유익한 기운이 약해진다.

| 庚辰일 | 제 7 국 |

공망 : 申·酉
낮 : 왼쪽 천장, 밤 : 오른쪽 천장

	戊	○	戊
	后 寅 白	青 申 蛇	后 寅 白
	申 ○	寅	申 ○
	戊	○	甲	庚
	后 寅 白	青 申 蛇	合 戌 合	玄 辰 玄
	○ 庚 申	寅	辰	戌

乙亥巳 朱	丙子午 蛇	丁丑未 青	戊寅申 空	己卯酉 后	庚辰戌 白
甲戌辰 合			陰		玄
○酉卯 勾	朱				玄
癸未丑 青	壬午子 空	辛巳亥 白		常	陰
寅	蛇	貴	后	常	

- **과체** : 반음, 무의, 원태(절태) // 회환, 삼전개공, 주야귀가(귀인상가), 일녀, 고진과숙.
- **핵심** : 무언가를 해보려는 의지가 비록 간절하지만 눈에 보이는 것은 공망과 절신뿐이다. 밤에는 다섯 호랑이를 만나니 그 두려움을 말로 다 표현할 수 없다.
- **분석** : ❶ 일록 申과 역마 寅이 여러 곳에 깔려 있으니 왕래하면서 빨리 무언가를 해보려는 의지가 매우 간절하다. 그러나 申은 갑술순의 공망되어 었고 寅은 절지에 임하니 비록 움직이려고 하지만 움직일 수 없다.

    ❷ 申은 본래 백호이다. 밤 정단에서 백호가 寅에 타고 있다. 삼전과 일간음양의 12지에 모두 다섯 마리의 호랑이를 만나니 매우 놀라고 위험하지 않겠는가? 다행히 모두 공망되었으니 괜히 놀라고 실제로 겪는 화는 적다.
- **정단** : ❶ 반음과이고 무의격이다.

    ❷ 삼전이 모두 사맹이고 사맹이 절신에 임하여 '절원태'이니 모든 일이 이루어지지 않는다.

❸ 하물며 중전이 갑술순의 공망되어 었고 초·말전이 공망에 앉으며 일지음신에 타고 있는 현무가 공망되지 않았으니 어지러워서 마치 허공의 바람을 움켜쥐고 물속의 달을 건져 올리는 것과 같다. 난을 당하고 흉을 당하여 비록 두렵고 위험한 것이 지극하지만 이것이 점차 풀려서 오히려 복이 되니 고요하게 지내면서 움직이는 것이 좋다.

○ **날씨** : 오랫동안 비가 왔다면 개지 않고, 오랫동안 가물었다면 비가 오지 않는다.
→ 초전과 말전의 寅은 바람의 신이고 중전의 申은 비를 만드는 신으로서 이들이 모두 공망되었고 상하가 충을 하는 반음과이다. 반음과이니 오랫동안 비가 왔다면 개지 않고 오랫동안 가물었다면 비가 오지 않는다.

○ **가정** : 가난하고 소득이 적으며 노고가 많다. 노비의 간음과 도난을 방지해야 한다.
→ 간상과 초전과 말전의 재성이 모두 공망되었으니 가난하고 소득이 적으며 노고가 많다. 戌은 종업원(노비)이고 육합은 도망이다. 지상에서 육합이 戌에 타고 있으니 가정에서 노비의 간음과 도난을 방지해야 한다. ● 낮 정단에서는 천후와 육합이 간상과 지상에 나란히 타고 있으니 가정의 음란을 방지해야 한다. ● 과전의 모든 천지반이 상충하니 부자와 부부가 충돌하고 불화한다.

○ **혼인** : 나쁘다.
→ 과전의 모든 천지반이 상충하여 남녀가 충돌하는 상이니 나쁘고,
여자를 뜻하는 재성이 공망되어 여자를 잃는 상이니 다시 나쁘며, 지상에 괴강이 임하여 상대의 성정이 드세니 또다시 나쁘다.

○ **임신·출산** : 손상을 방지해야 한다.
　➜ 태신이 충지에 앉아 있으니 태아 손상을 방지해야 한다.
○ **구관** : 이루기 어렵다.
　➜ 일록은 관록이다. 일록이 공망되었고 삼전이 모두 공망되었으니 공명을 이루기 어렵다.
○ **구재** : 돈을 쓰면서 분주하게 다니지만 오히려 밑진다.
　➜ 일록은 식록이고 역마는 이동이다. 일록과 역마가 초·중전에 임하니 이것을 구하기 위해 돈을 쓰면서 분주하게 다니지만 공망되었으니 오히려 밑진다.
○ **알현** : 열다섯 번을 찾아 가서 겨우 한 번 만난다.
　➜ 천을귀인은 귀인이다. 두 귀인이 서로 가하면 두 귀인이 모임을 갖고 있으니 만나기 어렵다.
○ **질병** : 밤에 정단하면 매우 흉하다. 급병은 낫고 구병은 위독하다.
　➜ 밤에 정단하면 백호가 간상의 寅에 타고 있으니 밤에 정단하면 매우 흉하다. 일간이나 발용이나 삼전이 모두 공망되면 구병은 사망한다. 그리고 본명이 申이면 그 지반이 귀호(鬼戶)인 寅이니 반드시 사망한다. ● 의약신이 亥子이니 탕약이 좋고, 의약신이 巳午에 임하니 동남방과 정남방에서 의약을 구하면 된다.
○ **유실** : 집안 식구가 훔쳐갔다. 이번이 처음이 아니고 반복된 것이다. 도망갔으니 그를 쫓기 어렵다.
　➜ 현무는 도둑이다. 현무가 일지의 음신에 임하니 가족이 도둑이다. 반음과는 재발을 뜻하니 이번이 처음이 아니다. 반음과는 도망갔으니 도둑을 쫓기 어렵다.
○ **출행** : 놀라는 일과 손실을 방지해야 한다. 갔다가 되돌아온다.
　➜ 삼전에 백호와 등사가 타고 있으니 놀라는 일을 막아야 하고, 재성이 공망되었으니 경제적인 손실을 막아야 한다. 초전이 말전에 다시 나타났으니 되돌아온다.

○ **귀가** : 오는 중이다. 오더라도 다른 곳으로 간다.

→ 역마가 초전에 임했으니 오는 중이다. 그러나 반음과이니 오더라도 다른 곳으로 간다.

○ **쟁송** : 불리하다. 만약 교도소에 수감되어 있을 경우에는 즉시 석방된다.

→ 일간이 공망되었으니 내가 불리하다. 만약 교도소에 수감되어 있을 경우에는 귀인이 일간을 생하니 즉시 석방된다.

○ **전투** : 서로 허장성세를 부린다. 만약 포위되어 있을 경우에는 즉시 포위가 풀린다.

→ 초·말전은 아군과 적군이다. 초전과 말전이 공망되었으니 서로 허세를 부린다. 반음과는 흩어지는 상이니 포위를 뚫을 수 있다.

○ **분묘** : 수차례 옮겨 안전하지 않다. 수해와 도둑을 막아야 한다.

→ 반음과의 천반과 지반이 상충하는 것에는 분묘를 수차례 옮기는 뜻이 있으니 안전하지 않다. 제3과는 묘지이고 제4과는 혈(穴)이다. 제4과에 현무가 타고 있으니 수해와 도둑을 막아야 한다.

──────────────────────────────

□ 『**필법부**』 : 〈제40법〉 천후와 육합은 혼인 정단에서 중매인을 쓰지 않아도 된다.

〈제45법〉 두 귀인이 서로 가하면 양 귀인에게서 구하면 된다. 그러나 귀인을 만나는 정단을 하면 귀인을 반드시 만나지 못한다.

〈제90법〉 오고 감이 모두 공망이니 어찌 동하는 것이 옳겠는가?

□ 『**수중금**』 : 청룡이 寅·申에 타면 벽을 사이에 두고 화가 닥친다.

□ 『**지장부**』 : 행년에 고진과수가 임하면 반평생 어두운 곳에서 외롭게 서 있는 등불 신세를 감수해야 한다. 일간이 공망되면 가장이 아사한다.

| 갑술순 | 경진일 | 8국 |

庚辰일 제 8 국

공망 : 申·酉 ○
낮 : 왼쪽 천장, 밤 : 오른쪽 천장

	戊	癸	丙
	后 寅 白	空 未 貴	蛇 子 靑
	酉 ○	寅	未
丁	壬	○	戊
貴 丑 空	白 午 后	勾 酉 朱	后 寅 白
○庚申	丑	辰	酉 ○

甲戌合巳	乙合亥朱午	丙蛇子勾未	丁貴丑申空○
勾酉朱辰○			后寅白酉○
靑申蛇卯○			陰卯常戌
空癸貴未寅	白壬后午丑	辛常巳陰子	玄庚玄辰亥

□ **과체** : 중심, 맥월, 인종간신(공귀격) ∥ 복덕, 맥월, 재신전묘, 묘신부일, 육편판, 구재대획, 귀인공망(낮), 귀인폐구(밤), 살몰, 고진과수.

□ **핵심** : 자기의 재물이 먼저 지출되어야 큰 이득이 있다. 초전과 말전에서 인종하고 갑술순의 丁에는 낮 귀인이 타고 있다.

□ **분석** : ❶ 초전의 寅이 일간의 재성이지만 공망에 앉아 있으니 재물이 나간다. 그러나 일간에서 초전의 재성을 극하고 삼전이 차례로 극을 하여 가니 재물 아닌 것이 없다. 재물이 다시 재물을 만드니 큰 이득이 왜 없겠는가?

❷ 간상의 丑은 순기이다. 초전의 寅이 앞에서 丑을 인도하고 말전의 子가 뒤에서 丑을 따른다. 이 丑의 둔간은 관귀효 丁이다.

❸ 낮에는 낮 귀인이 일간에 임하고 밤에는 염막귀인이 일간에 임하니 관직자에게 이롭다.

□ **정단** : ❶ 이 중심과는 앞에서 이끌고 뒤에서 따르는 '인종간신'이다. 간상의 귀인을 공협하니 승진하는 길한 조짐이다. 비록 묘신이 일간을 덮고 있지만 중전의 未와 간상의 묘신 丑이 서로 충을 하니 두 묘신이 모두 열렸다. 그러나 아쉽게도 용신이 공망에 앉아 있으니

앞에서 인도하는 것이 무력하여 빈말을 면하지 못하고 실제의 효과를 기대하기 어렵다.

❷ 그리고 未는 간기(干奇)이고 寅은 지의(支儀)이다. 유월(酉月)에 정단하면 모든 일이 순조롭다.

→ 경진일의 간기는 丁丑이고 지의는 寅이다.

일지 신살	子	丑	寅	卯	辰	巳	午	未	申	酉	戌	亥
지의	午	巳	辰	卯	寅	丑	未	申	酉	戌	亥	子

○ **날씨** : 맑은 날씨와 비 오는 날씨가 조화를 이룬다. 다만 곡식의 결실은 적다.

→ 초전이 寅이니 맑고 말전이 子이니 비가 와서 날씨가 조화를 이룬다. 초전의 재성이 공망되었으니 수확량이 적다.

○ **가정** : 사람은 편안하고 길하다. 다만 낭비가 많다.

→ 일간은 사람이고 일지는 가정이다. 간상에서 일간을 생하니 사람이 편안하다. 비록 묘신이 임하지만 중전의 未토에서 간상의 丑토를 충을 해서 깨트리니 무방하다. 지상에 형제효가 임하고 그 음신에 있는 재성이 공망되었으니 낭비가 많다. ● 간상은 丑은 부동산이고 그 둔반은 귀살이다. 따라서 부동산으로 인해 분쟁이나 소송이 우려된다.

○ **혼인** : 처재효가 공망되었으니 나쁘다.

→ 처재효와 일지는 여자이다. 처재효와 일지가 공망되어 여자를 잃는 상이며 또한 초전의 지반이 공망되어 '고진'이어서 여자를 잃는 상이니 다시 나쁘다. ● 일간은 남자이고 일지는 여자이다. 비록 기궁과 일지가 상합하고 간상과 지상이 상합하지만 기궁이 공망되고 지상이 공망되니 혼인은 불성한다.

○ **임신·출산** : 안전하다. 딸을 낳는다.
→ 일간은 태아이고 일지는 임신부이다. 기궁과 일지가 상합하고 간상과 지상이 상합하니 임신이 안전하다. 일간은 태아이고 일지는 임신부이다. 일간의 음양이신이 1음2양이니 딸이고, 하극상을 하는 중심과이니 딸이며, 삼전이 1음2양이니 딸이다.

○ **구관** : 유월(酉月)에 고시정단을 하면 합격하고 승진정단을 하면 길하다. 나머지 달에는 결과가 없다.
→ 유월에는 공망된 초전의 지반이 풀리어 초전과 말전에서 간상신을 인종하니 유월(酉月)에 고시 정단을 하면 합격하고, 승진 정단을 하면 길하다. 나머지 달에는 결과가 없다.

○ **구재** : 작은 재물이 나가고 큰 재물이 들어오지 않는다.
→ 초전의 재성이 공망되었으니 작은 재물이 나가고, 초전의 재성이 공망되어 '구재대획격'이 불성하니 큰 재물이 들어오지 않는다. 일간 庚이 초전 寅을 극하고, 초전이 중전의 未를 극하며, 중전이 말전의 子를 극하니 '구재대획격'이지만 초전이 공망되었으니 불성한다.

○ **질병** : 급병은 길하고 구병은 흉하다.
→ 일간과 초전이 공망되면 급병은 길하지만 구병은 흉하다. 그리고 연명이 卯인 사람은 '육편판'에 해당하니 흉한데 만약 진월(辰月)에 정단하면 申이 사기에 해당하니 사망할 우려가 있다. ● 의약신이 子이니 탕약이 좋고 의약신이 未에 임하니 서남방에서 의약을 구하면 된다.

○ **유실** : 잡기 어렵다.
→ 현무는 도둑이다. 현무가 과전에 없으니 도둑을 잡기 어렵다.

○ **출행** : 날짜를 변경해야 한다.
→ 일간은 출행인이다. 일간이 공망되었으니 공망을 벗어나는 갑신순으로 날짜를 변경해야 한다.

○ **귀가** : 늦게 온다. 소식이 왔다 갔다 한다.
→ 초전이 공망되었으니 늦게 온다. 주작은 소식이다. 밤에 정단하면 주작이 공망되었으니 소식이 끊기지만 공망이 풀리면 다시 소식이 온다.

○ **쟁송** : 해소된다.
→ 초전이 공망되었고 다시 간상의 묘신 丑을 중전의 未에서 충을 하여 묘신을 깨트리니 쟁송이 해소된다.

○ **전투** : 가을에 정단하면 이롭다.
→ 일간은 아군이다. 가을에 정단하면 일간이 왕성해지니 가을에 정단하면 전투가 이롭다. 그리고 일간의 둔반에 귀살이 임하니 적군의 침입을 방지해야 한다.

□ 『**필법부**』 : 〈제1법〉 앞과 뒤에서 이끌고 따르면 승진에 길하다.
□ 『**과경**』 : 庚辰일에서 간상은 丑이고 10월에 정단하면 '흉괴격'이다. 이른바 월염, 대살, 천목, 비렴, 정신, 묘신이 모두 임한다. 만약 연명에 임하면 지극히 괴이하고 지극히 흉하다.

※ 대살, 월염, 천목, 비렴

신살＼월건	寅	卯	辰	巳	午	未	申	酉	戌	亥	子	丑
대살(大殺)	戌	酉	申	未	午	巳	辰	卯	寅	丑	子	亥
월염(月厭)	戌	酉	申	未	午	巳	辰	卯	寅	丑	子	亥
천목(天目)	辰	辰	辰	未	未	未	戌	戌	戌	丑	丑	丑
비렴(飛廉)	戌	巳	午	未	寅	卯	辰	亥	子	丑	申	酉

□ 『**정와**』 : 초·말전이 일간을 공협하면 타인의 협력을 얻어서 성공한다. 만약 양 귀인이 일간을 공협하면 관직자는 발탁된다.

| 갑술순 | 경진일 | 9국 |

庚辰일   제 9국

공망 : 申·酉
낮 : 왼쪽 천장, 밤 : 오른쪽 천장

- □ **과체** : 원수, 윤하, 불비, 여덕, 폐구∥덕경(공망), 권섭부정, 왕래수생, 여덕(주야), 불행전, 피난도생, 탈상봉탈(밤), 삼전체생.

- □ **핵심** : 과전이 순환하고 과전에 탈기와 공망이 많으니 겸손하게 자기를 굽혀서 남을 따라야 한다. 두 귀인의 도움을 받을 수 없다.

- □ **분석** : ❶ 삼전이 사과를 떠나지 않고 끝없이 순환하니 일에 연루되어 끊어지지 않는다. 삼전에서 일간을 탈기하며 중전의 申은 다시 갑술순의 공망되어 었다. 따라서 삼전이 비록 체생하지만 이익이 전혀 없다.

  ❷ 일간이 자존심을 버리고 일지를 따르고 싶다. 그러나 일지가 탈기를 당하는 것을 달가워하지 않으니 현무에 의한 손실을 어찌 감수하겠는가?

  ❸ 두 귀인 丑未가 卯酉에 임한다. 낮 귀인 丑은 지반 酉금으로부터 탈기와 패신을 당하고 밤 귀인 未는 지반 卯목으로부터 극을 당하니 두 귀인의 도움을 받을 수 없다.

- □ **정단** : ❶ 이 원수과는 또한 윤하격에 해당한다. 비록 일은 순조롭지만 늦춰지고 움직이면 난잡해진다.

❷ 삼전이 일간의 기운을 훔치고 설기하는 힘이 강하며 탈기와 공망을 만나니 비록 누군가의 도움을 받더라도 결국 공허해진다. 가령 예를 들면 사람의 육체에서 피부가 매우 윤이 나지만 골수가 이미 비었다면 다만 그 형체만 있을 뿐이고 마비되고 못쓰게 되는 것을 면하기 어렵다.

❸ 겨울과 가을에는 조금 길하고, 먼저는 어렵고 나중은 쉽다.

○ **날씨** : 안개와 이슬이 아침까지 내리지만 단비가 오지는 않는다.
→ 초전이 辰이니 안개와 이슬이 아침까지 내리지만 삼전의 수국이 공망되었으니 단비가 오지는 않는다. 다음 순에는 풀리니 많은 비가 온다.

○ **가정** : 가정은 적막하고 식구는 몹시 쇠해진다.
→ 지상의 일록이 공망되었고 다시 일간과 일지와 삼전이 탈기국을 만들어서 일간을 설기하니 가정은 적막하고 식구는 몹시 쇠해진다.

○ **혼인** : 이롭지 않다.
→ 일간은 남자이고 일지는 여자이다. 일지의 음양이 삼합하여 일간을 탈기하고 다시 지상이 공망되었으니 혼인이 이롭지 않다. 특히 밤에 정단하면 지상에 흉장인 등사가 타고 있으니 더욱 이롭지 않다.

○ **임신·출산** : 태아를 정단하면 안전하고 출산을 정단하면 난산이다. 딸을 낳는다.
→ 일간은 태아이고 일지는 임신부이다. 기궁과 일지가 삼합하고 간상과 지상이 삼합하니 태아를 정단하면 안전하고 출산을 정단하면 난산이다. 사과와 삼전이 모두 수국이니 딸을 낳는다.

○ **구관** : 불성한다.
→ 주야의 귀인이 일간을 생하지만 낮 귀인 丑은 공망되어 있고 밤

귀인 未는 지반으로부터 극을 받아 귀인의 도움을 받지 못하니 구관은 불성한다. 또한 과전이 상관국이고 다시 과전이 탈기국이며 공망이 많으니 더욱 나쁘다.
○ **구재** : 여러 곳으로 지출되거나 혹은 자손들이 벌레가 갉아 먹듯이 탕진한다.
　➡ 사과와 삼전이 탈기국을 형성하고 있으니 여러 곳으로 지출되거나 혹은 자손들이 벌레가 갉아 먹듯이 탕진한다.
○ **알현** : 귀인을 만나더라도 무익하다.
　➡ 천을귀인은 귀인이다. 낮 귀인은 공망되어 었고 밤 귀인은 지반의 卯로부터 극을 받고 있다. 따라서 귀인을 만나더라도 무익하다.
○ **질병** : 구토와 설사로 인해 몸이 상한다.
　➡ 일간은 환자이다. 삼전과 사과가 일간을 탈기하니 반드시 구토와 설사로 인해 몸이 상한다. 다만 가을에 정단하면 일간이 왕성하니 흉이 적다. ● 의약신이 子이니 탕약이 좋고, 의약신이 申에 임하니 서남방에서 의약을 구하면 된다.
○ **유실** : 잡기 어렵다.
　➡ 현무는 도둑이다. 현무가 밤 12지인 子에 임하고 현무의 음신이 공망되어 먼 곳으로 도망쳤으니 잡기 어렵다.
○ **출행** : 지출이 많다.
　➡ 사과와 삼전이 탈기국을 만들어서 일간을 설기하니 지출이 많다.
○ **귀가** : 신일(申日)에 온다.
　➡ '허일대용법'을 적용하면 공망된 申이 풀리는 신일(申日)에 온다.
○ **쟁송** : 풀리려고 하다가 풀리지 않는다.
　➡ 일간은 나이고 일지는 상대이다. 간지와 그 상신이 삼합하고 있고 다시 사과와 삼전이 삼합하고 있으니 풀리려고 하다가 풀리지 않는다.

○ **전투** : 낮 정단에서는 흉하니 휴전해야 하고, 밤 정단에서는 승전한다.

→ 낮 정단에서는 간상에 등사가 타고 있으니 흉하니 휴전해야 하고, 밤 정단에서는 간상에 청룡이 타고 있으니 승전한다. 다만 과전이 탈기국을 만들어서 일간을 설기하고 있으니 주야 정단 모두 손실이 심하다.

□ 『**필법부**』 : 〈제9법〉 옛 터전을 버리고 난을 피해 도망가서 살아야 한다.

→ 사과와 삼전이 일간을 설기하고 다시 공망이 많으니 현재의 터전을 버리고 새 터전으로 옮겨가서 살아야 한다.

〈제15법〉 위에서 탈기하고 다시 탈기를 만나면 헛된 속임을 방지해야 된다.

→ 밤에 정단하면 간상의 子에서 일간을 설기하고 청룡의 천장오행 갑인목에서 子를 설기한다.

□ 『**고감**』 : 癸亥년에 출생한 사람이 戊申년의 6월에 월장이 午일 때에 신분과 지위[身位]를 정단했다. 육임식반이 설기로 가득하니 일생에서 자손으로부터 욕을 당한다. 초기에는 순찰하는 직무에 부임되고 다음에는 순시를 검사하는 직무에 부임되어 세 번 부임하여 물 옆에서 주둔한다. 지상에 등사가 타고 있어서 12년에 괴상한 일이 일어나니 거주지를 피해야 한다. 申의 사(死)는 子이다. 子는 9이고 申이 7이다. 이 둘을 곱셈하면 9×7=63이니 63수를 누린다. 그 사람의 자녀는 10남 1녀인데 그들에 의해 으깨지고 꺾이며 집안이 망쳐져서 장대하게 된 자식은 하나도 없었다. 모든 것이 검증되었다.

庚辰일 제 10 국

공망 : 申·酉 ○
낮 : 왼쪽 천장, 밤 : 오른쪽 천장

戊	辛		○
后寅白	常巳陰		青申蛇
亥		寅	巳
乙	戊	癸	甲
朱亥勾	后寅白	空未貴	合戌合
○庚申	亥	辰	未

青申巳 蛇癸未辰 空壬午卯 白辛巳寅 常	勾酉午 朱	甲合戌未合 己卯子 陰常	乙亥申勾 朱丙子酉 蛇 丁丑戌 貴空戊寅亥 后白
		庚辰丑玄	

- **과체** : 탄사, 생현태 // 침해(피차시기), 멸덕(말전), 복덕(간상), 절신가생.
- **핵심** : 밤 귀인은 폐구가 되었고 역마는 재물을 지고 간다. 다행히 장생을 만나지만 공망이 그 뒤를 따른다.
- **분석** : ❶ 밤 귀인 未가 순미에 타서 일지에 임하여 폐구가 되었다. 귀인이 발언하지 않으니 간지에게 무슨 소용이 있겠는가?
  ❷ 일간음신의 寅은 재성이다. 이것을 역마가 짊어지고 발용이 되었으니 원방으로 가서 구재하는 것이 좋다. 만약 무작정 기다리면 오히려 재물을 잃는다.
  ❸ 중전에서 일간의 장생을 만나니 다행이지만 공망된 말전의 申이 그 뒤를 이으니 성사되기 어렵다.
- **정단** : ❶ 이 탄사과는 간상의 두 과가 서로 다투니 하는 일이 무력하다. 모든 일은 밖에서 오고 내부와는 상관이 없다.
  ❷ 말전이 공망되어 총알을 잃고 화살촉을 잃은 셈이니 홀연히 재앙이 생기더라도 헛된 놀람이고 실재하지 않는다. 그리고 申이 巳에 가하니 생태이지만 공망되었으니 근심이 있는 과이다. 따라서 의심

이 들어 주저하고, 시작은 있지만 결과는 보기 힘들며, 길흉은 모두 불성한다.

―――――――――――――――――

○ 날씨 : 바람이 불고 무지개가 보이지만 비는 오지 않는다.
→ 초전이 寅이니 바람이 불고 중전이 巳이니 무지개가 뜨지만 말전의 수원(水源)이 공망되었으니 비가 오지 않는다.

○ 가정 : 중류 이상의 집안으로서 가을에 정단하면 좋다.
→ 역마는 승진의 신, 寅은 천리(天吏), 申은 천성(天城)이다. 초전에 역마, 중전에 장생, 말전에 일록을 갖췄다. 가을에 정단하면 공망된 일록이 풀리니 좋다. ● 다만 간상의 亥수에서 일간 庚금을 탈기하니 손실을 입는다.

○ 혼인 : 신월(申月)은 길하다. 나머지 달은 이롭지 않다.
→ 일간은 남자이고 일지는 여자이다. 기궁과 일지가 상합하고 간상과 지상이 상합하지만 기궁이 공망되어 혼인이 불성한 상이지만 신월에는 공망이 풀리니 혼인이 길하다. 그러나 나머지 달에 정단하면 기궁이 공망되었으니 혼인이 이롭지 않다.

○ 임신·출산 : 卯가 패지에 임하니 태아가 손상되는 것을 방지해야 한다.
→ 卯는 일간의 태신이며 태아이다. 태신인 卯가 卯의 패신인 子에 임하고 있으니 태아가 손상되는 것을 방지해야 한다. ● 기궁과 일지가 상합하고 간상과 지상이 상합하니 임신정단은 길하고 출산정단은 흉하다.

○ 구관 : 신년과 신월에 정단하면 길하고, 나머지 달에는 좋은 가운데에 부족함이 있다.
→ 신년(申年)과 신월(申月)에는 공망된 일록 申이 풀리니 길하다. 그러나 나머지 달에 정단하면 일록이 공망되어 있으니 좋은 가운데에

나쁘다.
○ **구재** : 먼 곳으로 가서 구하되 속히 취해야 한다.
→ 재성은 재물이다. 재성인 寅이 역마에 해당하니 먼 곳으로 가서 재물을 구하되 말전의 일록이 공망되었으니 서둘러야 한다.
○ **알현** : 예우를 받지 못한다.
→ 천을귀인은 공무원이다. 낮 귀인 丑은 戌에 임하여 입옥이 되었고 밤 귀인 未는 辰에 임하여 입옥이 되었으니 귀인을 만나 부탁하면 예우를 받지 못한다.
○ **질병** : 급병은 낫고 구병은 흉하다.
→ 일간이 공망되면 급병은 낫고 구병은 흉하다. 생태격은 병세가 심해진다. 특히 처의 질병을 정단하면 처재효 寅에 백호가 타고 있으니 부인에게 병이 나고 중전에서 귀살을 만나니 위중해지며 말전에서 일록이 공망되었으니 처가 사망하는 것을 방지해야 한다. ● 의약신이 亥이니 탕약이 좋고, 의약신이 申에 임하니 서남간에서 의약을 구하면 된다.
○ **유실** : 급히 뒤를 쫓으면 도망친 사람이 스스로 돌아온다.
→ 초전이 역마이니 급히 뒤를 쫓으면 도망친 사람이 스스로 돌아온다.
○ **출행** : 놀라며 위험하다.
→ 중전에 귀살이 임하니 위험하고, 밤 정단에서 말전에 등사가 타고 있으니 목적지에서 놀란다.
○ **귀가** : 도로에 있다. 곧 온다.
→ 역마는 여객수단이다. 역마가 초전에 임하니 도로에 있고 곧 온다.
○ **쟁송** : 객에게는 유리하고 주에게는 불리하다.
→ 탄사격은 움직인 쪽이 유리하고 가만히 있는 쪽은 불리하다.
○ **전투** : 불길하다.

→ 일간은 아군이다. 일간이 공망되었으니 불길하다.

□ 『필법부』 : 〈제47법〉 귀인이 비록 감옥에 있더라도 일간에 임하면 좋다.

□ 『찬의』 : 진일(辰日)과 술일(戌日)에는 귀인이 집으로 온 것이다.
→ 진일과 술일의 지상에 귀인이 임하더라도 귀인이 입옥된 것으로 보아서는 안 된다.

□ 『고감』 : 己未년에 출생한 사람이 월장이 子일 때에 고시점단을 했다. 밤 귀인이 가택에 갇혔으니 자기 자신을 드러내기 어렵지만 간상의 자손효가 일간의 기운을 삼전으로 전달하니 자식이 시험에 합격한다. 구진은 지체의 신이니 이질에 걸려서 고사장에 입장하지 못한다. 백호가 처재효 寅에 타서 일간의 기운을 훔치는 亥의 위에 가하니 10월에는 상처를 방지해야 한다. 다섯 순 뒤에 득관을 하지만 未가 폐구이고 巳가 일간의 절지에 임하니 득관 후 1년에서 2년 사이에 관직을 마친다. 모두 그러하였다.
→ 초전의 寅이 해월(亥月)의 사신이니 상처를 방지해야 한다.

庚辰일 제 11 국

공망 : 申·酉 ○
낮 : 왼쪽 천장, 밤 : 오른쪽 천장

○	甲	丙	
白申后	玄戌玄	后子白	
午	申 ○	戌	
甲	丙	壬	○
玄戌玄	后子白	青午蛇	白申后
○庚申	戌	辰	午

癸未空巳貴	甲申白午后	○酉常未陰	甲戌玄申玄○
壬午青辰蛇			乙亥陰酉常○
辛巳勾卯朱			丙子后戌白
庚辰合寅合	己卯朱丑	戊寅蛇子青	丁丑貴亥空

- □ **과체** : 섭해, 진간전, 참관, 섭삼연∥덕경(공망), 육의(중전), 록현탈(낮), 간지구생, 인귀생성, 복덕, 회환, 맥월, 신장·살몰·귀등천문(낮), 사묘加장생, 강색귀호, 고진과수.

- □ **핵심** : 초·중전이 물 위에 떠다니고 허공을 비행한다. 두 마리의 호랑이가 버티고 있으니 매우 두렵다. 일덕과 일록이 좋아 보이지만 극지에 앉아 있으니 나쁘다.

- □ **분석** : ❶ 초전의 申은 갑술순의 공망되어 었고 중전의 戌은 공망에 앉는다. 비록 일덕·일록·순의가 길신이지만 이들이 물 위를 떠다니고 허공을 비행하니 어찌 건너갈 수 있겠는가?

  ❷ 申은 호랑이다. 낮에 백호가 申에 타니 이 우환을 감당하지 못한다.

  ❸ 그리고 戌에는 주야에 현무가 타고 있지만 그 음신 子에서 일간을 탈기하니 기쁨과 우환이 뒤섞여있다.

  ❹ 그리고 庚(申) 위의 戌토로부터 일간이 생을 받으니 기쁘지만 아래에 있는 午화로부터 극을 받으며, 지상의 午화로부터 일지가 생을 받으니 기쁘지만 아래에 있는 寅으로부터 극을 당하니 한 편으로는

웃고 한 편으로는 운다.
- □ 정단 : ❶ 섭해과이고 섭삼연격이니 온갖 어려움과 심한 고통을 겪은 뒤에 해를 받는 것을 방지해야 한다. 꾀하는 모든 일에서 열심히 노력하지만 얻는 것이 없다. 오직 가을에 정단하면 길하여서 자립할 수 있는 상이다.

❷ '귀등천문'과 '강색귀호'이고 여섯 신이 숨고[육신장] 네 개의 살이 죽는다[사살몰].

❸ 참관이지만 관문을 열 수 있고 화개가 있으니 모습을 감추는 일에서 좋다. 따라서 재앙을 피해 피난하는 일에는 이롭고, 도둑을 뒤쫓아서 잡는 일에는 불리하다.

→ 삼전이 申戌子이면 섭삼연이다. 연못 위의 얼음을 밟는 상으로서 매사 전전긍긍하고 장애가 생긴다. 산림에 은닉하는 것이 좋다.

→ '귀등천문'은 귀인이 亥에 임하는 것, '육신장'은 등사·주작·구진·천공·백호·현무가 임한 지반으로부터 극을 받아서 숨는 것, '사살몰'은 사계가 사맹에 임하는 것, '강색귀호'는 辰이 寅에 임하는 것이다.

○ 날씨 : 태풍이 홀연히 그친 뒤에 흐리고 비 오는 날씨가 계속 이어진다.

→ 낮에는 백호가 초전의 申에 타고 있지만 공망되었으니 홀연히 태풍이 그치고, 강우의 천장인 현무가 중전에 타고 있고 말전의 子에 천후가 타고 있으니 흐리고 비오는 날씨가 계속 이어진다.

○ 가정 : 가정은 왕성하고 사람은 창성한다. 거동이 나쁘고 보이지 않는 손실이 생긴다.

→ 일간은 사람이고 일지는 가정이다. 일간 庚금은 간상 戌토로부터 생을 받고, 일지 辰토는 지상신 午화로부터 생을 받으니 가정은 왕성하고 사람은 창성한다. 그리고 일간은 나이다. 간상이 戌이니 거

동이 나쁘다. ● 밤 정단에서 지상에 등사가 타니 가정에 괴이한 일이 발생한다. ● 신년(申年)에 정단하면 간지상의 午와 戌이 상문과 조객이니 상(喪)을 당한다.

○ 혼인 : 불성한다. 낮에 정단하면 여자에게 병이 있다.
→ 일간은 남자이고 일지는 여자이다. 비록 기궁과 일지가 상합하고 간상과 지상이 상합하여 남녀가 혼인하는 상이지만 일간이 공망되었으니 불성한다. 일지의 음신은 여자의 속사정이다. 낮에 정단하면 일지음신에 백호가 타고 있으니 여자에게 병이 있다. ● 지상의 午에서 일간을 극하니 악처이고, 일지음신의 申이 공망되었으니 처가는 부유하지 않다.

○ 임신·출산 : 태아를 정단하면 좋고, 출산을 정단하면 나쁘다.
→ 일간은 태아이고 일지는 임신부이다. 간지와 그 상신이 삼합하고 있으니 임신정단을 하면 좋고, 출산정단을 하면 나쁘다.
※ 『육임직지』 원문에서는 "태아를 정단하면 불안하고, 출산을 정단하면 즉시 낳는다."고 하였다.

○ 구관 : 이루지 못한다.
→ 관록을 뜻하는 일록이 초전에서 공망되었으니 이루지 못하고 다시 중전이 공망되어 있고 여기에 현무가 타고 있으니 더욱 나쁘다.

○ 구재 : 얻지 못한다.
→ 재성과 일록은 재물이다. 과전에 재성이 없고 또한 일록은 공망되었으니 얻지 못한다.

○ 질병 : 일록이 공망되었고 다시 백호가 타고 있어서 음식을 먹지 못하니 생명이 위험하다.
→ 일록은 음식이다. 일록이 공망되었으니 절식사하고 밤 정단에서는 말전의 둔귀에 백호가 타고 있으니 재앙이 심하다. 그리고 삼전이 섭삼연이니 눈앞에 액이 닥친다. ● 의약신이 子이니 탕약이 좋고, 의약신이 戌에 임하니 서북방에서 의약을 구하면 된다.

○ **유실** : 도망친 사람을 잡지 못하며 종적이 없다.
　→ 귀인이 천문에 오르고 辰이 寅에 임하면 도망과 은둔에 최길하여 도망친 사람을 잡지 못한다. 현무는 도둑이다. 현무가 공망되었으니 종적이 없다.
○ **출행** : 난을 피해서 원행하는 일에서 이롭다.
　→ '귀등천문'과 '강색귀호'와 '참관'이니 출행에 길하다. 참관은 동신인 辰이 일간이나 일지나 발용에 임하는 것이다.
○ **귀가** : 즉시 온다.
　→ '귀등천문'과 '강색귀호'와 '참관'이니 귀가에 길하다.
○ **쟁송** : 속히 풀린다.
　→ 초전과 중전이 공망되었으니 쟁송이 속히 풀린다.
○ **전투** : 기다리다가 좋은 시기에 움직여야 한다.
　→ 섭해과와 섭삼연이어서 어려움이 많으니 좋은 시기에 움직여야 한다.

□ 『**필법부**』 : 〈제69법〉 백호가 둔간귀살에 타면 재앙이 작지 않다. 〈제52법〉 천강[辰]이 귀신문[寅]을 막으면 임의로 도모할 수 있다. 재난을 피하는 일, 음모, 사적인 기도, 문상과 문병, 약 짓기와 부적 쓰기에 좋다. 〈제77법〉 호생(互生)과 구생(俱生)은 모든 일에서 유익하다.
□ 『**수중금**』 : 괴강[戌辰]이 간지에 임하고 삼전에 백호·태음·申·酉가 임하면 '참관득단(斬關得斷)'이다. 도망친 사람을 영원히 잡지 못한다.
□ 『**지장부**』 : 먼저 생하고 나중에 극한다. 즐거움이 극에 다다르면 비애가 찾아 온다. 즉 『필법부』에서 말하는 '낙리생우격'이다.

庚辰일 제 12 국

공망 : 申·酉
낮 : 왼쪽 천장, 밤 : 오른쪽 천장

壬	癸	○
青午蛇 巳	空未貴 午	白申后 未
○	甲	辛	壬
常酉陰 ○庚申	玄戌玄 酉○	勾巳朱 辰	青午蛇 巳

壬午巳 青	癸未午 空	○申未 白	○酉申 陰
辛巳辰 勾朱			甲戌酉 玄○
庚辰卯 合合			乙亥戌 陰常
己卯寅 朱勾	戊寅丑 蛇青	丁丑子 貴空	丙子亥 后白

□ **과체** : 호시, 진여, 일측(日昃) // 덕경(공망), 교차육합, 록현탈격(낮), 가귀, 맥월, 아괴성(공망).

□ **핵심** : 일지와 일간이 서로 합을 하고, 간지가 귀인을 공협한다. 호시가 쇠를 차고 있지만 申이 공망되었으니 두려워하지 않아도 된다.

□ **분석** : ❶ 지상의 巳와 기궁 申이 육합하고 간상의 酉와 일지 辰이 육합하니 간지가 교차하여 육합한다.

❷ 그리고 지상의 巳와 간상의 酉가 낮 귀인 丑을 공협(拱夾)하고 초전 午와 말전 申이 다시 중전에 있는 밤 귀인을 안으로 공협하니 모든 만남이 쉽게 성사된다.

❸ 그리고 쑥대로 만든 화살이 申금을 차면 화살촉을 찬 것이다. 그리고 낮 정단에서 백호가 申에 타니 그 위세가 두렵지만 갑술순의 공망되어 어 화살촉을 잃었으니 헛된 놀람일 뿐이다.

□ **정단** : ❶ 이 요극과의 호시격은 순조로운 진연여이지만 전진하는 도중에 후퇴하고, 모든 일은 동요하며, 타인과의 정은 뒤집히고, 길과 흉은 모두 잠복되어 있다.

❷ 그리고 괴강[辰戌]이 卯·酉에 임하여 하늘 그물이 사방으로 펼쳐

져서 만물을 묶는 '천망사장'이 되어 만물이 손상당하는 상이다. 다행히 말전이 공망이니 처음은 비록 놀라고 두렵지만 나중은 무사하다.

❸ 호시격은 주(主)에게는 유리하지만 객(客)에게는 불리하며, 소(小)에는 이롭지만 대(大)에는 불리하며, 근심은 서남에 있지만 기쁨은 서북에 있다.

○ 날씨 : 갑자기 맑은 날씨를 보이다가 갑자기 비가 온다.
   → 초전이 午이니 갑자기 맑은 날씨를 보이고, 중전의 둔반이 癸이니 갑자기 비가 온다.
○ 가정 : 상복을 입는다. 음인과 헤어지거나 혹은 임신부가 와서 잠시 기거한다.
   → 미년(未年)에 정단하면 간상의 酉가 상문이고 지상의 巳가 조객이니 상을 당하여 상복을 입는다. 간상의 酉는 일지의 도화로서 음인이다. 酉가 공망되었으니 음인을 잃는다. ● 낮 정단에서는 지상의 巳에 구진이 타서 일간을 극하니 가족에게 관재가 발생하고, 밤 정단에서는 지상의 巳에 주작이 타서 일간을 극하니 가족에게 구설수나 탄핵이 발생한다.
○ 혼인 : 중매인이 거짓으로 속이니 다시 논의해야 한다.
   → 중전은 중매장이다. 낮 정단에서 중전에 천공이 타고 있으니 그로부터 속임을 당하니 혼인을 다시 논의해야 한다. ● 일간은 나이고 일지는 상대이다. 비록 기궁과 일지가 상합하고 간상과 지상이 상합하여 혼인하는 상이지만 일간이 공망되었으니 불성한다.
○ 임신·출산 : 태아가 손상되는 것을 방지해야 한다.
   → 일간은 태신이다. 태궁인 일간이 공망되어 태아가 손상되는 상이니 태아가 손상되는 것을 방지해야 한다.

○ **구관** : 관성은 있고 일록은 없다. 7월 정단에서 길하다.
→ 관성은 관직이고 일록은 관록이다. 관성인 巳와 午가 일지와 발용에 임한다. 그러나 일록인 申이 말전에서 공망되었으니 관록을 받지 못하는 상이다. 다만 신년·신월·신월장에 정단하면 공망이 풀리니 길하다. ● 낮에 시험정단을 하면 천공승신 未에서 일간을 생하니 합격한다.

○ **구재** : 갑술순을 벗어나면 甲이 재물이 된다. 동류로 인해 손실을 입으니 방법을 변경해야 재물을 얻는다.
→ 庚日의 재성은 목이다. 이 과전에는 재성인 목이 없어서 재물을 얻을 수 없지만 갑신순의 甲일이나 乙일에는 재물을 얻는다. 재성이 약하니 적은 재물을 혼자 구하는 것이 바람직하다. ● 발용의 청룡은 귀살에 해당하니 취할 수 없는 재물이다.

○ **질병** : 흉하다. 신에게 기도하여 복을 구해야 한다.
→ 일간은 환자이고 일지는 질병이다. 지상의 두 귀살 巳午화에서 일간 庚금을 극하지만 이를 억제시키는 의약신이 과전에 없으니 흉하며, 다시 말전의 일록이 공망되었으니 절식사의 상이니 또한 흉하다. 그리고 낮 정단에서는 천을귀인이 묘신에 타고 있어서 귀수(鬼祟)가 있으니 신에게 기도하여 복을 구해야 한다. ● 의약신이 亥子이니 탕약이 좋고, 의약신이 戌亥에 임하니 서북간에서 의약을 구하면 된다.

○ **유실** : 찾기 어렵다.
→ 재성은 재물이다. 재성이 과전에 보이지 않으니 찾기 어렵다.

○ **출행** : 서북으로 가는 것이 좋다. 손실을 방지해야 한다.
→ 호시격이니 서북으로 가는 것이 좋다. 일록은 재물이다. 일록이 말전에서 공망되었으니 손실을 방지해야 한다. 호시격은 서남으로 가면 시비가 생긴다. 그리고 말전이 공망되었으니 출행을 멈추는 것이 좋다.

○ **귀가** : 즉시 온다.
　→ 호시격이니 즉시 온다.
○ **쟁송** : 구설로 인해 쟁송이 발생한다. 화해하는 것이 좋다.
　→ 일간은 나이고 일지는 상대이다. 밤에 정단하면 지상에 주작이 타고 있으니 구설로 인해 쟁송이 발생한다. 기궁과 일지가 상합하고 간상과 지상이 상합하니 화해하는 것이 좋다. ● 호시격은 나중에 대응하는 것이 이롭다. ● 말전이 공망되었으니 쟁송이 사라진다.
○ **전투** : 밤 정단에서는 불리하고 낮 정단에서는 승전한다.
　→ 일간은 아군이다. 밤 정단에서는 간상에 흉장인 태음이 타고 있으니 불리하고, 낮 정단에서는 간상에 길장인 태상이 타고 있으니 승전한다. ● 호시격이니 불리함은 먼저 있고 이로움은 나중에 있다. 그리고 말전이 공망되었으니 작전상 후퇴하는 것이 좋다.

□ 『필법부』 : 〈제55법〉 천라지망을 만나면 모망사에서 졸렬함이 많다.
　→ 기궁의 전1위가 간상이 되었고 일지의 전1위가 지상이 되었으니 천라지망이다.
□ 『육임심경』 : 먼 곳에 있는 12신이 일간을 극하면 호시이다. 비록 나를 쏘지만 두렵지 않고 집에 온 손님을 머물게 하면 안 되며 우환과 구설은 항상 서남방에서 온다.
□ 『수중금』 : 순연여인 午未申은 여명(麗明)으로서 위세가 왕성하다.
□ 『지장부』 : 순연여가 공망되면 산골짜기에 빈 메아리가 울려 퍼지는 뜻이 있는 '성전공곡(聲傳空谷)'이다. 따라서 후퇴하면 좋고 전진하면 나쁘다.

신사일

辛巳日의 길신(구보)과 흉살(팔살)			
일덕	巳	형	
일록	酉	충	
역마	亥	파	
장생	巳	해	
제왕	酉	귀살	巳午
순기	丑	묘신	丑
육의	甲戌	패신	午
귀인	주 寅	공망	申酉
	야 午	탈(脫)	亥子
합(合)		사(死)	子
태(胎)	卯	절(絶)	寅

대육임직지

辛巳일 제 1국

공망 : 申·酉 ○
낮 : 왼쪽 천장, 밤 : 오른쪽 천장

辛	○	戊	
合 巳 蛇	空 申 陰	貴 寅 勾	
巳	申 ○	寅	
甲	甲	辛	辛
常 戌 常	常 戌 常	合 巳 蛇	合 巳 蛇
辛 戌	戌	巳	巳

辛合巳	壬勾午	癸青未	○空申
蛇午	貴午	后未	陰申
朱辰 庚辰			白酉 玄酉
朱辰			○
蛇卯 己卯			常戌 甲戌
合			常
貴寅 戊寅	勾丑 丁丑	后子 丙子	玄亥 乙亥
貴寅	青丑	陰子	白亥

□ **과체** : 복음, 자신, 원태, 참관∥덕경(초전), 가귀, 맥월, 주객형상.

□ **핵심** : 여행이 미처 끝나지 않았는데 도중에 멈춰진다. 모든 일이 중단되고 중도에 장애가 생긴다.

□ **분석** : ❶ 복음은 본래 엎드리고 숨어서 움직이지 못하는 과이지만, 만약 괴강[戊辰]이 일진 위에 가하면 '참관'이 되어 움직일 수 있다.
❷ 말전의 寅목이 일간의 재성이니 반드시 외출하여 재물을 구하는 여정이 어찌 빨리 끝나겠는가? 중전이 공망되었으니 도중에 중지된다. 중전이 공망되면 허리가 부러졌다는 뜻의 '절요(折腰)'라고 하여 중간이 무력하여 초전과 말전이 응하지 못하니 중간에 가로막히게 된다.
❸ 초전의 巳가 비록 일간의 일덕과 일록이지만 삼전에서 형·충·파·해를 모두 갖췄으니 총평하면 움직이지 않는 것이 좋다.

□ **정단** : ❶ 복음과와 원태격은 아직 천지가 나눠지지 않았으니 화와 복이 비로소 토대를 잡아 움츠린 것을 펴지 못하니 바르게 해야 복이 온다.
❷ 이 과에서 만약 연명 위에 길신을 얻어 협조하면 관록을 구하는

일에서 가장 좋다. 그 이유는 말전의 寅목이 초전의 巳화를 도와서 일간 辛금의 관성이 되어 주고, 다시 일덕을 겸하며 육합이 타기 때문이다.

───────────────

○ 날씨 : 비가 오지 않는다.
　→ 말전의 寅목이 초전의 巳화를 생하니 비가 오지 않는다.
○ 가정 : 낮 정단에서는 평안하고, 밤 정단에서는 불길하다.
　→ 일간은 사람이고 일지는 가정이다. 낮에는 지상에 육합이 타고 있으니 가정이 평안하고 밤에는 지상에 등사가 타고 있으니 가정이 불길하다. ● 만약 축월(丑月)이나 인월(寅月)의 밤에 정단하면 등사가 지상의 巳에 타서 일간을 극하니 가정에 상사(喪事)가 발생할 우려가 있다.
○ 혼인 : 형과 해가 하나가 아니다. 손해는 많고 이익은 적다.
　→ 일간은 남자이고 일지는 여자이다. 비록 일지가 일간을 생하고 지상이 간상을 생하지만 지상의 巳가 일간을 극하고 다시 삼전이 형(刑)과 해(害)와 충(沖)을 하니 손해는 많고 이익은 적다. ● 지상의 巳가 일간 辛을 극하니 나에게 해를 입히는 배우자감이다. 특히 밤에는 등사가 타고 있으니 더욱 나쁘다.
○ 임신·출산 : 격명이 '원태'이지만 삼전이 공망되어 허리가 부러진 상이고, 일지 巳가 寅에 의해 형을 당하니 임신부가 불길하다.
　→ 원태격은 태아와 관련이 있는 격이다. 원태격의 중전이 공망을 만났으니 임신정단이 불길하다. 그리고 일간은 태아이고 일지는 임신부이다. 일지 巳가 말전의 寅으로부터 형을 당하니 임신부가 몸을 상하는 상이니 임신부가 불길하다.
○ 고시 : 두 번의 시험에서 이롭지 않다. 만약 연명상에 귀인이 타면 합격한다.

→ 간상에 염막귀인이 나타나지 않았으니 두 번의 시험에서 이롭지 않다. 그러나 밤 정단에서 연명이 寅이면 그 위에 염막귀인이 타고 있으니 합격하고, 낮 정단에서 연명이 午이면 그 위에 염막귀인이 타고 있으니 합격한다. 말전의 재성에서 초전의 관성과 일덕귀인을 생하니 관직정단을 하면 길하다. 낮에는 길장 육합이 타니 좀 더 유리하고, 밤에는 흉장 등사가 타니 약간 불리하다.

○ 구재 : 재신이 비록 보이지만 희망할 뿐이고 얻지 못한다.

→ 말전의 寅이 비록 재성이지만 중전이 공망되었으니 재물을 희망할 뿐이고 얻지 못한다. 다만 신년·신월·신월장에는 공망이 메워지니 가능성이 있다.

○ 질병 : 일지의 묘신이 일간에 임하니 노소 모두 불길하다. 중전의 申이 공함이니 허리 질환이다.

→ 일간은 환자이고 일지는 질병이다. 일지 巳의 묘신인 戌이 간상에 임하니 노소 모두 불길하다. 그리고 초전은 머리, 중전은 허리, 말전은 발이다. 중전이 공망되었으니 허리가 아프다. ● 의약신이 亥子이니 탕약이 좋고, 의약신이 亥子에 임하니 서북방과 정북방에서 의약을 구하면 된다.

○ 유실 : 현무가 나타나지 않았으니 도둑이 훔쳐간 것이 아니다. 따라서 찾으면 습득할 수 있다.

→ 현무는 도둑이다. 현무가 과전에 나타나지 않았으니 도둑이 훔쳐간 것이 아니다. 그리고 재성은 재물이다. 말전에 재성 寅이 임하니 물건을 습득할 수 있다. 그리고 복음과는 유실물이 근처에 있다.

○ 출행 : 도중에 반드시 돌아온다.

→ 복음과는 만나려고 하는 상대방이 집을 나가지 않았으니 만날 수 있는 과이다. 다만 중전이 공망되었으니 장애로 인해 도중에 반드시 돌아온다.

○ 귀가 : 천강(辰)이 천강에 가하면 움직이지 못하는 상이다.

→ 복음과는 근방으로 출행한 사람은 즉시 귀가하고, 원방으로 출행한 사람은 움직이지 못하는 상이다.
○ **출사** : 밤 정단은 걱정되고, 낮 정단은 조금 길하다.
→ 지상에 밤에는 흉장이 타니 걱정되고, 낮에는 길장이 타니 조금 길하다.

□ 『필법부』 : 말전에서 초전을 생하는 것에는 세 가지 이론이 있다.
→ 말전의 寅에서 초전의 巳를 생하니 구관 정단은 좋고 병과 소송 정단은 나쁘다.
□ 『과경』 : 辛巳일의 복음과에서는 지상에서 일간을 극하니 본래 과체가 흉하다. 巳가 일간을 생하고 巳에는 丙이 있다. 丙과 辛이 합을 하니 辛금이 巳화를 두려워하지 않고 오히려 서로 합을 하고 돕는 뜻이 있다. 그리고 만약 본명에서 공망을 메우면 길한 과로 바뀐다.
→ 만약 본명이 申이면 공망된 중전의 申을 푼다.

辛巳일		제 2 국		공망 : 申·酉 ○
				낮 : 왼쪽 천장, 밤 : 오른쪽 천장

己		戊		丁	
蛇 卯 合		貴 寅 勾		后 丑 青	
辰		卯		寅	
○		○		庚	己
白 酉 玄	空 申 陰	朱 辰 朱		蛇 卯 合	
辛 戌	酉 ○	巳		辰	

庚辰朱巳	辛巳合午	壬午勾未	癸未青申○
蛇 卯 合 辰 己卯辰			空 申 陰 酉 ○
貴 寅 勾 卯 戊寅卯			白 酉 玄 戌
后 丑 青 寅 丁丑寅	陰 子 空 丑 丙子丑	玄 亥 白 子 乙亥子	常 戌 常 亥 甲戌亥

□ **과체** : 원수, 퇴여, 참관, 여덕(낮) // 침해(피차시기), 삼기(말전), 왕록임신(왕록가임), 록공망, 록현탈격(주야), 맥월, 금일정신, 살몰, 사묘加장생.

□ **핵심** : 사람의 발에 丁이 달렸으니 어찌 잠시라도 멈추겠는가? 관문을 활짝 열고 일취월장하니 만리를 떠나는 여정이다.

□ **분석** : ❶ 丁은 초고속으로 달리는 신으로서 말전 丑의 둔간이 바로 갑술순의 丁이다. 마치 사람의 발에 丁이 달려 있는 것과 같아서 움직이면 멈추지 못한다.

❷ 그리고 백호가 간상에 타고 있고 주작이 천강[辰]에 타고 있으며 다시 천강이 지상에 임하니 '참관'이다. 만리를 가는 여정을 어찌 잠시라도 멈출 수가 있겠는가?

□ **정단** : ❶ 상극하를 하는 원수과로서 다시 퇴여격에 해당한다. 위에 있는 사람은 예법을 지켜서 자제해야 하고, 아래에 있는 사람은 열악한 환경이나 무례한 대우를 참고 견뎌야 재난을 면할 수 있다. 만약 조금이라도 제멋대로 행동하면 흉화를 면하기 어렵다.

❷ 비록 왕록이 몸에 임했지만 오히려 공함을 만나 록을 지키지 못

하니 급히 재물을 구해야 상황이 변하여 흥왕해진다.

○ 날씨 : 천강이 비록 巳를 가리키지만 주작이 날고 청룡은 숨어서 수신이 아래에 있으니 결국 비가 오지 않는다.
　→ 천강[辰]은 대각성이다. 천강이 음의 12지에 임하면 비가 오는 상이다. 그러나 화의 천장인 주작이 지상에 임하고 다시 비를 부르는 청룡이 丑에 타고 있으니 결국 비가 오지 않는다.
○ 가정 : 부모님에게 구설수나 문서에 관련된 일이 발생한다.
　→ 부모효는 부모이고 주작은 문서와 구설수를 뜻한다. 지상의 辰은 일간의 부모효이고 여기에 주작이 타고 있으니 부모님에게 문서와 구설수가 발생한다. ● 일지의 음양은 가족이다. 지상의 辰과 일지음신의 卯가 육해이니 가족이 화목하지 않다.
○ 혼인 : 남자와 여자 모두 좋지 않다.
　→ 일간은 남자이고 일지는 여자이다. 간상에는 흉장인 백호와 현무가 타고 있고 지상에도 흉장인 주작이 타고 있으니 남자와 여자 모두 좋지 않다. 간상의 일록이 공망되어 남자에게 직업이 없으니 남자는 더욱 좋지 않다. ● 간상의 酉와 지상의 辰이 비록 상합하지만 일간이 공망되었으니 혼인은 불성한다.
○ 임신·출산 : 임신되지 않을 우려가 있다.
　→ 태신과 자손효와 일간은 태아이고 일지는 임신부이다. 초전의 태신 卯는 지반 辰과 육해이고 자손효는 아예 과전에 나타나지 않았다. 일지는 튼실하고 일간은 공허하니 임신되지 않을 우려가 있다.
○ 구관 : 불길하다.
　→ 일록은 관록이다. 일록인 酉가 공망되었으니 관직정단에서 불길하다. 그리고 삼전이 퇴여이니 관로가 퇴보하는 상이다.

※『육임직지』원문에서는 "일록과 역마가 모두 공망되었으니 관직 정단에서 불길하다."고 하였다.

○ 구재 : 밤 정단에서는 가장 이롭고, 낮 정단에서는 애만 쓴다.
→ 재성은 재물이다. 밤 정단에서는 초전의 재성에 육합이 타고 있으니 가장 이롭고, 낮 정단에서는 초전의 재성에 등사가 타고 있으니 애만 쓴다. 그리고 밤 정단에서는 중전의 재성에 구진이 타고 있으니 나쁘고, 낮 정단에서는 중전의 재성에 천을귀인이 타고 있으니 좋다.

○ 질병 : 사람은 공허하고 질병은 위세가 강하다. 일록이 공함되고 또한 丁이 일간을 극하니 병석에서 일어나지 못할 우려가 있다.
→ 일간은 환자이고 일지는 질병이다. 일간은 공망되어 었고 일지는 공망되지 않았으니 사람은 공허하고 질병은 위세가 강하다. 그리고 간상의 일록이 공망되었으니 절식사할 우려가 있고 말전의 둔귀 丁이 일간을 극하니 병이 심하여 병석에서 일어나지 못할 우려가 있다. ● 의약신이 亥子이니 탕약이 좋고, 의약신이 子丑에 임하니 정북방과 동북방에서 의약을 구하면 된다.

○ 유실 : 처첩이 가지고 있다.
→ 酉는 보석류이고 또한 첩이다. 酉가 간상에 임하니 처첩이 가지고 있다.

○ 출행 : 만리를 가는 여정이다.
→ 辰은 동신이고 丁은 정마이다. 辰이 지상에 임하고 丁이 말전에 임하니 만리를 가는 여정이다.

○ 귀가 : 천강이 비록 巳에 가하지만 말전에 정마가 타고 있으니 출행한 사람이 즉시 온다.
→ 천강이 사맹에 가했으니 아직 출발하지 않은 상이다. 그리고 말전은 출발지, 중전은 중도, 말전은 귀가지이다. 정신이 말전에 가했으니 이제 출발한 상이다.

※ 『육임직지』 원문에서는 "천강이 비록 巳에 가하지만 말전에 정마가 타고 있으니 출행한 사람이 즉시 온다."고 하였다.
○ 쟁송 : 丁丑이 말전에 임하니 부동산으로 인해 쟁송이 발생한다.
→ 말전의 丑은 부동산이고 丁은 관귀효이다. 따라서 부동산으로 인해 관재가 신속하게 발생한다.
○ 출사 : 밤 정단은 길하고 낮 정단은 흉하다.
→ 일록은 군량미이다. 일록이 공망되었으니 군량미가 없고, 일간이 공망되었으니 아군이 패전하는 상이다.
※ 『육임직지』 원문에서는 "밤 정단에서는 길하고, 낮 정단에서는 흉하다."고 하였다.

□ 『필법부』 : 〈제25법〉 금일(金日)에 정마를 만나면 흉화가 일어난다. 그러나 만약 관직자가 정단하면 매우 빨리 부임한다.
〈제19법〉 태신 겸 재신이 월신살인 생기이면 처가 임신한다.
〈제20법〉 태신 겸 재신이 사기이면 태아는 손상된다.
〈제7법〉 왕록이 일간에 임하면 망령된 행동을 하면 안 된다.
→ 이 과전에서는 간상의 왕록이 공망되었으니 현재의 직업을 버리고 다른 일로 생업을 꾸려야 한다.
□ 『신응경』 : 酉가 辛에 가하고 말전에 丁丑이 보이면 반드시 부동산으로 인해 흉이 발생하거나 혹은 무덤으로 인해 화가 발생한다. 낮 정단은 무난하지만 밤 정단은 화가 매우 심하다. 그리고 『과경』에서 말하기를, 이 과에서 사람의 연명상에 酉가 가하면 응시 정단에서 반드시 수석으로 합격한다. 酉는 아괴성이기 때문이다.

辛巳일 제3국

공망 : 申·酉 ○
낮 : 왼쪽 천장, 밤 : 오른쪽 천장

	丁	乙	○
	后 丑 靑	玄 亥 白	白 酉 玄
	卯	丑	亥
	○	壬	己	丁
	空 申 陰	勾 午 貴	蛇 卯 合	后 丑 靑
	辛 戌	申 ○	巳	卯

蛇 己卯巳	合 朱 庚辰午	朱 合 辛巳未	勾 壬午申 貴○
貴 戊寅辰 勾			靑 癸未酉 后○
后 丁丑卯 靑			空 ○申戌 陰
陰 丙子寅	空 乙亥丑 玄 白	常 甲戌子 常	白 ○酉亥 玄

□ **과체** : 중심, 퇴간전, 극음∥맥월, 삼기, 록현탈격(말전), 복덕(중전), 무음, 교차재합(불성), 오음, 금일정신(금일봉정).

□ **핵심** : 낮에는 간상의 申에 천공이 타고 다시 공망되어 었다. 삼전에 묘신과 탈기를 차례로 만난다. 집은 비록 부유하지만 정마를 만나니 흉사를 당한다.

□ **분석** : 간상의 申은 본래 순공인데 낮에는 다시 천공이 타고 있으니 '공공(空空)'이다. 초전의 丑은 일간의 묘신이고, 중전의 亥는 일간의 탈기이며, 말전의 酉금은 갑술순의 공망이다. 따라서 모든 일이 진부해지고, 모든 말은 모두 헛소리가 된다. 지상의 卯목은 재성이다. 그 위에 밤에 육합이 타고 있으니 가계가 반드시 풍족하다. 그러나 중전의 역마 亥가 일간을 탈기하고 초전의 丁이 일간을 극하니 무서운 화환을 반드시 만난다.

□ **정단** : 극음인 간전은 어두운 가운데에서 다시 막힘이 많다. 초전의 卯가 丁을 만나고, 중전에서는 탈기와 역마를 만나며, 말전에서는 공망 된 일록을 만나서 낮에는 백호가 타고 있고 밤에는 현무가 타고 있으니 흉이 매우 심하다. 그리고 홀연히 화가 안에서 발생하여 낮

정단은 무난하지만 밤 정단은 상서롭지 않다. 丑이 卯에 가하는 곳에 낮 정단에서 천후가 타니 부인의 배에 병이 있거나 혹은 가정의 부인이 임신하는 '복태격'이다.

○ **날씨** : 비록 천강(辰)이 午를 가리키지만 과명이 극음이고 천후와 청룡이 발용이 되었으니 결국 비가 온다.
→ 천강이 양지인 午에 임하니 비가 오는 상이지만 과전이 육음이고, 과명이 극음이며, 천후와 청룡이 발용이 되었으니 결국 비가 온다.

○ **가정** : 가옥이 매우 좋다. 식구는 많지 않다.
→ 일간은 사람이고 일지는 가옥이다. 지상에 일간의 재성이 임하니 가계가 넉넉하여 가옥이 매우 좋다. 그러나 일간이 공망되었으니 식구는 많지 않다. ● 일간이 지상을 극하고 일지가 간상을 극하니 부모와 자식은 친하지 않고 부부는 반목한다. ● 丑은 부동산과 부모이고 丁은 재앙이다. 일지음신이 丁丑이니 부동산 혹은 부모님으로 인해 재앙이 닥친다. ● 丑은 배이고 태신은 태아이다. 제4과와 초전에서 丑의 아래에 태신이 있으니 임신의 기쁨이 있다.

○ **혼인** : 여자를 정단하면 길하고, 남자를 정단하면 흉하다.
→ 일간은 남자이고 일지는 여자이다. 지상의 卯가 재성이니 여자의 길흉을 정단하면 길하고, 간상의 申이 공망되었으니 남자의 길흉을 정단하면 흉하다. ● 일간이 공망되어 남자에게 혼인할 의사가 없는 상이니 혼인은 불성한다.

○ **임신·출산** : 임신부는 튼실하지만 태아가 공허하니 태아가 형성되지 않을 우려가 있다.
→ 일간은 태아이고 일지는 임신부이다. 비록 임신부는 튼실하지만 일간이 공허하니 태아가 형성되지 않을 우려가 있다. 丑은 배이고

태신은 태아이다. 제4과와 초전에서 丑의 아래에 태신이 있으니 임신의 기쁨이 있다. 만약 4월에 정단하면 卯가 생기이니 최길하다. 그리고 출산정단을 하면 퇴여이니 출산일을 넘겨서 출산한다.
○ **구관** : 얻지 못한다.
→ 유생(酉生)이 정단하면 일록인 酉가 풀리니 좋지만 설령 풀리더라도 일록 酉에 백호와 현무가 타고 있으니 얻지 못한다.
※『육임직지』원문에서는 "닭띠는 낮 정단에서 관록을 얻는다. 그러나 다른 띠 밤 정단에서는 모두 불길하다."고 하였다.
○ **구재** : 자신에게는 재물이 있다. 재물을 밖에서 구하면 없다.
→ 재성은 재물이다. 사과의 재성은 자신의 재물이고, 삼전의 재성은 밖에서 구하는 재물이다. 지상에는 재성이 있지만 삼전에는 재성이 없으니 자신에게는 재물이 있고, 재물을 밖에서 구하면 없다. ● 간상의 申과 지상의 卯가 '교차재합'이니 교관(交關)해서 재물을 취하는 일에서 크게 좋다. 다만 공망이 풀리는 신년·신월·신월장에 정단하면 가능하다.
○ **질병** : 일간음신의 午가 辛금을 극하니 반드시 폐병이다. 丑이 卯에 가하면 복통이다.
→ 일간은 환자이고 귀살은 질병을 일으키는 병인이다. 일간음신의 午화가 일간 辛금을 극하니 폐병이다. 그리고 丑이 지반으로부터 극을 받으니 복부에 병이 난다. ● 일록이 공망되었으니 절식사 우려가 있고, 삼전이 '극음(極陰)'이니 사망할 우려가 있다. ● 의약신이 亥이니 탕약이 좋고, 의약신이 丑에 임하니 동북방에서 의약을 구하면 된다.
○ **포획** : 현무와 도신이 모두 공망되었으니 도적을 잡기 어렵다.
→ 현무의 음신이 도신이다. 밤 정단에서는 말전의 현무가 공망되었고, 낮 정단에서는 말전의 도신이 공망되었으니 도적을 잡기 어렵다.

○ **출행** : 육로는 불리하고 수로는 매우 길하다.
　→ 일간은 육로이고 일지는 수로이다.
　일간이 공망되었으니 육로는 불길하고, 지상에 재성이 임하니 수로는 매우 길하다. 현대의 출행정단에서는 일간이 공망되면 예정일에 출행할 수 없다.
○ **귀가** : 천강이 사중[子午卯酉]에 가하니 반드시 오는 중이다.
　→ 천강이 사중인 午에 가하니 오는 중이다.
○ **출사** : 패전을 방지해야 한다.
　→ 일간은 아군이고 일지는 적군이다. 일간은 공허하고 일지는 튼실하니 패전을 방지해야 한다.
　※『육임직지』원문에서는 "밤 정단은 길하고 낮 정단은 속임을 방지해야 한다."고 하였다.

□ 『**필법부**』: 〈제25법〉 금일(金日)에 정마를 만나면 흉화가 발생한다. 관직자가 정단하면 부임이 지극히 빠르다.
　〈제21법〉 교차상합은 왕래하는 일에서 이롭다.
　〈제16법〉 공망 위에 공망이 타면 모든 일을 이룰 수 없다.
□ 『**신응경**』: 辛巳일에 丑이 卯에 가하여 발용이 되었고 丑 위의 묘신과 丁이 일간을 극하니 반드시 묘지로 인한 흉을 초래하거나 혹은 부동산으로 인한 화가 닥친다. 혹은 음식으로 인하여 혹은 재물이익으로 인한 화이다. 부인으로 인한 화가 순식간에 발생한다.
□ 『**과경**』: 간상의 申과 지상의 卯가 '교차합재'이니 교관(交關)해서 재물을 취하는 일에서 크게 좋다.

辛巳일 제4국

공망 : 申·酉 ○
낮 : 왼쪽 천장, 밤 : 오른쪽 천장

戊	乙	○
貴寅勾	合亥白	空申陰
巳	寅	亥
癸	庚	戊	乙
白未后	陰辰朱	貴寅勾	合亥白
辛戌	未	巳	寅

戊寅巳 貴	己卯午 勾 后	庚辰未 合 陰 朱	辛巳申○ 玄 蛇
丁丑辰 蛇 青			壬午酉○ 常 貴
丙子卯 朱 空			癸未戌 白 后
乙亥寅 合 白	甲戌丑 勾 常	○酉子 青 玄	○申亥 空 陰

□ **과체** : 요극, 탄사, 원태(병태) // 형상, 침해, 구생, 복덕(중전).

□ **핵심** : 서로 분수를 지켜야 한다. 귀인이 집에 왔다. 밤에는 호랑이가 탈기와 역마에 타고 있고, 낮에는 백호가 폐구되었다.

□ **분석** : ❶ 간상의 未토는 일간 辛을 생하고 지상의 寅목은 일지 巳를 생한다. 이와 같이 일간과 일지가 모두 생을 받으니 지킬 수 있다. ❷ 낮에는 귀인이 일지에 임하니 가택에 머무는 기간에 귀인에게 부탁하면 된다. 밤 정단 일지음신에서는 역마인 亥에 백호가 타서 일간 辛을 탈기하니 경거망동하면 반드시 어긋난다. ❸ 일간에서 갑술순의 순미 未가 순수 戌에 임하니 '폐구'이다. 낮 백호가 未에 임하여 폐구가 되었으니 말을 삼가야 화를 면할 수 있다.

□ **정단** : 요극과이고 탄사격이니 화와 복이 모두 가볍다. 먼 곳이 발용이 될수록 탄사는 더욱 무력하다. 대신하는 일은 서먹서먹해지고 말 전이 공망되었으니 도중에 멈춰야 한다.

○ **날씨** : 바람은 많이 불지만 비는 적게 온다.
　→ 辰이 음지 未를 가리키니 비가 오는 상이지만 초전의 寅목이 오행의 화를 생하고 비록 바람은 많이 불지만 비는 적게 온다.
○ **혼인** : 일지와 일간이 스스로 생을 받으니 좋다. 그러나 일지와 일간이 모두 형을 당하니 부족함이 있다.
　→ 일간은 남자이고 일지는 여자이다. 일간 辛은 일상신 未토로부터 생을 받고 일지 巳는 지상신 寅목으로부터 생을 받으니 좋다. 그러나 일간의 상하인 未와 戌이 서로 형을 하고 일지의 상하인 寅과 巳가 서로 형을 하니 부족함이 있다. 형에는 서로 다투고 싸우는 상잔(相殘)의 뜻이 있다. ● 일지는 배우자감이다. 낮에 정단하면 지상에 천을귀인이 타고 있으니 귀한 사람이고, 밤에 정단하면 지상에 구진이 타고 있으니 귀하지 않은 사람이다.
○ **임신·출산** : 임신부와 태아 모두 안전하다.
　→ 일간은 태아이고 일지는 임신부이다. 일간과 일지가 모두 그 상신으로부터 생을 받으니 임신부와 태아 모두 안전하다. 그러나 일간과 일지의 상하가 서로 형을 하니 부족함이 있다. ● 삼전이 퇴여이니 출산은 지연된다.
○ **구관** : 낮 정단에서는 반드시 취득하고, 밤 정단에서는 취득하지 못한다.
　→ 낮 정단에서는 귀인이 초전의 寅에 타서 지반의 巳와 상생하여 '부귀격'이 되니 구관에 좋다. 그러나 밤 정단에서는 초전의 寅에 천을귀인이 타고 있지 않으니 부실하다. 낮 정단에서는 중전에 승진의 신인 역마가 임하니 더욱 좋다.
○ **구재** : 낮 정단에서는 귀인의 재물을 얻는 것이 좋다. 득한 뒤에 지체하지 말고 즉시 물러나야 한다. 밤 정단에서는 애를 쓰더라도 좋지 않다.
　→ 재성은 재물이다. 낮 정단에서 초전의 재성에 귀인이 타고 있으

니 귀인의 재물이다. 득한 뒤에 급히 물러나야 하는 이유는 초전의 재성 寅이 지반 巳와 삼형이고, 중전 亥에서는 일간을 설기하며, 말전 申은 공망되었으니 득한 뒤에 즉시 물러나야 한다. 밤 정단에서는 흉장인 구진이 재성 寅에 타고 있으니 애를 쓰더라도 나쁘다. 혹은 부동산을 뜻하는 구진이 재성에 타고 있으니 부동산으로 득재하면 된다.

○ **질병** : 밤에 정단하면 백호가 일간을 탈기하니 반드시 허증이다.
→ 밤에 정단하면 백호가 탈기신 亥에 타서 일간을 탈기하니 허증이다. 낮에 정단하면 백호가 未에 타서 일간에 임하니 언어장애가 있다. 그리고 삼전 천반의 사맹이 병지에 임하여 '병태'이니 몸이 쇠약해진다. ● 의약신이 亥이니 탕약이 좋고, 의약신이 寅에 임하니 동북방에서 의약을 구하면 된다.

○ **유실** : 도둑이 훔쳐간 것이 아니다. 급히 찾으면 반드시 찾을 수 있다.
→ 현무는 도둑이나 도난이고 재성은 재물이다. 현무가 과전에 나타나지 않았으니 도둑이 훔쳐간 것이 아니다. 그리고 재성이 초전에 임하니 반드시 찾을 수 있다.

○ **출행** : 수로와 육로 모두 안전하다. 출발 날짜가 반드시 늦어진다.
→ 일간은 육로이고 수로는 일지이다. 일간과 일지가 모두 천반으로부터 생을 받고 있으니 수로와 육로 모두 안전하다. 일간은 출행인이다. 낮에 정단하면 간상에 백호가 타고 있어서 몸에 병이 있으니 질병으로 인해 출발 날짜가 반드시 늦어지고, 다시 삼전이 '퇴여'이니 출발이 늦어진다. ● 초전은 근지, 중전은 근지와 원지의 중간, 말전은 원지이다. 말전이 공망되었으니 원행하는 것이 이롭지 않다.

○ **귀가** : 천강이 사계에 가하니 출행인이 즉시 온다.
→ 천강은 동신(動神)이다. 천강이 사계인 未에 가하니 즉시 온다.

○ **출사** : 형도 있고 생도 있으니 길흉이 반반이다.

→ 일간의 상하인 未와 戌이 상형하고 일지의 상하인 寅과 巳가 상형하니 흉하다. 일간 辛은 간상의 未로부터 생을 받고 일지 巳는 지상의 寅으로부터 생을 받으니 길하다. 따라서 길흉이 반반이다.

☐ 『필법부』: 〈제77법〉 호생(互生)과 구생(俱生)은 모든 일에서 유익하다.

→ 이 과전에서는 일간 辛은 간상의 未로부터 생을 받고 일지 巳는 지상의 寅으로부터 생을 받으니 구생이다.

☐ 『점험』: 庚寅년 10월에 월장 卯를 점시 午에 가한 뒤에 일식(日蝕) 정단을 했다. 태세 寅이 유도(游都)이고 익진(翌軫,巳)에 임하여 발용이 되었다. 구진이 형을 당하고 살을 차니 초나라 땅에 전쟁이 일어날 상이다. 탄사에 총알이 있으니 놀람과 걱정이 반드시 중하다. 중전의 백호와 역마가 일지음신(제4과)에 앉아서 일지를 충과 극을 하고, 말전의 태음[申]이 태세 寅을 충극하니 갑술순의 공망일지라도 음모가 반드시 실패한다. 그리고 강물이 우물을 덮고 백호가 숲을 나서니 내년에는 바람이 많이 불고 땅이 침수된다. 나중에 모두 검증되었다.

※ 유도 : 甲己일 丑, 乙庚일 子, 丙辛일 寅, 丁壬일 巳, 戊癸일 申.

辛巳일 제 5 국

공망 : 申·酉 ○
낮 : 왼쪽 천장, 밤 : 오른쪽 천장

壬	戊	甲	
常午貴	青寅勾	勾戌常	
戌	午	寅	
壬	戊	丁	○
常午貴	貴寅勾	蛇丑青	青酉玄
辛戌	午	巳	丑

丁 蛇丑巳	戊 貴午	己 后卯未	庚 朱辰申○
朱丙子辰	空		玄辛巳酉○
合乙亥卯	白		常壬午戌 貴
勾甲戌寅	常青酉丑 ○	玄空申子 ○	白癸未亥 后

□ **과체** : 원수, 염상∥최관부, 육의(말전), 형상, 침해(피차시기), 천장구신(밤), 오양, 명암작귀(명암이귀), 금일정신, 합중범살, 염막귀인(낮), 양귀상가(주야귀가), 사호둔귀, 살몰, 사묘加장생.

□ **핵심** : 삼전이 모두 화이고 밤 천장은 모두 토이다. 일반인은 화를 면하지만 관직자는 오히려 좋다. 가정과 사람이 모두 기운다.

□ **분석** : ❶ 삼전이 합을 하여 화국이며 다시 일간의 관귀효이다. 군자가 이 과전을 얻으면 승진과 발탁이 있을 조짐이다. 그러나 일반인이 정단하면 반드시 관송을 당하는 조짐이지만 다행히 밤의 천장이 모두 토여서 화기를 훔쳐내어 일간을 생하니 화를 면할 수 있다.

❷ 다만 정신이 일지에 임하여 일간의 묘신이니 식구는 재앙을 당하고 가정은 나락에 떨어진다.

□ **정단** : ❶ 원수과이다. 염상격은 문명의 상이다. 삼전의 원둔(元遁)은 甲戌庚 삼기이고 다시 네 덕이 임한다. 만약 길신이 본명에 임하면 진실로 가는 곳마다 이익되지 않는 곳이 없으니 지극히 길한 과이다.

❷ 도처에 귀인이 있는 '편지귀인격'이니 오히려 의지할 곳이 없다.

임시직으로서 직무가 바르지 않고[권섭부정] 혹은 부탁받은 것이 하나가 아니다. 따라서 귀인이 많으면 오히려 귀하지 않다. 만약 낮에 정단하면 '돌목살(咄目煞)'이라고 하여 귀인이 눈을 부릅뜨고 노려보는 형상이어서 오히려 죄와 허물이 보태지니 귀인에게 부탁하는 일은 불리해지고 소송 정단을 하면 특히 흉하다.

※ 삼전의 원둔 : 辛일의 초전은 甲午, 중전은 庚寅, 말전은 戊戌이다.

○ 날씨 : 비가 오지 않는다.
　→ 오행의 화는 맑은 날씨, 토는 흐린 날씨를 뜻한다. 화국에 토의 천장이 많으니 비가 오지 않는다.
○ 가정 : 사람과 가정에 무서운 화가 닥친다.
　→ 일지는 가정이다. 지상의 丑에 정마가 타서 일간을 극하니 사람과 가정에 무서운 화가 닥친다. ● 丑은 부동산이고 묘지이며 부모 효이다. 따라서 부동산 혹은 부모님으로 인한 화가 닥치는 것을 방지해야 한다. ● 만약 유월(酉月)이나 술월(戌月)에 정단하면 지상의 丑이 사신과 사기에 해당하니 더욱 나쁘다.
○ 혼인 : 남자의 재능과 여자의 외모가 엇비슷하다.
　→ 일간은 남자이고 일지는 여자이다. 밤에 정단하면 간상에 귀인이 타고 있고 지상에 청룡이 타고 있으니 남자의 재능과 여자의 외모가 엇비슷하고, 낮에 정단하면 간상에 태상이 타고 있고 지상에 등사가 타고 있으니 남자의 재능은 좋지만 여자의 외모는 좋지 않다.
　● 육해에는 서로 속이고 해치는 뜻이 있다. 일지 巳가 일간 辛을 극하고 간상의 午와 지상의 丑이 육해이니 궁합이 나쁘고 혼인은 불성한다. 육해에는 서로 속이고 해치는 뜻이 있다. ● 지상신이 일간의 묘신이니 남자의 장래를 어둡게 하는 여자로서 특히 낮 정단에서는

등사가 지상에 타고 있으니 더욱 흉하다.
○ 임신·출산 : 임신부와 태아 모두 길하다.
→ 과전이 삼합을 하면, 태아와 임신부가 상합하는 상이니 임신정단을 하면 임신부와 태아 모두 길하다. 그러나 출산정단을 하면 태아와 임신부가 떨어지지 않는 상이니 흉하다.
○ 구관 : 귀인이 발용이 되어 관성이 왕성하니 관직정단을 하면 반드시 얻는다.
→ 귀인은 공무원이고 관성은 관직이다. 밤에 정단하면 귀인이 발용이 되어 관성이 왕성하니 관직정단을 하면 반드시 얻는다. 낮에 정단하면 태상이 발용이 되어 관성이 왕성하니 무관직정단을 하면 반드시 무관직을 얻는다. 삼전이 삼합하여 관성국을 형성하니 더욱 길하고, 특히 밤에 정단하면 삼전의 천장오행 토에서 관성국의 기운을 설기하여 일간을 생하니 더욱 길하다.
○ 구재 : 관성이 왕성하면 재물은 반드시 정지된다.
→ 재성은 재물이다. 비록 재성이 중전에 있지만 재성이 관성으로 변하니 반드시 재물이 정지된다.
○ 질병 : 午는 辛의 발병처이다. 삼전이 모두 귀살이니 연명에서 구해야 길하다.
→ 관귀효는 발병처이다. 관귀효가 화이니 발병처는 화이다. 화에서 일간을 극하니 폐병이다. 일간은 환자이고 귀살은 질병이다. 연명이 卯와 辰인 사람은 그 상신이 亥와 子이니 목숨을 구할 수 있고 또한 삼전의 귀살국을 삼전의 천장오행 토와 지상의 丑토에서 설기하여 일간을 생하니 목숨을 구할 수 있다. ● 밤 정단에서는 천을귀인이 午에 타서 일간을 극하니 귀수(鬼祟)가 있다.
○ 유실 : 현무가 酉에 타고 있으니 여종(종업원)이 훔쳤다.
→ 현무는 도둑이고 酉는 여종(여종업원)이다. 현무가 酉에 타고 있으니 노비(종업원)가 훔쳤다.

○ 출행 : 수로와 육로 모두 흉하다.
 → 일간은 육로이고 일지는 수로이다. 일간이 간상의 乍로부터 극을 받고 지상둔반의 丁으로부터 극을 받으니 수로와 육로 모두 흉하다.
○ 귀가 : 아직 길을 나서지 않았다.
 → 천강이 사맹인 申에 가하니 아직 길을 나서지 않았다.
○ 출사 : 반드시 천리의 땅을 개척한다.
 → 삼전의 천장오행이 삼전의 화국을 설기하여 일간을 생하니 반드시 천리의 땅을 개척한다.

□ 『필법부』: 〈제11법〉 귀살이 무리를 짓더라도 전혀 두렵지 않다.
 〈제42법〉 삼전 내에서 삼기를 만나면 존숭해진다.
 〈제44법〉 과전이 모두 귀인이면 도리어 의지할 곳이 없게 된다.
□ 『육임지남』: 己丑년 정월에 월장 亥를 점시 卯에 가한 뒤에 대동(大同)의 길흉을 정단했다. 유도 寅이 일지 앞에 있고 적부 巳가 유지(酉地)에 침입하니 서북쪽에서 병사가 움직이는 것이 확실하다. 왕상한 초전이 말전과 생과 합하니 간첩이 내외를 내통한다. 중전의 월건 寅에서 말전 戌을 극을 하니 반드시 성을 부수고 장수를 살해한다. 그리고 갑술순의 정신(丁神)이 지양에 임하고 일지의 음신으로 다시 들어가니 그곳에 도적들이 벌떼처럼 몰려온다. 결국 반드시 투항한다.
 ※ 유도 : 甲己일 丑, 乙庚일 子, 丙辛일 寅, 丁壬일 巳, 戊癸일 申.
 ※ 적부 : 巳申子卯.

辛巳일 제6국

공망 : 申·酉 ○
낮 : 왼쪽 천장, 밤 : 오른쪽 천장

癸	戊	○
白未蛇	貴寅常	靑酉合
子	未	寅
辛	丙	丙	癸
玄巳后	朱子空	朱子空	白未蛇
辛戌	巳	巳	子

丙子巳朱空	丁丑午蛇白	戊寅未貴常	己卯申后玄○
乙亥辰合靑			庚辰酉陰陰○
甲戌卯勾勾			辛巳戌玄后
○酉寅靑合	○申丑空朱	癸未子白蛇	壬午亥常貴

- □ **과체** : 섭해, 무록(절사), 불비, 난수∥덕경(간상), 복덕(지상), 명암작귀, 무음(불비), 맥월, 침해(피차시기), 신장·귀등천문(밤).
- □ **핵심** : 사과의 천반에서 지반을 모두 극하고, 일간과 일지는 모두 두렵다. 아랫사람이 나에게 와서 무례를 범한다.
- □ **분석** : ❶ 사과의 모든 하신이 그 상신으로부터 극을 당하면 '무록'이다. 일간 辛금은 巳화로부터 극을 당하고, 일지 巳화는 子수로부터 극을 당하니 일간과 일지 모두 두렵다.

  ❷ 巳는 일지이다. 일지가 간상으로 와서 일간을 극하니 윗사람이 난을 당하는 '난수(亂首)'이다. 아랫사람이 나에게 와서 나를 업신여기고 무례를 범한다.

  → 네 곳의 천반에서 지반을 극하는 것을 '무록'이라고 하였으나『육임대전』에서는 '절사'라고 하였다. 중요한 것은 그 상의이다.

- □ **정단** : ❶ 과명이 '불비(不備)'이다. 모든 일에서 주도면밀하지 못하여 손위의 사람은 반드시 고독하게 되고 손아래의 사람은 반드시 떠나간다. 모든 상에서 하를 극하는 것은 진실하고 너그럽게 대하지 못하여 손아래의 사람이 떠나간다.

❷ 관직자와 직장인은 그의 직위를 지키지 못하고, 일반인은 그의 처와 자식을 보호하지 못한다.

○ 날씨 : 비가 많이 오지 않는다.
→ 천강이 필[畢,酉]을 가리키지만 수가 未의 극을 받으니 반드시 비가 많이 오지 않는다.

○ 가정 : 모든 가족이 집을 떠나고 집안은 기울며 복은 박하다. 비록 자손이 보이지만 결국은 반드시 고독하다.
→ 사과의 천반이 지반을 모두 극하고 일지가 간상으로 와서 일간을 극하니 부모는 자식을 학대하고 자식은 부모에게 대들며 아내가 드세서 모든 가족이 집을 떠나고 집안은 기울며 복은 박하다. 부자 유친하지 않고 비록 자손효가 일간음신과 지상에 보이지만 결국 대가 끊어진다. ● 사과가 하나의 양과 두 음이니 가정에 음란이 발생한다. ● 가을의 낮 정단에서는 주작이 가을의 화귀살인 子에 타서 일지 巳를 극하니 화재를 방지해야 한다.

○ 혼인 : 남자는 좋지 못하고 여자는 불길하다.
→ 일간은 남자이고 일지는 여자이다. 일간과 일지가 모두 상신으로부터 극을 받으니 남자는 좋지 못하고 여자는 불길하다. 그리고 사과가 하나의 양과 두 음이니 음란한 배우자감이고 일지가 간상으로 와서 일간을 극하니 나에게 해를 끼치는 배우자감이다. 낮에는 흉장인 현무가 타고 있으니 매우 흉하고, 밤에는 길장인 천후가 타고 있으니 낮에 비해 조금 흉하다.

○ 임신·출산 : 태신 겸 처재효가 절지에 앉아 있으니 출산이 반드시 쉽지 않다. 생기를 만나면 길하고 사기를 만나면 흉하다.
→ 태신 겸 처재효인 卯가 卯의 절지인 申에 앉아 있어서 태아가 상하는 상이니 출산이 쉽지 않다. 다만 사월(巳月)에 정단하면 卯가 생

기이니 길하고 해월(亥月)에 정단하면 卯가 사기이니 흉하다.
○ **구관** : 이름이 무록이니 어찌 관직이 있겠는가?
  → 사과의 천반에서 지반을 모두 극하니 관직을 얻을 수 없다.
○ **구재** : 청룡과 육합이 공망을 만나고 처재효가 묘신에 임하니 반드시 재물을 얻지 못한다.
  → 청룡과 처재효는 재물이고 육합은 상업이며 일록은 직업이다. 낮에 정단하면 청룡이 말전에서 공망되었고 밤에 정단하면 육합이 말전에서 공망되었다. 그리고 처재효 寅이 寅의 묘신인 未에 앉아 있으니 반드시 재물을 얻지 못한다. 그리고 일록이 말전에서 공망되었으니 폐업운이다.
○ **질병** : 질병이 와서 환자를 극하고 일록은 공망과 절신이며 등사와 백호가 발용이 되었으니 어린이의 질병을 정단하면 필사한다.
  → 일간은 환자이고 일지는 질병이다. 일지가 간상으로 와서 일간을 극하니 질병이 환자를 죽이는 상이다. 일록은 연명하는 음식이다. 일록이 말전에서 공망되어 없고 다시 절지에 임하니 음식을 먹지 못하고 사망하는 상이다. 그리고 사과의 천반에서 그 지반을 모두 극하면 어린이 질병정단에서 최흉하다. ● 의약신이 子이니 탕약이 좋고, 의약신이 巳에 임하니 동남방에서 의약을 구하면 된다.
○ **유실** : 도둑이 훔쳐갔다.
  → 낮에 정단하면 현무가 일간에 임하여 일간을 극하니 반드시 도둑이 훔쳐갔다. 다만 현무가 천후를 연연해하고 또한 묘신에 앉으니 반드시 다른 일에는 불필요하지만 도둑을 잡는 일에는 가장 좋다.
○ **출행** : 가면 안 되고 가면 불길하다.
  → 일간은 출행인이고 일지는 여행지이다. 지상신이 간상신을 극하여 여행지에서 재앙을 당하는 상이니 가면 안 되고 가면 불길하다.
○ **귀가** : 오히려 상대방이 오려고 한다.

➜ 일지가 간상으로 오니 오히려 상대방이 오려고 한다.
o **출사** : 성을 공격하면 불리하다.

➜ 사상에서 사하를 극하니 성을 공격하는 것은 나쁘고 수성하는 것은 좋다.

□ 『**필법부**』 : 〈제63법〉 양측 모두 상하니 양측 모두 재앙을 방비해야 한다.

➜ 일간은 간상으로부터 극을 당하고 일지는 지상으로부터 극을 당하니 나와 상대, 원고와 피고가 모두 패소한다. 사과의 네 곳에서 상극하를 하니 원고가 좀 더 유리하다.

〈제19법〉 태신 겸 재신이 월신살인 생기이면 처가 임신한다.

〈제20법〉 태신 겸 재신이 사기이면 태아가 손상된다.

□ 『**관월경**』 : 일간은 존장자이며 부모이고, 일지는 젊은 사람이며 태아이다. 일지가 간상으로 와서 일간을 극하여 '난수'이니 반드시 어른이 고개를 숙인다. 가정과 관청에서 어찌 예의가 있겠는가? 그리고 『과경』에서 말하기를, 辛巳일에 子가 巳에 가하고 가을 정단이다. 子는 화귀이고 밤 천장 주작이 타서 가택을 극하니 화재당하는 것을 방지해야 한다고 하였다.

辛巳일 제7국

공망 : 申·酉
낮 : 왼쪽 천장, 밤 : 오른쪽 천장

辛	乙	辛
玄巳后	合亥青	玄巳后
亥	巳	亥
庚	甲	乙	辛
陰辰陰	勾戌勾	合亥青	玄巳后
辛戌	辰	巳	亥

乙青亥巳	丙朱子午	丁蛇丑未	戊貴寅申 常 ○
甲勾戌辰			己后卯酉 玄 ○
○青酉卯合			庚陰辰戌 陰
○空申寅朱	癸白未丑蛇	壬常午子貴	辛玄巳亥后

□ **과체** : 반음, 무의 // 초전협극, 멸덕(중전), 가귀, 원태(절태), 오음, 맥월, 양귀수극, 참관.

□ **핵심** : 장생을 기대하여 거동하면 안 되고, 辰을 취하면 탁토가 된다. 하나를 얻으면 열을 잃는다. 귀인이 막고 있으니 담장을 오르면 안 된다.

□ **분석** : ❶ 辛금의 장생인 巳가 亥에 임한 뒤에 천후와 현무로부터 협극을 당하니 어찌 일간을 생할 수 있겠는가?
❷ 비록 간상이 일간을 생하지만 탁토인 辰이 戌토로부터 충을 당하니 얻는 것이 적다. 그리고 중전의 亥수에게 도난당하고 뺏기니 이른바 하나를 얻으면 열을 잃는다.
❸ 밤 귀인 午가 子에 가하고 낮 귀인 寅은 申에 가하여 모두 하신으로부터 충과 극을 당하니 귀인에게 부탁하더라도 반드시 이익이 없다. 따라서 귀인이 사는 집의 담장을 올라가면 안 된다.

□ **정단** : 반음과이고 무의격이다. 일은 반드시 반복되고, 득한 물건은 반드시 잃으며, 망친 일은 반드시 이룬다. 변경하는 일이 많고 두 갈래의 일이다. 하는 일에서 의혹이 많고 의지할 곳이 없는 상이다.

○ 날씨 : 비가 온다.
  → 천문[亥]은 수이고 지호[巳]는 화이다. 수화가 상통하고 청룡이 승천하니 반드시 비가 온다.
○ 가정 : 덕신이 극을 당하니 웃어른에게 재난이 발생한다.
  → 일덕은 웃어른이고 부모이다. 辛일의 일덕 巳가 지반의 亥로부터 충과 극을 당하니 웃어른에게 재난이 발생한다. 일지는 가정이다. 낮에 정단하면 육합이 지상에 타서 일간을 설기하니 자손으로 인해 손실이 발생하고, 밤에 정단하면 청룡이 지상에 타서 일간을 설기하니 가정에 손재수가 발생한다.
○ 구관 : 공명이 불길하다.
  → 관성은 관직, 귀인은 공무원, 일록은 관청에서 받는 관록이다. 관성 巳가 초전에 있지만 지반의 亥로부터 극을 당하여 파손되었고, 천을귀인 寅·午와 일록 酉는 과전에 보이지 않으니 공명이 불길하다.
○ 구재 : 얻는 것에 비해 잃는 것이 많다.
  → 재성은 재물이다. 비록 중전에 둔재 乙이 임하지만 다른 곳에는 재성이 보이지 않고 또한 중전 亥에서 일간 辛을 설기하니 얻는 것에 비해 잃는 것이 많다.
○ 혼인 : 혼인정단을 하면 모든 것이 불길하다.
  → 청룡은 남자이고 천후는 여자이다. 낮의 청룡승신 酉와 천후승신 卯는 상충하고 밤의 청룡승신 亥와 천후승신 巳가 상충하니 청룡과 천후가 충과 극을 하니 혼인정단을 하면 모든 것이 불길하다. 천반은 남자이고 지반은 여자이다. 과전의 천반과 지반이 상충하니 더욱 불길하다.
○ 임신·출산 : 임신정단은 흉하고 출산정단은 길하다.
  → 반음과는 천반과 지반이 상충하니 임신정단은 흉하고 출산정단

은 길하다.

※ 『육임직지』 원문에서는 "천후는 어머니이고 육합은 자식이다. 모자가 서로 충을 하니 밤 정단에서는 쉽게 출산한다."고 하였다.

○ **질병** : 한열이 왕래한다.

→ 화는 열이고 수는 한이다. 삼전에서 巳화와 亥수가 왕래하니 한열이 왕래한다. 그리고 귀살은 병재이다. 귀살인 巳가 亥로부터 충을 당하여 부서지니 큰 해가 되지 않는다. ● 의약신이 亥이니 탕약이 좋고, 의약신이 巳에 임하니 동남방에서 의약을 구하면 된다.

○ **유실** : 도둑이 훔쳐간 것이 확실하다.

→ 현무는 도둑이다. 낮 정단 초전에 현무가 巳화에 타서 일간 辛금을 극하니 도둑이 훔쳐간 것이 확실하다.

○ **도적** : 삼전이 모두 현무와 도신이고 지상의 음양에 각각 현무가 타고 있으니 도처에 도둑이 들끓는다.

→ 현무는 도둑이고 현무의 음신이 '도신(盜神)'이다. 낮 정단에서 초전 巳는 현무, 중전 亥는 도신, 말전 巳는 현무이다. 사과에서는 낮 정단에서 일지음신의 巳는 현무이다. 이와 같이 삼전이 모두 현무와 도신이고 지상의 음양에 각각 현무가 타고 있으니 도처에 도둑이 들끓는다.

● 도둑의 성씨는 현무승신으로 알 수 있고, 도둑이 온 방위는 현무가 임한 지반 12지로 알 수 있으며, 도둑이 숨어 있는 곳은 도신으로 알 수 있다. 따라서 도둑의 성씨는 巳에 해당하는 성씨, 도둑이 온 방위는 해방(亥方), 도둑이 숨어 있는 곳은 해방(亥方)이다. '巳'에 해당하는 성씨는 石(석), 趙(조), 田(전), 長(장)이다.

○ **출행** : 출행과 귀가가 끝이 없다.

→ 괴강인 辰이나 戌이 일·진·발용에 임하는 참관은 출행에 이롭고, 만리를 나는 날개의 뜻이 있으니 청룡이 역마인 亥에 타고 있으니 출행에 이로워서 출행과 귀가가 끝이 없다.

○ **귀가** : 천강이 사계에 가하니 나간 사람은 즉시 온다.
　→ 천강이 사계인 戌에 가하니 즉시 온다.
○ **전투** : 반음과는 출사에 불리하다.
　→ 반음과는 아군과 적군이 일승일패하는 상이니 전쟁터로의 출사에서 불리하다.

──────────────────────────────

□ 『**필법부**』 : 〈제49법〉 양 귀인이 극을 받으면 귀인에게 부탁하는 일은 이루기 어렵다.
　〈제85법〉 초전이 협극되면 뜻대로 되지 않는다. 만약 협극되는 것이 재신이면 재물을 꾀하지 못한다.
□ 『**점온**』 : 巳화가 辛금의 관성이지만 협극(夾克)을 당하니 관직이 뜻대로 되지 않는다. 그리고 巳가 辛금의 장생이니 부모 또한 자신의 뜻대로 되지 않는다.
□ 『**조담비결**』 : 하늘이 서북으로 기울어져 있으니 서북방에서 해와 달이 떠오르고 땅이 동남으로 꺼져 있으니 강물과 바다가 동남방으로 흘러간다. 巳와 亥의 중간에는 늘 결함이 있으니 신중하게 구하고 조금 득해야 하는 것을 알아야 한다.

辛巳일 제 8국

공망 : 申·酉 ○
낮 : 왼쪽 천장, 밤 : 오른쪽 천장

己	○	丁	
后 卯 玄	空 申 朱	蛇 丑 白	
戌	卯	申 ○	
己	○	甲	己
后 卯 玄	空 申 朱	勾 戌 勾	后 卯 玄
辛 戌	卯	巳	戌

甲戌巳 勾	乙亥午 合 青	丙子未 朱 空	丁丑申 蛇 白 ○
青 ○酉辰 合			貴 戌寅酉 常 ○
空 ○申卯 朱			后 己卯戌 玄
白 癸未寅 蛇	常 壬午丑 貴	玄 辛巳子 后	陰 庚辰亥 陰

□ **과체** : 중심, 참관, 여덕(낮), 불비, 착륜, 자취난수∥삼기, 호생, 왕래수생, 금일정신, 육편판, 불행전, 무음(음일), 살몰, 사묘加장생.

□ **핵심** : 착륜이다. 밤 백호가 둔간의 丁에 타고 있다. : 스스로 난수(亂首)를 취한다. 흉이 생기면 그치기 어렵다.

□ **분석** : ❶ 卯가 辛에 가하여 발용이 되었으니 '착륜'이다.

❷ 초전이 비록 辛의 재성이지만 밤에는 현무가 타고 있으니 반드시 손실이 생긴다.

❸ 중전이 공망되었으니 허리가 부러졌다는 뜻의 '절요(折腰)'이다.

❹ 말전의 丁丑에는 주야에 각각 등사와 백호가 타고 있으니 흉을 막을 수 없다.

❺ 辛[戌]이 지상으로 가서 巳에 가하고 다시 巳로부터 불로 굽히는 '자취난수'이니 흉화를 스스로 멈출 수 없다.

□ **정단** : ❶ 목기류는 금을 쓰지 않으면 목제품을 제작할 수 없다. 모든 일에서 모든 것이 새롭고, 먼저 고통과 역경을 견디고 나면 나중에 기쁨과 행복을 누릴 수 있다. 卯목이 辛에 가하면 재물이 나를 따르니 급히 재물을 취해야 하며 만약 지체하면 기궁인 戌토가 오히려

극을 당한다.
❷ 그리고 간상과 초전의 卯는 처첩이다. 밤에 현무가 타고 있으니 반드시 처첩으로 인해 재물을 잃는다.
❸ 지상에서 戌이 巳에 가하면 왜 극을 받는다고 하는가? 그 이유는 戌이 辛의 기궁이니 辛금이 극을 받기 때문이다.
❹ 그리고 巳화가 강하게 금을 극하지만 또한 토를 생하기도 한다.
❺ 모든 정단에서 길과 흉이 반반이고 스스로 화와 복을 구한다.

○ **날씨** : 천강이 亥에 가하고 수운이 위에 있으니 날씨를 정단하면 반드시 비가 온다.
→ 천강이 음지 亥를 가리키고 있고 다시 초전의 卯에 주야 모두 수의 천장이 타고 있으니 우레가 치고 비가 온다. 그러나 중전과 말전이 공망되었으니 계속하여 비가 오지는 않는다.
○ **가정** : 겉으로는 수익이 있는 것 같지만 오히려 지출된다.
→ 간상과 초전이 재성이어서 겉으로는 수익이 있는 것 같지만 밤에 정단하면 여기에 현무가 타고 있으니 오히려 지출된다. ● 일간과 일지가 상생하고 간상과 지상이 상합하니 부자는 친하고 부부는 화목하다. 다만 밤 정단에서는 처를 뜻하는 재성에 현무가 타고 있으니 재물과 처를 잃는 일을 방지해야 한다. ● 사과가 하나의 음과 두 양이니 가정에 음란사가 발생한다.
○ **혼인** : 남자가 여자를 취하는 것은 매우 나쁘다.
→ 일간은 남자이고 일지는 여자이다. 기궁이 지상으로 가서 일지로부터 극을 당하니 남자가 처를 취하는 것은 매우 나쁘다. ● 밤 정단에서 현무가 재성인 卯에 타고 있으니 남자가 여자를 취하지 못한다. ● 일지가 일간을 생하고, 간상과 지상이 상합하며, 간지가 교차상생하니 좋은 궁합이다. ● 사과가 하나의 음과 두 양이니 음

란한 사람이다.
○ **임신·출산** : 일간과 일지의 상하가 상극하니 불길하다.
→ 일간은 태아이고 일지는 임신부이다. 간상의 卯는 일간 辛으로부터 극을 당하니 태아에게 흉하고, 지상의 戌[辛]은 일지 巳로부터 극을 당하니 임신부에게 흉하다. ● 간상과 발용의 卯는 태신 겸 처재효이다. 사월(巳月)에 정단하면 卯가 생기이니 길하고, 해월(亥月)에 정단하면 卯가 사기이니 흉하다.
○ **구관** : 관성과 일록이 나타나지 않았으니 얻지 못한다.
→ 관성은 관직이고 일록은 국가로부터 받는 관록이다. 관성 巳·午와 일록 酉가 과전에 나타나지 않았으니 얻지 못한다.
○ **구재** : 반드시 얻기도 하지만 반드시 잃기도 한다.
→ 초전의 卯는 재성이다. 낮 정단에서는 卯에 길장이 타니 얻기도 하고, 밤에는 현무가 타고 있으니 잃기도 한다. ● 재성의 음신이 공망되었으니 재물을 잘 간수해야 한다.
○ **질병** : 금일에 정신(丁神)을 만나면 몸의 병을 떨쳐버리기 어렵다.
→ 일간은 환자이고 일지는 질병이며 귀살은 병재이다. 금일의 귀살이 말전의 둔반에 임하고 다시 간상의 卯와 지상의 戌이 육합하니 병을 떨쳐버리기 어렵다. ● 연명이 卯인 사람은 몸을 뜻하는 申이 널을 뜻하는 卯에 가하니 대흉하다. ● 의약신이 亥子이니 탕약이 좋고, 의약신이 午未에 임하니 정남방과 서남방에서 의약을 구하면 된다.
○ **출행** : 수레는 있지만 역마가 없고, 사람이 집 떠나기를 아쉬워하니 가지 못한다.
→ 卯는 수레이다. 수레가 초전에 있지만 역마가 과전에 없으니 가지 못한다. 그리고 여행객을 뜻하는 기궁이 가정을 뜻하는 지상으로 갔으니 오히려 가정으로 들어가는 상이다.
○ **귀가** : 아직 길을 나서지 않았다.

→ 천강이 사맹인 亥에 가하니 아직 길을 나서지 않았다.
○ **전투** : 밤 정단에서는 도난을 당하고, 낮 정단에서는 위엄이 없다.
→ 밤 정단에서는 재성에 현무가 타고 있으니 도난을 당하고, 낮 정단에서는 간상에 천후가 타고 있으니 위엄이 없다.
○ **분묘** : 불길하다.
→ 귀살은 재앙이고 묘신은 묘지이다. 丁화가 일간의 묘신인 丑에 임하니 묘지로 인해 재앙이 발생한다.

□ 『**필법부**』 : 〈제25법〉 금일(金日)에 정마를 만나면 흉화가 일어난다. 〈제82법〉 삼전이 나아가지 못하는 불행전은 초전을 살펴야 한다.
□ 『**고감**』 : 戊申년 11월에 월장 寅을 점시 酉에 가한 뒤에 처에 대해 정단했다. 일간이 일지로 가서 일지에 가하니 남편이 처를 취한다. 남편은 나이가 많고 처는 나이가 젊다(卯는 戌에 비해 어른이다). 부부가 9년을 같이 산다(巳는 4이고 戌은 5이다). 8년(丑은 8수) 째 되는 해에 생지(丑은 묘지이고 申은 생지이다)에서 형제와 불화(申은 동류이고 그 위에 구진이 보인다)하고 득지(得地)해서 죽는다(丑이 재성 卯이니 취득하고 안에는 정마와 백호가 숨어 있으니 죽는다). 상처한 뒤에 숫돌이 동쪽 문을 누르니 다시 장가들게 된다(卯는 동문이고 申은 숫돌이다). 나중에 모두 적중했다.

| 갑술순 | 신사일 | 9국 |

辛巳일 제 9국

공망 : 申·酉
낮 : 왼쪽 천장, 밤 : 오른쪽 천장

	○	丁	辛
青 酉 合	蛇 丑	白	玄 巳 后
	巳	酉 ○	丑
	戌	壬	○	丁
貴 寅 常	常 午 貴	青 酉 合	蛇 丑 白
	辛 戌	寅	巳	酉 ○

青 酉 巳 ○	甲 勾 戌 午	乙 勾 合 亥 未	丙 朱 子 申 ○ 空
空 申 辰 朱 白 癸 未 卯 蛇			蛇 丁 丑 酉 ○ 白 貴 戌 寅 戌 常
常 壬 午 寅 貴	辛 玄 巳 丑 后	庚 陰 辰 子 后	己 卯 亥 玄

- □ **과체** : 지일, 종혁, 교동(밤) ∥ 삼기(공망), 권섭부정, 오음, 금일정신, 사호귀정, 고진과수.

- □ **핵심** : 밤에는 백호가 丁丑에 타고 있으니 흉화가 반드시 발생한다. 록은 공망되었고 다시 파쇄이다. 집에 살면서 집을 유지하기 어렵다.

- □ **분석** : ❶ 중전의 丑토에 갑술순의 丁이 붙어있다. 낮에는 등사가 타고 밤에는 백호가 타고 있다. 어떤 일을 정단하더라도 반드시 흉화를 입는다.
  ❷ 가택 위에 청룡과 육합이 일록 酉에 타고 공망과 파쇄를 만나니 반드시 집이 파괴되고 재물도 반드시 없어진다. 따라서 집을 유지하기 어렵다.

- □ **정단** : ❶ 종혁격과 교동격은 모든 일에서 변동이 많다.
  ❷ 일록이 발용에 있지만 공망되었으니 반드시 헛된 기쁨이 된다.
  ❸ 모든 정단에서 반드시 모든 일의 처음에는 공허하지만 나중에는 실속이 있다.
  ❹ 다만 중전이 묘신이고, 말전이 귀살이며, 丁이 사귀(蛇鬼)이니 길

은 없고 흉은 실재한다.

❺ 만약 본명 酉를 만나거나 혹은 중추(음력 8월)에 관직정단을 하거나 혹은 식록정단을 하면 오히려 길하고 상스럽다. 밤 정단에서 염막귀인이 일간에 임하지만 일록이 묘신에 드는 유감이 있다.

○ 날씨 : 천강이 子에 가하고 필숙(酉)과 청룡·육합이 모두 공망되었으니 비가 올 수 없다.

→ 辰은 대각성이다. 대각성이 양지인 子에 가하니 비가 오지 않고 다시 필숙(酉)과 청룡과 육합이 모두 공망되었으니 비가 올 수 없다.

○ 가정 : 겉으로는 부귀해 보이지만 속으로는 가난하다.

→ 일간은 외사문이고 일지는 내사문이다. 간상에 재성이 임하니 겉으로는 부귀해보이지만 지상이 비었으니 속으로는 가난하다. ● 일지음신이 丁丑이니 부동산이나 부모로 인해 흉이 발생하는 것을 방지해야 한다.

○ 혼인 : 반드시 귀한 사위이고 반드시 가난한 여자이다.

→ 일간은 남자이고 일지는 여자이다. 귀인과 태상이 간상의 재성에 타고 있으니 반드시 귀한 사위이다. 지상의 酉는 화장용품과 보석류이다. 그러나 酉가 공망되었으니 여자가 화장용품이 들어 있는 상자를 많이 가져오지만 상자가 비어 있다. ● 육합이 초전에 천후가 말전에 있으니 음란하다. ● 삼전이 종혁격이니 혼인이 불길하다.

○ 임신·출산 : 반드시 귀자를 낳는다. 산모는 매우 길하다.

→ 일간은 태아이다. 재성이 일간에 임하고 다시 이곳에 귀인과 태상이 타고 있으니 반드시 귀한 아들을 낳는다. 출산정단을 하면 일지가 비었으니 무사히 출산하는 상이다.

○ **구관** : 본명이 酉인 사람이 정단하면 반드시 얻는다.
→ 일록은 관록이다. 본명이 酉인 사람이 정단하면 공망된 일록 酉가 풀리니 반드시 얻는다. 또한 유년·유월·유월장 기간에 정단해도 酉가 풀리니 역시 얻는다. ● 밤에 정단하면 염막귀인이 일간에 임하니 만임의 공무원이나 직장인은 퇴직할 우려가 있다.

○ **구재** : 귀인의 재물을 얻을 수 있다.
→ 귀인은 주로 관청과 공무원이고 재성은 재물이다. 낮 정단에서 재성 寅에 천을귀인이 타고 있으니 귀인의 재물을 얻을 수 있다.

○ **질병** : 사람은 튼실하고 질병은 공허하다.
→ 일간은 환자이고 일지는 질병이다. 일간은 공망되지 않았으니 환자는 튼실하고 일지는 공망되어 질병이 공허하니 길하다. 그러나 중전이 일간의 묘신인 丑이고 여기에 암귀인 丁이 임하고 있으니 목숨이 위험하다. ● 의약신이 亥子이니 탕약이 좋고, 의약신이 未申에 임하니 서남방에서 의약을 구하면 된다.

○ **출행** : 정마가 묘신에 타고 있으니 온종일 가난한 사람과 마주한다.
→ 정마가 일간의 묘신인 丑에 타고 있으니 온종일 가난한 사람과 마주한다.

○ **귀가** : 정마가 묘신에 임하니 출행인은 돌아오지 않는다.
→ 정마는 교통수단이고 묘신은 지체의 신이다. 정마가 묘신에 임하니 출행인은 돌아오지 않고 다시 중전과 초전이 공망되었으니 아직 돌아오지 않는다.

○ **전투** : 보이는 귀살은 두렵지 않다. 이곳에 천후와 현무가 타고 있기 때문이다. 보이지 않는 귀살은 감당하기 어렵다. 이곳에 백호와 등사가 타고 있기 때문이다.
→ 귀살은 적군이다. 보이는 귀살 巳에는 길장인 천후와 현무가 타고 있으니 두렵지 않다. 그러나 보이지 않는 귀살 丁에는 흉장인 백호와 등사가 타고 있으니 두렵다.

□ 『필법부』: 〈제8법〉 일록이 일지에 임하면 임시직으로서 정당한 자리가 아니거나 혹은 먼 곳에 직장이 주어진다.
　→ 일간의 일록인 酉가 지상에 임하고 있다.
　〈제47법〉 귀인이 비록 감옥에 있더라도 일간에 임하면 좋다.
　→ 낮에 정단하면 귀인이 일간의 기궁인 戌에 임하고 있다.
　〈제69법〉 백호가 둔간귀살에 타면 재앙이 얕지 않다. 이른바 백호가 순 내의 천간에 가임하고 일간의 귀살이 되는 것이다. 설령 공망되어 더라도 재앙을 구할 수 없다.
　→ 밤 정단 제4과와 중전에 백호가 丑에 타고 있고 그 둔반에는 丁이 임하고 있으며 지반이 공망되어 었다.
　〈제81법〉 삼전에서 묘신이 묘신에 들면 증오와 사랑으로 나눠진다. 만약 초전이 일간의 재신·록신·장생·관성 등이고 중·말전이 묘신이면 나쁘다.
　〈제84법〉 합 속에 살을 범하는 것은 꿀 속에 비상이 있는 것이다.
　→ 비록 삼전이 삼합하지만 초전의 酉와 지상의 酉가 삼형이니 꿀 속에 비상이 있는 상이다.

□ 『옥성가』: 종괴[酉]가 백호와 함께 일지에 거주하고 있지만 집안에 효자가 있다고 할 수 있다. 그리고 삼전에서 합을 하고 있으니 만날 수 있다. 그리고 일반 사람이 만나는 정단에서도 이와 같이 취하면 된다.

□ 『지장부』: 酉丑巳는 칼날을 들이대는 상이다. 원근 모두에서 상해를 입는다.
　→ 비록 삼전이 酉丑巳이지만 공망되어 었고 또한 금국에서 일간을 극하지도 않으니 흉이 가볍다.

辛巳일 제 10 국			

공망 : 申·酉 ○
낮 : 왼쪽 천장, 밤 : 오른쪽 천장

○	乙		戊
空 申 朱	玄 亥 青	貴 寅 常	
巳	申 ○	亥	
丁	庚	○	乙
后 丑 白	朱 辰 陰	空 申 朱	玄 亥 青
辛 戌	丑	巳	申 ○

○空申巳	朱白酉午	甲合午未	乙玄亥申○
青癸未辰	蛇		陰丙子酉○空
勾壬午卯	貴		后丁丑戌 白
合辛巳寅	后朱辰丑	陰庚卯子蛇玄	貴己寅亥 常戊

- **과체** : 중심, 원태(생원태) // 형상, 복덕(공망), 금일정신, 백호입상차, 절신가생, 신장·귀등천문(낮), 고진과수.
- **핵심** : 백호와 묘신이 정마를 타고 있으니 은밀한 화가 닥친다. : 가정이 깨져 가족이 뿔뿔이 흩어진다. 낮 귀인은 진실하다.
- **분석** : ❶ 백호가 탄 묘신이 일간에 임하고 갑술순의 정마가 묘신에 타고 있다. 이 丁이 숨어 있는 귀살이니 은밀한 화가 닥친다.
  ❷ 가택 위에는 申이 임하고 申의 위에는 亥가 임한다. 亥가 辛금의 패기이니 반드시 가정을 패망시키는 방탕한 사람이 왕래한다.
  ❸ 초전의 申은 겁재이고, 중전의 亥에서는 일간을 탈기하니 모두 좋지 못하다. 말전의 寅목은 辛금의 처재이다. 여기에 천을귀인과 태상이 타서 辛금을 은밀하게 도와주니 진실로 이익이 된다.
  ❹ 낮 정단에서 초전 천공의 음신인 중전에 현무가 타고 있으니 반드시 도적이 나와 내 가족을 기만한다.
- **정단** : ❶ 공망된 가택이 발용이 되었으니 가택은 이미 공허하다.
  ❷ 밤 정단에서 정마가 묘신과 백호에 타고서 귀살을 만들어서 일간에 임하니 사람이 화를 입는다. 다행히 말전에서 묘신을 구할 수

있으니 귀인에게 부탁하는 것이 좋다. 만약 연명 위에 길신이 타면 재앙을 벗어나고 우환을 면할 수 있다.

○ **날씨** : 천강이 丑을 가리키고 밤의 청룡이 물을 만나니 반드시 비가 온다.
　→ 천강은 대각성 辰이고, 청룡과 오행의 수는 비를 가리킨다. 천강이 음지에 임하니 비가 오고 밤에 정단하면 청룡이 亥에 타고 있어서 청룡이 물을 만나니 반드시 비가 온다. 다만 청룡이 물을 만났지만 공망되었으니 이것이 풀리는 다음 순에 비가 온다.

○ **가정** : 반드시 형제와 자식과 조카가 방탕하여 가업을 망친다.
　→ 일지는 가정이다. 지상에 겁재인 申이 임하고 申의 위에는 亥가 타서 일간을 탈기하니 반드시 형제와 자식과 조카가 방탕하여 가업을 망친다. ● 간상이 丁과 丑이니 부동산이나 부모로 인한 화를 방지해야 한다. 낮에는 천후가 타고 있으니 부녀자로 인한 재앙을 방지해야 하고, 밤에는 백호가 타고 있으니 질병을 방지해야 한다.

○ **혼인** : 남자는 좋지 않고 여자는 길하지 않다.
　→ 일간은 남자이고 일지는 여자이다. 간상에 일간의 묘신인 丑이 임하니 남자의 미래가 어두운 상이어서 좋지 않다. 그리고 일지가 공망되어 있고 여기에 겁재가 임하고 있으니 여자는 길하지 않다. ● 재성은 여자이다. 말전의 재성에 길장이 타고 있으니 나중에 좋은 여성을 만난다.

○ **임신·출산** : 천강이 丑에 가하니 반드시 추한 여아를 낳는다. 지상이 공망되었으니 쉽고 빨리 아기를 낳는다.
　→ 丑은 곧 醜(축)이다. 辰이 丑에 임하여 丑을 가리키니 추한 여아를 낳는다. 그리고 일지가 공망되면 임신부가 출산한 뒤에 배가 비어 있는 상이니 쉽고 빨리 아기를 낳는다. ● 일간은 태아이다. 일간의

천지반이 모두 음이니 딸이고, 삼전이 1음2양이니 다시 딸이며, 중심과이니 또다시 딸이다. ● 삼전이 비록 생현태이지만 초·중전이 공망되었으니 유산을 예방해야 한다.

○ **구관** : 과체가 본래 흉하지만 구관에는 길하다.

→ 중심과이고 초전과 중전이 공망되었으니 과체가 본래 흉하다. 그러나 일간의 둔반에 관성인 丁이 임하고 다시 그 음신에 주작이 부모효 辰에 타서 일간 辛을 생하니 구관에 길하다.

○ **구재** : 귀인의 돈과 재물을 얻는다.

→ 귀인은 귀인과 관청과 공무원이고 재성은 재물이다. 낮 정단에서 말전의 재성에 귀인이 타고 있으니 귀인과 관청과 공무원으로 인하여 재물을 얻는다.

○ **질병** : 비통(脾痛)이나 복통이다. 신장경락에 병이 들었지만 구하지 못한다.

→ 일간은 환자이고 일지는 질병이다. 비통은 명치 밑이 갑자기 아프고 메슥메슥하면서 배가 더부룩하게 불러 오르는 통증이다. 丑은 배이다. 간상의 丑이 지반의 戌과 상형이니 비통이나 복통이다. 수의 장부는 신장과 방광이다. 백호가 丑에 타서 오행의 수를 극하니 신장 경락에 병이 온다. ● 암귀가 백호의 둔반에 임하니 병이 낫기 어렵다. ● 의약신이 亥子이니 탕약이 좋고, 의약신이 申酉에 임하니 서남방과 정서방에서 의약을 구하면 된다. 다만 의약신 申酉가 모두 공망되었으니 쓰지 못한다.

○ **출행** : 육로는 매우 흉하고 수로는 경비를 허비한다.

→ 일간은 육로이고 일지는 수로이다. 간상의 둔반에 암귀가 임하니 육로가 매우 흉하고, 지상이 공망되었으니 수로로 출행하면 경비를 허비한다.

○ **귀가** : 천강이 사계에 가하고 청룡이 역마에 타고 있으니 출행인은 즉시 온다.

→ 천강은 동신(動神), 역마는 자동차, 청룡에는 만리를 비행하는 날개의 뜻이 있다. 천강이 사계인 丑에 가하고 청룡이 역마에 타고 있으니 즉시 온다.

○ **전투** : 아군과 적군 모두 흉하다. 공로는 없고 해만 입는다.

→ 일간은 아군이고 일지는 적군이다. 간상의 둔반에 암귀가 임하니 아군이 흉하고, 일지가 공망되었으니 적군이 흉하다.

□ 『**필법부**』 : 〈제61법〉 질병정단에서 간상에 백호가 묘신에 타고 있는 것이 없어야 좋다. 모든 정단에서 어둡고 미혹하며 흉악하다.
〈제69법〉 백호가 둔간의 귀살에 타면 재앙이 얕지 않다.

□ 『**삼거일람**』 : 월염·대살·천목·묘신·정신이 연명이나 일진에 임하면 괴이한 흉재가 발생한다. 辛巳일의 간상은 丑이다. 10월에 정단하면 지극히 흉하다. 다시 말하기를 일간의 묘신에 귀살이 타서 육처에 거처하면 '호묘(虎墓)'라고 하여 질병을 정단하면 반드시 암이다. 오직 공망되어 어야만 치료가 가능하다.

※ 대살, 월염, 천목

월건 신살	寅	卯	辰	巳	午	未	申	酉	戌	亥	子	丑
대살(大殺)	午	卯	子	酉	午	卯	子	酉	午	卯	子	酉
월염(月厭)	戌	酉	申	未	午	巳	辰	卯	寅	丑	子	亥
천목(天目)	辰	辰	辰	未	未	未	戌	戌	戌	丑	丑	丑

辛巳일 제 11 국

공망 : 申·酉 ○
낮 : 왼쪽 천장, 밤 : 오른쪽 천장

戊	庚	壬
貴 寅 常	朱 辰 陰	勾 午 貴
子	寅	辰
丙	戊	癸 ○
陰 子 空	貴 寅 常	青 未 蛇	白 酉 合
辛	戌	子	巳	未

癸未巳 青蛇	○空申午朱	○白酉未合	甲戌申勾常○
壬午辰勾貴			乙亥酉玄青○
辛巳卯合后			丙子戌陰空
庚辰寅朱蛇	己卯丑陰玄	戊寅子蛇貴常	丁丑亥后白

□ **과체** : 요극, 탄사, 출삼양, 진간전 // 침해(피차시기), 록공망, 록현탈격(낮), 복덕, 인귀생성, 근단원소, 오양, 강색귀호, 살몰, 사묘加장생, 탈상공.

□ **핵심** : 탄사가 말전의 귀살을 돕지만 간상의 子수에 의지하면 된다. 未토 또한 귀살 午를 좌시하지 않는다. 재성 寅은 의젓하다.

□ **분석** : ❶ 탄사의 재성을 辛이 취할 수 없다. 재성이 말전의 午화를 도와서 오히려 일간 辛을 극하기 때문이다. 다행히 간상의 子수가 귀살을 극하니 귀살이 화가 되지 못하고 또한 지상의 未토가 귀살을 수수방관하지 않는다.

❷ 그리고 未토가 子수를 해치려다가 간음의 寅이 두려워서 해치지 못하며, 더욱 좋은 것은 寅이 발용이 되어 未토를 제압하여 구한다는 점이다. 이와 같이 재물을 축적하여 화를 소멸시키니 재성 寅을 '의젓하다'고 한 것이다.

□ **정단** : ❶ 탄사격이고 간전이니 모든 일이 가볍고 얇으며 화와 복은 모두 근처에서 일어난다.

❷ 삼전에 간격이 있으니 많은 액과 막힘이 있다. ❸ 일지와 일간이

육해가 되니 주객이 서로 불화한다.

○ 날씨 : 바람은 많이 불지만 비는 적게 오는 상이다.
  → 천강[辰]이 寅에 임하여 양을 가리키니 비가 오지 않는 상이다. 寅은 바람을 부르는 신이고 酉는 비를 생하는 신이다. 일간의 음신이 寅이고 일지의 음신이 酉이지만 공망되었으니 바람은 많이 불지만 비는 적게 오는 상이다.
○ 가정 : 나와 가족이 화목하지 않다.
  → 일간은 나이고 일지는 가족이다. 간지의 상신이 子未 육해이니 나와 가족이 화목하지 않다. ● 낮 정단에서는 청룡이 지상에 타고 있지만 폐구가 되었으니 풍족하지 않다. ● 밤 정단에서는 등사가 지상에 타고 있으니 가정에 놀랄 일이 발생한다. ● 일지음신에 일록이 공망되었으니 창고에 재물이 없다.
○ 혼인 : 남녀가 서로 육해이니 길하지 않다.
  → 일간은 나이고 일지는 상대이다. 간상의 子와 지상의 未가 육해이니 궁합이 길하지 않다. ● 밤에 정단하면 지상에 청룡이 타고 있으니 좋은 편이고, 밤에 정단하면 지상에 등사가 타고 있으니 나쁜 편이다. ● 만약 혼사를 진행하면 사과가 '근단원소'이니 혼수비가 많이 든다.
○ 임신·출산 : 임신부와 태아가 육해이니 출산이 매우 흉하다.
  → 일간은 태아이고 일지는 임신부이다. 간상의 子와 지상의 未가 육해이니 임신정단과 출산정단 모두 매우 흉하다.
○ 구관 : 관직정단에서 불길하다.
  → 관성은 관직이고 일록은 관록이다. 관성인 午가 간상의 子로부터 극을 당하여 제거되고 일록인 酉가 다시 공망되었으니 관직정단에서 불길하다.

○ **구재** : 타인의 재물을 빌려서 자기의 우환을 멎게 할 수 있다. 만약 巳로 들어가면 취할 수 없다.

→ 재성은 재물이다. 초전 천반의 재성인 寅이 지반의 子로부터 생을 받고 있으니 구재에 길하다. ● 장생은 생업이다. 일간의 장생인 巳를 취하려고 하면 일간 辛이 巳로부터 살기를 받으니 취할 수 없다.

○ **질병** : 유능한 의사에게 부탁하면 위험에 이르지 않는다.

→ 귀살은 질병이고 자손효는 의사이다. 말전의 귀살 午를 간상의 子에서 제압하니 유능한 의사에게 의지하면 위험에 이르지 않는다. ● 의약신이 子이니 탕약이 좋고, 의약신이 戌에 임하니 서북방에서 의약을 구하면 된다.

○ **유실** : 종업원이 훔쳐갔다. 낮 정단에서는 여자종업원이 훔쳐갔고, 밤 정단에서는 남자종업원이 훔쳐갔다.

→ 일간의 탈기는 유실이고 태음은 여자종업원이며 천공은 남자종업원이다. 낮에 정단하면 간상의 탈기에 태음이 타고 있으니 여자종업원이 훔쳐갔고, 밤에 정단하면 간상의 탈기에 천공이 타고 있으니 남자종업원이 훔쳐갔다.

○ **출행** : 출행인과 출행지가 적당하지 않고 다시 역마가 보이지 않으니 갈 수 없다.

→ 일간은 출행인이고 일지는 출행지이며 역마는 여객수단이다. 일지가 일간을 극하고 지상과 간상이 육해이니 출행지가 적당하지 않다. 그리고 巳일의 역마 亥가 과전에 보이지 않으니 갈 수 없다.

○ **귀가** : 사람과 가택이 불화하고 다시 육해이다. 천강이 사맹에 가하고 다시 역마가 없으니 출행인은 돌아오지 않는다.

→ 일간은 출행한 사람이고 일지는 가정이다. 일지 巳가 일간을 극하고 간지의 상신이 상해이니 돌아오지 않는 상이다. 천강(辰)은 동신이다. 辰이 사맹인 寅에 가하니 아직 돌아오지 않는다. 역마는 여

객수단이다. 오늘의 역마 亥가 과전에 보이지 않으니 돌아오지 않는다.
○ **전투** : 공격하는 쪽이 이롭다.
→ 요극과의 탄사이니 공격하는 쪽이 이롭다.

□ 『**필법부**』 : 〈제76법〉 서로 시기하여 모두에게 화가 미친다.
〈제16법〉 공망 위에 공망이 타면 일을 이룰 수 없다.
□ 『**비요**』 : 子가 일간에 가한 뒤에 일간을 탈기하고 다시 천공이 타고 있으니 '탈공신(脫空神)'이다. 모든 정단은 무에서 유가 생기고 실제적인 것이 전혀 없다. 그리고 간상이 子이고 지상이 未이어서 일지와 일간의 상신이 육해가 되니 서로 시기한다.
□ 『**괘낭부**』 : 육해가 태상을 품으면 행동거지에 웃어른이 놀란다.
→ 밤에 정단하면 육해가 되는 간지상의 子와 未 사이에 태상이 타고 있다.
□ 『**지장부**』 : 寅辰午는 출삼양이다. 금붕어가 물속에서 노닌다.

辛巳일 제 12 국

공망 : 申·酉 ○
낮 : 왼쪽 천장, 밤 : 오른쪽 천장

	壬		癸		○	
勾	午	貴	青	未	后	空 申 陰
	巳		午		未	
	乙		丙		壬		癸
玄 亥 白	陰 子 空	勾 午 貴	青 未 后
	辛 戌		亥		巳		午

壬午巳 勾貴	癸未午 青后	○ 空申未	○ 白酉申 玄
辛巳辰 合蛇			甲戌酉 常常 ○
庚辰卯 朱朱			乙亥戌 玄白
己卯寅 蛇	戊寅丑 合貴	丁丑子 勾后 青	丙子亥 陰空

□ **과체** : 요극, 호시, 진여∥복덕, 가귀, 인귀생성, 천라지망, 무음(교차상극), 호가호위.

□ **핵심** : 쇠붙이가 붙어있는 쑥대로 만든 화살을 사람에게 활을 쏘면 사람이 다칠 것 같지만 그렇지 않다. 침묵을 지키고 옛것을 유지하는 것이 좋다.

□ **분석** : ❶ 쑥대로 만든 화살을 사람에게 쏘더라도 해가 되지 않는다. 그러나 말전에 보이는 申금에는 활에 화살촉이 달려있다. 따라서 사람을 쏘면 반드시 사람이 다친다. 다행히 申이 공망되어 화살을 잃은 상이다. 비록 화살이 몸에 맞더라도 사람을 다치게 하지는 못하지만 헛된 놀람을 면하기는 어렵다.

❷ 거동하다가 그물을 만날 수 있으니 가만히 기다리는 것이 좋다.

❸ 일간 辛이 간상의 亥子에게 기운을 뺏기고 도난당하여서 곤경에 빠지게 되니, 오직 옛것을 유지하면서 어려움을 이겨내야 한다.

□ **정단** : ❶ 요극의 호시는 처음에는 우레가 치지만 나중에는 반드시 점차 우레가 사라진다. 모든 일은 공허하고 아득하며 화와 복은 모두 가볍다.

❷ 사과 음양이신에서의 亥와 午는 자형이고, 子와 未는 상해이며, 子와 午는 상충하고, 亥와 子는 午화를 극하고, 未토는 亥수를 극을 하니 서로 교차해서 충과 극을 한다. 이러하니 서로 견제하고 각자의 위치에서 어긋나는 것이 극점에 이른다. 이러한 것이 주객에만 그치지 않고 부부가 서로 반목한다.

○ 날씨 : 맑지도 않고 비도 오지 않는다.
→ 초전 천반의 午는 그의 둔반 王으로부터 극을 당하고, 중전 둔반의 癸는 그의 천반 未로부터 극을 당하니 맑지도 않고 비도 오지 않는다.

○ 가정 : 인월과 묘월에 정단하면 가정에서 상복을 입는다.
→ 사신 및 사기가 귀살에 해당하면 사망한다. 그리고 지상의 午는 인월의 사기이고 묘월의 사신이다. 만약 인월과 묘월에 정단하면 지상의 午가 사신과 사기를 품어서 일간을 극하니 가정에서 상복을 입는다. ● 일간은 사람이고 일지는 가정이다. 일지 巳가 일간 辛을 극하고 간상신 亥가 지상신 午를 극한다. 또한 간상 亥가 일지 巳를 극하고 지상 午가 일간 辛을 극하니 가정이 화목하지 않다. ● 낮에는 구진이 지상의 午에 타서 일간을 극하니 관재가 발생하고, 밤에는 귀인이 지상의 午에 타서 일간을 극하니 관재가 발생한다.

○ 혼인 : 매우 적합하지 않다.
→ 제1과는 신랑, 제2과는 신랑집안, 제3과는 신부, 제4과는 신부집안이다. 사과에서 신랑 亥와 신부 午가 자형이니 신랑신부가 서로 싸우고, 신랑집안 子와 신부집안 未가 상해이니 양가 모두 싫어하며, 신랑집안 子와 신부 午가 상충하니 남자집안과 신부가 불화하고, 신랑 亥와 신랑집안 子가 신부 午를 극하니 신랑측에서 신부를 싫어하며, 신부집안 未가 신랑 亥를 극하니 신부집안에서 신랑을 싫

어한다. 또다시 간상 亥에서 일지 巳를 극하고 지상 午에서 일간 辛을 극하니 매우 적합하지 않다.
○ **임신·출산** : 임신부와 태아 모두 흉하다.
  → 일간은 태아이고 일지는 임신부이다. 일지 巳가 일간 辛을 극하고 간상신 亥가 지상신 午를 극한다. 또한 간상 亥가 일지 巳를 극하고 지상 午가 일간 辛을 극하니 임신부와 태아 모두 흉하다.
○ **구관** : 좋지 않다.
  → 관성과 귀인이 나란히 발용이 되었으니 귀인에게 부탁하는 일에서 확실히 좋다. 그러나 삼전에서 간상의 亥수를 연이어 생하여 와서 亥수에서 관성 午를 제압하니 오히려 좋지 않다.
○ **구재** : 재성이 나타나지 않았으니 득재한 뒤에 잃는다.
  → 재성은 재물이다. 辛일의 재성 寅卯가 과전에 나타나지 않았으니 득재한 뒤에 잃는다. 다만 낮 정단에서는 청룡이 중전의 未에 타서 일간을 생하니 재물을 얻는다.
○ **질병** : 토혈한다. 심장에 병이 났고 낫기 어렵다.
  → 간상의 亥에서 일간을 설기하니 토혈하고, 지상이 午화이니 심장병이다. 밤 정단 간상에 백호가 亥에 타고 있지만 이를 중전의 未에서 제압하니 무방하다. 또한 지상의 귀살 午를 일간의 음양이신에서 제압하니 무방하다. ● 의약신이 亥子이니 탕약이 좋고, 의약신이 戌亥에 임하니 서북방에서 의약을 구하면 된다.
○ **출행** : 역마가 일간에 임하니 출행한다.
  → 일간은 출행인이고 역마는 여객수단이다. 역마가 간상에 임하여 출행인이 자동차에 올라타는 상이니 출행한다.
○ **귀가** : 역마가 일간에 임하니 출행인이 속히 돌아온다.
  → 일간은 출행인이고 역마는 여객수단이다. 출행인이 자동차를 몰고 달려오는 상이니 출행인이 속히 돌아온다.
○ **전투** : 아군과 적군 모두에게 손익이 있다. 결국 수비하는 군이 승전

한다.

→ 일간은 아군이고 일지는 적군이다. 간상이 일지를 극하니 아군에게 이익이 있고 지상이 일간을 극하니 적군에게 이익이 있다. 그리고 요극과의 호시이니 수비하는 군이 최종 승전한다.

※『육임직지』 원문에서는 "객(客)이 승리한다."고 하였다.

□ 『필법부』 : 제55법 : 천라지망을 만나면 모망사에서 졸렬함이 많다. 그물로 몸과 가택을 옭아매니 모든 정단에서 형통할 수 없다.
□ 『점험』 : 戊申년 11월에 월장 寅을 丑에 가한 뒤에 손자의 독서를 정단한다. 간상의 亥는 현무이니 1개의 금에서 2개의 수를 생하여서 겹으로 기운을 훔치니 노인에게 정이 누설되는 병이 있다. 가택이 일간을 극하고 일간은 다시 저절로 탈기를 당하니 미래가 보이지 않을 뿐만 아니라 요사한다.
□ 『육임지남』 : 귀가 정단을 한다. 이미 길을 나섰고 丙戌일에 도착한다. 역마 亥가 일간에 임했고 천을귀인이 일지로 들어왔으며 다시 호시가 발용이 되었으니 출행인은 속히 돌아온다. 역마 亥가 절지에 임했고 다시 발용 午의 묘신과 절신이니 도착한다.

→ 역마가 절지에 임하지 않았다. 역마 亥의 절지는 巳이다.

임오일

壬午日의 길신(구보)과 흉살(팔살)			
일덕	亥	형	
일록	亥	충	
역마	申	파	
장생	申	해	
제왕	子	귀살	
순기	丑	묘신	辰戌丑未
육의	甲戌	패신	酉
귀인	주	卯	공망	申酉
	야	巳	탈(脫)	寅卯
합(合)		사(死)	卯
태(胎)	午	절(絶)	巳

대육임직지

壬午일 제 1 국

공망 : 申·酉 ○
낮 : 왼쪽 천장, 밤 : 오른쪽 천장

	乙		壬		丙
常	亥 空	合	午 后	玄	子 青
	亥		午		子
	乙		乙	壬	壬
常	亥 空	常	亥 空	合 午 后	合 午 后
	壬 亥		亥	午	午

朱	辛巳 巳	貴	壬午 午	合	癸未 未	勾	○申 申	陰	青	玄
蛇	庚辰 辰	蛇							○酉 酉 空	常
貴	己卯 卯	朱							甲戌 戌 白	白
后	戊寅 寅	合	丁丑 丑	陰	丙子 子	勾	乙亥 亥	玄	青	常 空

□ **과체** : 복음, 자임, 두전∥형상, 덕경, 덕입천문, 여덕(낮), 왕록임신.

□ **핵심** : 태상과 천공이 일록을 타고 있으니 재물과 일록이 상했다. 만약 다른 것을 추구하면 다치며 보이지 않는 극을 당하니 좋지 않다.

□ **분석** : ❶ 왕록인 亥가 일간에 임한 뒤에 발용이 되었다. 낮에는 태상이 타고 있고 밤에는 천공이 타고 있다. 이 일록이 천장으로부터 상하고 다시 자형이니 지키기 어렵다는 것을 자각해야 한다.

❷ 이러 하니 중전의 재성 午를 취하지 않을 수 없다. 그러나 午화가 겁재 다음에 임했으니 재물이 다시 상했다. 재물과 일록이 모두 상했으니 신중하게 지켜야 나중에 이익이 있다.

❸ 이것을 포기하고 말전의 子수를 취하려고 하니 이 子가 나망과 양인이며 패기(敗氣)와 겁재로서 재성인 午를 충을 하고 극을 한다. 이와 같이 보이지 않게 상하니 어찌 화사한 기운이 한 점이라도 있겠는가?

□ **정단** : ❶ 복음과의 자임격은 강하고 사나우며 자신만이 옳다고 생각하니 형에 처해져서 반드시 허물을 짓게 된다. 지금 스스로 형(刑)을 지으니 모든 일이 막혀서 불통한 상이다.

○ 날씨 : 갑자기 비가 오다가 갑자기 개이고 맑은 뒤에 갑자기 비가 오는 상이다.
→ 삼전에서 亥수와 午화와 子수가 나란히 임하니 갑자기 비가 오다가 갑자기 개이고 맑은 뒤에 갑자기 비가 오는 상이다.

○ 가정 : 가택에 자형이 임하니 반드시 가택이 상한다. 다시 천후와 육합이 타니 음란사를 면하기 어렵다.
→ 일지는 가택이고 자형은 형상이다. 자형인 午가 일지에 임하니 가택이 상한다. 그리고 육합과 천후는 음란의 천장이다. 제3과와 제4과에 낮에는 육합이 타고 밤에는 천후가 타니 가정에 음란사가 발생한다. ● 일간은 사람이고 일지는 가정이다. 일간과 일지에 자형이 임하니 가족이 화목하지 않다. 일간이 일지를 극하고 간상신이 지상신을 극하니 더욱 더 흉하다. 자형에는 서로 싸우고 죽이는 '상잔(相殘)'의 뜻이 있다.

○ 혼인 : 남자는 좋지 않고 여자는 길하지 않다.
→ 일간은 남자이고 일지는 여자이다. 일간과 일지의 천지반이 각각 자형이니 남자는 좋지 않고 여자는 길하지 않고 또한 남녀가 서로 싸우는 상이니 궁합이 나쁘다. ● 일간에 일록이 임하니 직업이 있는 남자이고, 지상에 재성이 임하니 재물이 있는 여자이다.

○ 임신·출산 : 인월(寅月)에 태아정단을 하면 반드시 처가 임신하지만 임신부와 태아가 모두 상하는 것을 면하기 어렵다.
→ 일간의 태신은 午이다. 지상에 처재효 겸 태신이 임하니 처가 임신하는 상이다. 인월(寅月)에 태아정단을 하면 반드시 처가 임신하지만 임신부와 태아가 모두 상하는 것을 면하기 어렵다. ● 만약 신월(申月)에 정단하면 午가 생기이니 생육할 수 있다. 그리고 복음과의 임신정단은 태아가 선천성 청각·언어장애자이다.

○ **구관** : 일록과 일덕이 발용이 되었으니 처음에는 반드시 순탄하지만 나중에는 좋지 않다.

→ 일덕은 공무원이고 일록은 관록이다. 일록과 일덕이 발용이 되었으니 처음에는 반드시 순탄하다. 그러나 중전의 재성과 말전이 상충하였으니 나중에는 좋지 않다.

○ **구재** : 얻는 것도 있고 잃는 것도 있다.

→ 재성은 재물이다. 간상과 초전에 일록이 있으니 식록(食祿)을 얻고, 중전의 재성이 말전과 충을 하고 있으니 재물을 잃기도 한다.
● 이 과전은 중전의 재성이 말전으로부터 충을 당했으니 창업을 하거나 다른 회사로 이직하면 나쁘다.

○ **질병** : 말을 하지 못할 우려가 있고 신음하는 증상이다.

→ 복음과의 질병은 말을 하지 못할 우려가 있고 신음하는 증상이다. ● 의약신이 寅卯이니 약초요법과 기도가 좋고, 의약신이 寅卯에 임하니 동북방과 정동방에서 의약을 구하면 된다.

○ **출행** : 움직이지 못하는 상이다.

→ 복음과이고 일간 기준의 나망이 말전에 임하며 과전에 정마와 역마가 임하지 않으니 출행하지 못하는 상이다. 다만 연명이 申이나 丑인 사람은 그 상신이 각각 역마인 申과 정마인 丁丑이니 출행할 수 있다.

○ **귀가** : 본가를 잠시 나섰지만 돌아온다.

→ 역마와 정마가 복음과에 보이지 않으면 출행할 수 없다. 설령 집을 잠시 나섰더라도 곧 귀가한다.

○ **전투** : 밤 정단에서는 속임수가 있고, 낮 정단에서는 조금 괜찮다.

→ 일간은 군인이다. 낮에는 간상에 길장이 타고 있으니 조금 괜찮고, 밤에는 천공이 타고 있으니 속임수가 있다.

□ 『필법부』:〈제19법〉태신 겸 재신이 월신살인 생기이면 처가 임신한다.

　※ ○ 임신·출산 참조.

　〈제20법〉태신 겸 재신이 사기이면 태아가 손상된다.

　※ ○ 임신·출산 참조.

□ 『점험』: 10월에 월장 寅을 寅에 올려서 승진 정단을 했다. 지금 식록이 있고 다시 태상을 겸하니 겸직하고 있지만 승진하지 못한다. 다행히 감사에게 부탁해서 해임된다. 子와 午는 관귀(官貴)가 왕래하는 곳으로서 감사의 집이고 월건 앞의 신이니 다시 감사이다. 따라서 반드시 간청하여 해임된다. 과연 그러하였다.

| 갑술순 | 임오일 | 2국 |

壬午일 제 2 국

공망 : 申·酉
낮 : 왼쪽 천장, 밤 : 오른쪽 천장

	甲	○	○
	白 戌 白	空 酉 常	靑 申 玄
	亥	戌	酉 ○
	甲 ○	辛	庚
	白 戌 白	空 酉 常 朱 巳 貴	蛇 辰 蛇
	壬 亥	戌	午	巳

| 蛇 辰 巳 己 貴 卯 辰 戊 后 寅 卯 丁 陰 丑 寅 | 朱 巳 午 丙 勾 子 丑 | 壬 合 午 未 乙 常 亥 子 | 癸 勾 未 申 陰 ○ ○ 靑 申 玄 酉 戌 ○ 空 酉 戌 常 甲 白 戌 白 亥 |

□ **과체** : 원수, 퇴여, 육의, 참관 // 괴도천문, 호임간지, 불행전, 최관사자, 살몰, 사묘加장생.

□ **핵심** : 출입문이 자주 닫히고 백호가 戌에 타서 일간에 임한다. 물러서서 살길을 찾으니 공망이 앞길을 막고 있다. 따라서 물러나서 한가롭게 살아야 한다.

□ **분석** : ❶ 戌이 亥에 가한 뒤에 발용이 되어 하괴가 천문을 건넌다는 '괴도천문'이니 모든 정단에서 가로막힘이 있다.

❷ 백호가 戌土에 타서 일간에 임한 뒤에 일간을 극하니 모든 일에서 지극히 위험하지만 급히 피하면 절대로 안 된다.

❸ 금의 12지인 申酉로 물러나서 생업을 구하려고 하지만 다시 공함을 만난다. 진정 전진하고 싶지만 전진할 수 없고 뒤로 물러나더라도 살길이 없으니 진퇴양난의 상이다. 다행히 사과의 辰과 등사에서 戌을 충하니 흉과 액이 흩어진다.

□ **정단** : ❶ 육의와 참관은 본래 행동에 길하다. 지금 관격(關隔)과 퇴여를 만나니 한 걸음조차 떼어놓기가 어렵다.

❷ 그리고 백호가 천반의 귀살에 타서 주야로 나를 따라다니니 매

우 위험하다. 만약 申酉 월장과 申酉 월건을 만나면 비로소 흉하지 않다.

※ 관격 : 간상과 초전의 戌이 亥에 가한 괴도천문을 가리킨다.

○ 날씨 : 격명이 관격(關隔)이다. 날씨가 맑더라도 태양이 보이지 않고, 흐리더라도 비가 오지 않는다.
→ 戌이 亥에 가하여 관격이니 날씨가 맑더라도 태양이 보이지 않고 흐리더라도 비가 오지 않는다.
○ 가정 : 밤 정단에서 귀인이 집으로 왔다. 집에 귀인이 있으면 길하고 귀인이 없으면 흉하다.
→ 일지는 집이다. 밤 정단에서는 귀인이 집으로 왔으니 길하고, 낮 정단에서는 귀인이 집으로 오지 않았으니 흉하다. ● 지상에 재성이 임하니 집에 재물이 쌓여있다.
○ 혼인 : 반드시 폭력적인 남자이다. 밤 정단에서는 귀한 여자이고 낮 정단에서는 흉한 여자이다.
→ 일간은 남자이고 일지는 여자이다.
백호가 주야 간상에 타고 있으니 반드시 흉악하고 폭력적인 남자이다. 밤 정단에서는 지상에 귀인이 타고 있으니 귀한 여자이고 낮 정단에서는 지상에 주작이 타고 있으니 흉한 여자이다. ● 지상에 재성이 임하니 여자는 부유하다. ● 기궁 亥가 일지 午를 극하고 지상의 둔반 辛이 간상의 둔반 甲을 극하니 궁합이 나쁘고 중·말전이 공함이니 연애나 혼담이 불성한다.
○ 임신·출산 : 반드시 아들을 낳는다.
→ 일간은 태아이다. 일간의 천지반이 모두 양이니 아들이고 다시 원수과이니 반드시 아들이다. 출산정단을 하면 퇴여격이니 출산이 늦어진다.

○ **구관** : 최관사자가 발용이 되었으니 관직을 반드시 빨리 얻지만 나중은 불길하다.

→ 백호는 권위의 천장이고 관성은 관직이다. 백호가 관성에 타면 '최관사자(催官使者)'라고 하여 관직을 반드시 빨리 얻는다. 그러나 중전과 말전이 공망되었으니 나중은 불길하다.

○ **구재** : 재물을 얻지 못한다.

→ 삼전에 처재효가 보이지 않고 청룡과 태상이 중전과 말전에서 모두 공망되었으니 재물을 얻지 못한다.

○ **질병** : 반드시 폐가 허하고 신장이 마른 병이다. 병사를 몸에서 떨쳐 내기 어렵다.

→ 오행의 금은 폐이고 수는 신장이다. 중전의 酉금과 말전의 申금이 공망되어 수의 오행인 일간을 생하지 못하니 반드시 폐가 허하고 신장이 마른 병이다. 이와 같이 원기가 쇠약하니 병사를 몸에서 떨쳐내기 어렵다. ● 의약신이 寅卯이니 약초요법과 기도가 좋고, 의약신이 卯辰에 임하니 정동방과 동남방에서 의약을 구하면 된다.

○ **출행** : 역마가 공함에 임하니 갑술순을 벗어난 뒤에는 비로소 떠날 수 있다.

→ 역마는 여객수단이다. 말전의 역마 申이 이번 순의 공망이니 지금은 떠날 수 없지만 공망이 풀리는 갑신순에는 떠날 수 있다. '괴도천문'은 출행에서 장애가 많은 상이지만 일지음신의 辰에서 戌을 충을 하여 제거하니 괴도천문으로 인한 장애는 무방하다.

○ **귀가** : 아직 출발하지 않았다.

→ 천강(辰)은 동신(動神)이다. 천강이 사맹인 巳에 가하니 아직 출발하지 않았다.

○ **전투** : 주야 정단 모두 흉하다.

→ 일간은 군인이다. 백호귀살이 일간에 임하니 주야 정단 모두 흉하다.

□ 『필법부』: 〈제51법〉 하괴(戌)가 천문(亥)을 건너면 관문이 막힌다. 질병 정단에서 기운이 크게 막혀 있거나, 또는 음식이 뭉쳐서 막혀 있거나, 또는 귀신을 잘 모시지 못함으로 인한 재앙이 있다. 약을 복용하여 마땅히 내려 보내는 것이 좋다.
〈제61법〉 질병 정단에서 일간 위에 묘신백호가 없어야 좋다.
〈제82법〉 삼전이 나아가지 못하는 불행전은 초전을 살펴야 한다.
〈제91법〉 백호가 일간에 임하면 귀살의 흉한 작용이 매우 빠르게 나타난다.
〈제4법〉 최관사자(관리에 임명되는 것을 재촉하는 것)는 관청에 부임하는 기일을 말한다. 반드시 매우 빨리 부임하게 된다.

□ 『정온』: 戌이 亥에 가하고 주야 모두에서 백호가 타면 질병정단을 하면 음식이 걸려 있거나 혹은 기가 막혀 있거나 혹은 사수(邪祟)이다. 걸려 있는 음식을 아래로 내려 보내야 한다. 모든 정단에서 '관격(關隔)' 두 글자를 벗어나지 못한다. 관격은 마치 배를 타고 산으로 오르는 것과 같고, 차를 타고 강을 건너는 것과 같다.

※ 사수(邪祟) : 귀신의 해코지로 인한 병증이다.

| 壬午일 | 제 3 국 |

공망 : 申·酉 ○
낮 : 왼쪽 천장, 밤 : 오른쪽 천장

戊	丙	甲
蛇寅合	合子青	青戌白
辰	寅	子

○	癸	庚	戊
空酉常	常未陰	后辰蛇	蛇寅合
壬亥	酉○	午	辰

己貴卯巳	庚后辰午	辛陰巳未	壬玄午申○
朱	蛇	貴	后
蛇寅辰合朱丁丑卯			常癸未酉○陰白申戌○玄
合丙子寅青	勾乙亥丑空青	白甲戌子空	○酉亥常

□ **과체** : 원수, 참관, 퇴간전 // 육의(말전), 복덕(초전), 맥월, 명음(冥陰), 오양, 공상공(낮), 최관사자.

□ **핵심** : 양이 양을 공협하고, 양 귀인이 이웃에 살고 있다. 辰과 酉가 합을 하니 주색으로 몸을 망친다.

□ **분석** : ❶ 일지는 가택이고, 일지의 좌우는 이웃이며, 壬일에는 巳와 卯가 천을귀인이다. 지금 巳와 卯가 일지의 좌우에 있고 일지의 음양에 있는 寅辰午 세 양에서 주야의 귀인인 巳와 卯를 공협하니 양이 양신을 공협하고 양 귀인이 이웃에 살고 있다.

❷ 酉가 亥 위에 임하니 물을 얻어 술을 뜻하는 '酒'가 되고 다시 여자가 된다.

❸ 辰은 구진이고 사욕의 신이다. 辰과 酉가 서로 합을 하니 자연히 주색을 탐하고 연연해한다. 이와 같으니 패가망신하지 않을 수 있겠는가? 이와 같이 되는 이유는 辰이 수의 묘신이고 酉가 수의 패신이기 때문이다.

□ **정단** : ❶ 격명이 '참관(斬關)'이고 발용이 천량(天梁,寅)이니 도피에 이롭고 은거에 좋으며 여행에 이로운 상이다.

❷ 이 과는 일간과 일지가 자형이어서 몸이 상하는 것을 면치 못하지만 스스로 상합하고 다시 천후와 합을 하여 합이 많으니 반드시 음란사가 발생한다. 이러한 화는 밖에서 온 것이 아니라 반드시 자초한 것이다.

※ 천량(天梁,寅) : 지상이 辰이니 참관이고 이 참관은 그물이다. 그물이 지상에 임하니 가택이 그물로 묶인 상이다. 그러나 초전에 있는 寅목에서 辰을 극하여서 그물을 찢으니 비로소 자유롭다.

○ 날씨 : 천강이 午를 가리키고 풍백[寅]이 발용이 되었으니 반드시 바람은 불지만 비는 오지 않는다.

→ 천강(辰)은 대각성이다. 대각성이 양지인 午를 가리키니 비가 오지 않는 상이다. 풍백[寅]은 바람을 부르는 신이다. 풍백이 발용이 되었으니 반드시 바람은 불지만 비는 오지 않는다.

○ 가정 : 일지와 일간이 자형이니 화목한 기운이 전혀 없다.

→ 일간은 나이고 일지는 가정이다. 비록 간지의 상신이 상합하지만 공망되어 었고 다시 간상이 자형인 酉이고 지상이 자형인 辰이니 화목한 기운이 전혀 없다. ● 지상의 辰이 일간의 묘신이니 가택이 암매해지는 가상이다. 낮에는 천후가 타니 부인에게 재앙이 발생하고, 밤에는 등사가 타니 경공사가 발생한다. 만약 자월(子月)과 축월(丑月)에 정단하면 辰이 사신과 사기이니 대흉하다.

○ 혼인 : 남자는 좋지 않고, 여자는 길하지 않다.

→ 일간은 남자이고 일지는 여자이다. 간상에 일간의 패신인 酉가 임하니 좋지 않은 남자이고, 지상에 일간의 묘신인 辰이 임하니 길하지 않은 여자이다. 패(敗)에는 패가망신의 뜻이 있고, 묘(墓)에는 막힌다는 막힘의 뜻이 있다. ● 비록 간지상의 辰酉가 육합하고 있지만 일간이 공망되었고 다시 삼전이 어둠으로 들어가는 '명음'이니

혼사가 어둡다.
○ **임신·출산** : 출산정단이 불길하다.
→ 일간은 태아이고 일지는 임신부이다. 간상의 酉와 지상의 辰이 육합하니 길해 보이지만 간상과 지상이 모두 자형이고 삼전이 역으로 전해지니 출산정단이 불길하다.
○ **구관** : 반드시 얻을 수 있다.
→ 관성은 관직이고 청룡은 문관직이며 백호는 무관직이다. 말전의 주야에 청룡과 백호가 관성에 타고 있으니 관직정단을 하면 반드시 얻을 수 있다. ● 그러나 초전의 寅이 중·말전의 음으로 들어가는 '명음(冥陰)'이니 모함을 방지해야 하고 관로가 밝지 못하다. 만약 밤에 발령을 정단하면 백호가 관성에 타고 있어서 최관사자이니 최길하다.
○ **구재** : 재효가 보이지 않고 청룡은 귀살에 타고 있으니 재물을 취득하기 어렵다.
→ 재효와 청룡은 재물이다. 재효인 巳午가 보이지 않고 청룡은 귀살 戌과 겁재 子에 타고 있으니 재물을 취득하기 어렵다. 다만 중전의 둔반에 둔재가 임하니 작은 재물을 취득한다.
○ **질병** : 밤 정단에서는 흉하고 낮 정단에서는 병세가 약해진다.
→ 귀살은 병재이다. 밤 정단에서는 백호가 귀살에 타고 있으니 흉하고, 낮 정단에서는 청룡이 귀살에 타고 있으니 병세가 약해진다. ● 지상의 辰에서 귀살 戌을 충하여 깨트리고 또다시 초전의 寅목에서 말전의 戌토를 제압하니 점차 질병이 낫는다. ● 의약신이 寅이니 약초요법과 기도가 좋고, 의약신이 辰에 임하니 동남방에서 의약을 구하면 된다.
○ **출행** : 수로와 육로 모두 좋지 못하다.
→ 일간은 육로이고 일지는 수로이다. 일간은 공망되었고 지상에는 묘신이 임하니 수로와 육로 모두 나쁘다. 현대의 출행에서는 간상

이 공망되었으니 지금은 출행하지 못한다. 그리고 목적지인 말전에 귀살이 타고 있으니 우환을 방지해야 한다. 낮에는 청룡이 타고 있으니 재물로 인한 우환이 발생하고, 밤에는 백호가 타고 있으니 병재가 발생한다.

○ 귀가 : 오는 중이다.
　→ 천강[辰]은 동신이다. 천강이 사중인 午에 가하니 오는 중이다.
○ 전투 : 초전이 말전을 극하니 객(客)은 유리하고 주(主)는 불리하다.
　→ 객은 공격하는 군대이고 주는 수성하는 군대이다.

□ 『필법부』 : 〈제16법〉 공망 위에 공망이 타면 일을 이룰 수 없다.
　→ 낮에 정단하면 간상에 천공이 타고 있고 다시 공망되어 었다. 〈제75법〉 손님과 주인이 다투니 형벌을 받는다.
　→ 간상의 酉는 자형이고 지상의 辰도 자형이다. 간지의 상신이 모두 형(刑)이면 주객이 서로 다툰다.
□ 『지장부』 : 寅子戌은 명음격이다. 이 격은 寅이 일출의 방위이고 子와 戌은 음기가 왕성한 방위이다. 스스로 寅에서 戌로 전해진 것에는 양이 물러나서 음으로 들어가는 뜻이 있다. 모든 정단에서 스스로 밝음에서 어둠으로 들어가니 암손(暗損)을 방지해야 한다. 관직정단에서 최흉하다.

| 갑술순 | 임오일 | 4국 |

壬午日　제4국

공망 : 申·酉 ○
낮 : 왼쪽 천장, 밤 : 오른쪽 천장

	辛	戊	乙
	陰巳貴	蛇寅合	勾亥空
	申 ○	巳	寅
	○	辛	己	丙
	白申玄	陰巳貴	貴卯朱	合子青
	壬亥	申 ○	午	卯

蛇 戊寅巳	合 己卯午	后 庚辰未	陰 辛巳申 ○
朱 丁丑辰			玄 壬午酉 ○
合 丙子卯			常 癸未戌 陰
勾 乙亥寅	青 甲戌丑	空 ○酉子 常	白 ○申亥 玄

- **과체** : 원수, 원태(병태) ∥ 형상, 침해, 간지구생(공망), 복덕, 장상재흉, 고진.
- **핵심** : 거짓으로 생하니 기대하기 어려운데 그 생이 다시 탈기에 임한다. 천장을 잘 살펴야 한다. 밤 귀인에게는 부탁하면 안 된다.
- **분석** : ❶ 본래는 壬수를 생하는 申금이 일간에 임하니 매우 좋지만 갑술순의 공망을 만났으니 기대하기 어렵다.
  ❷ 초전의 巳가 파쇄이고 임한 곳이 공망된 지반이다. 다시 중전으로 가니 일간이 중전으로부터 탈기를 당하고, 탈기가 임한 지반에서는 다시 중전의 천반을 탈기한다. 말전에 있는 壬의 일록인 亥로 가니 두 토의 천장인 천공과 구진으로부터 亥가 극을 당하고 다시 지상의 卯목이 일간을 탈기한다.
  ❸ 낮 정단에서는 천을귀인 巳가 공망에 앉아있으니 귀인에게 부탁한들 무슨 이익이 있겠는가?
  ※ 파쇄 : 초전의 巳는 일지 午의 파쇄이다. 파쇄에는 모든 '물사(物事)'가 파손되고 불완전하다는 뜻이 있다.
- **정단** : ❶ 원수과이다. 원태격이니 일을 시작한다.

❷ 발용이 갑술순의 공망되었으니 모든 정단에서 결실이 없다. 처로 인해 재물을 잃거나 혹은 자식으로 인해 손실을 입는다.
❸ 서로 합을 하는 것은 공망되어 었고 서로 형을 하는 것은 실재하니, 좋은 일은 사라지고 나쁜 일은 실재한다.

○ **날씨** : 수모(水母)가 이미 공망되었다. 천강이 未를 가리키지만 바람만 불고 비는 오지 않는다.
→ 천강(辰)은 대각성이다. 천강이 未에 임하여 음을 가리키니 비가 오는 상이다. 그러나 수모인 申이 공망되었고 말전이 수의 오행인 亥이지만 그를 타고 있는 구진[戊辰土]과 천공[戊戌土]의 오행으로부터 극을 당했으니 바람만 불고 비는 오지 않는다.

○ **가정** : 사람은 공망되었고 가택은 상했다. 비록 귀인이 있더라도 이익이 없다.
→ 일간은 사람이고 일지는 집이다. 간상의 장생이 공망되었으니 생업이 어렵다. 그리고 일지의 상하가 상파이고 일지의 음양이 다시 상형이어서 가택이 상했으니 가족이 화목하지 못하다. 또한 일간 壬에서 일지 午를 극하고 간상신 申에서 지상신 卯를 극하니 부부가 화목하지 못하다. 비록 귀인이 지상에 임하지만 오히려 귀인에 의해 손재수가 발생한다.

○ **혼인** : 남자는 공망되었고 여자는 형을 하니 모두 길하지 않다.
→ 일간은 남자이고 일지는 여자이다. 간상의 申이 공망되어 었고 지상의 卯가 일지음신 子와 형을 하니 남녀 모두 길하지 않다. ● 일간이 일지를 극하고 간상신이 지상신을 극하니 궁합이 나쁘다.

○ **임신·출산** : 임신과 출산 모두 흉하다.
→ 일간은 태아이고 일지는 임신부이다. 태아는 공망되어 었고 임신부는 형을 하니 임신과 출산 모두 흉하다. 그리고 원태에는 임신

의 뜻이 있다. 삼전이 원태이지만 초전이 공망되었으니 원태가 불성하니 태아가 길하지 않다.

○ **구관** : 관성이 보이지 않고, 귀인은 공망되어 었으며, 일록은 극을 당하여 상했다. 따라서 관직정단을 하면 불길하다.

→ 관성은 관직이고, 귀인은 공무원이며, 일록은 관록이다. 관성인 辰戌丑未가 과전에 보이지 않고, 밤의 천을귀인 巳는 공망되어 었으며, 일록인 亥는 일록을 타고 있는 구진과 천공으로부터 상했다. 따라서 관직정단을 하면 불길하다.

○ **구재** : 재성이 이미 공망되었으니 얻지 못한다.

→ 재성은 재물이다. 초전의 재성 巳가 이미 공망되었으니 얻지 못한다. 다만 신년·신월·신월장에 정단하면 공망된 재성이 풀리니 재물을 얻을 수 있다.

○ **질병** : 사람은 공허하고 질병은 튼실하다.

→ 일간은 공망되었고 일지는 튼실하니 환자의 면역력은 약하고 병의 기세는 강하다. 특히 장생이 공망되었으니 생명력이 매우 약하다. 만약 부모의 질병을 정단하면 장생이 공망되었으니 위험하다. 그리고 원태격이 공망되면 태아 및 어린이의 질병을 정단하면 흉하다. ● 의약신이 寅이니 약초요법과 기도가 좋고, 의약신이 巳에 임하니 동남방에서 의약을 구하면 된다.

○ **출행** : 육로와 수로 모두 손상을 방지해야 한다.

→ 일간은 육로이고 일지는 수로이다. 일간이 공망되었고 일지의 음양이 상형이니 육로와 수로 모두 손상을 방지해야 한다. 현대의 출행에서는 일간은 사람이고 일지는 여행지이다. 일간이 공망되었으니 출행할 수 없고, 일지에서 일간을 탈기하니 출행지에서 손상을 방지해야 한다.

○ **귀가** : 오지 않는다.

→ 역마 申은 여객수단이다. 역마가 공망되었으니 오지 않는다.

○ **출사** : 낮 정단은 흉하고 밤 정단은 길하다.
  → 낮에 정단하면 초전에 흉장이 타고 있으니 흉하고, 밤에 정단하면 초전에 길장이 타고 있으니 길하다.

──────────────────────

□ 『**필법부**』: 〈제57법〉 비용을 많이 들였으나 대가는 부족하다.
  → 일간이 지상의 卯와 중전의 寅으로 탈기되니 비용을 많이 들였고, 일간의 장생이 공망되었으니 대가는 부족하다.
  〈제34법〉 고진감래와 즐거움 속의 비애가 있다.
   → '고(苦)'는 지상과 중전의 설기이고 '감(甘)'은 장생과 재성이다. '낙(樂)'은 장생이고 '비애'는 설기이다.

□ 『**고감**』: 己酉년 2월에 월장 戌을 점시 丑에 가한 뒤에 아동의 질병을 정단했다. 초전이 巳화이고 말전이 亥수이니 상체는 뜨겁고 하체는 차다. 중전이 寅목이니 풍기(風氣)가 몸에 침입한다. 巳화가 금을 상하게 하니 하체가 불통한데, 이는 짜고 찬 음식을 섭취한 것으로 인해 금의 장부인 폐를 다쳐서 아래가 막히고 위로는 기침을 하는 증상이다. 申금은 본래 壬수를 생할 수 있지만 공망되었으니 생을 봐도 생을 하지 못한다. 申은 7이고 亥는 4이니 28일을 넘기기 어렵다. 모두 적중했다.

| 갑술순 | 임오일 | 5국 |

壬午日 제 5 국

공망 : 申·酉
낮 : 왼쪽 천장, 밤 : 오른쪽 천장

甲	壬	戊
青戌白	玄午后	蛇寅合
寅	戌	午

癸	己	戊	甲
常未陰	貴卯朱	蛇寅合	青戌白
壬亥	未	午	寅

丁 朱丑 巳	勾	戊 蛇寅 午	合	己 貴卯 未	朱	庚 后辰 申 ○	蛇
丙 合子 辰	青					辛 陰巳 酉 ○	貴
乙 勾亥 卯	空					壬 玄午 戌	后
甲 青戌 寅	白	○ 空酉 丑	常	○ 白申 子	玄	癸 常未 亥	陰

□ **과체** : 중심, 육의, 염상, 여덕(낮) ∥ 초전협극(낮), 자묘전생, 가귀, 명암이귀, 교차탈합, 폐구, 최관부(밤), 삼전재효태왕, 복덕, 오양, 맥월, 살몰, 사묘가장생.

□ **핵심** : 간지가 교차하여 상합하지만 번갈아가면서 서로 탈기한다. 재물이 귀살로 변화되었으니 흉으로 변하는 것을 막기 어렵다.

□ **분석** : ❶ 지상의 寅과 기궁 亥가 합을 하고 일지 午와 간상의 未가 합을 한다. 그리고 卯와 戌이 합을 하고 삼전이 삼합한다. 중전의 午가 다시 간상의 未와 상합한다.

❷ 그러나 지상의 寅목이 일간 壬을 탈기하고 간상의 未토가 일지 午를 탈기한다.

❸ 그리고 초전의 戌이 일지 午를 탈기하고, 말전의 寅도 일간 壬을 탈기하니 번갈아가면서 일간과 일지는 탈기한다.

❹ 삼전이 삼합하여 본래는 일간의 재국이지만 간상의 未토를 생하여서 오히려 일간을 극하여 오고 재성이 귀살로 변하고, 그 변화한 것이 매우 흉해서 흉을 막기 어렵다. 따라서 흉으로 변하는 것을 막기 어렵다.

□ 정단 : ❶ 중심과이고 염상격이니 모든 일이 순조롭지 못하다.
　　❷ 정단하는 용건은 문서 혹은 가마와 풀무질이다.
　　❸ 합(合)이 있고 산(散)이 있으며 기쁨이 있고 노여움이 있다.
　　❹ 격명이 폐구이니 침묵을 지키는 것이 좋다. 그리고 '교차탈합'이니 그 속에 서로 기만하는 마음을 품고 있다. 따라서 웃음 속에 칼을 감추고 있는 상이다.

○ 날씨 : 맑고 비가 오지 않는다.
　→ 오행의 화는 맑은 날씨이고 토는 흐린 날씨이며 수는 비오는 날씨이다. 삼전이 화국이니 맑고 화국이 토를 생하니 다시 맑으며 토가 수를 극하니 또다시 맑다. 그리고 천강(辰)은 대각성이다. 대각성이 양을 가리키니 맑고 비가 오지 않는다.

○ 가정 : 사람과 집이 모두 왕성하다.
　→ 일간은 사람이고 일지는 집이다. 기궁 亥가 지상의 寅을 생하고 일지 午가 간상의 未를 생하니 사람과 집이 모두 왕성하고 부모와 자식이 화목하고 남편과 아내가 화목하다. ● 다만 아쉬운 것은 일간은 지상으로 탈기되고 일지는 간상으로 탈기되니 나와 가정에 손재수가 발생한다. ● 백호가 일지음신 戌에 타서 일간을 극하니 가정에 환자가 발생한다.

○ 혼인 : 서로가 상합하니 반드시 사돈을 맺는다. 다만 음양이 서로 형을 하니 형상이 있다.
　→ 일간은 나이고 일지는 상대이다. 기궁과 지상이 상합하고 일지와 간상이 상합하니 반드시 사돈을 맺는다. 다만 간상의 未와 일지음신 戌이 서로 형을 하니 나와 상대 집안이 화목하지 않다.

○ 임신·출산 : 삼전이 삼합하니 출산이 반드시 늦어진다.
　→ 육합과 삼합은 결합과 지연을 뜻한다. 삼전이 삼합하니 출산이

반드시 늦어진다. 그러나 임신정단을 하면 매우 좋다. ● 일간의 음양이신이 하나의 양과 두 음이니 아들이고 다시 삼전이 염상이니 아들이다.

○ 구관 : 왕성한 재성이 관성을 생하니 반드시 관직을 얻는다.

→ 재성은 재물이고 관성은 관직이다. 삼전의 재국 戌午寅에서 간상의 관성 未를 생하니 반드시 관직을 얻는다. ● 밤 정단에서 초전의 귀살 戌에 백호가 타고 있어서 '최관사자'이니 발령이나 승진을 물으면 매우 길하다.

○ 구재 : 재성이 귀살로 변하니 반드시 얻지 못한다.

→ 재성은 재물이다. 삼전의 戌午寅 재국이 간상의 귀살 未로 변화하니 반드시 얻지 못한다. 만약 삼전의 재물을 취하면 재앙이 생긴다. 공무원이 대가를 바라고 받는 재물, 산업재해가 발생할 수 있는 재물, 위법성 영업을 통한 재물을 취하면 재앙이 닥친다. ● 일간이 왕기가 되는 겨울이나 상기가 되는 가을에 정단하면 삼전의 재물을 취할 수 있지만 후환을 예방해야 한다. ● 동업의 길흉을 정단하면 '교차탈합'이니 피차 손실이 따른다.

○ 질병 : 병이 몸에서 떠나기 어렵다.

→ 일간은 환자이고 일지는 질병이다. 지상의 寅목에서 간상의 未토를 극하니 병세가 강하니 낫기 어렵다. 그리고 일간과 일지와 삼전이 삼합하니 몸에 침입한 병이 오랫동안 몸에 머무는 상이니 병이 몸에서 떠나기 어렵다. ● 의약신이 寅卯이니 약초요법과 기도가 좋고, 의약신이 午未에 임하니 정남방과 서남방에서 의약을 구하면 된다.

○ 출행 : 길을 나서기 어렵다.

→ 합은 결합이고 역마는 여객수단이다. 일간·일지·삼전이 삼합하고 다시 일지의 역마인 申이 과전에 없으니 길을 나서기 어렵다.

○ 귀가 : 연연해하니 즉시 돌아오지 못한다.

→ 합은 결합이다. 과전이 삼합하여 연연해하니 즉시 돌아오지 못한다.

○ 전투 : 낮에는 이롭고 밤에는 불리하다.

→ 낮에는 간상에 길장인 태상이 타고 있으니 낮에는 이롭고 ,밤에는 간상에 흉장인 태음이 타고 있으니 밤에는 불리하다.

□ 『필법부』 : 〈제83법〉 삼합과 육합을 하면 만사 기쁘다. 그러나 질병정단을 하면 위중해지고, 행인정단을 하면 기쁘게 귀가한다.

〈제84법〉 합 속에 살을 범하는 것은 꿀 속에 비상이 있는 것이다.

→ 삼합국인 삼전 중 초전의 戌과 간상의 未가 삼형이다. 화합 중 재앙이 생긴다.

〈제21법〉 교차삼합은 왕래에서 이롭다. 교차탈합은 비록 서로 교섭하지만 서로 탈기의 뜻을 지닌다.

□ 『과경』 : 겨울에 월장 丑을 巳에 가했다. 일진이 삼합과 육합을 하여 교차합을 하니 화미격이다. 서로 관계를 맺어서 재물의 이익을 취하는 일에서 좋고, 타인과는 화기애애하며 장애가 전혀 없다. 비록 귀살이 있지만 장애가 되지 않는다.

| 갑술순 | 임오일 | 6국 |

壬午日 제 6국

공망 : 申·酉
낮 : 왼쪽 천장, 밤 : 오른쪽 천장

壬	丁		○
玄午后	朱丑勾		白申玄
亥		午	丑

壬	丁	丁	○
玄午后	朱丑勾	朱丑勾	白申玄
壬亥	午	午	丑

丙子巳 合	丁丑午	戊寅未 合	己卯申 貴
勾 青	朱	蛇	朱 ○
乙亥辰 勾	空		庚辰酉 后 蛇 ○
甲戌卯 青	白		辛巳戌 陰 貴
○酉寅 空 常	○申丑 白 玄	癸未子 常 陰	壬午亥 玄 后

- **과체** : 중심, 불비(무음), 췌서∥형상, 침해, 초전협극, 삼기(중전), 형통격(불성), 사절(四絕), 회환, 명암작재, 수일정신, 복태, 태수극절.
- **핵심** : 현무가 재성에 타고 있으니 재물을 잃는다. 과전을 자세히 들여다보고 웃어른을 정단하면 그에게 불길하다.
- **분석** : ❶ 일지인 재성 午가 간상에 임했지만 낮 정단에서는 현무가 타고 있으니 잃는 것을 면하기 어렵다.
  ❷ 주의 깊게 살펴보면 말전의 申금이 일간의 장생이고 부모인데, 낮에는 백호가 타고 있고 밤에는 현무가 타고 있다. 초전의 午화가 그것을 극을 하고 중전의 丑토는 그것의 묘신이며 다시 공함이다. 만약 부모를 정단하면 어찌 길하다고 할 수 있겠는가?
- **정단** : ❶ 과체가 불비이니 모든 일에서 불완전하다. 초전의 午화는 지반의 亥로부터 극을 당하고 그 위의 현무와 천후로부터 극을 당하여서 소위 '협극'이 되었으니 구재가 뜻대로 되지 않는다. 비록 구재가 뜻대로 되지는 않지만 밀어내더라도 가지 않고 떨어지지 않는다. 그 이유는 사과가 삼전을 떠나지 않고 삼전이 사과를 벗어나지 않기 때문이다. 일지가 일간에 가해서 일간으로부터 극을 당하는 '췌서격'

으로서 부동산에 관련된 일이다.

○ **날씨** : 비가 오지 않는다.

→ 申은 수모(水母)로서 수원(水源)이다. 수모가 공망되고 다시 午로부터 극을 당하며 丑에 의해 묘신을 당하니 비가 오지 않는다.

○ **가정** : 가끔 구설로 인해 다투는 일이 발생한다.

→ 일간은 나이고 일지는 가정이다. 구진과 주작은 쟁투와 쟁송을 주관한다. 지상의 구진과 주작이 가택을 탈기하고 다시 일상과는 서로 육해이니 가끔 구설로 인해 다투는 일이 발생한다. ● 지상의 丑은 부동산이고 그 위의 丁은 일간의 재성이니 부동산으로 재물을 얻는다. ● 사과가 하나의 음에 두 양이어서 불비이고 무음이니 가정에 음란사가 발생한다. ● 부모가 생존한다면 말전의 부모효가 공망되어 었고 묘신에 임하니 사망이 우려된다.

○ **혼인** : 남녀 모두 불길하다.

→ 일간은 남자이고 일지는 여자이다. 간상이 午이고 지상이 丑이어서 육해이니 남녀에게 불길하다. 육해에는 속이고 해친다는 뜻이 있으니 불길하다. ● 일지가 간상으로 왔으니 혼인이 성사되는 상이다. 특히 밤에 정단하면 천후가 재성에 타고 있으니 혼인이 성사되기 쉽고 간상의 午가 태신이니 혼인한 뒤에 바로 임신된다. ● 사과가 불비이고 무음이니 남녀가 음란하다.

○ **임신·출산** : 임신부와 태아가 육해이고 다시 午가 협극을 당하니 태아가 목숨을 보존하기 어렵다.

→ 일간은 태아이고 일지는 임신부이다. 간상이 午이고 지상이 丑이어서 육해이고 다시 간상과 초전의 午가 午를 타고 있는 천장오행의 水와 지반의 亥水로부터 협극을 당하니 태아가 목숨을 보존하기 어렵다. 다만 여름에 정단하면 午가 왕기이니 길하다. ● 사과가 불비

이니 달을 채우지 못하고 출산할 우려가 있다. ● 중심과는 곤괘이고 삼전은 태아의 생육과정이며 태신인 태아이다. 중심과이니 딸이고 삼전이 하나의 음에 두 양이니 다시 딸이며 태신인 午가 리괘이니 또다시 딸이다.

○ **구관** : 공명을 얻을 수 있다.
　➔ 관성은 관직이다. 간상의 午가 가택 위에 있는 관성 丑을 생하고 그 위에는 정마가 임하고 있으니 신속하게 승진된다. 만약 본명이나 행년이 卯인 사람이 정단하면 그 위에 하괴[戌]가 임하니 더욱 길하고, 또한 연명이 酉이면 그 상신이 천강[辰]이니 또한 길하다.

○ **구재** : 재물이 비록 나를 따르지만 내 마음대로 쓸 수 없다.
　➔ 재성은 재물이다. 간상과 초전이 재성이지만 주야 모두 협극을 당했으니 재물을 내 마음대로 쓸 수 없다. ● 지상의 둔반이 재성인 丁이고 그 아래가 丑이니 부동산이나 관청을 통해 구재가 가능하다. ● 창업은 공망된 말전의 장생이 풀리는 신월(申月)이나 신년(申年)이 좋다.

○ **질병** : 병석에서 일어나지 못할 우려가 있다.
　➔ 오행의 수는 신장이다. 말전의 申금이 공망되어 일간을 생하지 못하고 다시 壬수가 지상의 丑토로부터 극을 받고 있으니 신장의 기운이 허하여 자리에서 일어나지 못할 우려가 있다. ● 장생은 부모이고 백호는 질병이다. 낮에 정단하면 백호가 장생에 타고 있으니 부모의 병환이 우려된다. 장생이 공망되고 다시 장생이 묘신에 임하니 사망할 우려가 있다. ● 의약신이 寅卯이니 약초요법과 기도가 좋고, 의약신이 未申에 임하니 서남방에서 의약을 구하면 된다.

○ **출행** : 육로는 매우 흉하고 수로 또한 위험하다.
　➔ 일간은 육로이고 일지는 수로이다. 낮에 정단하면 현무가 간상에 타고 있어서 도난을 당할 우려가 있으니 육로가 흉하고, 지상에는 주작과 구진이 귀살에 타서 일간을 극하니 수로 또한 위험하다.

● 현대에서는 일간은 출행인이고 일지는 여행지이다. 낮 정단에서는 간상에 현무가 타고 있으니 재물을 도난당할 우려가 있다. 그리고 지상의 귀살에 주작과 구진이 타고 있으니 여행지에서 구설수나 쟁투를 방지해야 한다.

○ **귀가** : 역마가 낙공되었으니 귀가가 늦어진다.

→ 말전은 가 있는 곳이고 역마는 여객수단이다. 역마 申이 낙공되었으니 귀가가 늦어진다. 그러나 회환이니 역마 申이 풀리는 신일(申日)에 온다.

○ **전투** : 주야 모두 매우 길하지 않다.

→ 일간은 아군이고 귀살은 적군이다. 지상의 귀살에서 일간을 극하니 주야 모두 매우 길하지 않다.

□ 『**필법부**』 : 〈제85법〉 초전이 협극되면 뜻대로 되지 않는다. 만약 협극되는 것이 재신이면 재물을 꾀하지 못한다.

〈제76법〉 서로 시기하여 모두에게 화가 미친다. 지간의 상신이 육해를 만들면 주객이 서로 시기한다.

□ 『**비요**』 : 壬癸일에서 申을 丑에 가한 뒤에 정단한다. 낮에 정단하면 그 위에 백호가 타고 있고 부모효가 묘신에 앉아 있으니 부모의 묘속에 반드시 흰 개미가 들어 있고, 낮 정단에서는 현무가 타고 있으니 반드시 묘 속에 물이 차 있다. 만약 부모에게 병환이 있다면 자리에서 일어나지 못하는 상이다.

| 갑술순 | 임오일 | 7국 |

壬午日   제 7 국

공망 : 申·酉 ○
낮 : 왼쪽 천장, 밤 : 오른쪽 천장

壬	丙	壬
玄 午 蛇	合 子 白	玄 午 蛇
子	午	子

辛	乙	丙	壬
陰 巳 貴	勾 亥 空	合 子 白	玄 午 蛇
壬亥	巳	午	子

乙亥巳 勾	空	丙子午 合	丁丑未 朱	戊寅申己 蛇	玄○
甲戌辰 青	青			貴 卯酉	陰○
○酉卯 空	勾			庚辰戌 后	后
○申寅 白	合	癸未丑 常	壬午子 朱 玄	辛巳亥 陰 蛇	貴

□ **과체** : 반음, 비용(比用), 삼교, 여덕(낮) // 회환, 오양, 양귀수극, 신장·귀등천문(밤), 초전협극(낮), 맥월.

→ 반음과이다. 제1과와 제4과가 하적상이다. 일간 壬은 양이고 제1과상신은 음인 巳이고 제4과상신은 양인 午이다. 일간과 비(比)하는 제4과천반을 용(用)하여 초전이 되었으니 비용의 상이다.

□ **핵심** : 세 개의 재물이 도난을 당하고 양 귀인은 지반으로부터 극을 당한다. 밤에는 왕성한 백호가 가택에 임하니 좌우에서 얻지 못한다.

□ **분석** : ❶ 간상의 재성 巳화는 亥수로부터 도난을 당하고 초전과 말전의 재성 午화는 子수로부터 도난을 당하니 세 재물이 도난을 당한다.

❷ 낮 귀인 卯는 지반 酉에 임하고, 밤 귀인 巳는 亥에 임한다. 모두 하신으로부터 적극을 당하니 양 귀인 모두 극을 당한다.

❸ 子는 일간의 왕지이다. 밤에는 이곳에 백호가 타고 다시 양인과 나망(羅網)이니 좌우의 재물을 모두 얻을 수 없다.

❹ 壬일에 午가 발용이 되었으니 반드시 처가 임신한다. 만약 신월

(申月)에 정단하면 이 사실이 더욱 확실하다.
□ **정단** : ❶ 반음과는 남과 북이 서로 바뀌고, 동과 서가 서로 앉으며, 일이 반복되는 경우가 많다.

❷ 점을 치면 반드시 의혹이 많다. 그리고 흉을 당하면 길로 바뀌고, 희(喜)를 얻으면 우(憂)가 생기니, 나쁜 일이 마냥 나쁜 일만은 아니라 경우에 따라서는 전화위복이 된다.

○ **날씨** : 맑은 날에는 반드시 비가 오고, 비 오는 날에는 반드시 맑다.
→ 반음과는 날씨가 갑자기 뒤바뀐다. 맑은 날에는 반드시 비가 오고, 비 오는 날에는 반드시 맑다.
○ **가정** : 손위와 손아래가 불화하니 복이 오지 않는다.
→ 일간은 손위이고 일지는 손아래이다. 일간 壬은 일지 午를 극하고 지상신 子는 간상신 巳를 극하여 일간과 일지가 서로 극을 하여 손위와 손아래가 불화하니 복이 오지 않는다. 또한 천반은 손위이고 지반은 손아래이다. 일간과 일지의 천반과 지반이 상충하여 손위와 손아래가 불화하니 복이 오지 않는다.
○ **혼인** : 밤에 남자를 정단하면 길하다. 여자를 정단하면 주야 모두 흉하다.
→ 일간은 남자이고 일지는 여자이다. 밤에 남자를 정단하면 간상에 귀인이 타고 있으니 길하다. 지상의 子가 일간의 양인이고 다시 낮에는 음사의 천장인 육합이 타고 있고 밤에는 흉장인 백호가 타고 있으니 여자를 정단하면 주야 모두 흉하다. ● 일간은 일지를 극하고 지상신은 간상신을 극하니 궁합이 좋지 않다.
○ **임신·출산** : 태아를 정단하면 낙태되고, 출산정단을 하면 아들을 낳는다.
→ 반음과는 태아를 정단하면 낙태되고 출산정단을 하면 바로 출산

한다. 일간의 음양이 1양2음이니 아들이고 삼전이 모두 양이니 다시 아들이다.

○ **구관** : 청룡·태상·관성이 모두 보이지 않고 양 귀인이 극을 당했으니 불길하다.

→ 청룡은 문관, 태상은 무관, 관성은 관직, 귀인은 공무원이다. 청룡·태상·귀인이 과전에 보이지 않고 천지반도의 귀인이 극을 당하고 있으니 불길하다. 다만 밤 정단에서 연명이 亥인 사람은 귀인이 천문에 오르니 승진과 발탁에 이롭다.

○ **구재** : 자기 소유의 재물이 아니다.

→ 재성은 재물이다. 재물이 간상·일지음신·초전·말전에 임하지만 상하로 충과 극을 하고 다시 형제효가 과전에 많으니 모두 자기의 소유가 아니다. 만약 사업을 한다면 간상의 재성 巳가 왕상한 봄이나 여름이 좋다. 품목으로는 낮 정단에서는 巳에 태음이 타니 아가씨 용품이 좋고, 밤 정단에서는 관청과 관련된 구재가 좋다.

○ **질병** : 일지의 수가 일간의 화를 극하니 밤 정단은 매우 흉하다.

→ 일간은 환자이고 일지는 질병이다. 밤에 정단하면 간상의 巳화가 지상의 子수로부터 극을 당하니 환자가 질병에게 지는 상이니 밤 정단은 매우 흉하다. ● 일록인 亥가 절신 巳에 임하니 구병 환자는 절식사의 우려가 있다. 병증은 한열이 왕래하고 두 가지 이상의 병증이다. 밤에는 백호가 子수에 타서 화를 극하니 화에 해당하는 심계질환이 발생할 우려가 있다. 반음과이니 재발한 병이거나 혹은 나은 뒤에 재발할 우려가 있다. ● 의약신이 寅卯이니 약초요법과 기도가 좋고, 의약신이 申酉에 임하니 서남방과 정서방에서 의약을 구하면 된다.

○ **출행** : 온 사람은 가려고 하고 간 사람은 돌아오려고 한다. 역마와 정마가 보이지 않으니 결국 움직이지 못한다.

→ 반음과는 온 사람은 가려고 하고 간 사람은 돌아오려고 한다. 역

마와 정마는 여객수단이다. 과전에 역마와 천마가 보이지 않으니 결국 움직이지 못한다.
○ 귀가 : 반드시 돌아온다.
　➔ 역마와 정마는 여객수단이다. 이들이 과전에 없지만 삼전의 12신이 사과로 돌아오는 '회환격'은 귀가한다.
○ 도망 : 친척이나 친구에게 물어야 한다.
　➔ 양일에 양 12지인 午를 선택해서 발용이 된 지일과의 상이니 친척이나 친구에게 물어야 한다.
○ 전투 : 주야 모두 불길하다.
　➔ 반음과는 음양이 상충하고 상하가 상충하니 주야 모두 불길하다.

□ 『필법부』 : 〈제49법〉 양 귀인이 극을 받으면 귀인에게 아뢰는 일은 어렵다. 귀인에게 부탁하는 모든 일은 절대로 성취되지 않는다.
　〈제67법〉 백호로부터 극을 받은 오행에 병증이 나타난다.
□ 『과경』 : 壬午일의 일덕과 일록은 亥이고 巳는 壬의 절신이다. 亥가 巳에 가하니 일덕이 죽고 일록이 끊기니 모든 정단에서 불길하다. 다시 말하기를 질병 정단에는 일간의 록신을 봐야 하는데 이것이 '록량신(祿糧神)'이고 일간의 식신은 운량신(運糧神)이다. 이들이 극을 받고 공망에 떨어지니 좋지 못하다. 만약 구병을 정단하면 반드시 음식을 끊고 사망한다.
□ 『괘낭부』 : 등사가 巳나 午에 타면 흉몽을 꾼다. 그리고 현무가 午에 타면 직분이 바뀐다.

갑술순 | 임오일 | 8국   451

壬午일 제8국

공망 : 申·酉 ○
낮 : 왼쪽 천장, 밤 : 오른쪽 천장

庚	○	戊
后 辰 后	空 酉 勾	蛇 寅 玄
亥	辰	酉 ○

庚	○	乙	庚
后 辰 后	空 酉 勾	勾 亥 空	后 辰 后
壬 亥	辰	午	亥

甲戌巳 青	乙亥午 勾	丙子未 合	丁丑申 常
青	空	白	朱 ○
○ 空 酉辰 勾			蛇 戊寅酉 玄 ○
○ 白 申卯 合			貴 己卯戌 陰
常 癸未寅	朱 壬午丑	蛇 辛巳子 貴	后 庚辰亥 后
常	玄	陰	

□ **과체** : 지일, 참관, 불비∥췌서, 권섭부정, 덕경(지상), 가귀, 묘신부일, 유도액, 불행전, 피난도생, 간지구극, 살몰, 사묘加장생.

□ **핵심** : 상대와 내가 모두 상한다. 아랫사람이 달가워하지 않는다. 움직이지 않을 수 없다. 도둑맞고 잃는 것이 매우 많다.

□ **분석** : ❶ 일간 壬수가 그 상신 辰토로부터 극을 당하고 일지 午화가 그 상신 亥수로부터 극을 당한다. 이와 같이 일간과 일지가 모두 상신으로부터 상하니 상대와 내가 모두 상한다.

❷ 일간은 높고 손위이며 일지는 낮고 손아래이다. 일간이 일지로 가서 일지에 임한 뒤에 일지를 극하고 일지의 음신이 간상으로 와서 일간을 극한다. 따라서 낮고 손아래 사람이 높은 손위의 사람을 달가워하지 않는다. 이와 같으니 일간이 움직이지 않을 수 없어서 초전으로 가서 辰를 취하니 귀살과 묘신이다. 다시 중전으로 가니 패기 酉이며 갑술순의 공망이다. 다시 말전으로 가니 寅목이 일간 壬수를 탈기하며, 여기에 등사와 현무가 타고 있고 공망에 떨어지니 손실이 매우 많다. 이러하니 도난과 손실이 하나가 아니다.

□ **정단** : ❶ 지일과이다. 참관격이니 순조로운 여행이지만 불비이니 하

는 일이 반드시 불완전하다. 모든 일에서 화는 안에서 생기고 재앙은 음인과 소인에게서 생긴다.
❷ 삼전의 중·말전이 모두 공망되었으니 부득이하게 일지에 임하여 재물을 취하니 난을 피해서 도망가서 사는 격에 해당한다.

○ **날씨** : 흐린 날씨를 보일 뿐이다.
→ 천강(辰)은 대각성이다. 대각성이 음지 亥를 가리키니 비가 오는 상이다. 묘신은 흐린 날씨를 주관한다. 묘신이자 토의 오행인 辰이 일간에 임하고 필수인 酉가 공망되었으니 비가 오지 않는다.

○ **가정** : 높은 손위의 사람이 낮은 손아래의 사람을 기만하니 낮은 어린사람이 잘못된다. 상대로부터 극을 받으니 우환이 풀리기 어렵다.
→ 일간과 천반은 높은 손위의 사람이고, 일지와 지반은 낮은 손아래의 사람이다. 사과 세 곳의 천반에서 그 지반을 극하고 다시 기궁이 지상으로 가서 일지를 극하여서 높은 손위의 사람이 낮은 손아래의 사람을 기만하니 낮은 어린사람이 잘못된다. 또한 동일한 이유로 인해 처가 잘못된다. ● 사과가 1양2음이니 가정의 음란을 방지해야 한다. ● 천후는 부녀자이다. 천후가 묘신 辰에 타고 있으니 부녀자의 건강을 점검해야 한다.

○ **혼인** : 남자는 좋지 않고 여자는 길하지 않다.
→ 일간은 남자이고 일지는 여자이다. 간상에는 일간의 묘신인 辰이 임하니 남자가 좋지 않고, 지상에는 일지의 귀살이 임하니 주야 모두 흉장이 타고 있으니 여자는 길하지 않다. ● 일간 壬이 일지 午를 극하고 간상의 辰이 지상의 亥를 극하여 남자가 여자에게 해를 입히는 상이고 다시 사과 세 곳의 천반에서 그 지반을 극하여 남자가 여자에게 해를 입히는 상이니 나쁜 궁합이다. ● 사과가 양불비이니 남녀가 음란하다.

○ **임신·출산** : 신월(申月)에 정단하면 처가 반드시 임신한다. 일간과 일지가 모두 자형이니 출산이 매우 길하지 않다.

→ 처재효는 부인이고 태신은 태아이다. 일간의 처재효와 태신은 모두 午이다. 신월(申月)에 임신을 정단하면 午가 생기이니 부인이 임신한다. 그러나 인월(寅月)에 정단하면 午가 사기이니 태아가 손상된다. 그리고 간상의 辰과 지상의 亥가 자형이니 출산이 매우 길하지 않다.

○ **구관** : 길하지 않다.

→ 일간은 나이고 묘신은 암매의 신이며 귀인은 공무원이다. 일간 壬을 묘신 辰이 덮고 있고 천을귀인 卯와 巳가 과전에 나타나지 않았으니 비록 관성인 辰이 간상과 초전에 있지만 길하지 않다. ● 만약 발령을 기다리는 정단을 하면 일록이 지상에 임하여 권섭부정이니 임시직을 받거나 혹은 지방으로 발령이 나거나 혹은 한직을 받는다.

○ **구재** : 재효와 청룡이 나타나지 않았으니 재물을 구하기 반드시 어렵다.

→ 재효와 청룡은 모두 재물이다. 재효인 巳午와 청룡이 과전에 없으니 재물을 구하기 어렵다. 만약 연명이 子나 丑이면 그 위에 재성인 巳와 午가 임하니 재물을 얻는다. 다만 낮 정단에서는 현무가 재성 午에 타고 있으니 얻지 못한다. 그리고 만약 사업장을 구하는 정단을 하면 재효가 임한 자방(子方)과 축방(丑方)이 좋다.

○ **질병** : 묘신이 일간을 덮고 있으니 반드시 낫기 어렵다.

→ 일간은 환자이다. 간상에 일간의 묘신인 辰이 덮고 있으니 낫기 어렵다. 만약 연명이 巳이면 그 상신 戌에서 辰을 충을 하니 구사일생한다. 묘신에는 항복하여 인생을 마치는 복몰(伏沒)의 뜻이 있다. ● 천후는 부녀자이다. 부녀자의 질병을 정단하면 천후가 묘지로 드니 대흉하다. ● 의약신이 卯이니 약초요법과 기도가 좋고, 의약신이

戌에 임하니 서북방에서 의약을 구하면 된다.
- **출행** : 육로는 불길하다. 수로는 조금 가능하다.
  → 일간은 육로이고 일지는 수로이다. 묘신 辰이 일간에 임하니 육로는 불길하다. 지상에는 일록이 임하니 조금 가능하다. ● 현대에서 일간은 출행인이고 일지는 여행지이다. 일간에 묘신이 임하니 여행이 매우 흉하다.
- **귀가** : 아직 출발하지 않았다.
  → 辰은 동신(動神)이다. 辰이 사맹인 亥에 가하니 아직 출발하지 않았다.
- **전투** : 주(主)에게는 유리하고 객(客)에게는 불리하다.
  → 천반이 지반을 극한 기운이 발용이 되었다. 따라서 객이 유리하고 주가 불리하다. 여기에서의 객은 선공하는 군대이고 주는 방어하는 군대이다.

- 『**필법부**』: 〈제8법〉 일록이 일지에 임하면, 임시직으로서 정당한 자리가 아니거나 혹은 먼 곳에 직장이 주어진다.
  〈제82법〉 삼전이 나아가지 못하는 불행전은 초전을 살펴야 한다.
- 『**초절서**(越絶書)』: 오왕에게 불려간 공손성이 월장 亥를 점시 午에 가한 뒤에 정단했다. 공손성이 말하기를 간상의 辰이 일간을 극하고 지상의 亥가 일지를 극하니 寅에게 구조를 부탁해야 한다. 酉의 패신이 寅이어서 운명이 하늘에 달려있으며 도망칠 수 없고 죽을 뿐만 아니라 오나라 왕도 죽는다.

| 갑술순 | 임오일 | 9국 |

壬午일　제 9 국

공망 : 申·酉 ○
낮 : 왼쪽 천장, 밤 : 오른쪽 천장

癸		乙		己	
勾 未 朱		常 亥 空		貴 卯 陰	
卯		未		亥	
己		癸		甲	戌
貴 卯 陰		勾 未 朱		白 戌 青	后 寅 玄
壬 亥		卯		午	戌

○空 酉 勾 巳	甲 白 戌 青 午	乙 常 亥 空 未	丙 玄 子 白 申○
青 ○申 合 辰 勾 癸 朱 未 卯			陰 丁 常 丑 酉○ 后 戊 玄 寅 戌
合 壬 蛇 午 寅	辛 朱 巳 貴 丑	庚 蛇 辰 后 子	己 貴 卯 陰 亥

- **과체** : 중심, 곡직, 참관∥화미, 부귀(낮), 복덕, 간지구탈, 멸덕, 오음, 옥택관광, 최관사자(낮), 신장·귀등천문(낮).
- **핵심** : 식구는 적고 집은 넓다. 비록 지출이 있더라도 집에는 기쁨이 있다. 삼전의 모든 곳에서 일간을 탈기한다. 도피는 안전하다.
- **분석** : ❶ 삼전의 未亥卯 목국에서 일간 壬수를 탈기한 뒤에 일지로 가서 午화를 생하니 식구는 적고 집은 넓다.
  ❷ 간상의 卯와 지상의 戌이 합을 하고 일지음신 寅과 기궁 亥가 서로 합을 하니 비록 지출은 있지만 서로가 기쁨을 나누는 상이다.
  ❸ 壬이 삼전으로부터 탈기를 당하고 있다. 초전의 未토를 취하면 삼전의 탈기를 면하지 못하니 丁화와 합을 해야 한다. 따라서 난을 피해서 도망가서 살아야만 안전하다.
- **정단** : ❶ 중심과이다.
  ❷ 삼전이 곡직격이니 모든 일이 역행하고 겉으로는 여유가 있어 보이지만 속으로는 부족한 상이다. 처음에는 굽히지만 나중에는 펴지는 상이다.
  ❸ 배나 차를 이용하는 것은 봄이 가장 길하다.

○ 날씨 : 비는 오지 않고 바람만 분다.
→ 천강은 대각성이다. 대각성이 양을 가리키면 비가 오지 않는다. 그리고 삼전의 목국에서 수를 탈기하니 비는 오지 않고 바람만 분다.

○ 가정 : 집이 매우 넓고 화려하지만 이 집에 사는 사람은 왕성하지 못한 단점이 있다.
→ 일간은 사람이고 일지는 집이다. 삼전의 목국이 일간 壬수를 탈기하여 일지 수화를 생하니 집이 매우 넓고 화려하지만 이 집에 사는 사람은 왕성하지 못한 단점이 있다. 따라서 이사해야 한다.

○ 혼인 : 혼인이 맺어진다. 사위감을 정단하면 가장 좋다.
→ 일간은 남자이고 일지는 여자, 일간음신은 남자의 가정이고 일지음신은 여자의 가정이다. 간상신 卯와 지상신 戌이 육합하니 혼인이 맺어진다. 그리고 삼전의 목국에서 일간 壬수의 기운을 설기하여 일지 수를 생하니 사위감을 정단하면 가장 좋다. ● 기궁 亥와 일지 음신 寅이 육합하고 지상의 戌이 간상의 卯와 육합하니 신랑과 처가가 화목하며, 일지와 제2과가 교차육합하니 신부와 시가가 화목하다.

○ 임신·출산 : 자식이 어머니의 배를 그리워하니 출산을 정단하면 가장 늦다.
→ 합에는 화합의 뜻이 있다. 일간과 일지와 삼전이 모두 합을 하여 자식이 어머니의 배를 그리워하니 출산을 정단하면 가장 늦다. 그러나 임신을 정단하면 태아와 임신부가 결합하는 상이니 가장 길하다.

○ 구관 : 길하지 않다.
→ 관성은 관직이다. 지상의 戌토 관성에 백호와 청룡이 타고 있으

니 가능할 것 같지만 모든 목국이 가서 관성을 극하여 손상을 입히니 길하지 않다. ● 밤 정단에서는 염막귀인이 일간에 임하니 관직자는 퇴직할 우려가 있고, 수험생이 정단하면 합격할 가능성이 있다. ● 부임을 물으면 낮 정단에서 백호가 관성에 타고 있으니 부임이 빠르다.

○ **구재** : 자신의 재물조차 지키기 어려운데 어찌 타인의 재물을 구할 틈이 있겠는가?

→ 삼전의 목국이 일간을 탈기하여 일지를 생하니 자신의 재물조차 지키기 어렵다. 재성과 청룡은 재물이다. 일간의 재성 巳午가 과전에 보이지 않으니 구재할 수 없다. 다만 연명이 丑이나 寅인 사람은 그 상신이 재성 巳午이니 재물을 얻는다. 비록 밤의 지상에 청룡이 타고 있지만 여기에서 일간을 극하여 오니 구하지 못하는 재물이다.

○ **질병** : 신허증이다. 삼전이 묘신에서 장생으로 전해지니 머지않아 저절로 낫는다.

→ 일간은 환자이다. 일간이 일간 및 삼전의 목국으로 탈기되니 주야 모두 신허증이다. 그리고 삼전이 묘신에서 장생으로 전해지니 머지않아 저절로 낫는다. ● 의약신이 卯이니 약초요법과 기도가 좋고, 의약신이 亥에 임하니 서북방에서 의약을 구하면 된다.

○ **출행** : 출행은 순탄하지만 가족과 이별하기 어렵다.

→ 일간은 출행인이고 일지는 내가 거주하는 가정이다. 과전이 삼합하여 화미격이니 출행이 순탄하다. 그러나 삼전의 목국이 일간을 설기하여 일지를 생하니 가족과 이별하기 어렵다.

○ **귀가** : 오는 중이다.

→ 천강은 동신이다. 천강이 사맹에 가하면 아직 출발하지 않았고, 사중에 가하면 오는 중이며, 사계에 가하면 곧 도착한다. 천강이 사중인 子에 가하니 오는 중이다.

○ **전투** : 주(主)에게는 유리하고 객(客)에게는 불리하다.
→ 중심과는 주(主)가 유리하다. 객은 선공하는 쪽이고 주는 수비하는 쪽이다.

□ 『필법부』 : 〈제83법〉 삼합과 육합을 하면 만사 기쁘다.
〈제30법〉 지나치게 넓은 집은 사람을 쇠하게 된다.
□ 『관월경』 : 삼합과 육합을 하면 서로에게 기쁨이 있으니 설령 악을 대동했더라도 진노하지 않는다. 악을 대동했다는 것은 금일에 寅午戌을 얻은 것이고, 토일에 亥卯未를 얻은 것이고, 목일에 巳酉丑을 얻은 것이고, 화일에 申子辰을 얻은 것으로서 설령 일간을 극하더라도 화가 되지 않으며 오히려 도중에 타인의 도움을 받는다.
→ 삼합과 육합을 뜻한다. 삼합에는 亥卯未, 寅午戌, 巳酉丑, 申子辰이 있다. 육합에는 子丑, 寅亥, 卯戌, 辰酉, 巳申, 午未가 있다.
□ 『정온』 : 壬午일의 삼전이 일간을 탈기한다. 낮 정단에서는 구진·귀인·태상의 토신이 나란히 일간에게 와서 일간을 해치지만 다행히 삼전의 목국에서 극하여 이를 내쫓으니 오히려 탈기가 구하게 된다.

壬午일 제 10 국

공망 : 申·酉
낮 : 왼쪽 천장, 밤 : 오른쪽 천장

□ **과체** : 중심, 삼교, 이번, 과수∥호생(교차상생).
□ **핵심** : 서로 생하는 뜻 있지만 결과는 나쁘다. 밤에는 '삼교'이다. 낮에는 자신이 손해를 본다.
□ **분석** : ❶ 간상의 寅에서 일지 午를 생하고 지상의 酉에서 일간 壬을 생하니 서로 생하려는 뜻이 있다. 그러나 간상의 寅이 壬을 탈기하고 지상의 酉가 午의 사지이니 결과가 좋지 않다.
❷ 격명이 '삼교'이다. 여기에 타고 있는 천장인 구진과 백호는 살상과 쟁투와 상(喪)과 우환을 주관한다. 酉가 午에 가하여 교제하지만 酉가 午에 가하여 파(破)를 하니 교섭하는 일이 불성한다. 낮 천장은 천공과 현무이고 천을귀인 卯가 子에 임하여 형을 받으니 반드시 자신이 다치고 재물을 잃는 것을 방지해야 한다.
□ **정단** : ❶ 이 과는 발용이 공망과 파(破)이고 중전이 겁도(劫盜)이며 말전이 탈기여서 시종 흉하니 일을 성사시키고 싶지만 어렵다.
❷ 봄에 정단하여 월장이 酉이면 과명이 '이번(二煩)'이다.
➜ 사중(子·午·卯·酉)인 월장이 사정(초하루·보름·상현·하현·그믐)을 만나고, 사평일(子·午·卯·酉)에 정단하여 일수와 월수가 여기에 가하며,

두강(辰)이 丑 혹은 未 위에 가하면 이번격이다. 월장이 酉가 되는 때는 곡우와 소만 사이로서 양력 4월 20일경에서 5월 20일경이다.

──────────────────────────

○ 날씨 : 흐리고 비가 오지 않는다.
→ 천강(辰)은 대각성이다. 대각성이 丑에 임하여 음을 가리키니 비가 오는 상이다. 酉는 필수로서 못을 뜻하고 비를 부르는 신이다. 그러나 필수(酉)가 공망되고 파(破)가 발용이 되었으니 흐리고 비가 오지 않는다.

○ 가정 : 가정이 적막하다. 음란과 손실을 방지해야 한다.
→ 파(破)에는 깨지는 뜻이 있고 패(敗)에는 패망의 뜻이 있다. 일지는 가택이다. 지상의 酉는 일간의 패신이고 이 酉가 일지음신 子와는 파(破)이니 가정이 깨지고 패가하는 상이니 가정이 적막하다. 그리고 비록 간지가 교차상생하지만 지상이 공망되었으니 생을 하지 못하고 오히려 가정이 적막하다.
● 과전이 삼교이니 가정에 음란사가 발생할 우려가 있다. ● 일간은 이 집에 거주하는 사람이다. 낮 정단에서 간상의 寅에 천후가 타고 있으니 부녀자로 인한 손실을 방지해야 한다. 더군다나 간상의 둔반에 귀살이 타니 부녀자와 도둑으로부터의 암해를 방지해야 한다. 밤 정단에서는 간상에 현무가 타고 있으니 도난과 사기를 방지해야 한다.

○ 혼인 : 일간의 음양이 육해이고 일지의 음양이 육파이니 혼인이 불길하다.
→ 일간은 남자이고 일지는 여자이다. 간상의 寅은 일간음신 巳와 육해이고 지상의 酉는 일지음신 子와 육파이니 혼인이 불길하다. 일간 壬수가 일지 午화를 극하고 지상신 酉가 간상신 寅을 극하니 궁합이 나쁘다. 더군다나 일지가 공망되고 다시 초전이 공망되었으니

혼인이 성사되기 어렵다.
○ **임신·출산** : 아래가 강하고 위가 약하니 딸을 낳는 상이다.
→ 지반은 음이니 딸의 상이고 천반은 양이니 아들의 상이다. 중심 과는 아래가 강하고 위가 약하니 딸을 낳는 상이다. 만약 봄과 여름에 점단하면 지반 午가 왕성하니 확실한 딸이다.
○ **구관** : 얻을 수 없다.
→ 천을귀인은 공무원이고 일록은 관록이다. 낮 귀인 卯는 지반 子로부터 형(刑)을 당하고 밤 귀인 巳는 지반 寅으로부터 형(刑)을 당하며 다시 관록이 과전에 나타나지 않았으니 얻을 수 없다.
○ **구재** : 재효와 청룡이 삼전에 나타나지 않았으니 재물을 구하는 일이 반드시 어렵다.
→ 재효와 청룡은 재물이다. 재효 巳午와 청룡이 삼전에 나타나지 않았으니 재물을 구하는 일이 반드시 어렵다.
○ **질병** : 주색으로 인한 허탈증으로서 허탈증이 폐에 이른다. 신장을 크게 보해야 낫는다.
→ 과전이 삼교격이고 일간 壬이 간상의 寅으로 탈기되니 주색으로 인한 허탈증이다. 오행의 금은 폐이다. 酉금이 공망되었으니 허탈증이 폐에 이른다. 따라서 신장을 크게 보해야 낫는다. ● 의약신이 卯이니 약초요법과 기도가 좋고, 의약신이 子에 임하니 정북방에서 의약을 구하면 된다.
○ **출행** : 지상에서 간상을 극하니 출행하면 불길하다.
→ 일간은 사람이고 일지는 여행지이다. 지상의 酉가 간상의 寅을 극하니 출행하면 불길하고, 다시 지상의 酉가 일간의 패신이니 출행하면 주색으로 몸을 상한다. 또한 목적지를 뜻하는 말전의 둔반 己토에서 일간을 극하니 암해를 방지해야 한다.
○ **귀가** : 천강이 사계에 가하니 출행인은 즉시 돌아온다.
→ 천강(辰)은 동신(動神)이다. 천강이 사맹에 가하면 아직 출발하지

않았고, 사중에 가하면 오는 중이며, 사계에 가하면 곧 도착한다. 천강이 사계인 丑에 가하니 곧 도착한다.
- **전투** : 낮 정단에서는 적의 속임수가 있고, 밤 정단에서는 두렵다.
  → 일간은 아군이고 일지는 적군이다. 지상의 낮에는 천공이 타고 있으니 적의 속임수가 있고, 밤에는 구진이 패신에 타고 있어서 아군이 패할 우려가 있으니 두렵다.

- 『필법부』 : 〈제77법〉 호생과 구생은 모든 일에서 유익하다. 호생은 간상신에서 일간을 생하고 지상신에서 일지를 생하는 것이다. 이 예는 각각에게 생하는 뜻이 있고, 나와 상대는 화순하니 양쪽이 밑천을 합쳐서 경영하면 더욱 좋다.
  → 이 과전에서는 지상이 공망되어 일간을 생하지 못한다.
- 『과경』 : 여섯 壬일에 간상의 寅목이 壬수를 탈기하고 이곳에 밤 정단에서 현무가 타고 있으니 '탈도격'이다. 모든 정단에서 도난을 당하고 재물을 잃는다.
- 『지규』 : 사중이 순행으로 子卯午酉에 가한다. 봄 정단에서는 함정이니 마치 새가 새장 속으로 들어오는 것과 같다. 여름 정단에서는 정번(正煩)이니 마치 소가 칼에 찔리는 것과 같다. 가을 정단에서는 실우(失友)이니 만약 헤어졌다면 다시 만나는 상이다. 겨울 정단에서는 출점(出漸)이니 음이 극점에 이르러서 양이 생긴다.

壬午일 제 11 국

공망 : 申·酉 ○
낮 : 왼쪽 천장, 밤 : 오른쪽 천장

○	甲	丙	
青 申 合	白 戌 青	玄 子 白	
午	申 ○	戌	
丁	己	○	甲
陰 丑 常	貴 卯 陰	青 申 合	白 戌 青
壬亥	丑	午	申 ○

勾 癸未巳	○ 朱 青 申午	○ 空 酉未	甲 勾 白 戌申	青 ○
合 壬午辰	蛇		常 乙亥酉	空 ○
朱 辛巳卯	貴		玄 丙子戌	白
蛇 庚辰寅	后 己卯丑 貴 陰	后 戊寅子 玄	陰 丁丑亥	常

□ **과체** : 중심, 진간전, 여덕(밤), 구추∥육의(중전), 섭삼연, 오양, 수일정신, 강색귀호, 교차육해, 최관사자(낮), 살몰, 사묘加장생, 고진과수.

→ 원문에서 도화일인 午일의 壬일에 정단하여 丑이 卯나 酉에 임하지는 않았지만 그 상은 있으니 구추로 보았다.

□ **핵심** : 丁과 壬午가 간합하니 만나서 부탁하는 일에서 좋다. 백호(申) 주작(午)에 들어가지만 재앙을 만나더라도 재앙이 되지 않는다.

□ **분석** : ❶ 丁丑이 壬(亥)에 임하니 관청을 통해 재물이 움직이고 공무원을 만나 관직을 구하는 일에서 이롭다.

❷ 申은 백호이고 午는 주작이다. 申이 午에 가하면 백호가 주작으로 들어가는 상이다. 다행히 申이 갑술순의 공망되어 었고 귀살인 戌이 공망에 떨어지니 비록 흉하지만 흉이 되지는 않는다. 백호가 주작으로 들면 소송 정단에서 공망되었다고 논하지 않고 최흉하다고 논한다.

□ **정단** : ❶ 중심과이고 간전격이다.

❷ 발용이 공망되었으니 모든 정단에서 공허하다. 만약 흉사를 정단

하면 큰 흉사는 작아지고 작은 흉사는 사라진다. 만약 길사를 정단하면 성공은 적고 실패는 많다.

❸ 중전의 관성이 공망되었고, 말전의 子수 겁재에 현무와 백호가 타니 손실을 면하기 어렵다.

❹ 일간을 생하는 오행에 청룡이 보이니 재백이 뜻대로 된다.

→ "오행이 생하는 곳에 청룡이 보이니 재백이 뜻대로 된다."에서, 오행이 생하는 곳은 장생인데 여기에 청룡이 타니 득재하는 뜻이 있다. 다만 이 과전에서는 장생이 공망되었으니 재물을 얻지 못한다.

○ 날씨 : 비가 오지 않는다.

→ 천강(辰)은 대각성이다. 대각성이 양인 寅을 가리키니 맑다. 수모(水母)는 수원이고 비를 생하는 신이지만 공망되었으니 다시 비가 오지 않는다.

○ 가정 : 존장을 잃는 것을 방지해야 한다. 집안에는 벽만 있다.

→ 장생은 부모이고 일지는 가택이다. 장생 申이 일지에 임하여 공망되었으니 존장을 잃는 것을 방지해야 한다. 또한 택상이 공망되었으니 집안의 사방에는 벽만 있다. ● 일간은 나이고 일지는 가족이다. 기궁 亥가 지상의 申과 육해이고 일지 午가 간상의 丑과 육해이니 가족이 화목하지 않다.

○ 혼인 : 남자는 튼실하다. 그러나 여자가 공망되었으니 여자는 헛말을 많이 한다.

→ 일간은 남자이고 일지는 여자이다. 일간은 공망되지 않았으니 튼실하다. 그러나 일지가 공망되었으니 여자는 헛말을 많이 한다. ● 기궁 亥가 지상의 申과 육해이고 일지 午가 간상의 丑과 육해이니 궁합이 나쁘고, 지상이 공망되었으니 혼인하기 어렵다.

○ **임신·출산** : 반드시 딸이다. 출산을 정단하면 반드시 쉽게 낳는다.
→ 지반은 음이니 딸의 상이고 천반은 양이니 아들의 상이다. 중심과는 아래가 강하고 위가 약하니 출산하면 반드시 딸이다. ● 일지는 임신부이고 일간은 태아이다. 임신부가 공망되고 자식이 튼실하니 출산을 정단하면 반드시 쉽게 낳는다.

○ **구관** : 관직을 정단하면 불길하다.
→ 관효는 관직이다. 관효인 戌이 중전에서 공망되었으니 관직을 정단하면 불길하다.

○ **구재** : 丑 위의 丁화가 壬수의 재성인데 관귀인 丑이 간상에 임하니 공무원의 재물을 얻는다.
→ 재성은 재물이고 관성은 공무원이다. 일간에서 丑 위의 丁화가 壬수의 재성인데 관귀인 丑이 일간에 임하니 공무원의 재물을 얻는다. ● 밤에는 이곳에 태상이 타고 있으니 경찰이나 군인 등 무관직 공무원으로부터 돈을 빌리거나 혹은 관청 공사 수주를 받아 사업하면 재물을 얻는다.

○ **질병** : 폐병이 들었지만 치료할 수 있다. 만약 구병이면 길하지 못한 것을 방지해야 한다.
→ 오행의 금은 폐이다. 지상 및 초전의 申금이 공망되어 비록 폐병이 들었지만 말전에 의약신 子가 임하니 치료할 수 있다. 다만 구병이면 초전이 공망되었으니 길하지 못한 것을 방지해야 한다. ● 밤 정단에서는 말전의 子에 백호가 타서 오행의 화를 극하니 경미한 심장병이 있다.

○ **출행** : 육로는 좋고 수로는 공허하다. 공망된 역마가 메워지면 반드시 길을 나설 수 있다.
→ 일간은 육로이고 일지는 수로이다. 일간이 공망되지 않았으니 육로는 좋고 일지가 공망되었으니 수로는 공허하다. 역마는 여객수단이다. 초전의 역마 申이 공망되었으니 지금은 출발하지 못하지만

공망이 메워지는 갑신순에는 길을 나설 수 있다.
- **귀가** : 역마가 낙공이니 수로로 온다. 자일(子日)이나 사일(巳日)이나 진일(辰日)에 온다.

  → 초전의 역마 申이 낙공이니 수로로 온다. 근행은 발용과의 육합일에 오고 원행은 발용과의 삼합일에 온다. 따라서 근행은 발용과 육합되는 사일(巳日)에 오고 원행은 발용과의 삼합되는 자일(子日)이나 진일(辰日)에 온다.

- **전투** : 공격해도 된다. 낮에 정단하면 대승하고 밤에 정단하면 재물과 보물을 얻는다.

  → 일간은 아군이고 일지는 적군이다. 일지가 공망되어 적이 허약하니 공격해도 된다. 낮에 정단하면 간상의 丑을 설기하여 일간을 생하니 대승하고, 밤에 정단하면 일간의 둔반에 정재가 임하니 재물과 보물을 얻는다.

☐ **『필법부』** : 〈제26법〉 수일에 정신을 만나면 재물이 빠르게 움직인다. 壬午와 癸未 두 날에서 정신인 丑이 보이니 관청으로 인해 재물의 움직임이 있다.

  〈제94법〉 희신과 구신이 공망되면 묘한 기틀이 된다.

  → 초전의 장생은 희신이다. 희신이 공망되어 흉으로 변한다.

☐ **『과경』** : 여섯 壬일에서 丑이 亥에 가한 8월의 밤 정단에서 일간의 귀살이 사기가 되고 태상이 타고 있다. 이것이 일간 위에 임하니 반드시 부모상을 당한 뒤에 상복을 입는다.

  → 태상과 귀살과 월건살 사기가 결합되면 상(喪)이 된다.

☐ **『지장부』** : 청룡이 전송(申)에 타면 자손이나 재물이 손실된다.

| 갑술순 | 임오일 | 12국 |

壬午일 제 12 국

공망 : 申·酉 ○
낮 : 왼쪽 천장, 밤 : 오른쪽 천장

丁	戊	己	
陰丑常	后寅玄	貴卯陰	
子	丑	寅	
丙	丁	癸	○
玄子白	陰丑常	勾未朱	青申合
壬亥	子	午	未

壬午巳 合	癸未午 蛇 勾	○ 申未 朱 青 合	酉申 空 ○ 勾
辛巳辰 朱 貴			甲戌酉 白 青 ○
庚辰卯 蛇 后			乙亥戌 常 空
己卯寅 貴 陰	戊寅丑 后 玄	丁丑子 陰 常	丙子亥 玄 白

□ **과체** : 원수, 진여, 무음(교차상극), 삼기(초전) ∥ 침해(피차시기), 구추, 복덕(중·말전), 수일정신, 주작폐구(밤), 구진폐구(낮).

□ **핵심** : 서로 능멸하고 학대한다. 도난당하고 잃으니 길하지 않다. 백호와 현무가 양인에 타고 있으니 손실이 발생한다.

□ **분석** : ❶ 간상의 子수는 일지 午화를 극하고 지상의 未토는 일간 壬수를 극하니 모두 학대당하고 도난당한다.

❷ 초전이 재성 丁이니 먼 곳으로 가서 재물을 구해야 하며 중전과 말전의 寅卯에서는 일간을 탈기한다.

❸ 간상의 왕신 子를 지키려고 하지만 양인과 나망이다. 여기에 주야에 현무와 백호가 타서 일간과 일지가 상극하니 어찌 탈기를 면할 수 있겠는가?

□ **정단** : ❶ 진여격과 나망격이니 오로지 자신을 지키는 것이 좋고 움직여서 꾀하면 안 된다.

❷ 일간과 일지가 상극하여 서로 해를 입혀서 화목한 기운이 전혀 없으니 일을 같이 하는 것은 나쁘다.

❸ 그리고 일지음신의 申은 일간의 근본이고 그 위에 육합과 청룡이

타서 공망되었으니 헛된 기쁨이 될 뿐이다.

○ **날씨** : 비가 오지 않는다.
   → 申은 수모(水母)이고 수원(水源)이다. 그리고 토는 비를 몰아내고 수는 비를 주관하며 화는 맑은 날씨를 주관한다. 수모가 이미 공망되었고 초전의 丑토가 수를 극하며, 수는 지반에 있고 화는 천반 위의 둔반에 있으니 비가 오지 않는다.
○ **가정** : 길하지 않다.
   → 일간은 사람이고 일지는 집이다. 간상의 子와 지상의 未가 육해이니 가족이 서로 해를 입히니 화목하지 않다. 일간은 남편이고 일지는 아내이다. 지상의 未에서 일간 壬을 극하고 간상의 子에서 일지 午를 극하여 남편과 아내가 무음이어서 가정정단을 하면 부부가 음란하니 불길하다.
   ● 간상의 양인에 낮에는 현무가 타고 있으니 손재수를 당하고, 밤에는 백호가 타고 있으니 사고를 당한다. 또한 지상의 귀살에 낮에는 구진이 타고 있으니 가정에 쟁투와 관재가 발생하고, 밤에는 주작이 타고 있으니 가정에 구설수나 관재가 발생한다. 다행히 귀살 未를 중·말전의 寅卯에서 제압하니 흉을 구한다.
○ **혼인** : 남녀에게 음란이 있으니 혼인정단에서 가장 나쁘다.
   → 일간은 남자이고 일지는 여자이다. 지상의 未토가 일간 壬수를 극하고 간상의 子수가 일지 午화를 극하니 남녀에게 음란이 있다. 따라서 혼인정단에서 가장 나쁘다. 간상의 子와 지상의 未가 육해여서 남녀가 서로의 마음에 상처를 입히니 더욱 나쁘다.
○ **임신·출산** : 임신부와 태아 모두 상한다.
   → 일간은 태아이고 일지는 임신부이다. 그리고 해(害)에는 기만하고 해치는 뜻이 있고 극(剋)에는 살상의 뜻이 있다. 간상의 子와 지

상의 未가 육해이다. 다시 지상의 未토가 일간 壬수를 극하고 간상의 子수가 일지 午화를 극하여 일간과 일지가 서로 극을 하니 임신부와 태아 모두 상한다.

○ **구관** : 결실이 없다.

→ 관효는 관직이고 일록은 관록이다. 관효인 초전의 丑과 간상의 子가 서로 육합하니 마치 성사될 것 같지만 관효가 寅목으로부터 상하고 다시 밤에 정단하면 천공이 일록 亥에 타고 있으니 결실이 없다.

○ **구재** : 완전하게 좋지는 않다.

→ 재성은 재물이다. 일간 壬수가 丁丑을 만나니 구재정단을 하면 재물이 이미 있다. 다만 丑이 寅卯목으로부터 극을 받아 상했으니 완전하게 좋지는 않다. ● 丑이 부동산과 관청이니 부동산이나 관청을 통해 재물을 얻을 수 있다.

○ **질병** : 비·위의 병이다. 양인이 나망에 타지만 다행히 중·말전의 탈(脫)에서 양인과 귀살을 제압하니 결국 반드시 구함이 있다.

→ 토는 비·위이다. 초전의 丑토가 중전과 말전의 寅卯목으로부터 극을 받으니 비·위의 병이다. 일간은 환자이고 귀살은 질병이며 자손효는 의약신이다. 일간의 양인 子가 나망에 해당하지만 다행히 중·말전의 의약신에서 양인과 귀살을 제압하니 결국 반드시 구함이 있다. ● 만약 부모의 질병을 정단하면 일지음신의 장생이 공망되었으니 흉하다. ● 의약신이 寅卯이니 약초요법과 기도가 좋고, 의약신이 丑寅에 임하니 동북방에서 의약을 구하면 된다.

○ **출행** : 나망이 앞에 있고 역마는 공함이 되었으며 간상의 子와 지상의 未가 서로 육해이니 반드시 떠나지 못한다.

→ 일간과 일지가 나망이고 역마 申은 공함이 되었으며 간상의 子와 지상의 未가 서로 육해이니 반드시 떠나지 못한다. ● 여행지를 뜻하는 지상의 未에서 일간 壬을 극하니 여행지가 흉지이다.

○ 귀가 : 중도에 억류되어 있고 지체된다.
  → 천강(辰)은 동신이다. 천강이 사중의 하나인 卯에 임하니 중도에 억류되어 있고 지체된다.
○ 전투 : 주야 모두 무사하지만 완승은 아니다.
  → 일간은 아군이고 귀살은 적군이다. 복덕신인 寅卯가 귀살인 丑을 극하니 주야 모두 무사하지만 완승은 아니다.

□ 『필법부』 : 〈제55법〉 천라지망을 만나면 모망사에서 졸렬함이 많다.
  → 매일의 제12국은 여기에 해당한다.
  〈제64법〉 부부가 음란하여 각기 사통하는 일이 있다. 반드시 사적으로 간통하여 부부불화의 뜻이 있다.
  → 지상의 未토가 일간 壬수를 극하고 간상의 子수가 일지 午화를 극하니 부부가 음란하다.
  〈제76법〉 서로 시기하여 모두에게 화가 미친다. 간지의 상신이 육해를 만드는 것으로서 주객이 서로 시기한다.
  → 간상의 子와 지상의 未가 서로 육해를 만든다.
□ 『과경』 : 壬午일에서 간상의 子를 무음으로만 고집해서 볼 수 없다. 먼저 허용하고 나중에 보살피지만 서로가 무정하다. 그리고 간지상의 子未가 육해를 지으니 서로 시기한다.

계미일

癸未日의 길신(구보)과 흉살(팔살)			
일덕	巳	형	
일록	子	충	
역마	巳	파	
장생	申	해	
제왕	子	귀살	辰戌丑未
순기	丑	묘신	辰
육의	甲戌	패신	酉
귀인 주	巳	공망	申酉
귀인 야	卯	탈(脫)	寅卯
합(合)		사(死)	卯
태(胎)	午	절(絶)	巳

대육임직지

癸未일   제 1 국

공망 : 申·酉 ○
낮 : 왼쪽 천장, 밤 : 오른쪽 천장

丁	甲	癸
勾丑陰	白戌白	陰未勾
丑	戌	未

丁	丁	癸	癸
勾丑陰	勾丑陰	陰未勾	陰未勾
癸丑	丑	未	未

辛巳貴	壬午朱	癸未合	○申玄
朱巳	后午	陰未	青申○
庚辰蛇 辰蛇辰			○常酉酉空○
己卯朱 卯貴			甲戌白 戌白
戊寅合 寅	丁丑勾 丑陰	丙子青 子玄	乙亥空 亥常

- **과체** : 복음, 자신 // 가색, 삼기(초전), 육의(중전), 조지, 수일정신, 신임정마, 교차상충, 주객형상(간지상형), 최관사자, 만반개귀, 유자, 구진폐구, 여덕(밤).

- **핵심** : 네 개의 丁이 분포되어 있고, 구진이 화의 창고로 들어간다. 물을 득했지만 절대로 다시는 재물을 되돌아보면 안 된다.

- **분석** : 丁이 일간의 재성이며 丑과 未 또한 丁이다. 사과가 모두 丑과 未이니 어찌 네 丁이 분포되어 있다고 하지 않을 수 있겠는가? 丁은 일간의 재성이고 戌은 화의 창고이다. 癸수가 재성 丁을 탐하여서 창고 안에 들어가 있는 재물을 요행히 득했지만 두 번 다시 취해서는 안 된다. 만약 탐하면 戌토로부터 일간이 상하는 화가 반드시 연이어 발생한다.

  → 戌은 화국(寅午戌)의 창고이자 일간의 귀살이다.

- **정단** : ❶ 복음과의 자신격과 자임격은 그 체가 지극히 고요하고 모든 정단에서 부동하다. 이 과를 눈을 활짝 뜨고 쳐다보면 모두 丁으로 변해서 매우 활발하게 움직이는 상이니 자신(自信)이 없고 자임

(自任)이 없다. 고요한 가운데에서 움직이지만 결국 고요해지고 움직이는 가운데에서 고요를 구하지만 결국은 움직이게 되니 이는 본위가 바뀌지 않기 때문에 이러하다.

○ 날씨 : 비가 오지 않는다.
  → 삼전 토국의 가색이 비를 쫓아버리는 작용을 하니 날씨정단을 하면 비가 오지 않는다.
○ 가정 : 나와 가정이 화목하지 않다. 전답과 부동산으로 인한 쟁송 혹은 종업원이나 첩의 음란사가 발생한다.
  → 일간은 나이고 일지는 가정이다. 일간(기궁) 丑과 일지 未가 상충하고 간상의 丑과 지상의 未가 상충하며 다시 기궁과 지상이 상충하고 일지와 간상이 상충하니 나와 가정이 화목하지 않다. 그리고 삼전의 가색에서 일간을 극하니 전답과 부동산으로 인한 쟁송이 발생한다. 초전 둔반의 丁은 처재효이고 그 아래가 관귀효이니 처나 첩으로 인한 음란사가 발생한다.
○ 혼인 : 일지와 일간이 상충하고 초전과 말전이 상형하며 청룡과 천후가 충극하니 모두 불길하다.
  → 일간은 남자이고 일지는 여자이다. 그리고 초전은 남자이고 말전은 여자이다. 또한 청룡은 남자이고 천후는 여자이다. 일간 癸(丑)와 일지 未가 상충하고, 초전의 丑과 말전의 未가 상충하며, 낮에는 청룡승신 子와 천후승신 午가 상충하고 밤에는 청룡승신 申과 천후승신 寅이 상충하니 혼인이 불길하다. ● 만약 혼인하면 간지와 초말전과 청룡천후가 상충하고 삼전이 삼형하니 부부가 매일같이 싸운다.
○ 임신·출산 : 반드시 아들이다. 출산은 반드시 쉽고 빠르다.
  → 천반은 양이니 아들이고 지반은 음이니 딸이다. 초전의 위가 강

하고 아래가 약하며 삼전의 두 음이 하나의 양을 감싸니 임신된 태아는 반드시 아들이다. 그리고 일지와 일간이 상충하니 출산은 반드시 쉽고 빠르다. ● 일간(기궁) 丑과 일지 未가 상충하고 간상의 丑과 지상의 未가 상충하며 다시 기궁과 지상이 상충하고 일지와 간상이 상충하니 임신은 흉하고 출산은 길하다.

○ 구관 : 얻기 어렵다.
  → 귀인은 공무원이고 일록은 관록이고 역마는 승진의 신이다. 이들이 과전에 나타나지 않았고 관귀효는 지나치게 많으니 관직정단을 하면 얻기 어렵다.

○ 구재 : 재물을 탐하면 안 된다.
  → 처재효는 재물이고 관귀효는 재앙이다. 초전의 丑에 정재(丁財)가 임하니 관귀를 통해 재물을 얻지만 정재 아래의 丑이 귀살이니 丁을 취하면 재물로 인해 재앙이 미치니 재물을 탐하면 안 된다.

○ 질병 : 위독하다.
  → 일간은 환자이고 귀살은 질병이다. 사과와 삼전이 각각 귀살국을 만들어서 일간을 극하니 위독하다. ● 만약 유월(酉月)과 술월(戌月), 오월(午月)과 미월(未月), 묘월(卯月)과 진월(辰月)에 정단하면 삼전의 丑戌未가 사신이나 사기에 해당하니 더욱 위독하다. ● 복음과이니 구병이고 과전에 정마가 임하니 질병이 확산된다. ● 토국에서 壬수를 극하니 신허증이다.

○ 출행 : 순중의 丁이 발용이 되었으니 반드시 출행한다.
  → 삼전이 토국이니 가색격이고 여기에 정마가 임하니 유자격이다. 유자격은 반드시 출행한다.

○ 귀가 : 아직 돌아오지는 않지만 귀가하는 걸음이 멈추지 않는다.
  → 일간은 여행객이고 일지는 여행지이다. 일간(기궁) 丑이 일지 未와 상충하고 간상의 丑과 지상의 未가 상충하며 일간과 일지가 교차 상충하니 아직 돌아오지 않는다. 그러나 정마가 발용이 되었고 역

가색이니 귀가하는 사람의 걸음이 멈추지 않는다.
- **도적** : 도둑을 잡기 어렵다.
  → 귀살은 도적이고 정신은 원행의 신이다. 정신이 발용이 되었고 삼전이 비화하니 반드시 도둑을 잡기 어렵다.
- **전투** : 주야 정단 모두 매우 이롭지 않다.
  → 일간은 아군이고 귀살은 적군이다. 귀살국에서 일간을 극하니 주야 정단 모두 매우 이롭지 않다.

- 『**필법부**』 : 〈제75법〉 손님과 주인이 다투니 형벌을 받는다. 교섭사는 반드시 각각에게 다른 마음이 있다.
  〈제89법〉 자임과 자신에 정마가 타면 행동을 하게 된다.
  〈제26법〉 수일에 정신을 만나면 재물이 빠르게 움직인다.
  〈제24법〉 내가 타인에게 일을 구하는 격. 초전이 간상에서 일어나고 말전이 지상으로 돌아오는 것이다. 모든 일에서 강제로 타인에게 고개를 숙여서 구함을 면치 못하고, 또한 타인의 압력으로 스스로 굴신하기 어렵다.
- 『**신응경**』 : 癸未일 초전의 丑이 정마이니 관청의 재물로 인해 움직인다. 辰월이나 戌월에 정단하면 출입하여 불리하고, 寅월이나 申월에 정단하면 전택으로 인해 쟁투가 발생한다.
- 『**과경**』 : 壬癸일 삼전의 辰戌丑未가 서로 충형(沖刑)한다. 이는 흉으로써 흉을 제어하는 뜻이 되니 이른바 도적을 도적으로 잡는다. 그리고 그 안에 있는 4개의 '金' 글자가 귀살로 변한다.

| 갑술순 | 계미일 | 2국 |

癸未日 제 2국

공망 : 申·酉 ○
낮 : 왼쪽 천장, 밤 : 오른쪽 천장

辛	庚	己
貴 巳 朱	蛇 辰 蛇	朱 卯 貴
午	巳	辰
丙	乙	壬	辛
青 子 玄	空 亥 常	后 午 合	貴 巳 朱
癸 丑	子	未	午

庚蛇 辰 巳	辛貴 巳 午	壬合 午 未	癸勾 未 申 ○
朱 己 卯 辰	貴		玄 ○申 酉 青 ○
合 戊 寅 卯	后		常 ○酉 戌 空
勾 丁 丑 寅	陰 丙 子 丑 青	玄 乙 亥 子 空 常	白 甲 戌 亥 白

□ **과체** : 요극, 탄사, 퇴여, 맥월∥덕경, 왕록임신, 부귀(낮), 복덕(말전), 말조초혜, 상하구합, 호태, 무음(교차상극), 양사협묘(연명 : 巳), 공두(拱斗), 교차육해, 간지상충, 살몰, 사묘加장생, 귀묘(鬼墓).

□ **핵심** : 일지와 일간의 상하가 모두 상합한다. 巳화에 병오 주작이 나타났으니 모든 재물을 희망할 수 있다.

□ **분석** : ❶ 간상의 子와 기궁 丑이 상합하고 지상의 午와 일지 未가 상합하니 모두 화창하다.

❷ 초전은 巳화이고 중전은 辰토이며 현무의 둔반에서는 丙을 얻었다.

❸ 그리고 말전의 卯목에 주작이 타고 있으니 천반의 재물과 둔반의 재물을 모두 취할 수 있다.

□ **정단** : ❶ 요극과와 탄사격과 퇴여격이니 모든 일이 요원하며 물러나서 나아가지 못한다.

❷ 일간(기궁) 丑과 간상의 子가 합을 하고 일지 未와 지상의 午가 다시 상합하니 모였다가 흩어지고 이별했다가 화합한다.

❸ 그리고 시종일관 상생하니 모든 일이 조화롭고 순조롭다.

❹ 모든 일에서 행동을 멈추면 마음에 의혹이 없게 된다. 다만 중전의 辰토가 지반 巳궁에 임했고 주야에 등사가 타고 있으니, 이른바 두 마리의 뱀이 묘신을 끼고 있는 '양사협묘'이다. 다행히 요극과의 탄사이니 가벼운 상해이다. 만약 다른 과에서 이것을 만나면 우환을 풀기 어렵다.

○ 날씨 : 비가 오지 않는다.
　→ 주작은 맑음을 주관하고 청룡은 비를 부르며 오행의 화는 맑음을 주관하고 수는 비를 주관한다. 주작은 오행의 화에 타고 있고 청룡은 물속에 숨으며 화는 초전에 있고 수는 사과에 있으니 비가 오지 않는다.

○ 가정 : 가정이 길하다.
　→ 일지는 가정이고 일간은 사람이다. 간상의 子와 기궁 丑이 상합하고 지상의 午와 일지 未가 상합하니 가정이 길하여서 부모와 자식, 남편과 아내가 서로 화목하다. ● 다만 일간 癸가 지상의 午를 극하고 일지 未가 간상의 子를 극하여 무음이니 부부가 음란하다. ● 일지의 음양이신 午와 巳가 모두 재성이니 집이 풍요롭다.

○ 혼인 : 남자와 여자 모두 좋다. 그러나 불성할 우려가 있다.
　→ 일간은 남자이고 일지는 여자이다. 간상의 子와 기궁 丑이 상합하고 지상의 午와 일지 未가 상합하니 남자와 여자 모두 좋다. 그러나 간지와 그 상신이 충극하고, 간지가 교차상극하고, 간지의 둔반이 충극하고, 간지가 교차육해하며, 일간이 지상을 극하고 일지가 간상을 극하여서 교차상극하니 혼인이 불성할 우려가 있다. 간지가 교차상극하여 무음이니 남녀 모두 음란하다.

○ 임신·출산 : 반드시 아들이다. 출산을 점단하면 순산한다.
　→ 일간은 태아이고 삼전은 태아의 발육과정이다. 일간의 음양이신

이 하나의 양과 두 음이니 아들이고 삼전 또한 하나의 양과 두 음이니 아들이다. 기궁은 일지와 상충하고 간상신은 지상신과 상충하니, 임신을 점단하면 흉하고 출산을 점단하면 반드시 순산한다. ● 간상신 子가 일지 未의 태신이고 지상신 午가 일간 癸의 태신이니 신혼부부에게 임신의 기쁨이 있다. 子는 아들이고 午는 딸이다. 만약 인월(寅月)에 상담하여 쌍둥이를 임신할 경우 午가 사기이니 딸이 사망하고, 신월(申月)에 상담하여 쌍둥이를 임신할 경우 子가 사기이니 아들이 사망한다.

○ 구관 : 공명을 추구하지 않더라도 저절로 온다.
  → 주작은 임명장이고 천을귀인은 공무원이고 일록은 관록이고 왕신은 권력이고 관성은 관직이다. 초·말전에는 주작과 천을귀인이 타고 있고 일록과 왕신은 일간에 임했다. 중전이 다시 관성이니 공명을 추구하지 않더라도 저절로 온다. 더군다나 삼전의 둔간이 오자원둔으로 辛壬癸를 모두 갖췄으니 더욱 길하다. ● 왕록이 일간에 임하니 직장인은 현재의 직장을 떠나 다른 곳으로 가지 않아야 한다. ● 연명이 巳인 사람은 초전 巳와 말전 卯 두 귀인에서 연명상신 辰을 인종하니 발탁의 기쁨이 있다.

○ 구재 : 취득하는 재물이 반드시 풍족하다.
  → 재효는 재물이다. 재효가 발용이 되었다. 말전이 초전을 돕고 겸하여 입고(入庫)가 되었으니 취득하는 재물이 반드시 풍족하다. ● 낮에는 천을귀인이 재성 巳에 타고 있으니 관청 공사를 통한 사업이 좋고, 밤에는 주작이 타고 있으니 학문이나 말로 하는 강의, 상담, 학문, 주식을 통한 수입이 좋다. 그리고 지상이 재성 午이니 돈 버는 가게터이다.

○ 질병 : 최흉하다. 다행히 생명을 연장할 수 있다.
  → 연명이 巳인 사람은 등사가 일간의 묘신인 辰에 타고 있고 그 아래의 지반이 巳이어서 양사협묘이니 최흉하다. 일간은 환자이고 일

지는 질병이다. 간상의 子수에서 지상의 午화를 극하니 생명을 연장할 수 있고, 삼전이 퇴여(巳辰卯)이니 병세가 점차 약해진다. ● 의약신이 卯이니 약초요법과 기도가 좋고, 의약신이 辰에 임하니 동남방에서 의약을 구하면 된다.

○ 출행 : 중도에 장애가 발생한다.

→ 역마는 여객수단이다. 역마 巳가 발용이 되어 일간의 묘신 辰으로 드니 중도에 장애가 발생한다.

○ 귀가 : 아직 출발하지 않았다.

→ 辰은 동신(動神)이다. 천강이 사맹인 巳에 가하니 아직 출발하지 않았다.

○ 전투 : 낮에 정단하면 길하고 밤에 정단하면 흉하다.

→ 낮에 정단하면 간상에 길장이 타고 있으니 길하고, 밤에 정단하면 간상에 흉장이 타고 있으니 흉하다.

□ 『필법부』 : 제44법 : 과전이 모두 귀인이면 도리어 의지할 곳이 없게 된다.

제19법 : 태신 겸 재신이 월신살인 생기이면 처의 임신이다.

제20법 : 태신 겸 재신이 월신살인 사기이면 태아는 손상된다.

□ 『비요』 : 癸未일 간상의 子는 일지의 태신이고 지상의 午는 일간의 태신이니 '호태격(互胎格)'이다. 만약 부부의 행년에서 호태를 만나면 반드시 처가 임신한다. 생기와 재신을 고려하지 않아도 된다.

| 癸未일 제3국 | | 공망 : 申·酉 ○
낮 : 왼쪽 천장, 밤 : 오른쪽 천장 |

辛	己	丁
貴 巳 陰	朱 卯 貴	勾 丑 朱
未	巳	卯
乙	○	辛	己
空 亥 勾	常 酉 空	貴 巳 陰	朱 卯 貴
癸丑	亥	未	巳

己卯巳 朱貴	庚辰午 蛇后	辛巳未 陰貴	壬午申○ 后玄
戊寅辰 合蛇			癸未酉○ 陰常
丁丑卯 勾朱			○申戌 玄白
丙子寅 青合	乙亥丑 空勾	甲戌子 白青	○酉亥 常空

□ **과체** : 요극, 탄사, 퇴간전, 해리 // 덕경(초전), 삼기(말전), 부귀(초전), 복덕(중전), 무음(교차상극), 교차절신, 전패(轉悖), 육음, 수일정신, 나거취재.

□ **핵심** : 과전이 육음이다. 귀인은 일심이 아니다. 주작이 丁에 타고 있고 초전에는 역마가 임한다. 움직이면 무수히 많은 금을 얻는다.

□ **분석** : ❶ 과전에서 여섯 음이 줄을 잇고 있다.
❷ 밤 귀인 卯가 낮 귀인 巳에 임하고 다시 귀인이 초전과 중전에 임하니 두 귀인에게 일을 부탁하면 한 마음이 아니다.
❸ 말전의 丑 위는 갑술순의 丁이고, 초전의 巳화는 역마이며, 중전의 卯목에는 주작이 타고 있다. 만약 먼 곳에서 재물을 구하면 반드시 재물을 주머니에 가득 채워서 돌아온다.

□ **정단** : ❶ 요극과의 탄사격과 간전격이니 화와 복이 무력하여 간격이 있는 상이다.
❷ 양 귀인이 주고받으니 권력이 하나가 아니다.
❸ 癸의 절이 巳이고 未의 절이 亥이다. 일간과 일지에 절신이 임하니 집을 바꾸고 직임을 교대하는 일에 좋아서 갈등이 끊어지지 않

는 우환이 없다.

○ **날씨** : 짙게 흐릴 뿐이다.
→ 여섯 음이 줄을 잇고 필수(酉)가 공망되었으니 짙게 흐릴 뿐이다.
○ **가정** : 낮 정단에서 귀인이 오래 거주하지 않는다.
→ 낮 정단에서 귀인승신 巳가 가택에 임했지만 일간(기궁) 丑과 일지 未가 상충하고 간상신 亥와 지상신 巳가 상충하니 반드시 오래 거주하지 않는다. ● 일간은 사람이고 일지는 가옥이다. 일간(기궁) 丑과 일지 未가 상충하고 간상신 亥와 지상신 巳가 상충하니 반드시 오래 거주하지 못하는 가상이니 이사해야 한다. ● 일간이 지상을 극하고 일지가 간상을 극하여 간지가 교차상극하니 부부가 음란하여 이별수가 있다.
○ **혼인** : 여자를 정단하면 길하고 남자를 정단하면 흉하다. 결국 화합하지 못한다.
→ 일간은 남자이고 일지는 여자이다. 지상에는 길신인 재성과 귀인이 타고 있으니 남자가 여자를 정단하면 길하고, 간상에는 흉신인 겁재와 흉장이 타고 있으니 여자가 남자를 정단하면 흉하다. ● 궁합 : 매우 나쁘다. 충(冲)에는 충돌과 이별의 뜻, 극(剋)에는 살상의 뜻, 절(絶)에는 절연의 뜻, 일간과 일지는 남녀를 뜻한다. 일간 癸(丑)과 일지 未가 상충하고 간상의 亥와 지상의 巳가 상충하며, 일간과 일지가 교차상극을 하며, 다시 일간과 일지가 교차절신이니 궁합이 매우 나쁘다. 교차절신이란 일간과 일지를 교차해서 서로 절신이 되는 경우로서, 이 과전에서는 일간의 절신인 巳가 지상에 가하고, 일지의 절신인 亥가 간상에 가하는 경우이다. 교차절신에는 남녀가 절연되는 뜻이 있다. ● 혼인 : 불성한다. 설령 약혼이나 혼

인을 하더라도 파혼하거나 이혼하게 된다.
○ **임신·출산** : 아들을 낳는다. 빨리 출산한다.
→ 육음이니 아들 낳는다. 일간과 일지가 상충하고 다시 일간과 일지가 교차절신이니 출산을 정단하면 빨리 출산한다. 다만 임신정단을 하면 일간은 태아이고 일지는 임신을 희망하는 부인이다. 간지와 간지의 상신이 상충하며 다시 간지가 교차절신이니 임신이 잘 되지 않는다. 만약 임신 중에 임신의 길흉을 정단하면 낙태를 방지해야 한다.
○ **구재** : 귀인이나 관청의 재물을 얻는다.
→ 천을귀인은 공무원이고 태음은 보석류나 아가씨이며 재성은 재물이다. 낮에는 천을귀인이 초전의 재성 巳에 타고 있으니 공무원이나 관청을 통해 구재하면 되고, 밤에는 태음이 이곳에 타고 있으니 보석류나 아가씨용품으로 구재하면 된다. ● 말전이 丁丑이다. 丁은 재물이고 丑은 부동산이다. 따라서 부동산으로 득재할 수 있고 또한 丑이 관귀효이니 관청을 통해 득재가 가능하다.
○ **질병** : 머지않아 저절로 낫는다.
→ 일간은 환자이고 일지는 질병이다. 간상의 亥수가 지상의 巳화를 극하여 환자가 질병을 이기고 다시 간지와 그 상신이 상충하며 간지가 교차절신이니 머지않아 저절로 병이 낫는다. 또한 요극과이니 병세가 가볍다. ● 질병정단에서의 관귀효는 질병이고 자손효는 의약신이다. 중전의 卯가 말전의 丑을 제압하니 질병이 낫는다. 만약 사월(巳月)에 정단하면 의약신 卯가 생기이니 의료효과가 더욱 좋다. 의약신인 卯가 지반의 巳에 가하니 巳가 뜻하는 동남방으로 가서 약을 짓고 치료받으면 된다.
○ **출행** : 반드시 출발한다.
→ 일간은 여행객이고 일지는 가정이며 역마는 여객수단이다. 역마인 巳가 발용이 되었고 일지와 일간이 상충하여 가정을 떠나는

상이고 다시 간지가 교차절신이니 반드시 출발한다.
○ **귀가** : 반드시 오는 중이다.
　→ 천강(辰)은 동신이다. 천강이 사중인 午에 가하니 오는 중이다.
○ **쟁송** : 화해하기 어렵다. 어둡다. 피차 공방한다.
　→ 일간과 일지가 상충하니 화해하기 어렵다. 그리고 과전이 육음이니 쟁송이 어둡고 삼전의 12지가 낮의 시간에서 밤의 시간으로 이어지니 다시 어둡다. ● 승패 : 일지 未가 일간 癸를 극하지만 간상의 亥가 지상의 巳를 극하니 피차 공방한다. ● 관재 : 삼전이 낮의 시간에서 밤의 시간(巳卯丑)으로 이어지니 관재가 어둡다. 그러나 요극과이니 지은 죄에 비해 관재가 가벼워지고 간지가 상충하고 다시 교차절신이니 관재가 오래가지 않는다.
○ **전투** : 낮 정단은 길하다. 밤 정단은 중지해야 한다.
　→ 낮에는 지상에 길장이 타고 있으니 길하고, 밤에는 흉장이 타고 있으니 흉하여 중지해야 한다.

□ 『**필법부**』 : (제6법) 육음이 서로 이어지면 혼미해진다. 이른바 과전이 모두 육음의 자리에 머무는 것이다. 무릇 정단에서 음으로 꾀하고 사적으로 부탁하는 일은 이롭지만, 공적으로 부탁하는 일은 불리해서 오히려 혼미해진다.
　→ 계미일 제3국의 과전은 모두 음으로만 구성되어 있다.
□ 『**과경**』 : 癸未일의 간상이 亥이고 지상이 巳이니 '진해리격'이다. 일지 未가 간상신 亥를 극하고 일간 癸가 지상신 巳를 극한다. 만약 부부의 행년이 다시 여기에 있으면 더욱 더 확실하다. 정단하면 반드시 이별하는 일이 생기고 부부가 반목하여 부부가 집안을 다스리지 못하는 상이다.
　→ 해리격에는 두 가지가 있다. 하나는 계미일 제3국에서와 같이 일

간(기궁)과 일지가 상충하고 다시 그 상신이 상충하는 경우로서 만약 일간과 일지가 교차상극하면 더욱 심한 해리격이다. 다른 하나는 남녀의 행년을 비교하여 남녀의 행년이 상충하는 경우이다.

癸未일 제 4 국

공망 : 申·酉 ○
낮 : 왼쪽 천장, 밤 : 오른쪽 천장

甲	癸	庚
白 戌 青	陰 未 常	蛇 辰 后
丑	戌	未

甲	癸	庚	丁
白 戌 青	陰 未 常	蛇 辰 后	勾 丑 朱
癸丑	戌	未	辰

戊寅巳 合 蛇	己卯午 朱 貴	庚辰未 蛇 后	辛巳申 貴 陰 ○
丁丑辰 勾 朱			壬午酉 后 玄 ○
丙子卯 青 合			癸未戌 陰 常
乙亥寅 空 勾	甲戌丑 白 青	○酉子 常 空	○申亥 玄 白

□ **과체** : 원수, 참관, 가색, 유자∥형상, 충파, 최관사자(낮), 호임간지(낮), 육의(초전), 조지, 회환, 백화사(白化蛇,낮).

□ **핵심** : 일간이 일지로 들어가니 내가 타인에게 부탁해야 한다. 사방에 귀살과 도적이 가득 차 있으니 모든 일에서 입을 다물어야 한다.

□ **분석** : ❶ 간상신이 초전이 되고 말전이 지상신이 되어 일간이 일지로 전해졌으니 내가 타인에게 일을 부탁해야 한다.

❷ 지상의 두 과가 모두 귀적(鬼賊)이다.

❸ 순미가 순수에 가하여 폐구가 되었으니 모든 일에서 입을 다물어야 화를 면할 수 있다.

□ **정단** : ❶ 가색격과 참관격은 침체되는 상이다. 이 과는 오로지 도망에만 이로운 (난에서 벗어나는) '탈난격(脫難格)'이다.

❷ 하나의 수에 다섯 토이니 일간을 제극하는 정도가 극에 이르렀다.

❸ 사물(事物)의 발전이 극점에 이르면 반전하는 것이니 변화를 주면 매사 반드시 순탄하다. 오랫동안 재앙이 있는 사람이 정단하면 재앙이 사라지고, 일반 사람이 이 과로 정단하면 암수 고래가 계곡

으로 돌아간다고 하여 모든 일에서 핍박받고 자기 뜻대로 되지 않는다.

❹ 만약 우레를 뜻하는 卯나 육합을 만나면 변화할 수 있다.

❺ 정단하는 사안은 대부분 전택과 경작하는 농민에 관련된 일이거나 혹은 토목공사 혹은 가옥 건축과 관련이 있다.

→ 육합의 오행이 乙卯이니 육합과 卯는 『주역』의 진괘에 해당한다. 진괘에는 우레와 번개의 뜻이 있다.

○ 날씨 : 대단히 가문 상이다.
→ 오행의 토는 비를 몰아내는 작용을 한다. 과전이 모두 토이니 대단히 가문 상이다.

○ 가정 : 가정이 어둡고 불안하다.
→ 일간은 나이고 일지는 가정이며 묘신은 암매의 신이다. 묘신 辰이 일지를 덮고 있고 일지의 음신에 정신이 타고 있으니 가정이 암매하고 불안한 상이다. 낮에는 지상에 등사가 타고 있으니 가정에서 사고나 질병을 방지해야 하고, 밤에는 지상에 천후가 타고 있으니 부녀자의 건강을 살펴야 한다. ● 낮에는 백호가 간상에 타고 있으니 가장의 건강이 나쁘고, 밤에는 청룡이 타고 있으니 재운이 나쁘다. ● 일간(기궁) 丑과 일지 未가 상충하고 간상신 戌과 지상신 辰이 상충하니 나와 가족이 화목하지 않다.

○ 혼인 : 결국 혼인하지 못한다.
→ 일간은 나이고 일지는 상대이다. 일간(기궁) 丑과 일지 未가 상충하고, 간상신 戌과 지상신 辰이 상충하며, 일간의 둔반 甲과 일지의 둔반 庚이 상충하니 결국 혼인하지 못한다. 더군다나 제2과와 제4과의 지반과 천반과 둔반이 다시 상충하니 더욱 불성한다.

○ 임신·출산 : 반드시 딸을 낳는다.

→ 삼전에서 초전과 말전의 두 양이 중전의 하나의 음을 감싸니 반드시 딸을 낳는다. 일간(기궁) 丑과 일지 未가 상충하고, 간상신 戌과 지상신 辰이 상충하며, 일간의 둔반 甲과 일지의 둔반 庚이 상충하니 임신정단은 흉하고 출산정단은 길하다. 그리고 삼전이 삼형이니 인공분만 가능성이 있다.

○ **구관** : 발용이 최관사자이니 반드시 신속하게 얻는다.

→ 백호가 관성에 타면 최관사자이고 순수가 발용이면 육의이다. 낮에 정단하면 최관사자이고 육의격이니 반드시 신속하게 얻는다. ● 낮에 정단하면 초전에 백호가 있고 말전에 등사가 있어서 마치 호랑이가 여우가 되는 상이니 관운이 점차 약해진다. ● 고시정단을 하면 삼전의 가색이 형살을 이루었으니 법조계와 군경직에 지원하는 것이 좋고 합격한다.

○ **구재** : 낮 정단은 무익하고, 밤 정단은 위험한 재물이다.

→ 처재효와 청룡은 재물 류신이다. 낮 정단에서는 처재효와 청룡이 보이지 않으니 무익하고, 밤 정단에서는 청룡이 戌토에 타서 일간 癸수를 극하니 위험한 재물이다. ● 연명이 申이나 酉인 사람이 정단하면 그 위에 재성인 巳와 午가 임하니 이익이 있다. 다만 재성에서 과전의 귀살국을 생하니 정상적인 구재를 해야 한다.

○ **질병** : 대흉하다. 연명이 巳午이면 목숨을 구할 수 있다.

→ 일간은 환자이고 귀살은 질병이다. 낮에 정단하면 간상과 초전의 백호가 귀살에 타서 귀살국을 형성하여 일간을 극하고 있으니 대흉하다. 만약 연명이 巳午이면 그 상신이 의약신 寅卯이니 목숨을 구할 수 있다. ● 과전의 토국에서 일간 癸수를 극하니 신장병이거나 혹은 토의 오행이 극강하니 위장병이거나 혹은 지상신과 말전이 귀살 겸 묘신이니 정신병이다.

○ **출행** : 비록 정마는 없지만 참관격이니 출행한다.

→ 辰이나 戌이 간상과 지상과 초전에 임하면 참관격이다.

참관격은 은둔과 도망에 가장 이로워서 출행한다.
○ 귀가 : 귀가하지 않는다.
  → 일간은 출행인이고 일지는 가정이다. 일간과 일지가 상충하고 간상과 지상이 상충하여 가정을 떠나는 상이니 귀가하지 않는다.
○ 도적 : 반드시 잡는다.
  → 현무와 귀살은 도적이다. 삼전에 현무가 없으니 귀살만 보면 된다. 삼전의 귀살이 형과 충을 하고 있으니 반드시 잡는다.
○ 전투 : 낮에 정단하면 불리하며 승전하지 못한다.
  → 낮에는 흉장인 백호가 간상에 타고 있으니 승전하지 못한다.

□ 『필법부』: 〈제61법〉 질병정단에서 간상에 묘신 겸 백호가 없어야 좋다.
  〈제70법〉 귀살이 제3과와 제4과에 임하면 관사와 병환이 끊어지지 않고 이어진다.
  〈제24법〉 초전이 간상에서 일어나고 말전이 지상으로 돌아오면 모든 일에서 강제로 타인에게 고개를 숙여서 구함을 면치 못하고 또한 타인의 압력으로 스스로 굴신하기는 어렵다. 시령으로 왕상하면 길하고 사수이면 불안하다.

□ 『육임지남』: 丁丑년 子월에 월장 丑을 점시 辰시에 가한 뒤에 탄핵의 길흉을 정단했다. 억울함을 밝히는 일에서 매우 나쁘다. 태세 丑과 세파 未가 일간을 극하니 임금과 재상으로부터 문책을 당하지만 다행히 호두사미여서 처음은 왕성하지만 끝이 쇠약하고 처음은 중하지만 나중은 가볍다. 그리고 황은이 일지에 임하고 천사가 본명에 임하며 초전과 말전이 흉을 흉으로써 제압하니 흉이 없다. 내년 봄이 오면 태세 寅이 흉을 구하니 난에서 벗어날 수 있다. 모두 검증되었다.

※ 황은(皇恩)

신살＼월건	寅	卯	辰	巳	午	未	申	酉	戌	亥	子	丑
황은대사	未	酉	亥	丑	卯	巳	未	酉	亥	丑	卯	巳

※ 천사(天赦)

신살＼계절	봄	여름	가을	겨울
천사	戊寅	甲午	戊申	甲子

| 갑술순 | 계미일 | 5국 |

癸未일 제 5 국

공망 : 申·酉
낮 : 왼쪽 천장, 밤 : 오른쪽 천장

辛	丁	○
貴巳陰	勾丑朱	常酉空
酉	巳	丑

○	辛	己	乙
常酉空	貴巳陰	朱卯貴	空亥勾
癸丑	酉 ○	未	卯

丁勾丑巳	戊合寅午	己朱卯未	庚后辰申○
丙青子辰			辛貴巳酉○
乙空亥卯			壬后午戌 玄
甲白戌寅	○ 青常酉丑 空	○ 玄申子 白	癸陰未亥 常

- **과체** : 섭해, 종혁, 여덕(낮) // 화미, 교차탈기, 육음, 수일정신, 아괴성(불성), 합중범살, 살몰, 사묘加장생, 체생(불성), 고진.
- **핵심** : 삼전이 일간을 체생하고 삼전의 모든 낮 천장이 간상을 생한다. 관성이 있고 관인도 있지만 일반인은 이것을 감당하기 어렵다.
- **분석** : ❶ 낮 천장 순토가 삼전의 금국을 생하고 삼전의 금국이 일간을 생하여 모두가 힘을 모아 일간을 생하니 일간이 지극히 생왕(生旺)하다.

  ❷ 그리고 酉가 관인의 끈[인수,印綬]이고 丑이 관성이어서 부귀를 누리게 되니 공무원에게는 좋다. 만약 일반인이 정단하면 왕성한 관성과 관인을 감당하지 못한다.
- **정단** : ❶ 섭해과는 모든 일이 지체되고 의혹이 생긴다.

  ❷ 삼전이 무리를 지어 금국을 이루니 해묵은 것을 고치고 새롭게 해야 하는 상이다. 다만 말전이 공망되었으니 중전의 丑토가 일간을 극하는 것만 남아 있고 다시 낮 천장들에서는 일간을 극한다. 따라서 생은 허하고 귀살은 실한 과이다.

○ **날씨** : 비가 오지 않는다.

　→ 천강(辰)은 대각성이고 필수는 비를 부르는 연못이다. 대각성이 양을 가리키고, 필수(酉)가 공망되어 었으며, 수의 천장이 전혀 없으니 날씨를 정단하면 비가 오지 않는다.

○ **가정** : 밤에 정단하면 귀인이 가택에 임하니 길한 상이다.

　→ 귀인은 공무원이다. 밤에 정단하면 귀인이 가택에 임하니 길한 상이다. 그러나 천을귀인이 나의 가정으로 와서 일간을 설기하니 나에게 손실을 입힌다. 낮에는 주작이 지상에 타서 일지를 극하니 가정에 구설수나 관재가 발생한다.

　● 겨울의 낮에 정단하면 겨울의 화귀(火鬼)인 卯가 일지를 극하니 집에 화재가 발생한다. ● 지상의 卯목이 일간 癸수를 설기하고 간상의 酉금이 일지 未토를 설기하니 가정의 내외에 손재수가 발생한다. ● 일간은 남편이고 일지는 아내이다. 기궁과 일지가 상충하고 간상과 지상이 상충하며 다시 삼전이 종혁이니 부부에게 이별수가 있다.

○ **혼인** : 혼인을 맺기 어렵다.

　→ 일간은 남자이고 일지는 여자이다. 일지와 일간이 상충하고 일지와 일간의 음양이 다시 상충하니 비록 남녀가 좋아하지만 혼인을 맺기 어렵고, 또다시 삼전이 옛것을 버리고 새것을 취하는 상이니 더욱 혼인을 맺기 어렵다. ● 지상의 둔반이 귀살 己이니 혼인한 뒤에 상대로 인해 재앙이 닥친다.

○ **임신·출산** : 반드시 딸이다. 반드시 속히 낳는다.

　→ 곡직과 염상은 양이며 아들이고 종혁과 윤하는 음이며 딸이다. 이 과전은 종혁이니 딸이고 다시 과전이 육음이니 다시 딸이다. 일간과 일지가 상충하고 간상신과 지상신이 상충하니 임신정단은 나쁘고 출산정단은 좋다. 따라서 반드시 속히 낳는다.

○ **질병** : 약을 쓰지 않더라도 낫는다.

→ 일간은 환자이고 일지는 질병이다. 일간과 일지가 상충하고 간상신과 지상신이 상충하며 삼전이 일간을 생하고 일지를 극하니 약을 쓰지 않더라도 낫는다. ● 섭해과이니 구병이다. 일간과 일지와 삼전이 각각 삼합하니 질병이 확대되는 상이고 오래간다. 구병을 정단하면 일간이 공망되었으니 사망한다. ● 간상과 말전의 부모효 酉가 공망되었으니 부모의 질병을 정단하면 위험하다.

○ **구관** : 낮 정단은 길하다.

→ 천을귀인은 공무원이다. 낮 정단에서는 발용의 천을귀인이 공망되었으니 불길하지만 공망이 풀리면 길하다. ● 초전 巳 ⋯ 중전 丑 ⋯ 말전 酉 ⋯ 일간 癸를 차례로 생한다. 만약 유년(酉年)이나 유월(酉月)이나 유월장(酉月將) 기간에 정단하면 여러 사람의 도움을 받아 최길하다. 특히 낮에 정단하면 삼전 토의 천장들이 관성국이 되어 巳丑酉 금국을 생하고 금국에서 다시 일간을 생하니 더욱 길하다.

○ **구재** : 반드시 재물을 획득한다.

→ 丁과 巳는 재성이고 丑은 관성이며 丑은 부동산이다. 중전의 둔반이 丁財이고 그 아래가 丑토이니 부동산과 관청을 통해 재물을 얻는다. 그리고 낮에는 巳에 귀인이 타고 있으니 관청과 공무원을 통해 득재하고, 밤에는 태음이 타고 있으니 부녀자를 통해 재물을 얻는다.

○ **출행** : 최길하다.

→ 귀인은 공무원이고 역마는 자동차이다. 공무원이 정단하면 귀인은 자신이다. 천을귀인이 역마를 타고 발용이 되었으니 출행에서 최길하다. 다만 역마와 일간이 공망되었으니 공망이 메워지는 갑신순에 갈 수 있다.

○ **귀가** : 아직 돌아오지 않는다.

→ 일간은 여행객이고 일지는 가정이며 천강(辰)은 동신(動神)이다.

일간과 일지가 상충하고 천강이 사맹인 申에 가하니 아직 돌아오지 않는다.
○ **전투** : 낮 정단은 길하고 밤 정단은 흉하다.
→ 일간은 아군이다. 낮에는 간상에 길장인 태상이 타고 있으니 길하고, 밤에는 간상에 흉장인 천공이 타고 있으니 흉하다.
○ **도적** : 잡기 어렵다.
→ 현무가 주야 정단에서 모두 공망되어 있다. 이것을 '타동(打洞)'이라고 하여 도적정단을 하면 잡기 어렵다. '타동(打洞)'에는 구멍이 뚫린다는 뜻이 있다.

□ 『필법부』 : ⟨제16법⟩ 공망 위에 공망이 타면 일을 이룰 수 없다.
⟨제57법⟩ 비용을 많이 들였으나 대가는 부족하다.
⟨제83법⟩ 삼합과 육합을 하면 만사 기쁘다.
⟨제84법⟩ 합 속에 살을 범하는 것은 꿀 속에 비상이 있는 것이다.
⟨제31법⟩ 삼전이 차례로 일간을 생해 오면 타인의 추천을 받는다.
□ 『과경』 : 未에 가한 卯에 낮 천장 주작이 타서 가택을 극하니 화재를 당한다.
□ 『지장부』 : 巳丑酉은 '반사(反射)'이다. 은혜를 원수로 갚으려고 한다.
→ 겨울에 정단하면 卯가 화재를 일으키는 화귀(火鬼)이니 화재가 발생한다. 『지장부』에서의 반사는 적대 행위를 가리킨다.

癸未일 제6국

공망 : 申·酉 ○
낮 : 왼쪽 천장, 밤 : 오른쪽 천장

	己		甲		辛	
朱	卯	白	戌	青	巳	陰
	申 ○		卯		戌	
	○		己	戌		○
玄申白	朱卯貴	合寅蛇	常酉空
癸丑	申 ○	未	寅

丙子巳	丁丑午	戊寅未	己卯申○
青 合	勾 朱	合 蛇	朱 貴
乙亥辰 空 勾			庚辰酉○ 蛇 后
甲戌卯 白 青			辛巳戌 貴 陰
○酉寅 常 空	○申丑 玄 白	癸未子 陰 常	壬午亥 后 玄

- □ **과체** : 중심, 착륜(공망), 교차나망∥육의(중전), 복덕(불성), 사절(四絶), 사절(死絶), 귀인입옥(낮), 교차탈기, 간지상충, 고진.
- □ **핵심** : 장생은 공망되어 었고 탈기는 심하다. 귀인에게 부탁하기 어렵다. 썩은 나무에 조각하기 어렵다. 처덕과 재물덕을 보기 어렵다.
- □ **분석** : ❶ 금은 수를 생하는 오행이다. 申이 癸의 위에 가해서 일간을 생하지만 갑술순의 공망되었으니 나를 생하는 오행이 공망되었다.
❷ 지상의 寅목은 癸수를 훔치는 기운이다. 지금 일지에 임해서 일간을 탈기하니 일간을 훔치는 기운이 강하다.
❸ 과전에서 낮 귀인 巳는 교도소로 들어갔고, 밤 귀인 卯는 지반으로부터 극을 당했으니, 귀인이 비록 많지만 부탁한들 어떤 이익이 있겠는가?
❹ 그리고 巳는 癸의 처와 재물이다. 巳가 묘신에 앉아 있으니 이 처와 재물을 취하면 반드시 화가 생기니 어찌 처와 재물을 기대할 수 있겠는가?
❺ 卯목이 공망에 앉아 있으니 나무가 썩었고, 썩었으니 조각할 수 없어서 쓸모가 있는 물건을 만들지 못한다. 착륜격에서 이와 같은

것을 만나면 이와 같이 분석한다.
- □ 정단 : ❶ 착륜이 썩은 나무를 만나면 정교한 기술을 발휘하기 어렵다. 따라서 반드시 다른 방법으로 변경해야 성사된다.
  ❷ 모든 정단에서 공허한 명성이지만 오로지 두려움과 근심은 풀린다.

○ 날씨 : 갑술순을 벗어난 뒤에 큰 비가 온다.
  → 천강(辰)은 대각성이다. 대각성이 음을 가리키면 비가 온다. 그리고 기[箕,寅]와 필[畢,酉]이 서로 만나니 갑술순을 벗어난 뒤에 큰 비가 온다.
○ 가정 : 사람과 집이 충과 극을 하니 가정이 불안하다.
  → 일간은 남편이고 일지는 아내이며 일간은 부모이고 일지는 자녀이다. 일간의 기궁 丑과 일지 未가 상충하고 간상의 申과 지상의 寅이 상충하여 가족이 화목하지 않고 등을 지는 상이니 가정이 불안하다. ● 일간은 사람이고 일지는 가택이다. 일간과 일지가 상충하여 가상이 나쁘니 이사하는 것이 길하다. ● 장생은 부모이다. 장생이 간상에서 공망되었으니 부모님의 건강이 우려된다.
○ 혼인 : 일지와 일간이 상충하니 혼인하지 못한다.
  → 일간의 기궁 丑과 일지 未가 상충하고 간상신 申과 지상신 寅이 상충하니 혼인하지 못한다. ● 지상의 寅에서 일간 癸를 설기하고 간상의 申에서 일지 未를 설기하니 남녀 모두에게 손실이 뒤따르고, 다시 간지가 교차나망이니 남녀가 서로 속이는 것을 방지해야 한다.
○ 임신·출산 : 불길하다.
  → 일간은 태아이고 일지는 임신부이다. 간상의 申에서 지상의 寅을 충극하여 임신부의 몸이 상하는 상이니 불길하다. 그리고 임신의

유무를 정단하면 일간이 공망되었으니 불길하다.
○ **구관** : 불길하다.
→ 공무원에게 귀인은 윗분이다. 제2과의 천반 卯, 초전의 천반 卯, 중전의 지반 卯, 말전의 천반 巳에 귀인이 임하여 귀인이 매우 많으니 상관에게 승진과 발탁을 부탁하면 나의 부탁을 들어주지 않는다. 그리고 낮 귀인 巳가 戌에 임하여 귀인이 입옥되었으니 상관에게 부탁하면 역시 나의 부탁을 들어주지 않는다. ● 고시를 정단하면 일간과 착륜격이 공망되었고, 낮에는 귀인이 묘신에 임하고, 다시 주작이 공망되었고, 밤에는 귀인이 공망되었다. 따라서 불합격되니 불길하다.

○ **구재** : 재효가 묘신에 임하니 얻을 수 없다.
→ 재성은 재물이다. 말전의 재성 巳가 묘신 戌에 임하니 얻을 수 없다. ● 거래나 무역을 할 경우 간지가 교차나망이니 상대로부터의 속임수를 방지해야 한다.

○ **질병** : 사람은 공허하고 질병은 튼실하다. 부모의 질병을 물으면 낫기 어렵다.
→ 일간은 환자이고 일지는 질병이다. 일간이 공망되었으니 환자가 무기력하고 일지가 튼실하니 질병은 기세가 있으니 흉하다. ● 장생은 부모이다. 간상의 장생이 공망되었으니 부모의 질병을 물으면 낫기 어렵다. 만약 진월(辰月)이나 사월(巳月)에 정단하면 申이 사기와 사신이니 더욱 어렵다.

○ **출행** : 놀람과 손실을 방지해야 한다.
→ 일간은 여행객이다. 낮에 정단하면 현무가 간상에 타고 있으니 도난으로 인하여 놀람과 손실을 방지해야 한다.

○ **귀가** : 반드시 오는 중이다.
→ 천강(辰)은 동신(動神)이다. 천강이 사중인 酉에 임하니 오는 중이다.

○ **전투** : 낮 정단은 흉하고 밤 정단은 길하다.
　→ 낮에는 초전에 흉장이 타고 있으니 흉하고, 밤에는 초전에 길장이 타고 있으니 길하다.
○ **매장** : 길하지 않다.
　→ 일지음신은 혈(穴)이다. 이곳이 공망되었으니 길하지 않다.

□ 『**필법부**』 : 〈제55법〉 천라지망을 만나면 모망사가 보잘 것이 없게 된다.
　※ 이 과전에서는 간지가 교차나망이다. □ 『찬요』 참조.
　〈제57법〉 돈은 많이 들였으나 결실은 부족하다.
　→ 이 과전에서 간상의 장생 申이 공망되었고 다시 말전의 재성 巳가 묘신에 앉아 있어서 취하지 못하니 결실이 없다.
　〈제86법〉 내전을 만나면 꾀하는 일에서 장차 재앙이 생긴다.
　→ 내전은 천반의 십이지오행에서 그에 타고 있는 천장오행을 극하는 것이다. 밤 정단에서 초전의 卯목이 그를 타고 있는 귀인의 오행인 己丑토를 극하고, 말전의 巳화가 그를 타고 있는 태음의 오행인 辛酉금을 극한다. 그러나 중전에서는 戌토를 타고 있는 청룡의 오행인 甲寅이 戌토를 극하고 있다.

□ 『**찬요**』 : 癸未일의 간상 申은 일지의 망(網)이고 지상 寅은 일간의 나(羅)이다. 모든 정단에서 반드시 상대가 나를 옭아매려고 하고 나는 다시 상대를 옭아매려고 하니 모두 어둡다. 관직정단에서 일간이 나망을 만나면 부친상을 당하고, 일지가 나망을 만나면 모친상(喪)을 당한다.

□ 『**비요**』 : 申은 장생이다. 밤에는 백호가 申에 타고서 묘신 丑에 앉아 있으니, 반드시 부모의 무덤 안에 흰개미가 생겼거나 혹은 병이 나 있다.

癸未일 제 7국

공망 : 申·酉 ○
낮 : 왼쪽 천장, 밤 : 오른쪽 천장

癸 朱 未 常	丁 常 丑 朱	癸 朱 未 常
丑	未	丑
癸 朱 未 常	丁 常 丑 朱	丁 常 丑 朱	癸 朱 未 常
癸丑	未	未	丑

乙亥 空 巳	丙子 勾 午	丁丑 合 未	戊寅 常 申 ○	蛇
甲戌 青 辰			己卯 玄 酉 ○	陰
○酉 勾 卯			庚辰 陰 戌	貴
○申 合 寅	癸未 白 丑	壬午 朱 子	辛巳 蛇 亥	后
				玄 貴 陰

□ **과체** : 반음, 무의, 가색, 상문난수, 유자∥삼기(중전), 수일정재, 맥월, 가귀, 회환, 육음, 형상(주객형상), 양귀수극, 축미상가(두괴상가), 효백개처두격(2월,밤), 신장·귀등천문(낮), 간지상충.

□ **핵심** : 과전이 모두 丁이고 모두 귀살이니 좋지 않다. 남몰래 재물을 건네면 소송이 그친다.

□ **분석** : ❶ 간상의 未와 지상의 丑이 모두 丁이며 귀살이다. 이들이 서로 가하니 나쁘다.

❷ 丑과 未가 서로 형이고 여기에 주작이 타고 있으니 쟁송을 면하기 어렵다. 다시 각각에 암재가 있으니 만약 재물로 뒷거래를 하면 반드시 소송이 끝난다. 그러나 만약 상소를 올리거나 건의를 하면 반드시 해임된다.

❸ 여섯 음이 계속하여 이어져 있으니 오직 음모에만 이롭다.

□ **정단** : ❶ 반음과의 무의격이 다시 가색격을 만나니 모든 일이 지체되고 행하는 일마다 가로막힘이 많고, 형(刑)과 충(冲)을 끼고 있으니 거듭하여 불안하다.

❷ 만약 이 과전으로 가을이나 겨울에 정단하거나 혹은 정단하는

사람의 연명 위에 금이나 목이 임하면 길조로 바뀌어서 화(禍)가 길(吉)로 변한다.

→ 가을과 겨울에는 일간이 왕성해지니 길하고, 연명상신이 금(申酉)이면 과전의 귀살의 기운을 설기하니 길하며, 연명상신이 목(寅卯)이면 과전의 귀살을 제압하니 길하다.

○ 날씨 : 비가 오지 않는다.

→ 오행의 화는 맑은 날씨를 뜻하고 오행의 토는 흐린 날씨를 뜻하며 천강은 대각성이다. 과전의 상하가 모두 화와 토이고 천강(辰)이 양지인 戌을 가리키니 비가 오지 않는다.

○ 가정 : 가정에 불안한 일이 많다.

→ 일간은 사람이고 일지는 집이다. 일간의 기궁 丑과 일지 未가 상충하고 다시 그 상신이 상충하니 가정에 불안한 일이 많다. ● 일간은 부모이고 일지는 자식이며 일간은 남편이고 일지는 아내이다. 충에는 충돌과 배반의 뜻이 있고 형에는 싸우고 죽이는 뜻이 있다. 일간과 일지가 상충하니 부모와 자식이 화목하지 않고 남편과 아내가 화목하지 않다.

● 태상과 귀살이 사신 혹은 사기와 결합하면 상(喪)이 된다. 유월(酉月)과 술월(戌月)의 낮에 정단하면 살기를 품은 태상이 지상의 귀살에 타서 일간을 극하니 모친상을 방지해야 하고, 묘월(卯月)과 진월(辰月)의 밤에 정단하면 살기를 품은 태상이 간상의 귀살에 타서 일간을 극하니 부친상을 방지해야 한다.

○ 혼인 : 혼인이 성사되지 못하는 경우가 많다.

→ 일간은 남자이고 일지는 여자이다. 일간이 일지와 상충하고 간상이 지상과 상충하니 혼인이 성사되지 못하는 경우가 많다. 설령 혼인을 하더라도 반드시 이혼하게 된다.

○ **임신·출산** : 반드시 딸이다. 출산이 반드시 매우 빠르다.
→ 음은 여자이고 양은 남자이다. 과전이 순음이니 반드시 딸이다. 일간은 태아이고 일지는 임신부이다. 일간이 일지와 상충하고 간상이 지상과 상충하니 임신은 흉하고 출산이 반드시 매우 빠르다.

○ **구관** : 낮에 정단하면 귀인이 천문에 오르니 매우 길하다.
→ 귀인은 공무원이고 천문은 궁궐이나 청와대이다. 낮에 정단하면 천을귀인이 천문인 亥에 임하여 궁궐로 드니 매우 길하다. 귀등천문(貴登天門)은 천을귀인이 지반의 亥 위에 임하는 것으로서 귀인이 하늘로 승천하는 상이다. 따라서 승진을 물으면 승진하고 시험을 물으면 시험에 합격한다. 귀등천문에서의 귀인은 공무원이고 천문은 국가의 최고 관청을 가리킨다.
● 丑과 未가 서로 가하면 북두칠성의 첫 번째 별을 뜻하는 '魁(괴)'가 되니 시험에 합격하는 상이지만 폐구가 되었으니 불합격한다. 그러나 연명이 亥인 사람이 낮에 정단하면 귀인이 천문에 오르니 시험에 합격한다. ● 주야의 모든 귀인이 지반으로부터 극을 받았으니 윗분에게 청탁하는 일은 뜻을 이루지 못한다.

○ **구재** : 재물과 귀살이 많으니 재물을 취하기 어렵다.
→ 재성은 재물이고 귀살은 재앙이다. 재성은 제2과·제3과·중전의 천반에 있고 그 아래에 귀살이 있으니 재물을 취하면 재앙이 닥친다.

○ **질병** : 유능한 의사를 만나 치료받기 어렵다. 다만 연명에 寅卯목이 있을 경우에는 구할 수 있다.
→ 귀살은 질환이고 의약신은 의사이다. 과전의 모든 곳이 귀살이어서 전신이 병든 몸이지만 의약신이 과전에 없으므로 유능한 의사를 만나 치료받기 어렵다. 만약 연명이 申酉이면 그 상신이 의약신 寅卯이니 의사를 만나 치료를 받아 목숨을 구할 수 있다.
● 과전이 순토이니 비·위에 병이 나거나 혹은 순토의 극을 받

신장과 방광에 병이 난다. ● 의약신이 寅卯이니 약초요법과 기도가 좋고, 의약신이 申酉에 임하니 서남방과 정서방에서 의약을 구하면 된다. 다만 의약신이 공함되었으니 낫기 어렵다.

○ 출행 : 행방이 일정하지 않아서 행방을 단정할 수 없다.

→ 삼전이 모두 토이고 여기에 동신인 정마나 천마가 임하니 유자이다. 유자격은 행방이 일정하지 않아서 행방을 단정할 수 없다.

○ 귀가 : 즉시 온다.

→ 천강(辰)이 사계인 戌에 가하니 즉시 온다.

○ 출전 : 낮 정단은 좋지 않고, 밤 정단은 좋은 것이 부족하다.

→ 일간은 아군이다. 낮에 정단하면 간상에 흉장이 타고 있으니 좋지 않고, 밤에 정단하면 간상에 길장이 타고 있지만 폐구되었으니 좋은 것이 부족하다.

□ 『필법부』 : 제49법 : 양 귀인이 극을 받으면 귀인에게 부탁하는 일은 이루기 어렵다.

제26법 : 수일에 정신을 만나면 재물이 빠르게 움직인다.

□ 『관월경』 : 壬癸일에서 巳가 亥에 가하고 卯가 酉에 가하니 주야의 모든 귀인이 극을 받는 방위에 서 있다. 따라서 귀인에게 일을 부탁하면 절대로 안 된다. 삼전에서의 유무와 무관하다.

□ 『정온』 : 酉년의 2월에 연명이 丑인 부인이 남편의 질병을 정단했다. 처의 연명에 화개가 임하고 일간의 귀살에 태상이 타며 다시 사기이며 조객이다. 이러하여 처의 머리 위에 상복을 걸치니 반드시 생명을 구하지 못한다.

→ 丑 위의 未는 남편을 뜻하는 관성이자 일지의 화개이며 酉년의 조객이고 2월의 사기이다. 그리고 未에 타고 있는 태상은 상(喪)을 뜻하니 처가 상(喪)을 당한다.

| 갑술순 | 계미일 | 8국 |

癸未일 제 8 국

공망 : 申·酉
낮 : 왼쪽 천장, 밤 : 오른쪽 천장

辛	甲	己
貴巳陰	青戌青	陰卯貴
子	巳	戌
壬	乙	丙	辛
蛇午玄	空亥勾	白子合	貴巳陰
癸丑	午	未	子

甲青戌巳	乙空亥午	丙白子未	丁常申丑○
勾酉辰○	空	玄戌寅酉○	朱
合申卯○	白	陰卯戌	貴
朱癸未寅	常壬午丑	蛇辛巳子	玄庚辰亥
	蛇	貴	后

- □ **과체** : 지일, 주인, 장도액∥침해(일지), 덕경(초전), 육의(중전), 록현탈격(낮), 권섭부정, 맥월, 피차시기(간지구해), 덕록전묘, 이귀공연명(亥), 살몰, 사묘加장생, 간지상충.
- □ **핵심** : 처음에는 서로에게 구설수가 생기지만 나중에는 교제하여 화목하다. 말전이 초전의 재성을 생하니 혼인이 맺어진다.
- □ **분석** : ❶ 간상의 午는 지상의 子와 상충하고 일지 未는 일간(기궁) 丑과 상충하니 구설을 면하기 어렵다. 그러나 간상의 午와 일지 未가 상합하고 지상의 子와 일간(기궁) 丑이 교차상합하니 어찌 교섭하여 서로 화순하지 않겠는가?

❷ 말전의 卯목이 초전의 巳화를 도와 일간의 재신을 생하니 재물이 매우 풍족하다.

❸ 일지와 일간의 상하가 처음에는 서로 충(冲)하고 서로 해(害)하지만 나중에는 서로 합(合)하고 서로 화(和)하니 흡사 진(秦)나라와 진(晉)나라의 관계와 같이 원수가 혼인을 맺는다.

- □ **정단** : ❶ 지일과이다. 주인격이니 관직이 오르고 진급하는 상이다.

❷ 타인과는 화합하지 못하고 모든 일이 순조롭지 못하지만 마음을

굳게 먹고 인내하면 나중에 반드시 성공한다.

―――――――――――――――――――

○ **날씨** : 맑다.
→ 삼전의 주인격이 화로의 상이니 맑다.
※ 『육임직지』 원문에서는 "수가 위에 있고 천강이 亥를 가리키니 날씨를 정단하면 비가 온다."고 하였다.

○ **혼인** : 처음은 어렵고 나중은 쉽다. 결국 혼인한다.
→ 일간은 나이고 일지는 상대이다. 일지와 일간의 상하가 서로 충(冲)하고 서로 해(害)하여 처음에는 어렵지만 나중에는 서로 합(合)하고 서로 화(和)하니 나중은 쉽다. 따라서 결국 혼인한다.

○ **임신·출산** : 딸이다. 반드시 쉽게 낳는다.
→ 지반은 음이며 여자이고 천반은 양이며 남자이다. 초전의 아래가 강하고 위가 약하니 딸이다. 가을과 겨울에 정단하면 지반이 왕성하니 딸이 확실하다. 그리고 일간은 태아이고 일지는 임신부이다. 일지와 일간이 상충하니, 임신을 정단하면 흉하고 출산을 정단하면 반드시 쉽게 낳는다.

○ **구관** : 관직정단에서 최길하다.
→ 일록은 관직자가 받는 관록이고, 귀인은 공무원이며, 주인격은 고시에 합격하고 관직자는 승진하는 격이다. 왕록이 일지에 임하고, 초·말전에 귀인이 타며, 격명이 주인이니 관직정단에서 최길하다. 특히 연명이 亥인 사람은 초전과 말전의 두 귀인이 연명상신을 인종하니 더욱 길하다. ● 다만 일록이 지상으로 갔으니 타향으로 발령이 난다.

○ **구재** : 관청과 공무원의 재물을 얻는다.
→ 재효는 재물이고 귀인은 관청과 공무원이다. 재효가 발용이 되었고 여기에 귀인이 타고 있으니 관청과 공무원의 재물을 얻는다.

○ **질병** : 머지않아 곧 치료된다.

→ 일간은 환자이고 백호와 일지는 질병이다. 백호가 지상의 子에 타서 간상의 午를 극하니 병이 들었다. 그러나 일간과 일지가 상충하고 간상과 지상이 상충하고 의약신이 말전에 임하니 머지않아 곧 치료된다. ● 낮에 정단하면 백호승신이 子수이니 수의 극을 받는 심장질환이 발생한다. ● 구병을 정단하면 삼전이 주인격이니 위험하다. ● 처의 질병을 정단하면 초전의 처재효 巳가 중전과 말전의 묘신으로 드니 위험하다. ● 설령 낫더라도 사묘가 사맹에 가하니 재발할 위험성이 있다.

○ **출행** : 출행에 매우 좋다.

→ 역마는 자동차이고 공무원이 정단하면 귀인이 곧 자신이다. 천을귀인이 역마 巳에 타고 있으니 출행에 매우 좋다.

○ **귀가** : 아직 출발하지 않았다.

→ 천강(辰)은 동신(動神)이다. 천강이 사맹인 亥에 가하니 아직 출발하지 않았다.

○ **전투** : 주(主)에게는 이롭고 객(客)에게는 불리하다.

→ 일간은 아군이고 일지는 적군이다. 일간이 일지로부터 극을 당하고 하적상 발용이니 주(主)에게는 이롭고 객(客)에게는 불리하다. 객은 성공하는 군이고 주는 수성하는 군이다.

□ **『필법부』** : 〈제8법〉 일록이 일지에 임하면, 임시직으로서 정당한 자리가 아니거나 혹은 먼 곳에 직장이 주어진다.

〈제44법〉 과전이 모두 귀인이면 도리어 의지할 곳이 없게 된다.

〈제19법〉 태신 겸 재신이 월신살 생기이면 처가 임신했다. 일간의 태신이 일간의 처재효를 만들고 다시 월내의 생기를 만나는 경우, 만약 처를 정단하면 반드시 임신했다.

→ 7월에 정단하면 태신 午가 생기이다.

〈제20법〉 태신 겸 재신이 사기이면 태아는 손상된다. 태신이 월내의 사기를 만들면 부인이 임신한 태아를 키우지 못한다.

→ 1월에 정단하면 태신 午가 사기이다.

□ 『비요』: 초전에서는 巳가 子에 가하고 말전에서는 卯가 戌에 가하니 귀인에게 부탁하면 일이 성사된다. 이른바 말전이 초전의 재성과 일덕을 도우니 귀인이 귀인을 돕는다. 그리고 교차상합은 서로 왕래하는 일과 재물을 취하는 일에서 좋고 자본금을 합쳐서 경영하는 일에서 좋다.

→ 재물을 윗분에게 바치고 승진, 발탁, 추천을 부탁하면 윗분의 도움을 받아 뜻을 성취한다. 가령 대학재단에 기부금을 기부하고 입학하는 예가 있다.

□ 『찬의』: 연명이 亥이면 전후인종이다. 반드시 두 귀인의 도움을 받아 성사된다.

→ 연명이 亥이면 그 상신이 辰이다. 말전의 卯에서 辰을 이끌어주고 초전의 巳에서 辰을 밀어주니 전후인종이다.

○	丁	辛
勾 酉 空	常 丑 陰	貴 巳 朱
巳	酉 ○	丑

辛	○	乙	己
貴 巳 朱	勾 酉 空	空 亥 常	陰 卯 貴
癸丑	巳	未	亥

공망 : 申·酉 ○
낮 : 왼쪽 천장, 밤 : 오른쪽 천장

	甲戌午	乙亥未	丙子申
勾 酉 空 ○	青	白 空	玄
合 申辰 ○	青		常 丁丑酉戌寅 陰 玄 后
朱 癸未卯	勾		
蛇 壬午寅	合 辛巳丑 朱	后 庚辰子 蛇	陰 己卯亥 貴

- **과체** : 섭해, 종혁 // 견기, 덕경, 화미, 전국, 삼기(중전), 형통(체생), 귀덕임신(일간), 장도액, 육음, 간지구절, 신장·귀등천문(밤), 과수.

- **핵심** : 사람은 왕성하고 집은 쇠퇴하며, 나는 복을 받고 상대는 화를 입는다. 낮 천장은 삼전을 생하고 삼전의 금은 나를 생한다.

- **분석** : ❶ 삼전의 모든 금이 일지 未를 탈기해서 일간 癸를 생한다. 만약 가택정단을 하면 식구가 집안에 많지만 거주하는 집은 기운다. 사람의 신상을 정단하면 반드시 나는 복을 받고 상대는 화를 입는다.

 ❷ 낮 천장의 모든 토가 삼전을 생하고 삼전의 모든 금이 다시 일간 癸를 생한다. 비록 우려로 시작하지만 결과가 보장되는 것을 알 수 있다.

- **정단** : ❶ 섭해과의 견기격이고 삼전에서 종혁격을 만난다. 모든 일에서 반드시 기회를 봐서 구(舊)를 고치고 선(善)을 택하여 신(新)을 좇아야 한다. 비록 처음에는 허황된 소리로 시작하지만 결국 반드시 성공한다.

 ❷ 삼전의 말전이 차례로 일간을 생하여 오니 반드시 나를 추천하

는 사람이 많고 시간이 흐를수록 길한 상이다.

○ **날씨** : 갑술순을 벗어나면 비가 온다.
→ 필수(酉)는 연못으로서 비를 부르는 별이다. 필수(酉)가 발용이 되어 모든 금에서 수를 생하지만 酉가 공망을 만났으니 갑술순을 벗어나면 비가 온다.

○ **가정** : 사람은 많고 집은 좁다.
→ 일간은 사람이고 일지는 집이다. 삼전의 금국에서 일지의 기운을 설기하여 일간을 생하니 사람은 많고 집은 좁다. 일간은 나이고 일지는 가정이다. ● 일간과 일지와 삼전이 각각 삼합하여 화미격이니 가정이 화목한 편이지만 일간(기궁) 丑과 일지 未가 상충하고 간상의 巳와 지상의 亥가 상충하니 좋은 가운데에서 부족함이 있다.

○ **혼인** : 낮에는 남자가 길하고 밤에는 여자가 길하다. 혼인이 성사되지 않는다.
→ 일간은 남자이고 일지는 여자이다. 낮에 정단하면 길장인 귀인이 간상에 타고 있으니 남자가 길하고, 밤에 정단하면 길장인 태상이 지상에 태상이 타고 있으니 여자가 길하다. 그리고 기궁인 丑과 일지 未가 상충하고 간상신 巳와 지상신 亥가 상충하니 혼인이 성사되지 않는다.

○ **임신·출산** : 반드시 딸이다. 출산은 반드시 쉽고 빠르다.
→ 지반은 음이며 여자이고 천반은 양이며 남자이다. 초전의 아래가 강하고 위가 약하니 딸이다. 봄과 여름에 정단하면 지반이 왕성하니 딸이 확실하다. 그리고 일간은 태아이고 일지는 임신부이다. 일지와 일간이 상충하니, 임신을 정단하면 흉하고 출산을 정단하면 반드시 쉽게 낳는다.

○ **구관** : 귀인이 일간에 임했으니 길하다. 연명상신이 子인 사람이 정

단하면 귀(貴)를 의심하지 않아도 된다.

→ 천을귀인은 공무원이다. 낮 정단에서 천을귀인이 일간에 임하니 공무원이 되는 상이다. 만약 유년·유월·유월장 기간에 정단하면 공망된 酉가 풀려서 삼전이 체생하여 일간을 생하니, 여러 사람의 추천을 받아 승진하고 발탁된다. 특히 연명상신이 子인 사람이 정단하면 子가 일간의 일록이니 귀(貴)를 의심하지 않아도 된다.

○ **구재** : 관청과 공무원의 문서로 재물을 얻는다.

→ 재효는 재물이고 귀인은 관청과 공무원이다. 재효가 일간에 임하고 여기에 귀인이 타고 있으니 관청과 공무원의 문서로 재물을 얻는다. ● 사업정단에서는 삼전이 종혁이고 다시 섭해과의 견기격이니 사업을 혁신해야 한다.

○ **질병** : 신장을 급히 보해야 한다. 구병은 흉하다.

→ 오행의 수는 신장이다. 삼전이 비록 금국이지만 공망되어 일간 癸수를 생하지 못하여 신장의 기운이 크게 비었으니 급히 신장을 보해야 한다. 삼전이 공망되었고 초전의 천반이 공망되어 과수이니 구병은 흉하다. ● 다만 유년과 유월과 유월장 기간에 정단하면 공망된 酉가 풀려서 삼전에서 일간을 체생하니 병이 저절로 낫는다.

○ **출행** : 반드시 속행한다.

→ 일간은 여행객이고 일지는 가정이다. 일지와 일간이 상충하여 여행객이 집을 떠나는 상이고, 다시 간상에 역마가 임하니 반드시 속행한다.

○ **귀가** : 반드시 오는 중이다.

→ 천강(辰)은 동신(動神)이다. 천강이 사중에 가하니 오는 중이다.

○ **전투** : 낮 정단에서는 조금 길하고 밤 정단에서는 흉하다.

→ 일간은 아군이다. 낮 정단에서는 간상에 길장이 타고 있으니 조금 길하고 밤 정단에서는 간상에 흉장이 타고 있으니 흉하다. ● 쟁송을 정단하면 일지에서 일간을 극하고 지상에서 간상을 극하니 내

가 패소한다.

___

□ 『필법부』: 〈제31법〉 삼전이 차례로 일간을 생해 오면 타인의 추천을 받는다. 반드시 타인에 의해 높은 직위로 추천을 받는다.
→ 이 과전에서는 초전과 중전이 공함되었으니 불발한다. 다만 유년·유월·유월장 기간에는 가능하다.
〈제81법〉 삼전에서 묘신이 묘신에 들면 증오와 사랑으로 나눠진다. 초전이 일간의 재신·록신·장생·관성 등이지만 중·말전이 묘신이면 나쁘다.
〈제26법〉 수일에 정신을 만나면 재물이 빠르게 움직인다.
→ 이 과전에서는 부동산을 뜻하는 丑에 정마가 임하니 부동산을 통해 득재하거나 혹은 관청을 통해 재물을 얻는다.
〈제29법〉 삼전에서 일간을 차례로 생하여 오지만 지진을 탈기하니 식구는 많고 거주하는 집은 좁다.

□ 『육임지남』: 丁丑년 2월에 월장 戌을 점시 午에 가한 뒤에 회시(會試)를 정단했다. 귀인·일덕·재성·역마가 모두 일간에 임하고 다시 태세의 자리에 앉아 있으니 반드시 금년에 '甲' 성적으로 합격한다. 더욱이 행년 午 위에 월장과 청룡이 타고 있으니 한마디로 재상이 된다. 그리고 순수와 하괴[戌]는 관성이며 문명성이다. 두 글자가 행년에 모이니 반드시 합격한다. 과연 그러하였다.

※ 회시: 회시는 '현시(縣試)'와 '부시(府試)'와 '원시(院試)'를 거쳐서 생원[秀才]이 된 사람이 치르는 제2차 국가고시이다.

癸未일 제 10 국

공망 : 申·酉
낮 : 왼쪽 천장, 밤 : 오른쪽 천장

庚	癸	甲
后辰蛇	朱未勾	青戌白
丑	辰	未

庚	癸	甲	丁
后辰蛇	朱未勾	青戌白	常丑陰
癸丑	辰	未	戌

合申青 巳 癸朱 未勾 辰 壬蛇 午合 卯 辛貴 巳寅	勾酉空 午	甲青 戌 未	乙常 亥 白申 丙玄 子 酉 常丁陰 丑戌 戌 己貴 卯玄 子亥
庚朱 辰蛇 丑		庚后 辰蛇 丑	己陰 卯貴 子

□ **과체** : 원수, 참관, 가색 // 형상, 앙구(간지구묘), 귀묘(초전), 묘신부일, 절신가생, 육의(말전), 회환, 조지, 수일정신, 사묘加장생.

□ **핵심** : 모든 타인의 마음이 나쁘니 스스로를 돌보면서 가야 한다. 입을 다물면 능멸당하는 것을 면할 수 있다.

□ **분석** : ❶ 과전에 귀살이 없는 곳이 한 군데도 없고 괴강[戌辰]이 중첩되어 있으니 흉과 악이 극점에 이르렀다. 심사숙고하며 기회를 엿봐서 움직여야 우환을 면할 수 있다. 만약 제대로 파악하지 않고 잘 다루지 않으며 소홀히 하면 반드시 화를 입는다.

❷ 그리고 중전이 폐구되었으니 반드시 각별히 언행을 조심해야 능멸당하는 우환을 면할 수 있다.

□ **정단** : ❶ 묘신 辰이 일간을 덮고 있으니 어둡고 밝지 못하며 모든 정단하는 일에서 가로막힘이 있다.

❷ 밤 정단에서 백호가 가택에 임하여 일간 癸를 극하니 매우 놀라고 매우 위험하다.

❸ 다행히 흉신 辰이 戌을 충을 하니 큰일이 작은 일로 변한다. 이것은 흉으로 흉을 제극하는 이치이다.

○ **날씨** : 맑지 않고 비가 오지 않는다.
  → 묘신은 암매의 신이고, 오행의 토는 비를 쫓는 작용을 한다. 묘신이 일간을 덮고 있으니 맑지 않고, 과전이 순토이니 흐리고 비가 오지 않는다.
○ **가정** : 낮 정단은 무난하고 밤 정단은 지극히 흉하다.
  → 일지는 가정이다. 낮에 정단하면 지상에 길장이 타고 있으니 무난하고, 밤에 정단하면 지상에 흉장이 타고 있으니 지극히 흉하다. ● 일간은 거주하는 가족이고 일지는 가옥이다. 일간(기궁)과 일지가 상충하고 간상과 지상이 상충하니 나쁜 가상이다. 또한 사과와 삼전의 귀살국에서 일간을 극하니 최악의 가상이다. ● 낮 정단에서는 지상에 청룡에 타서 일간을 극하니 가계난이 닥치고, 밤 정단에서는 지상에 백호가 타서 일간을 극하니 병자가 발생한다.
○ **혼인** : 남자는 온건하지 않고 여자는 유순하지 않다. 혼인하지 못한다.
  → 일간은 남자이고 일지는 여자이며 괴강(戌·辰)은 폭력성이다. 간상에 辰이 임하니 남자는 온건하지 않고, 지상에 戌이 임하니 여자는 유순하지 않다. 특히 밤 정단에서는 간지상에 각각 등사와 백호가 타고 있으니 더욱 더 온건하지 않고 유순하지 않다. ● 일간이 일지와 상충하고 간상과 지상이 상충하며 일간의 둔반과 일지의 둔반이 상충하니 혼인하지 못한다. 일간음신과 일지음신의 천반과 지반과 둔반이 모두 상충하니 더욱 더 불성한다.
○ **임신·출산** : 낮 정단에서는 쉽게 낳고, 밤 정단에서는 놀라는 일이 발생한다.
  → 일간은 태아이고 일지는 임신부이다. 간상과 지상에 낮 정단에서는 길장인 천후와 청룡이 타고 있으니 쉽게 낳고, 밤 정단에서는

흉장인 등사와 백호가 타고 있으니 놀라는 일이 발생한다.
○ **구관** : 귀(貴)를 누리지 못한다.

→ 관귀효는 관직이고 귀(貴)이다. 과전의 일곱 곳에 관성이 임하여 관귀효가 지나치게 많으니 오히려 귀(貴)를 누리지 못한다. ● 만약 국가고시를 준비한다면 과전이 순토이니 군경이나 토목건축에 관련된 공직이 좋다. ● 간상에는 일묘 辰이 임하고 지상에는 지묘 戌이 임하니 시험에 낙방하고 승진하지 못한다.

○ **구재** : 하나의 정재(丁財)가 보이지만 취하기 어렵다.

→ 구재정단에서 재성은 재물이다. 제4과의 둔반에 정재(丁財)가 임하지만 丁의 지반이 귀살 丑이니 이 재물을 취하기 어렵다. ● 丁丑에서의 丁이 재물이고 丑이 관성이니 관청을 통해 재물을 득재하거나 혹은 丑이 부동산의 류신이니 부동산을 통해 득재하면 된다.

○ **질병** : 대흉하다. 연명이 亥나 子이면 목숨을 구할 수 있다.

→ 일간은 환자이고 귀살은 병재이다. 과전의 토국에서 일간을 극하니 대흉하다. 만약 연명이 亥子이면 그 상신이 의약신 寅卯이니 목숨을 구할 수 있다. ● 초전의 辰이 일간의 묘신이니 정신병이다.

○ **출행** : 격명이 유자이니 집에 머물지 않는다.

→ 토는 땅과 도로이고 정마와 천마는 자동차이다. 순토인 삼전에 정마나 천마가 보이면 유자이다. 유자는 출행하는 상으로서 이 과전에서는 삼전이 순유자이니 더욱 더 출행하는 상이다. ● 초전의 辰은 미월과 축월의 천마이고, 말전의 戌은 진월과 술월의 천마이니 이 네 달에 정단하면 출행한다.

○ **귀가** : 즉시 온다.

→ 천강(辰)은 동신(動神)이다. 천강이 사계(丑)에 가하니 즉시 온다.

○ **전투** : 주야 정단 모두 흉하다.

→ 사과와 삼전에 귀살만 있으니 주야 정단 모두 흉하다.

□ 『필법부』: 〈제70법〉 귀살이 제3과와 제4과에 임하면 가정에 관사와 병환이 끊어지지 않고 오랫동안 이어진다.

→ 일지는 가정이다. 낮에 정단하면 청룡이 지상의 귀살에 타고 있으니 가계난이 닥치고, 밤에 정단하면 백호가 지상의 귀살에 타고 있으니 가정에 병환이 닥친다. 만약 오월이나 미월의 밤에 정단하면 戌이 사신과 사기이니 생명이 위험하다.

〈제65법〉 일간의 묘신이 관신(關神)을 아우르면 사람과 가택이 황폐해지는 허물이 있다. 관신은 봄에는 丑, 여름에는 辰, 가을에는 未, 겨울에는 戌이다.

→ 여름에 정단하면 간상의 辰은 일간의 묘신이며 관신이다.

□ 『고감』: 7월에 월장 午를 점시 卯에 가한 뒤에 앞날을 정단했다. 공무원이 자리를 옮기지 못하니 생활의 방도를 차려야 한다. 그리고 사람의 질병정단도 이 과와 동일하다. 수명이 길지 않다고 하였으므로 그 원인을 물었더니, 앞의 사람은 乙未년에 출생한 사람으로서 본명이 중전에 임하여 스스로 묘지에서 나오고 말전에는 순수가 보이니 끊임없이 순환한다.

관직이 이제 시작일 뿐이니 어찌 직위를 옮길 수 있겠는가? 그리고 갑술순의 둔반이 癸未이고 未가 癸수를 극한다. 다시 삼전의 모든 귀살이 재물로 변하니 생활의 방도를 차려야 한다. 뒤의 사람은 丙辰년에 출생한 사람으로서 본명이 '묘신(墓身)'이니 묘신(墓神)을 하나 더 보태서 자기의 몸 위에 있는 것이다. 이러하니 어찌 장구할 수 있겠는가? 나중에 두 사람 모두 이와 같았다.

| 갑술순 | 계미일 | 11국 |

癸未일 제 11 국

공망 : 申·酉 ○
낮 : 왼쪽 천장, 밤 : 오른쪽 천장

	辛		癸		○	
貴 巳	朱	朱 未	勾	勾 酉	空
	卯		巳		未	
	己		辛		○		乙
陰 卯 貴	貴 巳 朱	勾 酉 空	空 亥 常
	癸丑		卯		未		酉

癸未 朱	勾	○ 申 青 午	勾	○ 酉 空 未	青	甲戌 申	白 ○
蛇	壬午辰 合					乙亥 酉 空	常 ○
貴	辛巳卯 朱					丙子 戌 白	玄
后	庚辰寅	蛇	己卯 丑 陰 貴	玄	戊寅 子 后	常	丁丑 亥 陰

□ **과체** : 요극, 탄사, 여덕(낮), 진간전, 변영 // 덕경(초전), 체생(불성), 복덕(간상), 인귀생성(불성), 귀덕임신(연명 : 卯), 근단원소, 육음, 살몰, 사묘加장생, 강색귀호, 염막귀인임간(낮), 주작폐구, 구진폐구.

□ **핵심** : 일간과 일지와 삼전의 지반이 그 천반으로 모두 탈기를 당한다. 뿌리가 잘리고 근원이 차단되니 모든 일이 최악이다.

□ **분석** : ❶ 사과와 삼전의 지반이 그 천반으로 모두 탈기를 당한다. 손실이 매우 심해서 나뭇가지가 부러지고 그 뿌리로부터의 물의 흐름이 근원지에서 차단된다.

❷ 꾀하는 모든 일이 지극히 나쁜 상황이 되는 이유는, 타인이 빼앗고 속이는 것을 지각하지 못하고 이를 방비하지 못하기 때문이다.

□ **정단** : ❶ 요극과의 탄사격이고 간전격이다. 좋은 일과 나쁜 일 모두 가볍고, 중간에서 막히는 일이 많으며, 잃는 것은 많고 얻는 것은 적다.

❷ 윗사람에게는 이롭고 아랫사람에게는 불리하다.

❸ 초전이 실하고 말전이 허하니 시작은 있지만 결실이 없는 상이다.

○ **날씨** : 천강이 寅에 가하고 필수(酉)가 공망에 떨어지니 맑고 바람이 분다.

→ 천강(辰)은 대각성이고, 필수(酉)는 연못으로서 비를 부르는 별이다. 대각성이 양을 가리키고 필수(酉)가 공망에 떨어지니 맑고 바람이 분다.

○ **가정** : 가정에 헛된 지출이 매우 많다. 거주하기 불안하다.

→ 일간은 사람이고 일지는 가정이다. 가택인 未 위에 공망이 타고 있고 지상의 酉에서 가택을 탈기하니 헛된 지출이 매우 많다. 또한 일지 未가 일간(기궁) 丑을 충극하고 지상의 酉가 간상의 卯를 충극하니 거주하기 불안하다. 따라서 이사해야 한다. ● 일간은 부모이고 일지는 자식이며, 일간은 남편이고 일지는 아내이다. 일간과 일지가 상충하고 상극하니 모든 가족이 화목하지 않다.

○ **혼인** : 일간은 튼실하고 일지는 공허하다. 낮 정단에서는 남녀 모두 흉하다. 신랑감을 정단하면 밤 정단이 길하다.

→ 일간은 남자이고 일지는 여자이다. 일간은 튼실하고 일지는 공허하니 혼인은 불성한다. 낮 정단에서는 간상에 흉장이 타고 있으니 남자가 흉하고, 지상에 흉장이 타고 있으니 여자가 흉하다. 밤 정단에서는 간상에 천을귀인이 타고 있으니 남자가 길하다. ● 일간과 일지가 상충하고 상극하니 궁합이 매우 나쁘고, 일간과 일지가 상충하고 상극하니 혼인은 불성한다.

○ **임신·출산** : 반드시 여아이다. 출산이 매우 길하다.

→ 과전이 모두 음이니 반드시 여아이다. 일간은 태아이고 일지는 어머니이다. 일지가 공망되어 태아를 출산한 출산부의 상이니 출산이 매우 길하다.

○ **구관** : 관직을 구할 수 있다.

→ 귀인은 공무원이고 주작은 문서이며 역마는 합격과 승진을 뜻한다. 귀인이 발용이 되었고 주작 및 역마가 나란히 있으니 관직을 구할 수 있다. 따라서 고시정단을 하면 합격하고, 관직정단을 하면 공명을 얻는다. ● 다만 관직자의 관로를 정단하면 말전이 공망되었고, 삼전이 변영격(變盈格)이며, 과전이 육음이다. 따라서 만임하지 못하고, 최고위직에 오르지 못하며, 만약 탄핵을 물으면 탄핵을 당한다. 사과삼전의 지반이 그 천반으로 모두 탈기되니 만임하지 못할 우려가 있다.

○ **구재** : 자신의 재물을 지키기 어려운데 어찌 타인의 재물을 넘볼 겨를이 있겠는가?

→ 사과삼전의 지반이 그 천반으로 모두 탈기되어 자신의 재물을 지키기 어려운데 어찌 타인의 재물을 넘볼 겨를이 있겠는가? ● 초전의 巳는 재성이다. 낮에 정단하면 이곳에 천을귀인이 타고 있으니 관청과 공무원을 통해 득재할 수 있고, 밤에 정단하면 주작이 이곳에 타고 있으니 강의나 상담이나 문예나 광고를 통해 득재할 수 있다.

○ **질병** : 반드시 허약한 증상이다. 머지않아 저절로 낫는다.

→ 사과삼전의 지반이 그 천반으로 모두 탈기되니 반드시 허약한 증상이다. 일간은 사람이고 일지는 질병이다. 사람은 튼실하고 질병은 공허하니 머지않아 저절로 낫는다. ● 사과와 삼전이 근단원소이고 과전이 육음이니 구병은 생명이 위험하다.

○ **출행** : 집은 공허하고 사람은 튼실하다. 반드시 출행한다.

→ 일지는 집이고 일간은 사람이다. 집이 공허하여 사람이 비는 상이고 다시 역마가 발용이 되었으니 반드시 출행한다.

○ **귀가** : 아직 출발하지 않았다.

→ 천강(辰)은 동신(動神)이다. 천강이 사맹인 寅에 가하였으니 아직 출발하지 않았다.

○ **전투** : 낮 정단에서는 흉하고, 밤 정단에서는 길하다.
→ 일간은 아군이다. 낮 정단에서는 간상에 흉장인 태음이 타고 있으니 흉하고, 밤 정단에서는 간상에 길장인 귀인이 타고 있으니 길하다.
※ 『육임직지』 원문에서는 "낮 정단에서는 길하고, 밤 정단에서는 흉하다."고 하였다.

□ 『필법부』 : 〈제45법〉 주야귀인이 서로 가하면 양 귀인에게서 구하면 된다. 귀인에게 요청하여 일을 구하는 일에서 반드시 양 귀인이 참견하여 성취한다.
→ 제2과와 초전의 천지반에 주야귀인이 서로 가하고 있다.
〈제31법〉 삼전이 차례로 일간을 생해 오면 타인의 추천을 받는다.
〈제6법〉 육음이 이어지면 혼미해진다. 음모와 사적으로 간하는 일에는 이롭고 공적인 일에서는 오히려 혼미해진다.
□ 『비요』 : 원소근단격은 반드시 음식을 섭취하지 못해서 병이 왔다.
□ 『과경』 : 삼전이 체생하면 반드시 타인의 추천이 있다. 그러나 만약 공망을 만나면 추천하려는 마음은 있지만 성취되는 결과가 없어서, 괜한 쓸데없는 말과 빈 말이 많으며 진심이 적다.
□ 『옥성가』 : 수가 화의 천장에 타면 모두 놀라서 질겁한다. 구진과 주작이 삼전에 나란히 임하면 소송으로 몸을 다친다. 그리고 땅[巳]은 발이고 하늘[亥]은 머리이다. 巳亥가 酉卯에 가하고 등사나 백호가 타면 이곳저곳으로 원행한다. 戌亥는 천두(天頭)이고 辰巳는 지족(地足)이다. 이들이 酉卯에 가한 뒤에 이곳에 등사나 백호가 타면 원행한다.

癸未일 제 12국

공망 : 申·酉
낮 : 왼쪽 천장, 밤 : 오른쪽 천장

	戊	
合 申 青 未	玄 寅 后 丑	合 申 青 未
戊	己	○	○
玄 寅 后 癸丑	陰 卯 貴 寅	合 申 青 未	勾 酉 空 申

壬午巳辛巳辰 蛇合貴朱	癸未午 朱勾	○申未 合青	勾酉申 空○
庚辰卯 后蛇			甲戌酉 青白○
己卯寅 陰貴	戊寅丑 玄后	丁丑子 常陰	乙亥戊 空常 丙子亥 白玄

□ **과체** : 묘성, 동사엄목∥복덕, 현태, 회환, 천라지망, 오양, 고진과수.

□ **핵심** : 낮에는 현무가 간상에 타고 있다. 눈을 부릅뜨고 살펴보니 공망 뿐이다. 하려고 하는 일과 버리려고 하는 일 모두 할 수 없으며, 내 신세가 부평초와 같다.

□ **분석** : ❶ 寅목이 일간에 임하여 癸수를 탈기한다. 이곳에 낮에는 현무가 타고 있으니 도난과 손실이 매우 심하다.

❷ 초·말전의 申이 갑술순의 공망되어 었다. 초전의 申이 일간 癸를 지키려고 하다가 寅목에게 도난당하고 빼앗긴다. 그래서 이것을 포기하고 앞으로 나아갔지만 앞이 공망이니, 유지하려고 하는 것과 저버리려고 하는 것 모두 어찌할 수 없어서 부평초처럼 방랑할 뿐이다.

❸ 이 과는 반음과와 유사하다. 비록 반음과는 아니지만 삼전이 왕래하고 삼전이 일지와 일간에 모두 있으니 반음과 유형이다.

□ **정단** : 유일 묘성과의 동사엄목격이다. 묘성과의 酉가 묘수(昴宿)이니 酉의 아래가 발용이 된다. 동사엄목이니 겨울 뱀이 굴속에 숨어 겨울잠을 자면서 움직이지 않는 상이다. 암매해지는 우환을 방지해야

한다. 간상에 현무와 천후가 타고 있으니 음란사가 많고 또한 남에게 말하지 못할 일이 발생한다.

○ **날씨** : 순을 벗어나면 반드시 많은 비가 온다.
　→ 음일의 묘성과에서 대각성이 음지인 卯에 가하고 갑술순에서 공망된 초전과 말전의 申이 풀리는 다음 순에는 많은 비가 온다.
○ **가정** : 집안이 공허하다.
　→ 일간은 나이고 일지는 가정이다. 일지가 공망되었으니 집안이 공허하다. 낮에는 현무가 간상의 천반에 타고서 일간을 설기하니 도난이 발생하는 상이고, 밤에는 천후가 간상의 천반에 타고서 일간을 설기하니 부녀자로 인해 손재수가 발생한다. 낮에는 육합이 지상의 천반에 타서 공망되었으니 자식이 없는 상이고, 밤에는 청룡이 지상의 천반에 타서 공망되었으니 재물이 없는 상이다. 그리고 ● 음일 묘성과의 동사엄목이니 부녀자가 음란하다.
○ **혼인** : 길하지 않다.
　→ 일간은 남자이고 일지는 여자이다. 일지 未와 일간(기궁) 丑이 상충하고 지상의 申과 일상의 寅이 상충하고 다시 지상이 공망되었으니 길하지 않아서 남녀의 궁합이 좋지 않고 혼인도 불성한다. ● 지상의 申이 비록 일간을 생하지만 공망되었으니 남자에게 내조하지 못하는 여자이니 길하지 않다. ● 간상의 寅은 일간 癸(丑)의 전일위이고 지상 未의 申은 일지의 전일위여서 일간과 일지가 모두 나망이니 연애와 혼담에서 장애가 발생하니 길하지 않다. ● 음일 묘성과의 동사엄목이어서 음란한 여자이니 다시 길하지 않다.
○ **임신·출산** : 아들이다. 임신정단을 하면 매우 흉하고 출산정단을 하면 매우 길하다.
　→ 유일의 묘성과이니 아들이다. 『필법부』 19-2법에서 "강일에는

여아를 낳고 유일에는 남아를 낳는다."고 하였다. 그리고 일간은 태아이고 일지는 임신부이다. 일간과 일지가 상충하니 임신정단을 하면 매우 흉하고 출산정단을 하면 매우 길하다.

○ **구관** : 관직이 길하지 않다.

→ 일록은 관록이고 청룡은 문관이다. 일간의 일록인 子가 보이지 않고 다시 청룡이 초전과 말전에서 공망되었으니 관직이 길하지 않다. ● 묘성과는 본래 관직에 길하다. 다만 이 과전에서는 백호를 뜻하는 세 申과 청룡이 공망되었으니 관직이 길하지 않다. ● 관성은 관직이고 역마는 승진의 신이다. 이러한 관성과 역마가 과전에 나타나지 않았으니 더욱 더 관직이 길하지 않다.

○ **구재** : 얻기 어렵다.

→ 청룡과 재성은 재물이다. 밤 정단에서 지상·초전·말전의 申에 청룡이 타고 있지만 공망되었고 다시 일간의 재효인 巳午가 과전에 나타나지 않았으니 얻기 어렵다. 다만 연명이 辰巳이면 그 상신이 재효인 巳午이니 얻는다.

○ **질병** : 머지않아 저절로 낫는다.

→ 일간은 환자이고 일지는 질병이며 자손효는 의약이다. 지상의 申이 공망되었고 의약신 寅이 공망되지 않았으니 머지않아 저절로 낫는다. 다만 일간이 간상의 寅과 일간음신의 卯에게 연이어서 탈기되었으니 병에 대한 저항력이 약해져있다. ● 의약신이 寅卯이니 약초 요법과 기도가 좋고, 의약신이 丑寅에 임하니 동북방에서 의약을 구하면 된다.

○ **출행** : 역마가 나타나지 않았으니 엎드려서 숨는 상이다. 봄에는 비로소 출행한다.

→ 역마는 여객수단이다. 일지의 역마인 巳가 과전에 나타나지 않았으니 출행할 수 없다. 일간은 여행객이다. 봄에는 간상의 寅이 왕기이니 여건이 조성되어 비로소 출행한다.

○ **귀가** : 오는 중이다.
　→ 천강(辰)은 동신(動神)이다. 천강이 사중인 卯에 가하니 오는 중이다.

○ **전투** : 아군은 승전하고 적군은 패전한다.
　→ 일간은 아군이고 일지는 적군이다. 간상의 寅은 공망되지 않았고 지상의 申은 공망되었으니, 아군은 승전하고 적군은 패전한다. 동일한 이유로 인해 만약 쟁송을 정단하면 내가 승소한다.
　※ 『육임직지』 원문에서는 "낮 정단에서는 얻고, 밤 정단에서는 대승한다."고 하였다.

―――――――――――――――――――――

□ 『**필법부**』 : 〈제55법〉 천라지망을 만나면 모망사에서 졸렬함이 많다. 그물로 몸과 가택을 옭아매니 모든 정단에서 어찌 형통할 수 있겠는가?
　→ 매일의 제12국은 천라지망이다. 간상의 寅은 일간 癸(丑)의 전일위이고 지상 未의 申은 일지의 전일위이니 나망이다.
　〈제54법〉 묘성과의 호시격에 백호가 나타나면 힘이 있을지라도 힘을 쓰기 어렵다.

□ 『**찬요**』 : 간상은 寅이고, 지상은 申이며, 초전의 申은 백호의 본가이다. 寅이 백호이고 申이 백호이니 백호를 거듭 만난다. 따라서 반드시 하늘을 놀라게 하고 땅을 뒤흔들만한 화를 면하기 어렵다.

끝맺는 말

　육임에는 세 가지 성격의 책이 있다. 첫째는 육임의 '이론서'이고, 둘째는 육임의 '임상서'이며, 셋째는 육임의 '720과 주석서'이다. 필자가 예전에 저술했던 『육임입문』과 편저했던 『대육임필법부』는 육임의 이론서이고, 육임실전 2(『육임지남주해』)는 임상서이며, 이번에 출간하는 『대육임직지』는 720과 주석서이다. 육임의 이론서는 육임 720과를 위한 기본서책이라고 할 수 있으므로 『대육임직지』는 곧 육임의 결실에 해당하는 책이라고 말할 수 있다.

　720과 주석서인 『대육임직지』를 출간하려고 마음을 먹은 지 10여 년이 지나서야 겨우 그 절반인 갑자순·갑술순·갑신순 등 세 순의 주석서를 먼저 출간하게 되었다. 애초에는 여섯 순의 주석서를 완성하여 한꺼번에 출간하려고 하였지만, 이번에 갑자순·갑술순·갑신순 등 세 순의 『대육임직지』를 먼저 공개하는 가장 큰 이유는 두 가지이다. 육임을 공부하는 분들에게는 육임 이해에 도움이 되게 하고, 상담을 생업으로 하는 분들에게는 상담에 적합한 책이 시급하게 필요하다고 생각하였기 때문이다.

　지난 10여 년을 돌이켜 생각해보면 참으로 바쁘게 산 삶이었다. 대학원에 진학하여 수업을 듣고 강의와 상담으로 숨 가쁘게 살았다. 그 와중에서 틈틈이 720과를 번역하고 주석하였다. 휴가철과 주말은 물론이고 일요일에도 번역을 했고, 밤마다 가족이 잠든 시간에도 『대육임직지』를 붙들고 밤을 샌 날들이 머리를 스친다.

끝으로 다량의 거친 원고를 편집해 주시고 출판해 주신 대유학당의 여러분께 감사의 말씀을 드리면서, 이 책이 육임을 사랑하고 연구하며 활용하시는 모든 분들께 조금이나마 도움이 되길 해님에게 기원한다.

서기 2018년 중추에
빛고을 광명에서 이수동 적음

참고문헌

1. 고서(古書)

- 삼국시대 촉나라, 諸葛孔明(?), 『六壬直指』.
- 시대, 작자 미상, 『六壬立成大全鈐』〈고금도서집성에 수록〉.
- 명나라, 黃賓廷, 『六壬集應鈐』(전60권).
- 청나라, 吳師靑, 『六壬要訣』.

2. 근대

- 阿部熹作(=아부태산), 『鑑定祕鍵』, 京都書員(일본).

3. 현대

1) 대만

- 林相如, 『大六壬總覽』, 武陵出版公司, 대만, 1995.
- 阿部熹作(아부태산), 『鑑定祕鍵』, 武陵出版公司, 1995, 대만,

2) 국내

- 아부희작, 정민현번역, 『六壬天文易720課鑑定祕鍵』, 삼원문화사, 1998.
- 신육천, 『육임정단법』, 상지사, 1987.
- 소담, 『六壬直指註解)』, 2007.

대육임직지

상담일지

성명 :　　　　　∥ 연락처 :
상담날짜 :　　　　년　　월　　일　　시
상담내용 :

대유학당 출판물 안내

❈ 이메일 : daeyoudang@hanmail.net
❈ 서적구입 : www.daeyou.or.kr
  입금확인 후 택배로 발송해 드립니다.
❈ 입금계좌 : 국민은행 807-21-0290-497 예금주-윤상철
❈ 프로그램 다운받는 곳 : www.webhard.co.kr
       아이디 : daeyoudang   패스워드 : 9966699
❈ 궁금한 사항은 대유학당 홈페이지 질문답변란에 올려주세요.

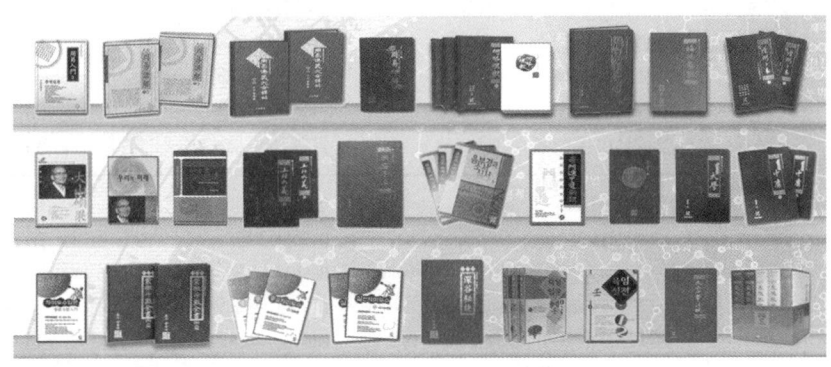

주역			
	▸ 주역입문(2017년 개정)	윤상철 지음	16,000원
	▸ 대산주역강해(1/2/3)	김석진 지음	60,000원
	▸ 주역전의대전역해(상/하)	김석진 번역	70,000원
	▸ 주역인해	김수길·윤상철 번역	20,000원
	▸ 시의적절 주역이야기	윤상철 지음	15,000원
	▸ 대산석과(대산의 주역인생 60년)	김석진 지음	20,000원
	▸ 우리의 미래(대산선생이 바라본)	김석진 지음	10,000원
주역 활용	▸ 황극경세(전5권) 2011년 개정	윤상철 번역	200,000원
	▸ 하락리수(전3권) 2014년 개정	김수길·윤상철 번역	90,000원
	▸ 하락리수 전문가용 CD	윤상철 총괄	550,000원
	▸ 대산주역점해	김석진 지음	30,000원
	▸ 매화역수(2014년판)	김수길·윤상철 번역	25,000원
	▸ 후천을 연 대한민국	윤상철 지음	16,400원
	▸ 육효 증산복역(전2권)	김선호 지음	40,000원
	▸ 초씨역림(전2권/신간)	초연수 지음 / 윤상철 번역	180,000원

분류	도서명	저자	가격
	▸ 팔괘카드 셋트(고급나전케이스 포함)	대유학당	20,000원
	▸ 개인운세력(1년분)	윤상철 총괄	50,000원
음양오행학	▸ 오행대의(전2권)	김수길·윤상철 번역	35,000원
	▸ 동이 음부경 강해(2014년 신간)	김수길·윤상철 번역	20,000원
	▸ 연해자평(번역본)	오청식 번역	50,000원
	▸ 작명연의	최인영 편저	22,000원
	▸ 풍수유람(전2권)	박영진 지음	43,000원
	▸ 자연풍수입문(2018년 신간)	정완수 지음	20,000원
	▸ 당시산책	김병각 편저	25,000원
	▸ 관상학사전	박중환 편저	50,000원
	▸ 2017~2021택일민력	최인영 지음	15,000원
불교	▸ 마음이 평안해지는 천수경	윤상철 편저	10,000원
	▸ 옴 그림천수경	대명스님 엮음	15,000원
	▸ 마음의 달(전2권)	만행스님 지음	20,000원
	▸ 항복기심(전3권)	만행스님 지음	60,000원
	▸ 선용기심	만행스님 지음	30,000원
기문육임	▸ 기문둔갑신수결	류래웅 지음	16,000원
	▸ 육임입문123(전3권)	이우산 지음	70,000원
	▸ 육임실전(전2권)	이우산 지음	54,000원
	▸ 육임필법부	이우산 평주	35,000원
	▸ 대육임직지(전3권)	이수동 주해	90,000원
	▸ 전문가용 육임 CD	이우산 감수	150,000원
사서류	▸ 집주완역 대학	김수길 번역	20,000원
	▸ 집주완역 중용(상/하)	김수길 번역	40,000원
자미두수	▸ 자미두수 입문	김선호 지음	20,000원
	▸ 중급자미두수(전3권)	김선호 지음	60,000원
	▸ 실전 자미두수(전2권)	김선호 지음	36,000원
	▸ 자미두수 전서(상/하)	김선호 번역	100,000원
	▸ 심곡비결	김선호 번역	50,000원
	▸ 자미두수 전문가용 CD	김선호/김재윤	500,000원
천문	▸ 천문류초(전정판)	김수길·윤상철 번역	20,000원
	▸ 태을천문도(2008 개정판)	윤상철 총괄	70,000원
	▸ 세종대왕이 만난 우리별자리(전3권)	윤상철 지음	36,000원
	▸ 천상열차분야지도 그 비밀을 밝히다	윤상철 지음	25,000원

육임 720과 삼전

제1순	제1국	제2국	제3국	제4국	제5국	제6국	제7국	제8국	제9국	제10국	제11국	제12국
갑자	寅巳申	子亥戌	戌申午	午卯子	戌午寅	寅酉辰	寅申寅	子巳戌	辰申子	申亥寅	辰午申	辰巳午
을축	辰丑戌	子亥戌	亥酉未	丑戌未	巳丑酉	卯戌巳	戌辰戌	寅未子	酉丑巳	未戌丑	申戌子	寅卯辰
병인	巳申寅	子亥戌	丑亥酉	亥申巳	戌午寅	子未寅	寅申寅	子巳戌	酉丑巳	申亥寅	辰午申	辰巳午
정묘	卯子午	丑子亥	亥酉未	子酉午	未卯亥	戌巳子	卯酉卯	巳戌卯	亥卯未	酉子卯	酉亥丑	辰巳午
무진	巳申寅	卯寅丑	丑亥酉	寅亥申	子申辰	子未寅	亥巳亥	寅未子	子辰申	亥寅巳	申戌子	寅午午
기사	巳申寅	卯寅丑	丑亥酉	寅亥申	卯亥未	酉辰亥	巳亥巳	巳戌卯	酉丑巳	申亥寅	亥丑卯	申申午
경오	申寅巳	午巳辰	寅子戌	巳寅亥	子申辰	戌巳子	寅申寅	辰酉寅	辰申子	酉子卯	申戌子	戌未酉
신미	未丑戌	巳辰卯	午辰寅	亥未未	卯亥未	酉辰亥	巳丑辰	巳戌卯	亥卯未	亥丑丑	寅辰午	申亥申
임신	亥申寅	戌酉申	午辰寅	巳寅亥	子申辰	午丑申	寅申寅	辰酉寅	未亥卯	巳申亥	子寅辰	丑寅卯
계유	丑戌未	未午巳	未巳卯	午卯子	巳丑酉	亥午丑	卯酉卯	未子巳	酉丑巳	辰未戌	丑卯巳	亥子丑

제2순	제1국	제2국	제3국	제4국	제5국	제6국	제7국	제8국	제9국	제10국	제11국	제12국
갑술	寅巳申	子亥戌	午辰寅	申巳寅	戌午寅	子未寅	寅申寅	子巳戌	寅午戌	申亥寅	辰午申	辰巳午
을해	辰亥巳	戌酉申	酉未巳	丑戌未	未卯亥	午丑申	巳亥巳	寅未子	未亥卯	未戌丑	申戌子	丑寅卯
병자	巳申寅	戌酉申	丑亥酉	午卯子	申辰子	子未寅	午子午	巳戌卯	酉丑巳	申亥寅	辰午申	寅卯辰
정축	丑戌未	子亥戌	亥酉未	子辰戌	巳丑酉	卯戌巳	亥未丑	巳戌卯	酉丑巳	午戌辰	酉亥丑	申酉戌
무인	巳申寅	子亥戌	丑亥酉	寅亥申	戌午寅	子未寅	寅申寅	子巳戌	丑午酉	申亥寅	辰午申	辰巳午
기묘	卯子午	丑子亥	亥酉未	子酉午	未卯亥	戌巳子	卯酉卯	巳戌卯	亥卯未	酉子卯	亥丑卯	辰巳午
경진	申寅巳	卯寅丑	寅子戌	巳寅亥	子申辰	午丑申	寅申寅	寅未子	辰申子	寅巳申	申戌子	午未申
신사	巳申寅	卯寅丑	丑亥酉	寅亥申	午寅戌	未寅酉	巳亥巳	卯申丑	酉丑巳	申亥寅	寅辰午	午未申
임오	亥午子	戌酉申	寅子戌	巳寅亥	戌午寅	午丑申	午子午	辰酉寅	未亥卯	酉子卯	申戌子	丑寅卯
계미	丑戌未	巳辰卯	巳卯丑	戌未辰	卯亥未	卯戌巳	未丑未	巳戌卯	酉丑巳	辰未戌	巳未酉	申寅申

제3순	제1국	제2국	제3국	제4국	제5국	제6국	제7국	제8국	제9국	제10국	제11국	제12국
갑신	寅巳申	子亥戌	午辰寅	巳寅亥	子申辰	戌巳子	寅申寅	子巳戌	辰申子	申亥寅	辰午申	辰巳午
을유	辰酉卯	申未午	未巳卯	丑戌未	巳丑酉	亥午丑	卯酉卯	未子巳	申子辰	未戌丑	申戌子	亥子丑
병술	巳申寅	卯寅丑	丑亥酉	亥申巳	酉巳丑	子未寅	巳亥巳	申丑午	酉丑巳	申亥寅	子寅辰	亥子丑
정해	亥未丑	戌酉申	酉未巳	巳寅亥	未卯亥	午丑申	巳亥巳	巳戌卯	未亥卯	午戌寅	酉亥丑	申酉戌
무자	巳申寅	戌酉申	丑亥酉	寅亥申	巳申丑	子未寅	午子午	巳戌卯	辰申子	卯午酉	辰午申	寅卯辰
기축	丑戌未	子亥戌	亥酉未	子辰戌	卯亥未	卯戌巳	亥未丑	巳戌卯	酉丑巳	午戌辰	卯巳未	寅卯辰
경인	申寅巳	子亥戌	午辰寅	巳寅亥	子申辰	戌巳子	寅申寅	子巳戌	辰申子	申亥寅	辰午申	辰巳午
신묘	卯子午	丑子亥	亥酉未	子未子	未卯亥	戌巳子	卯酉卯	卯申丑	亥卯未	酉子卯	巳未酉	辰巳午
임진	亥辰戌	戌酉申	寅子戌	巳寅亥	子申辰	午丑申	巳亥巳	寅未子	未亥卯	戌丑辰	申戌子	丑寅卯
계사	丑戌未	卯寅丑	丑亥酉	戌未辰	巳丑酉	卯戌巳	巳亥巳	午亥辰	酉丑巳	申亥寅	未酉亥	未申酉